Louis Chaloult

Avec la collaboration de Th
Jean Goulet et Pierre Cousin

Préface de François Borgeat, MD, FRCP(C), FMH

La thérapie cognitivo-comportementale

Théorie et pratique

gaëtan morin éditeur

CHENELIÈRE ÉDUCATION

La thérapie cognitivo-comportementale
Théorie et pratique

Louis Chaloult
Avec la collaboration de Thanh-Lan Ngo, Jean Goulet et Pierre Cousineau

Édition : Luc Tousignant
Coordination : Julie-Anne Richard
Révision linguistique : Sylvain Archambault
Correction d'épreuves : Marie-Claude Piquion
Conception graphique et infographie : Jocelyne Cantin (Pomme Z)
Impression : Imprimeries Transcontinental

Tableau de la couverture :
Face à face
Œuvre de **Dimitri Loukas**

Né dans l'île de Chio, en Grèce, Dimitri Loukas, maintenant citoyen canadien, a passé son enfance en France.

Autodidacte, il s'intéresse au post-cubisme et à la géométrisation du gestuel. À travers l'organisation logique de lignes fluides, de multiples déformations spatiales et chromatiques d'objets et de personnages composent ses œuvres.

On peut admirer ses toiles — dont plusieurs enrichissent des collections privées et publiques — dans plusieurs musées, tant en Amérique du Nord qu'en Europe. Elles sont exposées à la Galerie Michel-Ange de Montréal.

Catalogage avant publication
de Bibliothèque et Archives nationales du Québec
et Bibliothèque et Archives Canada

Chaloult, Louis, 1934-

La thérapie cognitivo-comportementale : théorie et pratique

Comprend des réf. bibliogr. et un index.

ISBN 978-2-89632-021-9

1. Thérapie cognitive. 2. Thérapie de comportement. I. Titre.

RC489.C63C42 2008 616.89'1425 C2008-940750-4

Dans cet ouvrage, le masculin est utilisé comme représentant des deux sexes, sans discrimination à l'égard des hommes et des femmes, et dans le seul but d'alléger le texte.

Pour de la formation ou une supervision en TCC, écrire à l'adresse suivante :

supervision_tcc@msn.com

gaëtan morin éditeur

CHENELIÈRE ÉDUCATION

7001, boul. Saint-Laurent
Montréal (Québec) Canada H2S 3E3
Téléphone : 514 273-1066
Télécopieur : 450 461-3834 / 1 888 460-3834
info@cheneliere.ca

ISBN 978-2-89632-021-9

Dépôt légal : 2e trimestre 2008
Bibliothèque et Archives nationales du Québec
Bibliothèque et Archives Canada

Imprimé au Canada

1 2 3 4 5 ITG 12 11 10 09 08

Nous reconnaissons l'aide financière du gouvernement du Canada par l'entremise du Programme d'aide au développement de l'industrie de l'édition (PADIÉ) pour nos activités d'édition.

Gouvernement du Québec – Programme de crédit d'impôt pour l'édition de livres – Gestion SODEC.

Préface

Pour éclairer cet ouvrage majeur, il me semble utile de vous présenter d'abord son concepteur et auteur principal, le docteur Louis Chaloult.

Louis Chaloult a amorcé son demi-siècle de carrière médicale par la pratique de la médecine vraisemblablement la plus essentielle et, peut-être, la plus exigeante : la médecine générale en région éloignée (on dirait aujourd'hui la médecine familiale). Il s'agit là du genre d'expérience qui marque définitivement un médecin en lui rivant pour toujours les pieds dans la réalité. De la médecine générale, il est ensuite passé à une pratique spécialisée en psychiatrie et en psychothérapie.

Louis Chaloult, parce qu'il a toujours cherché à soigner et à guérir les personnes qui s'adressent à lui, est avant tout un médecin dans le sens le plus fondamental et le plus noble du terme. Maintes fois je l'ai entendu se demander, alors qu'il considérait une stratégie clinique ou une nouvelle théorie psychiatrique ou psychologique : « Comment cela m'aidera-t-il à soigner mes patients ? » Il a toujours accordé, dans son activité professionnelle de psychiatre, une priorité absolue à la pratique clinique, et plus spécifiquement à la pratique de la psychothérapie. Ayant surtout œuvré en milieu universitaire, il a, bien sûr, publié et cherché, mais avec modération. Il a par contre toujours soigné, vulgarisé et enseigné avec passion.

Au fil du temps, je l'ai vu devenir ce qu'on pourrait appeler un enseignant permanent; et j'ai eu l'occasion de le lui faire savoir. Enseignant permanent en ce sens que, constamment, il cherche à comprendre à fond puis à expliquer avec clarté. Dans des discussions personnelles autant que dans ses conférences, ses écrits et ses enseignements, on retrouve ce souci de simplifier des concepts souvent complexes et de s'assurer de la compréhension de ses interlocuteurs, qui ont d'abord été ses propres patients mais aussi, bien sûr, ses collègues et ses étudiants.

C'est cette constante préoccupation d'utilité clinique qui l'a orienté vers les approches comportementale et cognitive, dont il appréciait le côté pratique et concret; il a été l'un des premiers à les implanter dans le milieu psychiatrique montréalais. Il y a environ une dizaine d'années, je lui ai demandé de venir nous aider à amorcer une formation en thérapie cognitivo-comportementale à Lausanne, en Suisse. Au moment de cette visite d'enseignement, il disposait déjà de notes de cours bien structurées, pertinentes et complètes, au point que je me souviens de lui avoir suggéré plus d'une fois de les publier, y trouvant déjà une grande utilité pour l'enseignement et la clinique. Ses visites à Lausanne nous ont beaucoup aidés à stimuler un intérêt pour les approches TCC, balbutiantes à ce moment-là et maintenant en pleine effervescence, au sein de l'Institut universitaire de psychiatrie de Lausanne.

Depuis, ces notes ont beaucoup évolué : elles ont été sans cesse complétées, précisées, remises en question et récrites. Cette évolution s'est principalement faite dans le contexte de séminaires d'enseignement particulièrement recherchés à Montréal.

Au cours des années qui ont suivi, Louis Chaloult s'est entouré de collègues versés dans la pratique et l'enseignement des TCC. Mentionnons, entre autres, Thanh-Lan Ngo, praticienne et enseignante émérite qui, après avoir terminé sa résidence en psychiatrie, s'est spécialisée en thérapie cognitivo-comportementale durant deux ans en Angleterre; Jean Goulet, pédagogue et clinicien chevronné, qui s'est intéressé à l'approche cognitivo-comportementale dès le début des années 90; et Pierre Cousineau qui, avec l'ardeur et la compétence qu'on lui connaît, se passionne depuis plus de quinze ans maintenant pour la thérapie cognitive des schémas de Jeffrey Young. C'est également avec la complicité de ces trois personnes que ce livre a vu le jour.

La première partie de l'ouvrage est surtout consacrée à l'étude des principaux modèles théoriques et expérimentaux qui ont mené au développement des TCC. Elle sert de base à la seconde partie, dans laquelle sont exposées les différentes étapes de la démarche en clinique. Les deux parties sont illustrées par de nombreux exemples inspirés de situations ou de cas vécus en thérapie. Le tout est écrit dans un langage simple et clair, reflétant en cela le souci des auteurs de rendre le contenu concret et facilement accessible.

Ce livre arrive à un moment où l'approche cognitivo-comportementale est en plein essor au Québec, comme ailleurs dans le monde occidental. C'est pourquoi il peut constituer un instrument précieux tant pour les étudiants de différents domaines de la santé que pour les cliniciens, qui pourront s'en inspirer dans leur pratique de tous les jours.

François Borgeat, MD, FRCP(C), FMH
Professeur titulaire de clinique, Université de Montréal

Avant-propos

Raconter l'histoire de cet ouvrage permettra sans doute de mieux comprendre son contenu et ses objectifs.

Tout a débuté en 1974. À son retour de Londres, où il avait étudié au Maudsley Hospital avec le docteur Isaac Marks, le docteur Yves Lamontagne[1] est venu enseigner la thérapie comportementale aux psychiatres du Pavillon Albert-Prévost (PAP), où se trouve le département de psychiatrie de l'hôpital du Sacré-Cœur de Montréal. Je faisais partie de ce groupe, et les vastes connaissances du docteur Lamontagne, de même que ses qualités de pédagogue, m'ont amené à m'intéresser et à recourir à cette approche dont la clarté et la rigueur plaisaient à l'ancien omnipraticien que j'étais.

À la fin des années 70, la lecture du volume *A new Guide to a Rational Living* de Ellis et Harper (1975) a éveillé ma curiosité pour la *Rational-Emotive Therapy* (*RET*), dont Albert Ellis est le fondateur. Pour mieux me familiariser avec cette approche, j'ai alors parcouru d'autres livres traitant de la RET et je suis entré en contact avec Lucien Auger, psychologue bien connu à Montréal, qui pratiquait cette forme de thérapie (en français : *Psychothérapie émotivo-rationnelle,* ou PER) et qui avait lui-même écrit de nombreux volumes sur ce sujet. Son enthousiasme, ses qualités de clinicien ainsi que le côté pratique et la facilité d'accès de la RET ont fini de me convaincre. J'ai alors commencé à l'utiliser en combinaison avec la thérapie comportementale.

Au tout début des années 80, mon intérêt pour la RET m'a conduit à la thérapie cognitive d'Aaron T. Beck. J'ai été frappé par la rigueur de cette autre forme de thérapie cognitive ainsi que par le grand nombre de recherches dont celle-ci faisait l'objet. C'est alors que j'ai organisé, en 1987, à la Cité de la Santé de Laval, un séminaire animé par le docteur Gilbert Pinard[2] dont l'objectif était de nous familiariser davantage avec les aspects théoriques et pratiques de la thérapie comportementale et de la thérapie cognitive qui, à cette époque, fusionnaient pour devenir graduellement la thérapie cognitivo-comportementale (TCC). Le docteur Pinard arrivait d'une année de formation aux États-Unis, et son charisme de même que sa maîtrise déjà remarquable de la TCC ont contribué à rendre ce séminaire extrêmement formateur.

De 1980 à 1990, j'étais responsable de l'enseignement de la psychiatrie aux résidents en médecine familiale de la Cité de la Santé de Laval. Mon intérêt pour la TCC continuait de grandir en raison de sa popularité auprès des cliniciens et de l'accueil favorable que lui réservaient la plupart des patients, et surtout grâce à de son efficacité dans le traitement d'un grand nombre de pathologies. C'est alors que j'ai commencé à l'intégrer à mon enseignement, puis à rédiger de courts textes pour en résumer certains aspects. Ce furent là les débuts de la rédaction du présent livre.

---

1. Le docteur Yves Lamontagne est médecin psychiatre. Il a fondé le Centre de recherche Fernand-Séguin à l'hôpital Louis-Hippolyte Lafontaine de Montréal. Il est actuellement président du Collège des médecins du Québec.
2. Le docteur Gilbert Pinard est médecin psychiatre. Il a été le directeur du département de psychiatrie de l'Université McGill à Montréal.

Au début des années 90, on m'a demandé d'initier à la TCC les résidents en psychiatrie de l'Université de Montréal. C'est à ce moment-là qu'a été organisé, avec l'aide précieuse du docteur Jacques Monday, un séminaire combinant l'enseignement théorique et pratique de la TCC. Graduellement, les textes préparés jusque-là pour les résidents en médecine familiale ont été davantage développés, puis réunis sous la forme de notes de cours. Notre livre commençait à prendre forme.

En 1998, la docteure Christiane Bertelli, qui était alors directrice du Pavillon Albert-Prévost, m'a proposé d'assumer la responsabilité des cours théoriques sur la TCC à l'intention des résidents en psychiatrie de l'Université de Montréal. Ces cours ont été mis sur pied avec l'aide du docteur Jean Goulet, reconnu pour l'excellence de sa pédagogie et son sens de l'organisation. Ils ont débuté en septembre 1999. D'autres professeurs, psychiatres et psychologues, se sont joints à nous : Jacques Monday, Christiane Bertelli, Pierre Cousineau, Thanh-Lan Ngo, Pierre Savard, Julie Turcotte, Pascale Brillon, Michel Dugas, Adrienne Gaudet, Pierre Lalonde et quelques autres. Leur intérêt et leur enthousiasme ne se sont jamais démentis, de telle sorte que ces cours existent toujours et contribuent à mieux faire connaître la TCC et à encourager son utilisation.

Soulignons ici l'apport du docteur Pierre Cousineau, psychologue qui pratique et enseigne en bureau privé à Montréal. Il s'est intéressé à la thérapie des schémas de Jeffrey Young dès ses débuts et il en est devenu un adepte convaincu et expérimenté. Sa disponibilité de même que l'excellence de son enseignement ont permis à tout notre groupe de se familiariser davantage avec cette approche qui, à notre avis, complète et élargit le champ d'intervention de la TCC.

Au début des années 2000, divers groupes d'omnipraticiens et d'autres professionnels de la santé ont manifesté le désir de suivre des cours identiques à ceux déjà donnés aux résidents en psychiatrie. C'est alors qu' a été créé le « Programme de formation en thérapie cognitivo-comportementale » s'adressant aux professionnels de la santé du Québec. C'est dans ce cadre que plusieurs centaines de psychothérapeutes provenant de divers horizons se sont initiés à la TCC ou ont amélioré leur compétence dans l'utilisation de cette approche.

C'est au cours de ces périodes d'enseignements et des supervisions qui les ont accompagnées que la rédaction de ce livre a débuté et a continué de progresser au fil des ans. J'ai été aidé dans cette tâche par les docteurs Thanh-Lan Ngo, Jean Goulet et Pierre Cousineau qui, en plus de réviser certains chapitres, en ont rédigé de nouveaux. Les textes qui en ont résulté sont demeurés longtemps sous la forme de notes de cours mais, à la demande de nombreuses personnes, nous avons décidé d'en faire un livre et de le publier pour le mettre à la disposition de tous.

Le présent ouvrage est donc le résultat de la collaboration, de la réflexion et du travail de plusieurs personnes. Il s'est édifié à travers l'enseignement et la pratique quotidienne de la TCC. Il a pour objectif, en premier lieu (*aspects théoriques*), de fournir au lecteur des textes relativement faciles d'accès qui lui permettront de prendre connaissance des principes fondamentaux de la TCC et des principaux modèles théoriques qui ont servi à son élaboration. Il vise, en second lieu (*aspects pratiques*), à aider le clinicien à se familiariser avec les principales étapes généralement suivies par un thérapeute en clinique. Nous avons cherché à rendre cette démarche aussi claire que possible en la systématisant et en l'illustrant par de nombreux exemples.

J'espère que ce livre saura intéresser tous ceux qui le parcourront et qu'il deviendra, entre leurs mains, un outil efficace pour mieux comprendre et utiliser la thérapie cognitivo-comportementale.

Bonne lecture !

Louis Chaloult
Le 24 mars 2008

Remerciements

La rédaction d'un volume comme celui-ci peut rarement être menée à terme sans l'aide de nombreux collaborateurs. Je désire donc exprimer toute ma reconnaissance aux personnes suivantes :

Jean Goulet, Thanh-Lan Ngo et Pierre Cousineau, qui ont cru au projet de ce livre et accepté d'en écrire et remanier plusieurs chapitres. Sans eux, cet ouvrage n'existerait pas ;

Jacques Monday, dont la complicité et l'aide précieuse ont facilité l'organisation du premier séminaire sur la TCC et la progression de l'enseignement de cette approche par la suite ;

Paul Rompré, qui m'a soutenu et conseillé dans mon projet d'écriture, et qui a révisé et amélioré la formulation des divers chapitres ;

Ma compagne, Micheline Hardel, dont le soutien, la patience et l'active collaboration ne se sont jamais démentis durant toutes ces années.

Merci aux professeurs des différentes universités qui ont revu le manuscrit et dont les critiques constructives ont permis d'en améliorer le contenu : Frédéric Langlois, du département de psychologie de l'Université du Québec à Trois-Rivières ; Claude Bélanger et Ariane Lazarides, du département de psychologie de l'Université du Québec à Montréal ; Lyse Turgeon, de l'École de psychoéducation de l'Université de Montréal ; et Patrick Gosselin, du département de psychologie de l'Université de Sherbrooke.

Merci à l'équipe de Chenelière Éducation et plus particulièrement à Luc Tousignant et Julie-Anne Richard. Leur assistance et leurs compétences ont rendu possible la rédaction finale du livre.

Merci à mes amis, et tout particulièrement à François Borgeat, Célyne Brosseau, Colette Chabot et Pascale Brillon, pour leur écoute et leurs judicieux conseils.

Merci, enfin, à mes collègues du Pavillon Albert-Prévost et plus particulièrement à ceux de la Clinique des maladies affectives du Centre Bois-de-Boulogne pour avoir été constamment une source d'inspiration et d'encouragement.

J'espère que, tous ensemble, nous aurons réussi à rédiger un livre intéressant et utile tant pour les cliniciens engagés dans la pratique de la thérapie cognitivo-comportementale que pour toutes les personnes désireuses d'en savoir davantage sur cette approche.

Louis Chaloult
Mars 2008

Table des matières

PARTIE 2
Les principales étapes de la démarche clinique en thérapie cognitivo-comportementale

PARTIE

1

Les aspects théoriques des thérapies cognitive et comportementale

CHAPITRE

1

L'historique de la thérapie cognitivo-comportementale

par Louis Chaloult et Thanh-Lan Ngo

Le présent volume a pour objectif d'exposer les principes fondamentaux de la thérapie cognitivo-comportementale (TCC) ainsi que les principales étapes de son utilisation en clinique. Avant de commencer, nous croyons toutefois utile de revoir brièvement les débuts de cette thérapie et son évolution pour mieux la situer dans le temps et pour nous familiariser avec les principaux chercheurs et cliniciens qui l'ont développée ou qui l'ont influencée. C'est ce dont traite le présent chapitre, qui est divisé en quatre parties :

- Les débuts de la thérapie comportementale;
- Les débuts de la thérapie cognitive;
- L'intégration des thérapies cognitive et comportementale;
- La thérapie cognitivo-comportementale contemporaine.

Les débuts de la thérapie comportementale

Au début du XXe siècle, la psychanalyse était le courant de pensée prédominant dans les milieux psychiatriques. Vers la même époque, on a commencé à élaborer d'autres approches parfois complémentaires, mais, le plus souvent, opposées à la psychanalyse. C'est le cas des thérapies comportementales (ou thérapies behaviorales), dont les tenants s'intéressaient plus à la modification des comportements observables qu'à leur cause intrapsychique potentielle. Les comportementalistes (ou behavioristes) se présentaient avant tout comme des scientifiques intéressés par la recherche, et un de leurs principaux objectifs était de décrire et de quantifier les résultats de leur travaux (*voir les chapitres 2 à 5*). Une des raisons pour lesquelles ils se sont principalement intéressés aux comportements, est que ceux-ci sont facilement observables et mesurables et que, par conséquent, ils se prêtent bien à l'étude.

Pour les comportementalistes, la compréhension de l'origine des maladies mentales et de leur traitement repose principalement sur la *théorie de l'apprentissage*, d'après laquelle les comportements peuvent être appris et désappris selon la manière dont ils sont influencés. La maladie mentale résulterait donc avant tout de comportements problématiques et pourrait être soulagée à condition de trouver des méthodes efficaces pour modifier ces comportements, ce qu'on peut faire en agissant sur les facteurs qui les influencent. Ces facteurs se nomment « stimuli » (« stimulus », au singulier) et peuvent se manifester avant, pendant ou après le comportement.

Dans la théorie de l'apprentissage, deux modèles ont été particulièrement influents, soient les conditionnements classique et opérant. Le terme « conditionnement » fait référence à tout changement de comportement suite à l'exposition à des stimuli (Guérette, 2000; Malcuit, 1972). Par exemple, une caissière victime de vol à main armée dans un dépanneur (stimulus) ne veut plus y retourner (changement de comportement) de peur d'être agressée de nouveau. Le déconditionnement est le renversement du processus de conditionnement. Ainsi, en thérapie comportementale, on invitera la caissière à revenir au dépanneur afin qu'elle puisse réaliser qu'elle n'y sera pas automatiquement victime de violence.

Voyons à tour de rôle ces deux principaux modèles d'apprentissage ainsi que leur application en clinique.

Le conditionnement classique et ses principaux pionniers

Dans le conditionnement classique, « on vise à contrôler le comportement par ses antécédents, c'est-à-dire par les stimuli qui le précèdent (Malcuit, Granger & Laroque, 1972)[1]. Ivan Pavlov, John Watson et Joseph Wolpe ont tous les trois contribué à élaborer et à raffiner ce modèle (*voir le chapitre 3*).

Ivan Pavlov

Ivan Pavlov (1849-1936) était un médecin russe qui poursuivait des recherches sur la physiologie des glandes digestives. Au cours d'une expérience sur la fonction digestive des chiens, il remarque qu'à l'heure habituelle de leurs repas, les chiens commençaient à saliver avant même d'être en présence de la nourriture. Intrigué par ce phénomène, il interrompt sa recherche pour la remplacer par une série d'expériences au cours desquelles il continue de donner de la nourriture aux chiens, mais, cette fois, en variant les stimuli survenant avant ou pendant leur repas. Un de ces stimuli était le son d'un métronome. Pavlov se rend compte que s'il combinait le son du métronome à la présentation de la nourriture un nombre suffisant de fois, les chiens continuaient de saliver les jours qui suivaient au seul son du métronome, même si on ne leur donnait plus de nourriture. Il venait de créer ce qu'il appela un « réflexe conditionnel » ou un conditionnement (Pavlov, 1903). On trouvera une description plus détaillée de cette expérience dans le chapitre 3.

1. Notons aussi que dans le conditionnement classique, nous associons différents événements. Un stimulus, souvent neutre (par exemple, dépanneur) devient associé à un autre stimulus (par exemple, vol à main armée). Il existe une contingence de corrélation entre les différents stimuli, c'est-à-dire que le sujet fait le lien entre différents événements.

Bien plus que ses recherches sur la physiologie des glandes digestives, ce sont ses expériences sur le conditionnement qui ont rendu Pavlov célèbre. Celles-ci sont importantes parce qu'elles nous ont permis de mieux comprendre le lien entre le stimulus et le comportement. Elles ont ouvert la voie, comme nous le verrons, à de multiples autres recherches qui ont servi à établir les fondements de l'approche comportementale.

John Watson

John B. Watson (1878-1958), un psychologue américain, s'est inspiré, entre autres, des études de Pavlov pour démontrer que le conditionnement classique pouvait être à l'origine de différentes phobies chez l'être humain. Dans l'étude sur le petit Albert (1920), un garçon de 11 mois, il couplait un bruit fort avec l'apparition d'un rat blanc. Après un certain nombre de couplages, la présence du rat blanc, qui constituait un stimulus neutre devenu conditionnel[2] à la suite du couplage, engendrait une grande peur chez le petit Albert, qui cherchait à l'éviter même lorsqu'on supprimait le bruit. Au cours de cette expérience, Watson a également décrit le phénomène de généralisation, qui fait que des stimuli similaires au stimulus conditionnel d'origine provoquent le même type de réponse. Ici, le petit Albert en était venu à éviter tout ce qui ressemblait, même de loin, au rat blanc, comme une boule de coton ou une personne aux cheveux blancs.

Quelques années plus tard, une étudiante de Watson, Mary Cover Jones (1924), a traité Peter, un enfant qui présentait une phobie des lapins. Elle appliqua deux méthodes de traitement : dans la première, elle associa l'animal à une réponse plaisante, comme recevoir une friandise; dans la seconde, elle invita l'enfant à observer la réaction d'autres enfants qui n'avaient pas peur des animaux. Graduellement, la peur et l'évitement de l'enfant se sont atténués.

Watson fut le premier véritable comportementaliste, ou « behavioriste », pour reprendre le terme dont il est le créateur. Il a, entre autres, appliqué la notion de « stimulus-réponse » à l'être humain et ouvert la voie à son utilisation dans le traitement de la maladie mentale. Ses expériences sont demeurées célèbres parce qu'elles ont influencé de nombreux chercheurs par la suite. Notons que Watson et Cover Jones ont inspiré le concept de « désensibilisation systématique » à Wolpe et celui de « modelage participatif » à Bandura. Nous y reviendrons plus loin.

Joseph Wolpe

Le psychiatre Joseph Wolpe (1915-1997) est né, a étudié et a travaillé en Afrique du Sud avant d'émigrer aux États-Unis. Au cours de ses études de médecine, à Johannesburg, il avait été frappé par l'inefficacité des traitements pour soigner les névroses de guerre (qu'on appellerait de nos jours « état de stress post-traumatique ») apparues au cours de la Seconde Guerre mondiale. Il a alors fait le projet de trouver une approche pouvant aider les gens à surmonter leurs peurs. Cet objectif l'a amené à développer un traitement pour les troubles anxieux en général et les phobies en particulier (1958).

Ses expériences lui ont été inspirées par les travaux de Pavlov, Watson et Cover Jones. Wolpe provoquait l'apparition d'une phobie chez des chats en les déposant dans une cage

2. Voir la définition de ces termes dans le chapitre 3.

puis en leur faisant subir des chocs électriques. Les chats devenaient rapidement phobiques : ils présentaient de l'anxiété et cherchaient à s'éloigner de la cage dès qu'on les en approchait. Dans un deuxième temps, Wolpe fit disparaître leur phobie en utilisant une démarche inverse : il éloignait d'abord les chats de la cage expérimentale, puis il les en rapprochait graduellement en leur donnant, cette fois, de la nourriture. Petit à petit, l'anxiété des chats diminuait, si bien qu'après un certain temps, ceux-ci pouvaient se nourrir à nouveau dans la cage expérimentale sans peur et sans chercher à s'enfuir. On trouvera une description plus détaillée de cette expérience dans le chapitre 3.

Wolpe a par la suite appliqué ce modèle aux êtres humains. À partir de ses expériences, il développa la théorie du contre conditionnement par inhibition réciproque, selon laquelle on pouvait amener un déconditionnement en exposant le patient à la situation crainte tout en évoquant une réponse contraire à l'anxiété (par exemple, en enseignant la relaxation). Sa technique s'appelait la « désensibilisation systématique ». Il s'en est servi pour traiter trois grandes formes d'anxiété pathologique : l'anxiété responsable des phobies, l'anxiété sociale et l'anxiété liée aux dysfonctions sexuelles (Prochaska & Norcross, 1994).

Le conditionnement opérant et ses principaux pionniers

Alors que dans le conditionnement classique, « on vise à contrôler le comportement par ses antécédents, c'est-à-dire par les stimuli qui le précèdent, dans le cas du conditionnement opérant, on vise à contrôler le comportement par ses conséquences, c'est-à-dire par ce qui le suit immédiatement dans le temps » (Malcuit, Granger & Larocque, 1972)[3]. On présume qu'en changeant les conséquences, le comportement changera à son tour. Par exemple, un enfant qui pleure pour attirer l'attention aura tendance à pleurer davantage si on s'intéresse à lui uniquement lorsqu'il pleure ; il pleurera sans doute moins si on s'occupe de lui surtout lorsqu'il reste calme.

Edward Thorndike et Burrhus Frederic Skinner sont les deux chercheurs qui ont le plus contribué à la formulation des principes fondamentaux du conditionnement opérant et à la description des conditions favorisant son utilisation en clinique.

Edward Thorndike

Edward Thorndike (1874-1949) fut le premier à s'intéresser aux principes fondamentaux du comportement opérant et à chercher à les démontrer. Après avoir mené des expériences sur des animaux, il énonça deux lois qui gardent encore aujourd'hui toute leur pertinence : la *loi des effets* et la *loi de l'exercice.*

Selon la *loi des effets,* un comportement apparaissant dans une situation donnée aura davantage tendance à se reproduire dans cette situation s'il est suivi d'une conséquence positive. Ainsi, un garçon à qui on demande de laver la vaisselle aura davantage tendance à la laver à nouveau si on le félicite ou si on lui donne une récompense. Si le comportement est suivi d'une conséquence négative, le lien entre le comportement et la situation s'affaiblira :

3. Aussi, alors que dans le conditionnement classique, il existe une contingence de corrélation de plusieurs stimuli, dans le condtionnement opérant, on perçoit une contingence de causalité entre un comportement et sa conséquence, c'est-à-dire que le comportement A semble causer la conséquence B.

le garçon deviendra plus réticent à laver la vaisselle si on lui reproche constamment de ne pas l'avoir lavée à la perfection.

Selon la *loi de l'exercice*, plus une tâche est répétée un grand nombre de fois, plus il devient probable que la réponse attendue sera émise.

C'est en s'inspirant des travaux de Thorndike, et plus particulièrement de ces deux lois, que Skinner a élaboré la théorie sous-jacente au conditionnement opérant.

B. F. Skinner

Le psychologue américain Burrhus Frederic Skinner a vécu de 1904 à 1990. À la fois écrivain, polémiste et chercheur, c'était un travailleur acharné qui a laissé derrière lui une œuvre considérable. Il a beaucoup influencé son époque et serait considéré, selon un sondage récent (Haggbloom *et al.*, 2002), comme le psychologue le plus important du xxe siècle. Il est de loin celui qui a le plus contribué à établir les principes et les procédures du conditionnement opérant.

Skinner basait ses travaux sur des expériences nombreuses et variées. Extrêmement imaginatif, il inventait toutes sortes de dispositifs pour faciliter ses recherches. Il a créé, entre autres, ce qu'on a appelé la « boîte de Skinner » (*Skinner box*), dont il s'est servi pour mener des expériences sur des rats. Cette boîte contient un levier sur lequel un animal peut presser ; l'expérimentateur peut choisir de donner de la nourriture (stimulus agréable), de ne pas en donner (absence de stimulus) ou de remplacer la nourriture par un léger choc électrique (stimulus désagréable). Si on met un rat dans la boîte et si l'expérimentateur choisit de donner de la nourriture, le rat apprend rapidement à peser sur le levier de plus en plus souvent. Si on supprime la nourriture, le comportement « peser sur le levier » s'atténue graduellement et si on remplace la nourriture par des chocs électriques, ce même comportement disparaît encore plus rapidement. C'est en s'inspirant d'expériences de ce genre que Skinner a bâti la théorie sous-jacente au conditionnement opérant. Il a déduit de son travail que si un comportement est suivi d'un stimulus agréable, il deviendra plus fréquent, que si le même comportement n'est suivi d'aucun stimulus, il disparaîtra lentement, et que s'il est suivi d'un stimulus désagréable, il disparaîtra plus rapidement. On trouvera une description plus détaillée de cette expérience dans le chapitre 4.

Par la suite, Skinner a appliqué les principes du conditionnement opérant aux êtres humains. Il s'est efforcé de démontrer de quelle façon et dans quelles conditions les comportements peuvent être modifiés en changeant leurs conséquences, que cette action soit menée en psychothérapie (contrôle par le thérapeute), en institution (contrôle institutionnel), individuellement (contrôle de soi) ou autrement. Il soutenait avec acharnement que, pour bien évaluer les problèmes d'un individu, il est nécessaire d'effectuer au préalable une analyse rigoureuse de ses comportements, ajoutant que, pour s'assurer de l'efficacité d'une thérapie, on doit procéder à des mesures répétées des comportements de la personne concernée avant, pendant et après la thérapie.

Suivant les traces de Watson, Skinner a élaboré la philosophie du *behaviorisme radical* (1974), selon laquelle seul le comportement observable doit être étudié. Les processus cognitifs et les émotions sont, selon lui, des phénomènes privés et subjectifs de peu d'importance au regard des comportements qui, eux, sont plutôt déterminés par des phénomènes biologiques et environnementaux. Pour Skinner, les pensées et les émotions font partie, chez une personne, de cet aspect qu'il appelle la « boîte noire », boîte dont le contenu n'est ni observable ni mesurable et dont, par conséquent, il faut se méfier.

Les débuts de la thérapie cognitive

De 1900 à 1950, environ, les chercheurs et les cliniciens se sont intéressés surtout aux comportements dysfonctionnels (behaviorisme radical de Skinner) ou aux conflits inconscients (psychanalyse de Freud) pour comprendre le fonctionnement des êtres humains et les aider à régler leurs problèmes. Au cours des années 1950, grâce à l'essor des sciences cognitives, on a commencé à étudier également l'influence des pensées conscientes sur les émotions et sur les comportements des individus. C'est alors qu'on a vu naître une nouvelle forme de thérapie appelée **thérapie cognitive** dont les principaux pionniers furent deux psychologues, George Kelly et Albert Ellis, ainsi qu'un psychiatre, Aaron T. Beck.

Ses principaux pionniers

George Kelly

George A. Kelly (1905-1967) a fait des études en physique, en mathématiques, en sociologie et en éducation. Professeur à la Ohio State University, il a élaboré la *thérapie des constructions personnelles* (1955), basée sur le postulat fondamental suivant : « les processus d'un individu sont canalisés psychologiquement par sa façon d'anticiper les événements ». Autrement dit, les préjugés d'une personne déterminent sa manière d'interpréter les événements ainsi que les actions qui en découlent. Ses actions lui permettent ensuite de réaliser ses prédictions. Selon Kelly, il existe trois corollaires à ce postulat : la *construction*: une personne anticipe les événements en modélisant leur réplication, c'est-à-dire que ses expériences passées lui permettent de construire une représentation psychique de l'univers, représentation qu'elle compare ensuite à la réalité afin d'en vérifier la validité; l'*individualité:* chaque individu est différent dans sa façon d'interpréter les événements, car il a vécu des expériences différentes de celles des autres individus; l'*organisation*: chaque individu développe un système de constructions qui contient des relations ordinales (ou hiérarchiques) plus ou moins étroites entre les constructions; par exemple, une idée est reliée à une autre, ce qui permet d'établir rapidement des connexions desquelles on déduit des faits, comme dans la séquence suivante : ciel… bleu… pas de pluie.

Selon la théorie de Kelly, si les constructions d'un individu ne lui permettent pas de bien prévoir la réalité, comme c'est le cas d'une personne qui a mal planifié son budget, cet individu se sent anxieux. Et lorsqu'une personne fait des actions qui ne sont pas en accord avec ses constructions centrales, c'est-à-dire en accord avec ses valeurs et ses comportements habituels, elle se sent coupable. Par ailleurs, en recourant à l'agression, une personne peut faire en sorte que la réalité soit conforme à ses constructions : par exemple, elle peut frapper un individu qui la traite de « faible ». Cette personne peut donc devenir hostile afin de se persuader que ses constructions sont conformes à la réalité, même si ce n'est pas le cas.

Kelly a ensuite élaboré une grille pour évaluer le système de constructions d'une personne. Notons, au passage, que Bannister (Bannister & Fransella, 1971) a, plus tard, adapté cette grille pour évaluer l'organisation de la pensée chez les schizophrènes. En clinique, Kelly utilise sa grille pour identifier les constructions dysfonctionnelles du patient, puis il aide celui-ci à les modifier au moyen de discussions et d'expériences comportementales. À cette fin, il se sert également de travaux à domicile, comme ceux qu'il recommande dans la thérapie des rôles fixes. Dans ce type de thérapie, le patient commence par se décrire à la troisième personne : par exemple, il dira « il est peureux ». Le thérapeute écrit alors un scénario différent, comme « il est courageux ». Puis il demande au patient de vivre ce scénario pendant une période de une à deux semaines, sans interruption. En agissant ainsi, le patient voit la construction « il est peureux » s'atténuer graduellement.

Comme nous le constaterons plus loin, le système de constructions de Kelly n'est pas si différent des *schémas* d'Aaron T. Beck, de ceux de Jeffrey Young ou, encore, des *constructions* de l'approche constructiviste contemporaine. C'est pourquoi Kelly peut être considéré comme un précurseur parmi les pionniers de l'approche cognitive.

Albert Ellis

Albert Ellis (1913-2007) était un psychologue américain qui a vécu à New York. Travailleur acharné, écrivain prolifique et polémiste, comme Skinner, il ne craignait pas d'utiliser un langage très coloré tant dans ses exposés scientifiques que dans son travail de clinicien. Très jeune, il s'est intéressé à la sexologie et est devenu si compétent en ce domaine que les personnes de son entourage l'inondaient de demandes de conseils (Yankura & Dryden, 1994). Ce rôle de conseiller lui plaisait, ce qui l'amena à étudier la psychologie. Son doctorat terminé, il commença sa carrière de clinicien comme psychanalyste, mais la psychanalyse ne le satisfait guère. Cherchant une façon plus rapide et plus directe d'aider les gens, il conçut alors la *rational emotive therapy* (RET)[4] qui deviendra, plus tard, la *rational emotive behavior therapy* (REBT) (Ellis, 1958 ; 1962 ; 1973). Il s'agit d'une thérapie d'allure souvent philosophique inspirée explicitement des deux concepts suivants : l'« hédonisme responsable » et l'« intérêt personnel éclairé ». En bref, Ellis visait à maximiser l'individualité, la liberté et l'intérêt personnel tout en favorisant le contrôle de soi et le respect d'autrui. Il incitait l'individu à vivre de façon engagée et à aimer sélectivement en choisissant des objets dignes d'être aimés.

Pour Ellis, la détresse de l'individu est attribuable à sa perception des événements (*voir les chapitres 6 et 13*). Selon son modèle ABC, un événement activateur (A) déclenche un système de pensées et de croyances sous-jacentes (B), ce qui entraîne des conséquences émotionnelles et comportementales (C). Si les pensées ou les croyances sont dysfonctionnelles (non réalistes ou non adaptées), il en résulte des émotions et des comportements également dysfonctionnels. Avec la REBT, on cherche donc à modifier les pensées et les croyances dysfonctionnelles qui empêchent l'individu d'atteindre ses buts à long terme. On les met en évidence, on les distingue des pensées et des croyances fonctionnelles, puis on les conteste en démontrant leur irrationalité. À l'aide d'expériences comportementales, on développe ensuite des croyances et des comportements plus utiles.

---

4. Psychothérapie émotivo-rationnelle ou PER, en français.

Parmi les principales cognitions dysfonctionnelles, Ellis relève quatre attitudes qu'il considère comme les plus fréquentes et les plus nuisibles dans notre société contemporaine : les *exigences rigides,* la *non-acceptation,* la *dramatisation* et les *jugements sur la valeur personnelle.* Ces attitudes sont sous-tendues par une série de croyances qu'il appelle « croyances irréalistes majeures » (*voir le chapitre 8*). Le style de cette thérapie est actif et directif; les interventions sont vigoureuses, car Ellis considérait que les êtres humains ont tendance à s'accrocher à leur façon irrationnelle de penser, d'où la nécessité, parfois, de les secouer pour les amener à se remettre en question.

Grâce aux travaux d'Ellis et de ses collaborateurs, la REBT s'est rapidement répandue, surtout en Amérique du Nord. Un institut a été fondé à New York, le Albert Ellis Institute, où on forme des thérapeutes et où on organise de façon hebdomadaire des démonstrations de thérapie accessibles au grand public. Par contre, même si quelques études plus objectives ont été publiées (Haaga & Davidson, 1993; Kendall *et al.,* 1995), on constate que la REBT a surtout fait l'objet d'études menées par ses adeptes (Mahoney, 1979). C'est peut-être ce qui a contribué à sa baisse relative de popularité depuis quelques années. Soulignons toutefois qu'elle continue à être enseignée à bien des endroits en Amérique du Nord, et même ailleurs dans le monde, comme en témoigne la présence de l'Institute for Rational Emotive Behaviour Therapy, au Royaume-Uni.

Dans la foulée de la REBT d'Ellis, plusieurs types de thérapies cognitives ont été proposés depuis le début des années 1960. Les principes de base qui les sous-tendent toutes sont les suivants (Dobson & Dozois, 2001) : les pensées ont une influence sur les émotions et les comportements; les pensées peuvent être évaluées et remises en question; les changements comportementaux désirés peuvent découler d'une modification cognitive. Parmi les penseurs qui ont fait évoluer le mouvement cognitif, l'un d'eux a été particulièrement influent : Aaron T. Beck, considéré comme le père de la thérapie cognitive contemporaine (Albert Ellis pourrait alors en être le grand-père !).

Aaron T. Beck

Aaron T. Beck (né en 1921) est un psychiatre qui vit, pratique et enseigne à Philadelphie. Il commença par étudier le traitement de la dépression à l'aide de la psychanalyse. En voulant ensuite démontrer la théorie selon laquelle ce type de pathologie est attribuable à la colère tournée contre soi, il nota que la dépression était surtout caractérisée par des pensées négatives à propos de soi, du monde et du futur (c'est la triade de Beck). Il émit alors l'hypothèse suivante : ces pensées ne constituent pas seulement un symptôme de la dépression, mais elles contribuent aussi à son maintien, en ce sens que pensées et émotions dysfonctionnelles se renforcent réciproquement.

Poursuivant ses études sur les pensées des gens déprimés (Beck, 1967), Beck s'est rendu compte de la présence, chez ses patients, de ce qu'il a appelé des *pensées automatiques.* Il leur a donné ce nom parce que, entre autres, elles apparaissent spontanément dans le discours intérieur de la personne sans faire l'objet de critiques même si, souvent, elles ne sont ni plausibles ni raisonnables. Ces pensées sont fréquemment dysfonctionnelles à cause d'un mauvais traitement de l'information causé par des processus cognitifs biaisés nommés « erreurs logiques » (par exemple, telles que décrites dans le chapitre 7, les déductions sans preuve, comme le raisonnement émotif et la personnalisation, ou les généralisations excessives, comme la dramatisation et la pensée dichotomique). En clinique, Beck enseigne d'abord à ses patients à surmonter leur dépression en reconnaissant la relation entre leurs pensées, leurs émotions et leurs comportements, en reconnaissant leurs pensées automatiques, les erreurs logiques qui les rendent dysfonctionnelles et les comportements qui en découlent, puis en remplaçant les pensées et comportements dysfonctionnels par d'autres, mieux adaptés. Dans un second temps, il leur montre à reconnaître et à modifier leurs croyances dysfonctionnelles sous-jacentes, sources potentielles de rechute dépressive.

À la suite de ses recherches sur la dépression, Beck, assisté de son groupe de chercheurs et de cliniciens, s'intéresse à d'autres types de pathologies, comme les troubles anxieux (Beck, Emery & Greenberg, 1985), les problèmes de couple (Beck, 1988), les troubles de la personnalité (Beck *et al.*, 1990) et les troubles liés à une substance (Beck *et al.*, 1993). Grâce à ses travaux, il en arrive à une meilleure compréhension des causes de ces maladies et il propose des méthodes de traitement novatrices. De nombreuses études ont démontré l'efficacité de ces méthodes, comme celles de Ingram et de Clark (Clark *et al.*, 1999). Ses recherches ont eu énormément de répercussions dans le monde occidental et elles ont influencé et influencent toujours la plupart des cliniciens qui s'inspirent de l'approche cognitivo-comportementale.

Notons, finalement, que l'approche de Beck peut être considérée comme intégrative. Elle est inspirée des travaux d'autres théoriciens de l'approche cognitive, comme Ellis. Par ailleurs, elle est compatible avec les valeurs comportementales, car elle mène à une évaluation précise des problèmes, à l'établissement d'objectifs spécifiques, à l'utilisation de travaux à domicile et à la mesure des progrès réalisés. De plus, elle incorpore des aspects des méthodes humanistes (ou rogériennes), comme l'utilisation d'une relation thérapeutique égalitaire et l'emploi de reflets (la répétition de ce que le patient dit et de ce qu'il démontre par son attitude) ou de résumés (le résumé de ce que le patient dit et fait).

L'intégration des thérapies cognitive et comportementale

Depuis les débuts de la thérapie cognitive, ses principaux théoriciens ont toujours reconnu l'importance de l'aspect comportemental et l'ont constamment intégré à leurs traitements. Ce fut le cas d'Ellis et de Beck, comme nous venons de le voir. Par contre, la plupart des comportementalistes, sous l'influence de Watson et Skinner, se sont peu intéressés aux phénomènes subjectifs comme les pensées, les croyances ou les émotions. Mais une attitude aussi limitative ne pouvait durer, d'autant plus qu'au cours des années 1970 et 1980, plusieurs études ont démontré que l'approche comportementale serait plus efficace si, dans son application, on tenait compte de l'aspect cognitif dans les interventions. Ceci est particulièrement vrai dans le traitement des maladies affectives (Rachman, 1996). Lewinsohn (1974), par exemple, suggère que la dépression est due à une diminution des activités dont résultent normalement des réponses positives comme la satisfaction et la valorisation. Selon lui, lorsque le déprimé réussit à s'activer, c'est-à-dire à s'occuper et à socialiser davantage, ses symptômes dépressifs diminuent. Or, plusieurs cliniciens notent que l'état de certains patients s'améliore peu même s'ils deviennent plus actifs, et ce, parce qu'ils évaluent négativement leur performance. Ils se disent, par exemple, que leurs efforts sont inefficaces ou insuffisants et qu'ils n'en tireront ni profit ni mérite. Si on veut aider ces patients, il est utile de s'intéresser à l'aspect cognitif du traitement. Ce type de recherches a amené les cliniciens et, plus particulièrement, les comportementalistes, à se pencher davantage sur les aspects cognitifs de la pathologie. Il en est résulté un rapprochement des approches cognitives et comportementales. Parmi les chercheurs et les cliniciens qui ont le plus contribué à ce rapprochement, on compte Hodgson, Rachman, Bandura et Meichenbaum.

Quelques chercheurs et cliniciens ayant ouvert la voie à l'intégration

Ray Hodgson et Stanley Rachman

Hodgson et Rachman (1874), qui se basaient sur les théories de Peter Lang (Lang & Lazovik, 1963; Lang, 1968; 1970), ont développé une théorie de l'approche des trois systèmes (comportementaux, cognitifs-affectifs et physiologiques). Par exemple, le concept de « peur » comprend : l'aspect comportemental, qui est l'évitement; l'aspect physiologique, comme les palpitations ou la tension musculaire; l'aspect subjectif, soit la perception du danger (aspect cognitif) suivie de l'anxiété (aspect affectif). Ces trois systèmes seraient reliés mais, parfois, désynchronisés, c'est-à-dire qu'ils n'évolueraient pas simultanément dans la même direction. Dans le cas des patients déprimés qui ne progressent pas même s'ils sont devenus plus actifs, dont il a précédemment été question, le système cognitif est désynchronisé parce qu'il ne s'améliore pas, au contraire du système comportemental. Il doit donc être la cible de l'intervention pour aider le patient à s'améliorer.

Cette théorie a permis de comprendre davantage la nécessité de tenir compte des aspects cognitifs et comportementaux pour mieux évaluer les symptômes et régler les problèmes des patients.

Albert Bandura

Bandura (1977), pour sa part, a élaboré *la théorie de l'apprentissage social par imitation* (*voir le chapitre* 5). Sans nier l'importance du conditionnement opérant dans le processus de l'apprentissage, Bandura souligne le rôle de deux autres éléments tout aussi essentiels, à son avis :

- l'apprentissage social par imitation, ou apprentissage vicariant, au moyen duquel une personne peut apprendre en observant les comportements des autres puis en les reproduisant;
- les processus cognitifs mis en branle à la suite de cette observation, comme le raisonnement ou la mémorisation. Lorsque le sujet perçoit les conséquences positives d'un comportement chez une autre personne, il en déduit qu'il a intérêt à l'imiter. Il en résulte un renforcement interne dont le rôle est aussi important que celui des renforcements externes du conditionnement opérant.

La théorie de l'apprentissage social de Bandura a le mérite de mettre en évidence le rôle de l'individu dans le processus d'apprentissage. Les désirs et les décisions d'une personne ne sont pas simplement influencés par des facteurs externes, comme le prétendait Skinner, mais aussi par des facteurs internes comme les pensées, les croyances et les émotions, ce qui laisse une certaine place à la liberté. Chez l'homme, la motivation est à la fois interne et externe et, le plus souvent, le comportement ne dépend pas prioritairement du seul environnement, mais repose tout autant sur ce qui se passe chez l'individu.

Parmi les applications pratiques de ce modèle, on trouve l'apprentissage de l'affirmation de soi et l'entraînement aux habiletés sociales (*voir le chapitre 16*). Dans l'entraînement aux habiletés sociales, par exemple, le thérapeute explique au patient l'utilité de l'habileté sociale en cause et il en fait la démonstration au moyen d'un jeu de rôle. Le patient l'imite ensuite de son mieux. Le thérapeute corrige les erreurs, mais il souligne également les aspects positifs de la performance (renforcements positifs). Le patient répète ensuite ses nouvelles habiletés entre les séances.

Donald Meichenbaum

Donald Meichenbaum (1977), un psychologue canadien, a élaboré deux types de thérapie qui forment, elles aussi, un pont entre les théories cognitives et comportementales; ce sont l'*entrainement aux auto-instructions* et l'*inoculation contre le stress.*

Meichenbaum s'est inspiré des travaux de deux psychologues russes, Alexandre Luria (1961) et Lev Vigotsky (1962), qui croyaient que l'individu pouvait développer un contrôle volontaire de ses actions grâce à une approche progressive basée sur le lien existant entre le langage, les pensées et les comportements. Dans un premier temps, l'individu dirige son comportement en suivant des instructions verbales venant d'une autre personne; il le dirige ensuite en suivant ses propres instructions formulées à voix haute; finalement, il le dirige en suivant ses propres instructions formulées mentalement. C'est la base de l'entraînement aux auto-instructions.

C'est sur cette base que Meichenbaum a développé un programme pour les enfants impulsifs. Ce programme a pour but de diminuer leur impulsivité en les entraînant à répéter des instructions puis à les exécuter fidèlement. Le thérapeute exécute d'abord une tâche devant l'enfant, comme un dessin, et l'enfant réalise la même tâche en suivant les instructions du thérapeute; il recommence en se donnant les mêmes instructions à voix haute, puis il se les donne à voix basse et, finalement, il ne se les donne que mentalement. Il faut noter ici certains aspects comportementaux de cette approche, soit les tâches graduées, le modelage et l'auto-renforcement. À la fin de l'entraînement aux auto-instructions, l'enfant acquiert six aptitudes : il sait comment définir le problème et comment l'approcher, comment focaliser son attention, comment formuler des auto-verbalisations, comment corriger ses erreurs et comment s'auto-renforcer. Cette thérapie a donné de bons résultats avec les enfants impulsifs mais aussi avec les schizophrènes, ainsi que dans le traitement des phobies et de l'anxiété liée aux examens (Mahoney, 1974).

Meichenbaum a aussi développé la thérapie par *inoculation contre le stress.* Il s'agit d'enseigner aux patients diverses façons de composer avec le stress et de les exposer à différentes situations stressantes afin qu'ils puissent exploiter leurs nouvelles aptitudes.

De nos jours, Meichenbaum s'intéresse surtout aux approches constructivistes-narratives, comme celles utilisées dans le traitement des états de stress post-traumatique.

Depuis la seconde moitié du XXe siècle, un nombre grandissant de chercheurs et de cliniciens, à la façon de Bandura et de Meichenbaum, utilisent les thérapies cognitive et comportementale de façon intégrative, si bien qu'à l'heure actuelle, la plupart d'entre eux considèrent la thérapie cognitivo-comportementale (TCC) comme une approche unique résultant de la fusion de ses deux composantes initiales.

La thérapie cognitivo-comportementale contemporaine

Jeffrey Young et le groupe d'Oxford

Depuis les années 1980, les travaux se multiplient pour élargir les champs d'intervention de la thérapie cognitivo-comportementale et pour la rendre plus efficace. La contribution de Jeffrey Young et celle du groupe d'Oxford nous semblent particulièrement importantes.

Jeffrey Young

Jeffrey Young, un psychologue américain, fut un collaborateur de Beck avant de passer à la pratique privée, à New York. Après avoir traité plusieurs patients présentant des troubles de la personnalité ou des traits de personnalité pathologiques, il a constaté que la thérapie cognitivo-comportementale conventionnelle était plus ou moins efficace pour régler ce genre de problème. Cette inefficacité, selon lui, tient au fait que cette thérapie ne met pas suffisamment l'accent sur les schémas dysfonctionnels, dont le rôle est majeur dans l'apparition des pensées, émotions et comportements dysfonctionnels si fréquents et si marqués dans les troubles de la personnalité. Pour en arriver à mieux traiter ses patients, Young a élaboré un nouvelle thérapie, qu'il a nommée « thérapie des schémas » (*schema therapy*) (Young, Klosk & Weishaar, *et al.*, 2003), axée avant tout sur la reconnaissance et la modification des schémas dysfonctionnels (*voir les chapitres 9 et 15*). Dans ce type de traitement, le thérapeute repère rapidement les principaux schémas dysfonctionnels grâce à une entrevue structurée et à des questionnaires détaillés, puis il tente de les modifier en se servant de techniques expérientielles, cognitives et comportementales. La thérapie dure généralement un an ou deux, mais elle est parfois plus longue.

La thérapie des schémas est en plein essor, et son efficacité commence à être reconnue grâce à des études rigoureuses récentes (Giesen-Bloo, 2006). C'est une thérapie intégrative, car en plus d'être inspirée de l'approche cognitivo-comportementale, elle intègre des éléments d'autres systèmes de psychothérapie, comme la psychothérapie humaniste et la psychanalyse. Elle constitue un apport précieux pour l'approche cognitivo-comportementale, car elle ouvre des perspectives nouvelles pour le traitement des troubles de la personnalité tout en proposant des méthodes créatives et structurées pour aborder ces troubles en clinique.

Le groupe d'Oxford (Angleterre)

Le groupe d'Oxford, dont le chef de file est David Clark, s'est consacré à l'étude des éléments actifs de la thérapie cognitivo-comportementale dans le traitement des troubles anxieux d'abord, puis, plus récemment, dans celui des troubles de l'humeur. Certains chercheurs de ce groupe ont constaté, en effet, qu'avec le temps, les protocoles de traitement utilisés en clinique s'étaient alourdis par l'ajout d'interventions de plus en plus nombreuses, ce qui les rendait compliqués et difficiles à appliquer. Ils se sont demandés jusqu'à quel point toutes ces interventions étaient vraiment indispensables, se disant que certaines étaient certainement plus essentielles que d'autres. Pour le savoir, ils ont entrepris différentes études dont l'objectif était de trouver la façon la plus simple et la plus efficace de traiter une pathologie en conservant les facteurs de changement vraiment significatifs et en éliminant les autres. C'est ce qu'on appelle des « études de démantèlement » : on disloque un protocole pour jauger l'efficacité de chacune des interventions et en arriver ainsi à connaître les éléments actifs de la thérapie. Les travaux de Salkovskis *et al.* (1999) constituent un exemple de ce type d'étude.

Parmi les éléments les plus importants d'une thérapie mis en évidence par le groupe d'Oxford, on trouve :

- l'*abandon des comportements de sécurité*, c'est-à-dire l'abandon de moyens utilisés par les patients pour prévenir les catastrophes appréhendées, lesquels les empêchent de remettre en question des croyances ou des comportements dysfonctionnels. Par exemple, quelqu'un qui craint de s'évanouir (catastrophe appréhendée) à cause d'une attaque de panique, s'assoit (comportement de sécurité). L'individu devient alors convaincu que s'il ne s'était pas assis, il se serait évanoui. Le rôle du thérapeute consiste alors à lui suggérer de ne pas s'asseoir (abandon du comportement de sécurité) afin qu'il puisse constater qu'on ne peut pas s'évanouir lorsqu'on a une attaque de panique, même si on ne s'assoit pas ;
- le *rôle de l'attention dans l'entretien des symptômes ou des syndromes.* Par exemple, chez l'anxieux ou le dépressif, les inquiétudes et les ruminations amplifient les affects dysphoriques ;
- le *rôle des expériences comportementales dans la remise en question des croyances dysfonctionnelles.* Par exemple, l'exposition aux sensations physiques dans le traitement de la panique permet au patient de se rendre compte que ses palpitations ne sont pas nécessairement annonciatrices d'une crise cardiaque ;
- le *rôle des métacognitions,* c'est-à-dire les cognitions à propos des cognitions. Par exemple, « si je m'inquiète trop, je deviendrai fou ».

Les membres du groupe d'Oxford se sont dispersés. Certains œuvrent toujours à Oxford ; d'autres sont à Londres, à Manchester ou à Cambridge. Cette école demeure toutefois très influente en Europe et en Amérique du Nord. Des études menées à plus grande échelle sont en cours, et les protocoles élaborés par ce groupe sont cités dans plusieurs manuels, dont celui de Hawton (Hawton *et al.*, 1989), par exemple.

Les champs d'étude et les centres d'intérêts actuels

Avant de terminer le présent chapitre, voyons quelques-uns des principaux centres d'intérêt sur lesquels portent actuellement les efforts des penseurs, chercheurs et cliniciens d'orientation cognitivo-comportementale.

D'autres études de démantèlement

En même temps que le groupe d'Oxford, ou à la suite de ses travaux, plusieurs chercheurs ont procédé à des études de démantèlement pour connaître les éléments actifs des protocoles de traitement relatifs à différentes pathologies. Voici les résultats de quelques-unes de ces recherches.

- *Le trouble obsessif-compulsif* Dans le traitement du trouble obsessif-compulsif, l'exposition avec prévention de la réponse semble plus efficace que l'exposition seule (Foa, 1996), et l'efficacité du traitement n'est pas améliorée avec l'ajout de techniques cognitives (par exemple, Whittal, [Whittal, Thordarson et McClean, 2005]).
- *La phobie sociale* Dans le cas de la phobie sociale, le traitement semble plus efficace si on cible les comportements de sécurité et l'attention centrée sur soi (Huppert, Roth & Foa, 2003).
- *Le stress post-traumtique* Dans le traitement de l'état de stress post-traumatique, l'exposition prolongée in vivo est plus efficace si elle est combinée à l'exposition en imagination au scénario traumatique; une telle combinaison permet d'améliorer le taux de rémission et de diminuer la possibilité de rechute chez les gens prenant des antidépresseurs (Bryant, R. A, Moulds, M. L., Guthrie, R. M., Dang, S. T. et Nixon, R. D. V. (2003).
- *Le trouble panique* Dans le cas du trouble panique, un traitement bref centré sur la restructuration cognitive des pensées associées aux sensations physiques provoquées par l'attaque de panique est aussi efficace qu'une approche à laquelle on ajoute l'apprentissage de la respiration diaphragmatique (Clark *et al.*, 1999).
- *Le trouble d'anxiété généralisée* Dans le cas du trouble d'anxiété généralisée, on développe des traitements brefs centrés sur les métacognitions (Wells, 2006) et sur la tolérance à l'incertitude (Ladouceur, Gosselin & Dugas, 2000; Dugas *et al.*, 2003).
- *La phobie spécifique* Dans le cas de la phobie spécifique, l'exposition à des stimuli variés est plus efficace que l'exposition à un seul stimulus (Rowe et Craske, 1998).
- *La dépression aiguë* Dans le traitement de la dépression en phase aiguë, l'activation comportementale semble aussi efficace seule que lorsqu'elle est combinée à la restructuration cognitive (Jacobson, 1996; Gortner, Gollan, Dobson & Jacobson, 1998).
- *La dépression récurrente* Dans le cas de la dépression récurrente, le traitement centré sur les ruminations semble diminuer le risque de rechute de moitié si l'individu a déjà souffert de trois épisodes antérieurs (Teasdale *et al.*, 2000).
- *L'ajout de la restructuration cognitive* Certaines études montrent que l'ajout de la restructuration cognitive semble augmenter l'efficacité du traitement de certaines pathologies, comme la phobie sociale (Barlow, 2002), le trouble d'anxiété généralisée (Butler *et al.*, 1991), la phobie spécifique du dentiste (Antony, 2001) et la boulimie (Wilson, 2002).

À la lumière de ces recherches, nous en arrivons à la conclusion qu'on ne peut démanteler des protocoles déjà établis sans être certain de ne pas enlever des éléments pouvant augmenter l'efficacité des interventions. Parviendra-t-on, éventuellement, à déterminer la sorte d'intervention qui est nécessaire selon le type de patient ou selon le contexte dans lequel son problème survient? Grâce à des études de ce genre, on espère pouvoir répondre à cette question et en arriver à développer des approches plus efficaces.

On tente également de développer des protocoles permettant d'adapter les interventions cognitivo-comportementales aux patients présentant de la co-morbidité (par exemple, Ledley *et al.*, 2005). On espère ainsi en arriver à alléger les procédures thérapeutiques en ciblant les mécanismes de changement communs aux différentes pathologies.

Les thérapies exigeant moins de temps du thérapeute

Les besoins augmentant constamment dans le domaine des thérapies d'orientation cognitivo-comportementale, et les thérapeutes rompus à cette approche n'étant pas suffisamment nombreux, on s'intéresse de plus en plus à des formes de thérapie qui exigent moins de temps du thérapeute. Par exemple, on se sert de thérapies de groupe ou des cours de thérapie cognitive présentés au grand public (Brown, Cochrane & Handcox, 2000) ; on propose des rencontres plus brèves avec les thérapeutes, comme des entrevues de 15 minutes ayant pour but principal d'assigner des tâches à domicile (Lovell & Richards, 2000) ; on se limite à deux entrevues d'évaluation et à une entrevue de suivi combinées à la lecture d'un volume d'auto-thérapie, et on recourt à la réalité virtuelle (par exemple, pour la phobie des avions), au téléphone, aux livres, aux ordinateurs et aux sites Internet (par exemple, Williams, 2004) ; finalement, on tente de déterminer les caractéristiques permettant de cibler les patients qui sont les plus susceptibles de bénéficier d'une approche cognitivo-comportementale pour maximiser les chances d'offrir le traitement le plus efficace à chacun (par exemple, Safran *et al.*, 1993 ; Blatt et Zuroff, 2005).

Les approches éclectiques et intégratives

Certains thérapeutes développent des approches éclectiques et intégratives regroupant les meilleurs éléments de plusieurs types de thérapies afin d'aider les patients aux prises avec des problématiques complexes. On combine, par exemple, les thérapies cognitives et psychanalytiques dans les approches suivantes : la thérapie interpersonnelle de Safran et Segal (1990), la thérapie cognitive-analytique de Ryle (Ryle & Kerr, 2003) et le système de psychothérapie basée sur l'analyse cognitivo-comportementale de McCullough (2000).

L'approche constructiviste

Plusieurs thérapeutes d'orientation cognitivo-comportementale remettent en question certaines prémisses de la TCC. Ils en viennent à penser que ce n'est pas tant la transformation des pensées « irrationnelles » en pensées « rationnelles » qui est importante en psychothérapie, mais bien la remise en question de la conviction que nos pensées reflètent toujours la réalité, parce que nous ne sommes pas nos pensées et que les pensées ne sont pas toujours des faits. Ils cherchent, ainsi, à atteindre une méta-perspective, c'est-à-dire à réfléchir sur la nature et le rôle des pensées. Conséquemment, ils développent d'autres types de thérapie qui tendent à faciliter l'adoption de cette position « méta ».

Des cognitivistes de la première heure, comme Mahoney (1993) et Meichenbaum (1993), se sont écartés de la thérapie cognitivo-comportementale conventionnelle pour adopter une approche dite « constructiviste » qui repose sur le postulat que les êtres humains utilisent des constructions[5] ou des « construits » cognitifs pour mieux comprendre leur vécu et déterminer leurs choix. Or, ces constructions ne peuvent être considérées comme réelles ou vraies, car elles découlent de perceptions subjectives et changeantes basées sur des expériences passées. Chaque être humain possède donc sa propre réalité (ou sa propre vérité) qui est toujours plus ou moins différente de celle d'une autre personne, car elle est fondée sur des influences et des perceptions diverses et même, parfois, opposées. On en vient donc à considérer qu'une construction est valable non pas tant parce qu'elle est vraie, mais plutôt parce qu'elle est adaptée, c'est-à-dire profitable à la personne et à son entourage. Dans cette thérapie, on incite donc le patient à remplacer ses constructions dysfonctionnelles par d'autres, mieux adaptées. Autrement dit, il est préférable de lui faire comprendre que la réalité est une construction, et qu'il peut choisir des constructions plus utiles, plutôt que de l'amener à croire que certaines de ses pensées sont irréalistes, et qu'il devrait les remplacer par d'autres, plus réalistes. On court-circuite ainsi un débat thérapeute-patient potentiel visant à déterminer la position la plus réaliste, comme lorsque le thérapeute tente de convaincre son patient d'adopter une position qui est plus « rationnelle », selon lui.

Les thérapies basées sur la méditation et l'acceptation

Des approches de plus en plus populaires sont basées sur les principes qui sous-tendent différentes formes de méditation. Mentionnons la thérapie cognitive basée sur la méditation (Segal, Teasdale & Williams, 2001 ; Kabat-Zinn, 2003), la thérapie dialectique comportementale (Linehan, 1993), la thérapie métacognitive (Wells, 2000) et la thérapie basée sur l'acceptation et l'engagement (Hayes, Strosah & Wilson, 1999). Avec ces approches, on vise l'observation des pensées sans chercher à les modifier, même si elles sont biaisées et dysfonctionnelles. L'individu est amené à constater que s'il évite de plonger dans le tourbillon de ses pensées (c'est-à-dire s'il évite de ruminer ou de s'inquiéter), elle finiront par se transformer, et que son attitude à leur égard se modifiera également à la suite, par exemple, d'un phénomène de distanciation. Il lui deviendra alors plus facile d'agir de façon habile, selon ses valeurs. Ces approches intégratives et plus parcimonieuses sont utilisées, entre autres, dans le traitement de la dépression récurrente (Teasdale *et al.*, 2000) et de la psychose (Bach, 2002).

Ces thérapies font partie de la troisième vague dans le domaine de la thérapie cognitivo-comportementale, la première étant la thérapie comportementale et la deuxième, la thérapie cognitivo-comportementale traditionnelle visant à évaluer et à modifier les pensées et les comportements dysfonctionnels.

En conclusion, nous pouvons dire que la thérapie cognitivo-comportementale est née de l'intégration des thérapies comportementale et cognitive alors même qu'elle assimilait des éléments issus d'autres systèmes de psychothérapie, comme la psychanalyse et les thérapies humanistes (Beck, 1995). Il s'agit d'une approche utilisée dans le traitement de nombreuses pathologies et dont l'efficacité est bien démontrée. On tente maintenant de la simplifier et de la rendre encore plus efficace en ciblant ses éléments actifs, en développant des variantes plus parcimonieuses et, dans un mouvement intégratif, en continuant de lui incorporer des éléments productifs venant d'autres systèmes de psychothérapie.

---

5. On pourrait également employer le terme « croyance ».

CHAPITRE

2

Les fondements théoriques de la thérapie comportementale

par Louis Chaloult et Thanh-Lan Ngo

Nous avons vu, dans le chapitre précédent, que les pionniers de la thérapie comportementale (ou behaviorale), notamment Watson et Skinner, s'intéressaient avant tout aux comportements, c'est-à-dire aux actions observables et vérifiables d'un organisme. Ils conseillaient de se méfier de ce qui se passe dans la « boîte noire », désignant ainsi la dimension subjective dont relèvent les émotions, les pensées et les croyances d'une personne. Comme on a longtemps évité d'analyser ces variables dites « variables internes », l'approche comportementale ne propose donc pas de théorie de la personnalité; sa théorie de la psychopathologie ou de l'origine de la maladie mentale repose plutôt sur la théorie de l'apprentissage, selon laquelle les comportements peuvent être appris ou désappris en fonction de la manière dont ils sont influencés.

Malgré cette vision parfois limitative, les premiers comportementalistes ne se sont pas simplement contentés, comme certains semblent le croire, de mettre au point et de populariser une série de techniques. Leur approche a toujours comporté trois principaux volets :

- Des principes fondamentaux qui ont inspiré ses applications pratiques en clinique;
- Une méthodologie spécifique nommée « démarche comportementale »;
- Une gamme de techniques fiables et éprouvées dont le but est de modifier les comportements. Ces techniques découlent des principes fondamentaux et sont appliquées dans le cadre de la démarche comportementale.

Dans les pages qui suivent, nous présentons chacun de ces volets (Agras, 1995a; Prochaska, & Norcross, 1994).

Les trois principaux volets de la théorie comportementale

Les principes fondamentaux

Premier principe : Les comportements jouent un rôle essentiel dans l'apparition, le maintien et l'accentuation de la psychopathologie ou de la maladie mentale.

Le principal mérite de l'approche comportementale est d'avoir redonné aux comportements leur importance dans la compréhension de la psychopathologie. Par exemple, dans la dépression majeure, l'apathie et le retrait social sont les conséquences de la dépression, mais ils peuvent également contribuer à la maintenir et à l'accentuer. Il en est de même pour la plupart des maladies mentales, qui ont presque toujours des répercussions sur les comportements.

Deuxième principe : La théorie de l'apprentissage occupe une place primordiale dans la compréhension et le traitement de la maladie mentale.

La théorie de l'apprentissage est la pierre angulaire du comportementalisme (ou behaviorisme). Cette théorie est décrite dans les chapitres 3 à 5. Elle nous enseigne que les habitudes comportementales ne sont pas immuables et que les comportements, tant fonctionnels que dysfonctionnels, peuvent être appris ou désappris à l'aide des moyens appropriés. De ce constat apparaît l'importance de mettre au point et de valider des techniques ayant pour but de les modifier dans le sens désiré.

Troisième principe : Une évaluation rigoureuse est indispensable en début de traitement.

En thérapie comportementale, le traitement débute par une évaluation méthodique des comportements à modifier. C'est ce qu'on appelle l'« analyse fonctionnelle » (aussi nommée « analyse comportementale » et « analyse behaviorale », *behavior analysis,* en anglais). Cette analyse consiste avant tout à situer la problématique dans une optique comportementale en étudiant les comportements en fonction des aspects suivants (Kirk,1989) :

- *Le comportement* Quel est le comportement en tant que tel ? Il faut pouvoir le décrire de façon spécifique, si possible, en posant différentes questions : Quelle est la nature du comportement ? Quand se manifeste-t-il ? Où ? À quelle fréquence ? Quelle est sa durée ? Qui est présent ? Quel est le degré de détresse ? Par exemple, un phobique évite tel endroit, à telle fréquence, pendant tant de temps ;
- *Les facteurs précipitants et modulateurs* Quels sont les facteurs précipitants et modulateurs ? Dans quelles circonstances note-t-on l'apparition du comportement ? Quand empire-t-il ou s'atténue-t-il ? Par exemple, quels sont les situations, les personnes, les animaux ou les objets qui provoquent l'anxiété chez un phobique ? Y a-t-il des facteurs qui diminuent son anxiété lorsqu'il doit affronter ce qu'il craint ? ;

- *Les facteurs de maintien* Quels sont les facteurs de maintien ? Par exemple, l'évitement chez un phobique est presque toujours suivi d'un certain soulagement, ce qui contribue à l'aggravation éventuelle du comportement;
- *Les conséquences* Quelles sont les conséquences immédiates et à long terme du problème ? Par exemple, un phobique peut, à la limite, être confiné chez lui et ne plus pouvoir travailler, situation qui peut entraîner, à long terme, de graves difficultés financières et sociales;
- *L'évitement* Qu'est ce qui est évité ? Il faut ici décrire avec précision toutes les situations qui sont évitées par le phobique;
- *Les ressources* Quelles sont les ressources disponibles ? On peut vérifier si le sujet a déjà fait appel ou peut faire appel à des gens qu'il côtoie au travail, à des membres de sa famille, à des amis, à des professionnels de la santé ou à des organismes communautaires pour recevoir de l'aide. On recense également ses aptitudes personnelles.

Les résultats de cette évaluation sont ensuite utilisés pour établir ce qu'on nomme une « ligne de référence » (*baseline*), point de départ auquel on se réfère pour déterminer s'il y a ou non progression en cours de traitement.

Exercice

Marc consulte un thérapeute parce que sa conjointe le presse d'arrêter de fumer. En effet, leur assurance leur coûte une fortune, et elle s'inquiète de sa toux persistante. Quant à lui, il est ambivalent : il aime fumer, mais il est las des critiques de sa conjointe. Il faut dire qu'il fume un paquet de cigarettes par jour. Au travail, il doit sortir toutes les heures, pendant cinq minutes, pour fumer une ou deux cigarettes, même par temps froid; il discute alors avec d'autres collègues qui sont dans la même situation que lui. Il fume depuis 20 ans, soit depuis l'adolescence, à une époque où tous ses amis fumaient. Sa consommation de cigarettes a augmenté au fil des ans (au début, il s'en tenait à deux ou trois cigarettes par jour). Il fume surtout s'il a des dossiers importants à terminer; lorsqu'il prend un café, le matin et le soir; lorsqu'il sort avec des amis dans un bar. Il dit que ça lui permet de se concentrer et de se relaxer; c'est aussi un geste social. Il a déjà arrêté pendant des vacances, même s'il présentait des symptômes de sevrage, et il fume moins lorsqu'il est avec des amis non fumeurs.

? **Faites une analyse comportementale de ce cas. Décrivez le comportement de Marc, les facteurs précipitants et modulateurs, les facteurs de maintien, les conséquences immédiates et à long terme, ce qui est évité et les ressources disponibles. Vous trouverez les réponses à la fin du chapitre.**

Quatrième principe : L'efficacité du traitement est systématiquement évaluée pendant toute sa durée.

On évalue l'efficacité du traitement en observant la modification positive des comportements dysfonctionnels, modification qui doit se maintenir dans la vie courante à court, à moyen et à long terme.

Cinquième principe : La méthode est scientifique puisque l'efficacité des différentes formes de traitement est prouvée au moyen de recherches rigoureuses.

Les comportements sont plus facilement observables et mesurables que les pensées et les émotions et, par conséquent, ils se prêtent mieux aux exigences d'une recherche scientifique. Les comportementalistes ont été les premiers à utiliser des méthodes rigoureuses pour évaluer les résultats de leurs traitements, et ils n'ont jamais cessé de le faire depuis. Ainsi, ils ont servi d'inspiration aux chercheurs qui s'intéressent à d'autres types de thérapie, comme la thérapie cognitive et la thérapie interpersonnelle.

Sixième principe : Le thérapeute d'orientation comportementale est actif et directif, et la thérapie est structurée.

S'il tient compte des cinq premiers principes fondamentaux, le thérapeute d'orientation comportementale ne peut faire autrement que d'être actif et directif, et le cadre dans lequel se déroule la thérapie est nécessairement structuré. Cette structure se concrétise dans une méthodologie spécifique nommée « démarche comportementale ». Voyons en quoi elle consiste.

La démarche comportementale

La démarche comportementale est la façon dont on procède pour mettre en pratique les principes fondamentaux de la thérapie comportementale. Elle comporte cinq principales étapes (Agras, 1995) :

- *L'évaluation précise des comportements à modifier* L'instrument d'évaluation est *l'analyse fonctionnelle.* Comme nous venons de le voir, il faut déterminer avec précision les comportements dysfonctionnels, puis les stimuli et les renforcements pouvant les influencer. Ces stimuli et renforcements seront augmentés, diminués ou ajoutés pour modifier les comportements de la façon désirée. À l'aide de ces informations, on trace une *ligne de référence* qui deviendra le repère pour évaluer les progrès réalisés en cours de traitement ;
- *La mise en place d'objectifs clairs, précis, réalistes et bien délimités* Quels comportements doit-on modifier ? Pourquoi le faire ? Comment le faire ? Où et quand est-il préférable d'apporter un changement ? Jusqu'où doit-on aller ? Le patient a-t-il les ressources et la motivation nécessaires pour entreprendre cette démarche ? Voilà quelques-unes des questions qu'il faut se poser au regard des objectifs à fixer ;
- *Le choix des moyens les plus efficaces pour atteindre les objectifs fixés* Un thérapeute comportementaliste dispose de toute une gamme de techniques plus ou moins complexes pour favoriser le changement. Il doit choisir les plus pertinentes et les utiliser dans un ordre approprié. Pour ce faire, il peut s'inspirer des protocoles d'intervention spécifiques à la pathologie ou à la problématique en cause. La plupart du temps, ces techniques ou protocoles d'intervention comportent des tâches ou des

travaux que le patient doit exécuter entre les séances. Plus ces tâches sont concrètes, mesurables et bien adaptées à la personne, plus elles sont efficaces;

- *La mise en œuvre graduelle des moyens, ou passage à l'action* On commence généralement par des tâches très modestes et on en augmente graduellement la difficulté tant que l'objectif n'est pas atteint. On ne passe pas à une tâche plus difficile tant que les tâches plus faciles ne sont pas complètement maîtrisées;
- *La réévaluation constante des résultats tout le long du traitement* On mesure les résultats en cours de traitement de même qu'à la fin du traitement et on les compare avec ceux qu'on a décelés lors de la création de la ligne de référence. S'ils sont insatisfaisants, on réévalue les objectifs et la méthodologie, et on les modifie, au besoin.

Le chapitre 17, consacré aux travaux à domicile, contient une description plus détaillée de la démarche comportementale, ainsi que des exemples cliniques.

Les techniques comportementales

Au cours de l'élaboration des divers modèles d'apprentissage, trois grands courants de pensée ont émergé, assortis à diverses techniques relevant de l'approche comportementale. Chaque courant représente une façon différente d'aborder la psychopathologie, mais vient compléter les deux autres. Ces courants sont, selon Prochaska et Norcross (1994), le *conditionnement classique*, le *conditionnement opérant* et les *modifications cognitivo-comportementales*. Les trois prochains chapitres traiteront brièvement de ces trois courants.

Réponse à l'exercice

1. **Comportement** Nature : Marc fume une ou deux cigarettes. Moment et fréquence : toutes les heures. Endroit : dehors. Durée : à préciser. Avec qui : des collègues et amis.
Évolution : Marc est passé, en 20 ans, de 2 ou 3 cigarettes par jour à un paquet maintenant.
Degré de détresse : à préciser.
2. **Facteurs précipitants et modulateurs** Facteur précipitant : à l'adolescence, il voulait fumer avec ses amis. Facteurs modulateurs : la situation empire dans les conditions suivantes : café du matin, stress, sortie dans un bar avec des amis; la situation s'améliore en période de vacances et en présence d'amis non fumeurs.
3. **Facteurs de maintien** Dépendance physique (sevrage), emploi stressant.
4. **Conséquences** Immédiates : primes d'assurance élevées et toux; à long terme : discorde conjugale et détérioration de la santé.
5. **Évitement** Symptômes de sevrage.
6. **Ressources** Thérapeute et conjointe.

CHAPITRE

3

Le conditionnement classique

par Louis Chaloult et Thanh-Lan Ngo

Qu'est-ce que le conditionnement classique ?

Nous avons vu dans le chapitre 1, portant sur l'historique, qu'Ivan Pavlov est le père du conditionnement classique (qu'on appelle aussi « conditionnement répondant »). Mais avant d'aller plus loin, revenons brièvement sur les expériences qu'il a menées avec des chiens.

Dans un premier temps, l'expérimentateur donne un morceau de viande (stimulus inconditionnel) à un chien, qui se met à saliver (réponse inconditionnelle). Dans un second temps, peu avant de donner la viande, il fait entendre au chien le son d'un métronome (stimulus neutre). Après avoir répété le couplage « morceau de viande – son du métronome » à quelques reprises, il passe à l'étape suivante, qui consiste à ne faire qu'entendre le son du métronome (stimulus conditionnel), sans donner de viande. On note que le chien continue de saliver (réponse conditionnelle) même en l'absence de viande. Il est maintenant conditionné.

Pavlov a découvert que le pairage, contigu et répété, d'un stimulus neutre (le son du métronome) et d'un stimulus inconditionnel (qui entraîne naturellement une réponse) produit un conditionnement en ce sens que le stimulus neutre devient un stimulus conditionnel qui entraîne une réponse conditionnelle. Ici, le son du métronome (stimulus neutre), après avoir été couplé de façon contiguë et répétée à la nourriture (stimulus inconditionnel), devient un stimulus conditionnel qui entraîne une réponse conditionnelle (salivation).

Définition des termes

Il peut être utile de définir les termes utilisés ici (d'après Malcuit, Granger & Larocque, 1972) :

- Un *stimulus inconditionnel (SI)* est un stimulus qui produit dans l'organisme l'effet désiré (la viande, dans l'expérience de Pavlov) ;
- Une *réponse inconditionnelle (RI)* est une réponse suscitée par le stimulus inconditionnel (la salivation, dans l'expérience de Pavlov) ;

- Un *stimulus conditionnel (SC)* est un stimulus neutre qui, par couplage avec le stimulus inconditionnel, en vient à produire un effet semblable (le son du métronome, dans l'expérience de Pavlov) ;
- Une *réponse conditionnelle (RC)* est une réponse suscitée par le stimulus conditionnel (la salivation, dans l'expérience de Pavlov) ;
- Un stimulus qui précède le comportement est un *antécédent* et un stimulus qui suit un comportement est une *conséquence.*

Exercice

À l'âge de 10 ans, Jeanne a été obligée de parler devant sa classe. Le local était surchauffé, et elle s'était mise à transpirer abondamment. Elle avait eu l'impression d'être ridicule et était devenue très anxieuse. Depuis, elle transpire et devient anxieuse lorsqu'elle doit parler devant la classe, même si le local n'est pas surchauffé.

? Quels sont le stimulus inconditionnel, la réponse inconditionnelle, le stimulus conditionnel et la réponse conditionnelle ?

Les réponses se trouvent à la fin du chapitre.

Sur la base de cette même expérience de Pavlov, on peut, si on en modifie certaines données, observer trois phénomènes (Malcuit, Granger & Larocque, 1972).

- *L'extinction* Diminution graduelle puis la disparition d'une réponse conditionnelle lorsque celle-ci n'est plus accompagnée d'un stimulus inconditionnel. Dans l'exemple du chien de Pavlov, la salivation consécutive au son du métronome disparaît après un certain temps si on cesse de donner simultanément de la nourriture.
- *La généralisation* Processus qui fait qu'une réponse conditionnelle suscitée par un stimulus conditionnel peut aussi être suscitée par d'autres stimuli plus ou moins semblables au premier. On pourrait, par exemple, faire entendre au chien de Pavlov différents sons de métronome qui deviendraient graduellement plus graves et dont le rythme serait plus lent, et le chien continuerait de saliver de la même façon. Ainsi, un agoraphobe ayant subi une attaque de panique dans un autobus pourrait en venir à éviter toute forme de transport en commun.
- *La discrimination* Dans l'exemple précédent, le chien, par un processus de généralisation, pourrait saliver après trois sortes de stimuli conditionnels : un son aigu au rythme rapide, un son plus grave au rythme plus lent et un son très grave au rythme très lent. Si on continue de donner de la nourriture lorsque le son aigu au rythme rapide se fait entendre et qu'on cesse d'en donner lorsque les deux autres sons se font entendre, il y a rapidement diminution puis disparition de la réponse (la salivation) à ces deux derniers stimuli. C'est ce qu'on appelle un « processus de discrimination » :

le stimulus conditionnel original (le son aigu au rythme rapide) entraîne une réponse conditionnelle (salivation) à condition d'être couplé de temps en temps à un stimulus inconditionnel (nourriture produisant la salivation).

Ce phénomène est important en clinique, car il permet d'éliminer les liens entre les réponses conditionnelles et les stimuli conditionnels, et de les remplacer par le lien entre la réponse conditionnelle et le stimulus inconditionnel. L'agoraphobe, par exemple, n'attribuera plus son évitement (réponse conditionnelle) à l'autobus (stimulus conditionnel) ou aux autres transports en commun, mais plutôt aux attaques de panique (stimulus inconditionnel) survenues dans l'autobus.

Les travaux de Joseph Wolpe

Les expériences de Pavlov ont été fondamentales parce qu'elles ont ouvert la voie aux recherches sur les différentes formes de conditionnement, classique et opérant, dont le rôle est essentiel dans la compréhension et l'utilisation de l'approche comportementale. Parmi ceux qui s'en sont inspirés, on trouve Joseph Wolpe, qui a cherché à appliquer les découvertes de Pavlov au traitement de l'anxiété chez les êtres humains. Voyons d'abord la nature de ses recherches sur les chats, d'où provient le conditionnement classique.

Le contre-conditionnement par inhibition réciproque

Wolpe (1958) a déduit des travaux de Pavlov que si, au moyen d'un conditionnement, on pouvait faire saliver un chien, il serait sans doute possible, en suivant la même démarche, de provoquer l'apparition d'une anxiété conditionnée chez un autre animal ou même chez un être humain. Pour prouver cette théorie, il a entrepris une expérience avec des chats[1]. Il habituait ceux-ci à vivre dans une cage (stimulus neutre), puis il leur administrait une série de chocs électriques douloureux (stimulus inconditionnel). Sous l'effet des chocs électriques, les chats s'agitaient, miaulaient et tentaient de s'échapper de la cage (réponse inconditionnelle). Après quelques répétitions de l'expérience, cette réaction persistait (réponse conditionnelle) lorsqu'on mettait les chats dans la cage, même s'ils ne recevaient plus de chocs électriques (la cage est devenue un stimulus conditionnel). Ils refusaient également de manger si on leur offrait de la nourriture. Les chats étaient dorénavant conditionnés, et leur conditionnement (réaction anxieuse et refus de nourriture) se généralisa même à toute la salle d'expérimentation (phénomène de généralisation).

Wolpe pensa alors que si une anxiété pouvait être produite par un conditionnement, il serait peut-être possible de la faire disparaître par un conditionnement inverse. Il donna donc de la nourriture à ses chats dans une salle qui ne ressemblait pas du tout à la salle expérimentale . Il les nourrit ensuite dans des salles qui ressemblaient de plus en plus à la salle expérimentale. À chaque étape, il s'assurait que la réaction de peur était bien contrôlée

1. Les expériences de Wolpe étaient plus complexes que ce que nous décrivons ici, mais nous avons cru bon les simplifier pour en faciliter la compréhension.

avant de passer à l'étape suivante. Après un certain temps, les chats purent se nourrir dans la cage expérimentale sans manifester aucun signe d'anxiété.

Dans cette expérience de Wolpe, la réaction anxieuse est neutralisée par la présence de nourriture. Il s'agit là de ce qui s'est appelé un « phénomène d'inhibition réciproque ». Lorsque ce phénomène est utilisé pour produire un déconditionnement, on l'appelle « contre-conditionnement par inhibition réciproque ». Arrêtons-nous une fois de plus pour définir ces nouveaux termes.

- Le *déconditionnement* est un processus par lequel un comportement appris au moyen d'un conditionnement est désappris, c'est-à-dire supprimé ou modifié. Il existe plusieurs façons de déconditionner un individu, comme nous le verrons plus loin. Une de ces façons est le contre-conditionnement.
- Le *contre-conditionnement* est une forme de déconditionnement : un comportement appris à la suite d'un conditionnement est désappris au moyen d'un conditionnement inverse. Il se produit alors un phénomène d'inhibition réciproque.
- L'*inhibition réciproque* est un phénomène par lequel un stimulus entraînant une réponse donnée est neutralisé par un autre stimulus d'égale ou de plus grande intensité qui suscite une réponse inverse.

La désensibilisation systématique

Selon Wolpe, on peut « apprendre » l'anxiété à l'être humain comme à l'animal à l'aide d'un conditionnement classique ou répondant. Par exemple, l'individu qui subit une attaque de panique (stimulus inconditionnel) dans un ascenseur (stimulus conditionnel) peut continuer de craindre et d'éviter les ascenseurs (réponse conditionnelle) même si ses attaques de panique ont été contrôlées au moyen d'un traitement. Il est conditionné. Wolpe a alors pensé qu'on pourrait aider cet individu à « désapprendre son anxiété » en utilisant le contre-conditionnement par inhibition réciproque. C'est cet aspect qui devint le principal objet de ses recherches par la suite.

Dans ses expériences avec les chats, Wolpe avait constaté que, pour mener à bien un contre-conditionnement par inhibition réciproque, deux conditions devaient être remplies (Prochaska & Norcross, 1994). La première était de trouver, pour chaque situation, un stimulus provoquant une réponse incompatible avec l'anxiété et pouvant être couplé avec le stimulus responsable de l'anxiété, de sorte qu'il puisse en résulter un phénomène d'inhibition réciproque. Pour traiter les phobies, par exemple, Wolpe a choisi la relaxation parce que la réponse de calme et de détente qui en résulte est incompatible avec la réponse d'anxiété qui accompagne inévitablement les phobies. La seconde condition a trait au fait qu'une trop forte anxiété neutralise l'action du stimulus incompatible qu'on cherche à lui opposer. Certaines phobies, pour en revenir à notre exemple, peuvent générer une anxiété si intense que toute tentative de relaxation simultanée devient impossible. Pour éviter cet obstacle, il est préférable de commencer le traitement en utilisant des stimuli dont la réponse est plus faible que celle des stimuli opposés. C'est ce qu'a fait Wolpe en nourrissant les chats dans des salles qui ressemblaient de plus en plus à la salle expérimentale. Il faut donc commencer avec des tâches très faciles, puis en augmenter graduellement la difficulté jusqu'à ce que le contre-conditionnement soit totalement efficace. Pour ce faire, on doit établir au préalable une hiérarchie des étapes, qui seront plus ou moins nombreuses, selon les cas, et s'assurer que chaque étape est bien maîtrisée avant de passer à la suivante.

Un déconditionnement effectué de façon graduelle en utilisant une hiérarchie a été appelé « désensibilisation systématique » par Wolpe. Le type de déconditionnement que celui-ci a employé le plus souvent pour faire cette désensibilisation est le contre-conditionnement par inhibition réciproque.

Les trois formes d'anxiété pathologique auxquelles s'est intéressé Wolfe

Au cours de sa carrière de chercheur, Wolpe s'est surtout intéressé au traitement de trois formes d'anxiété pathologique : l'anxiété liée aux peurs ou aux phobies, l'anxiété sociale et l'anxiété liée aux dysfonctions sexuelles (Prochaska & Norcross, 1994).

Le traitement de l'anxiété liée aux peurs ou aux phobies

La relaxation est donc le stimulus utilisé par Wolpe pour contrer l'anxiété provoquée par les peurs et les phobies. De nos jours, la démarche thérapeutique s'effectue en deux temps : elle débute par une désensibilisation systématique en imagination, qui est ensuite combinée à une désensibilisation systématique in vivo. Notons que la désensibilisation systématique in vivo est une adaptation de la désensibilisation systématique en imagination. Au cours de la désensibilisation systématique en imagination, le thérapeute enseigne une technique de relaxation inspirée de la relaxation progressive de Jacobson (Jacobson, E., 1938), puis il établit une hiérarchie faite d'étapes graduelles rapprochant le patient de l'objet ou de la situation phobogène. Une fois le patient bien détendu, il lui demande de se représenter les diverses étapes en imagination, en allant de la plus facile à la plus difficile. À chaque étape, l'anxiété doit être bien neutralisée avant de passer à l'étape suivante. Une fois toutes les étapes maîtrisées en imagination, le patient entreprend la désensibilisation systématique in vivo : il refait les mêmes étapes, mais dans la réalité, cette fois. Prenons l'exemple d'un sujet souffrant d'une phobie du métro. Après lui avoir enseigné la relaxation, on pourra l'amener à imaginer d'abord la rue devant la station de métro et, lorsqu'il se sent un peu anxieux, à faire une pause afin qu'il se relaxe pendant quelques secondes; on l'incite ensuite à visualiser l'enseigne du métro et à se relaxer de nouveau s'il se sent anxieux; à l'étape suivante, on lui demande de passer les portes du métro et de se relaxer, au besoin, et on continue de la même façon jusqu'à ce qu'il puisse imaginer être, sans anxiété, dans un wagon de métro bondé. On répétera ensuite les mêmes étapes, progressivement, dans la réalité (in vivo).

Donnons un second exemple du traitement de l'anxiété liée aux peurs et aux phobies. Marie s'est fait mordre par un chien lorsqu'elle était âgée de 8 ans. Depuis, elle évite systématiquement les chiens. Si elle en voit un dans la rue, elle change de trottoir. Lorsqu'elle visite des amis qui possèdent un chien, elle ressent une anxiété intense : elle craint d'être attaquée et mordue. Elle consulte alors un psychologue parce qu'elle doit se marier, et son conjoint, qui adore les animaux, souhaite que leurs futurs enfants puissent avoir un chien.

Le thérapeute aide donc Marie à surmonter son anxiété grâce à un programme de désensibilisation systématique (voir Prochaska et Norcross [1994] pour un exemple de ce type de démarche):

- Il lui enseigne d'abord une technique de relaxation, la relaxation progressive de Jacobson. Marie apprend au cours de la séance à tendre et à détendre successivement chacun de ses groupes musculaires. Elle écoute ensuite chez elle les instructions de relaxation que son thérapeute a enregistrées sur une cassette;
- Avec l'aide de ce dernier, elle élabore ensuite une hiérarchie des 10 situations qu'elle craint le plus, allant de la moins anxiogène (voir un petit chien sur une photo) à la plus anxiogène (caresser un gros chien);
- Le thérapeute lui suggère alors d'imaginer une scène relaxante (par exemple, être assise sur le bord de la plage par une belle journée). Une fois qu'elle est détendue, il lui demande de se représenter successivement chaque situation de la hiérarchie en commençant par la moins anxiogène. Deux choses peuvent alors se produire:
  - si l'anxiété devient trop marquée, le thérapeute recommande à Marie de lever l'index droit. Lorsque cela se produit, il lui suggère d'imaginer une fois de plus la scène de la plage puis, une fois qu'elle est détendue, de revenir à la situation anxiogène;
  - si elle ne devient pas trop anxieuse lorsqu'elle pense de nouveau à la situation anxiogène, Marie continue de se l'imaginer pendant 10 secondes. Si tout va bien, elle passe ensuite aux situations suivantes en respectant l'ordre de la hiérarchie. Elle poursuit de la sorte jusqu'à ce qu'elle puisse imaginer sans anxiété toutes les situations de la hiérarchie, y compris la plus anxiogène;
- Enfin, Marie passe à la désensibilisation systématique in vivo. Elle affronte chaque situation, c'est-à-dire qu'elle vit successivement, dans la réalité, toutes les situations qui composent la hiérarchie élaborée au début de la thérapie; elle le fait de façon systématique et prolongée, en ce sens qu'elle demeure dans chaque situation tant que l'intensité de l'anxiété n'a pas diminué de moitié, au moins.

Le traitement de l'anxiété sociale

Avec les gens timides, soumis ou qui, de façon générale, se plaignent de ressentir une trop grande anxiété dans leurs relations interpersonnelles, Wolpe utilise l'affirmation de soi comme outil thérapeutique. On peut définir sommairement l'affirmation de soi comme étant la capacité d'exprimer ses pensées, ses émotions et ses désirs, et de défendre ses droits en le faisant de façon honnête et appropriée. Selon Wolpe, des comportements affirmatifs, comme l'expression active de l'admiration, de l'affection ou d'une colère adaptée, peuvent inhiber l'anxiété provenant de la peur du rejet, de la gêne ou d'un possible échec (Prochaska & Norcross, 1994).

En clinique, Wolpe (1973) amène d'abord le patient à reconnaître le besoin d'une affirmation de soi appropriée, puis il l'incite à adopter un comportement affirmatif en proposant les six types de comportements évoqués par Salter (1949), un pionnier des techniques d'affirmation: verbalisation des sentiments ressentis spontanément par le sujet; démonstration des émotions par l'expression du visage; contradiction si le sujet n'est pas d'accord avec son interlocuteur; utilisation du «je»; acceptation des éloges; improvisation. Le patient répète avec le thérapeute des déclarations affirmatives de nature critique et élogieuse, et peut s'inspirer de modèles qui s'expriment de façon affirmative. Au moment de donner des tâches à faire à domicile, le thérapeute s'assure de «ne jamais induire un comportement d'affirmation quand il risque de déboucher sur des conséquences fâcheuses» (Salter, 1949).

Le traitement de l'anxiété liée aux dysfonctions sexuelles

Pour traiter l'anxiété liée aux dysfonctions sexuelles, il faut l'inhiber, et l'excitation sexuelle est l'outil thérapeutique qui permet de le faire. Pour y arriver, on doit utiliser une fois de plus une démarche inspirée de la désensibilisation systématique : on établit une hiérarchie et on commence par les situations les moins phobogènes. Au début, les couples se plongent dans un contexte favorisant la sensualité (musique, odeurs agréables, massages, caresses ou autres) et, par étapes successives, ils en viennent à des caresses génitales, puis à une relation sexuelle complète. Il est essentiel que, d'une étape à l'autre, l'excitation sexuelle soit plus forte que l'anxiété. C'est de cette démarche que se sont inspirés Masters et Johnson (1970) lorsqu'ils ont mis au point ce qu'ils ont appelé les «phases d'éveil des sens» (*sensate focus*).

Les travaux de Wolpe ont constitué une percée importante dans le traitement de l'anxiété pathologique. Les principes de base de l'affirmation de soi et des phases d'éveil des sens sont toujours les mêmes aujourd'hui, bien que la démarche thérapeutique ait évolué et qu'elle se soit améliorée au fil des ans. Pour ce qui est de la désensibilisation systématique en imagination et in vivo, on l'utilise moins maintenant parce qu'elle exige beaucoup de temps, bien qu'elle ait inspiré d'autres techniques, dont l'immersion, l'exposition graduée in vivo, l'exposition aux sensations physiques et l'exposition graduée in vivo combinée à la prévention de la réponse. Notons que les études empiriques démontrent que ces techniques sont tout aussi efficaces que la désensibilisation systématique (Michelson *et al.*, 1988).

Dans les pages qui suivent, nous décrirons brièvement ces diverses techniques, et nous verrons quelques-unes des indications s'y rattachant ainsi que les principales étapes à suivre pour les appliquer. Chacune d'elles sera accompagnée d'un exemple. Il est important de se rappeler que ces techniques ne peuvent être appliquées de façon automatique : on doit les adapter avec soin selon le patient, le thérapeute, la pathologie et, plus globalement, la situation.

Les principales techniques découlant du conditionnement classique

L'immersion

On doit la technique de l'immersion à Stampfl (1961), qui l'a décrite pour la première fois en 1960. Celle-ci consiste à plonger le sujet dans une situation très anxiogène en prévenant, simultanément, toute stratégie de neutralisation ou tout comportement d'évitement. On laisse le sujet suffisamment longtemps pour que l'anxiété soit en bonne partie disparue, ce qui peut parfois prendre une heure ou plus. On répète les séances d'immersion suffisamment souvent pour que l'anxiété soit contrôlée quand le sujet est de nouveau devant l'objet phobogène ou dans la situation phobogène.

Deux mécanismes sont ici en cause :

- Un *mécanisme d'extinction* (Stampfl & Levis, 1967) selon lequel « une fois le conditionnement établi, si le stimulus conditionnel (SC) est présenté seul un trop grand nombre de fois sans être suivi du stimulus inconditionnel (SI), c'est-à-dire sans jamais être renforcé, la réponse conditionnelle (RC) s'amenuise lentement pour finir par disparaître » (Malcuit *et al.*, 1972). Prenons l'exemple d'un agoraphobe qui a développé une phobie de l'ascenseur après y avoir subi plusieurs attaques de panique. S'il reste assez longtemps dans l'ascenseur et s'il répète l'expérience suffisamment souvent et de façon rapprochée, son anxiété disparaîtra, mais à condition qu'il ne subisse pas d'autres attaques de panique pendant les périodes d'immersion. Un bon exercice d'exposition doit donc comporter des séances *prolongées, répétées et rapprochées* (Marks, 1972 ; Foa, 1980) ;
- Un mécanisme d'*habituation* (Rachman, 1978 ; Watts, 1973). Lorsque le sujet est plongé dans une situation anxiogène qu'il ne peut éviter ni neutraliser, dans un premier temps tous ses processus physiologiques réagissent : les rythmes cardiaque et respiratoire s'accélèrent, et l'électro-encéphalogramme de même que la conductance électrodermale sont modifiés. Si l'exposition est brève, l'organisme reste en état de sur-stimulation, le malaise persiste, et il en résulte une sensibilisation, c'est-à-dire qu'à l'avenir, le sujet aura plus peur de la situation phobogène qu'avant l'exposition. Si l'exposition dure suffisamment longtemps, l'organisme se calme et, par le fait même, s'habitue graduellement à la situation. C'est le phénomène d'« habituation », qui devient de plus en plus marqué à mesure que l'on répète les séances. Lorsque l'excitation physiologique est calmée grâce à l'habituation, il devient beaucoup plus facile de contrôler les comportements d'évitement et les stratégies de neutralisation qui en sont les conséquences.

Comme dans le cas de la désensibilisation systématique, il existe deux façons d'utiliser la technique de l'immersion : l'immersion en imagination et l'immersion in vivo.

1. L'immersion en imagination

Description

L'*immersion en imagination* (ou exposition en imagination, ou implosion, ou exposition cognitive) consiste en une exposition cognitive prolongée à des situations anxiogènes au cours de laquelle toutes les stratégies de neutralisation sont soigneusement éliminées[2]. Dans ce type d'exposition, le thérapeute utilise des scénarios dramatisants pour plonger le sujet, en imagination, dans diverses situations à l'origine de ses peurs. Dans un premier temps, le sujet est amené à se familiariser, au moins en imagination, avec ces situations tout en apprenant à tolérer l'anxiété qui en résulte. Dans un deuxième temps, l'anxiété diminue grâce à des phénomènes d'extinction et d'habituation.

2. Les stratégies de neutralisation sont des stratégies ayant pour but de diminuer l'anxiété causée par la situation, comme les raisonnements rassurants ou la distraction.

Indications

L'immersion en imagination est de plus en plus utilisée pour traiter divers types de pathologies, en particulier le Trouble obsessionnel compulsif (TOC), le Trouble d'anxiété généralisée (TAG) et l'État de stress post-traumatique (ESPT) (*voir le chapitre 10*).

Procédure

1. On demande au sujet de rédiger un scénario d'une à trois minutes dans lequel il décrit une situation qui lui apparaît extrêmement anxiogène, tout en évitant les stratégies de neutralisation.
2. Par la suite, le sujet lit le scénario à voix haute sous la supervision du thérapeute en mettant le plus d'émotion possible dans sa voix.
3. Le sujet relit le scénario (ou il l'écoute si celui-ci est enregistré sur une cassette audio, ce qui est préférable) en essayant de le vivre en imagination aussi intensément que possible. Chaque séance dure tant que l'anxiété n'a pas considérablement diminué ou disparu (habituellement 30 minutes, ou plus si cela est nécessaire). Le thérapeute encourage le patient à répéter ses exercices d'exposition tous les jours.
4. Les séances se poursuivent jusqu'à ce que la réaction anxieuse soit éliminée par l'effet des mécanismes d'extinction et d'habituation.
5. Dans les cas de TAG ou de TOC, on suggère de commencer par le thème le plus important, c'est-à-dire celui qui est responsable du plus grand nombre d'obsessions ou d'inquiétudes. Une fois ce thème maîtrisé, on reprend la démarche avec les autres thèmes qui sont à l'origine des principales obsessions ou inquiétudes.

Exemple

Françoise, 28 ans, est une « mère poule ». Elle surveille ses enfants tous les jours quand ils traversent la rue pour aller à l'école. Elle craint qu'ils se fassent écraser par une automobile. Elle s'inquiète à leur sujet toute la journée, jusqu'à ce qu'ils rentrent à la maison. Elle se fait également, de façon exagérée, du souci pour toutes sortes d'autres raisons, comme la situation financière de son couple, la santé de ses parents et l'avenir professionnel de son mari. Son anxiété lui cause beaucoup de souffrances, et elle aimerait ne plus s'en faire à propos de tout et de rien. Elle consulte son médecin de famille, qui diagnostique alors un trouble d'anxiété généralisée. Le médecin lui prescrit un antidépresseur puis la dirige vers un psychothérapeute.

1. Le thérapeute invite Françoise à dresser la liste de toutes les situations qui l'inquiètent, en commençant par la plus anxiogène. Il se rend compte qu'elle se préoccupe surtout du fait que ses enfants pourraient être victimes d'un accident de la route.
2. Françoise écrit un scénario d'environ une minute, dans lequel elle imagine que la pire catastrophe liée à un accident d'automobile dans lequel ses enfants sont

▶▶▶

impliqués est survenue. Le thérapeute l'encourage alors à imaginer les suites les plus dramatiques et à les élaborer en évitant toutes les stratégies de neutralisation. Il enlève, par exemple, les passages où elle écrit: «Mais finalement ce n'est pas si grave.» Il lui demande d'utiliser tous ses sens pour rendre le scénario plus vivant et plus facile à imaginer. Par exemple, elle écrit: «J'entends le bruit du freinage, je vois le sang, je sens l'odeur des pneus.» Le scénario commence par le départ des enfants. Françoise voit ensuite ces derniers se faire écraser par une automobile; ils gisent sur l'asphalte, à l'agonie. Elle devient folle de douleur et est hospitalisée en psychiatrie, où on l'attache parce qu'elle est agitée. Son mari la quitte et, lorsqu'elle sort de l'hôpital, elle a tout perdu et devient une sans-abri...

3. Françoise lit d'abord le scénario à voix haute en présence du thérapeute, qui lui explique la façon de procéder. Puis elle l'enregistre sur une cassette qu'elle écoute tous les jours, à plusieurs reprises pendant 30 minutes ou plus, jusqu'à ce que l'anxiété ait diminué de moitié, ou plus.cc

2. L'immersion in vivo

L'*immersion in vivo* consiste à placer le sujet directement dans la situation anxiogène en lui demandant d'y rester jusqu'à ce que l'anxiété diminue sensiblement ou disparaisse. Les séances sont répétées tant que le sujet en situation phobogène ne parvient pas à contrôler en bonne partie son anxiété. Habituellement, l'immersion se fait en une ou deux séances prolongées. L'obtention de résultats rapides constitue le principal avantage de cette technique. Par contre, les patients préfèrent presque toujours l'exposition graduée in vivo parce qu'elle est moins pénible même si elle exige plus de temps.

L'exposition graduée in vivo

Description

Cette technique consiste à mettre graduellement et systématiquement une personne en présence de l'objet de ses peurs, non pas en imagination mais dans la réalité (Agras, 1995b; Marks, 1987). Il s'agit d'une autre technique dérivée de la désensibilisation systématique in vivo, mais qui en diffère du fait que le déconditionnement, ici, repose non pas sur un phénomène d'inhibition réciproque, mais plutôt sur des mécanismes d'extinction et d'habituation. C'est sans doute la technique la plus efficace et la plus utilisée actuellement dans le traitement des peurs et des phobies.

Indications

L'exposition graduée in vivo est surtout utilisée pour traiter l'évitement consécutif à diverses peurs ou phobies.

Procédure (Jacob & Pelham, 2000)

1. On commence par établir une hiérarchie des principales situations phobogènes, en allant de la plus facile à la plus difficile. Il faut analyser soigneusement chaque situation en mettant en évidence les facteurs physiologiques, cognitifs et comportementaux prévalant avant, pendant et après chaque situation.
2. On amène graduellement la personne à faire face, dans la réalité (in vivo), à chacune de ces situations, en commençant par la plus facile.
3. Il faut tenir compte des trois conditions essentielles pour rendre les séances d'exposition efficaces : elles doivent être prolongées, répétées et rapprochées.
4. On ne doit pas mettre un terme à l'exposition à une situation tant que l'anxiété n'est pas réduite d'au moins 50 %. Le patient ne doit pas *s'échapper* (c'est-à-dire quitter la situation anxiogène pour soulager son anxiété) ou, pire, *éviter* la situation (c'est-à-dire éviter totalement ou partiellement la situation anxiogène pour prévenir son anxiété), car ceci diminue l'anxiété à court terme mais la fait augmenter à long terme.
5. On ne doit pas progresser dans la hiérarchie tant que l'étape en cours n'est pas suffisamment maîtrisée.

Exemple

Johanne a subi une attaque de panique alors qu'elle se trouvait dans un métro bondé, à l'heure de pointe. Son attaque a débuté par une sensation d'étouffement. Son cœur battait la chamade, elle respirait difficilement et elle a cru qu'elle était sur le point de s'évanouir. Elle est sortie précipitamment du wagon, puis de la station de métro, et aussitôt s'est sentie mieux. Depuis, elle appréhende d'aller dans le métro, au point où elle l'évite complètement. Elle ne prend pas non plus l'autobus ou le train de banlieue, car elle y étouffe. Elle consulte alors un thérapeute parce que son conjoint est las de la conduire au travail et menace de la quitter si elle ne se fait pas soigner.

1. Le thérapeute note soigneusement toutes les situations que la patiente appréhende ou évite.
2. Il fournit à la patiente, ainsi qu'à son conjoint, des explications au sujet du trouble panique avec agoraphobie. Il leur parle du traitement basé sur l'exposition graduée in vivo et leur explique les mécanismes de l'extinction et de l'habituation. Il invite le conjoint à aider sa femme à affronter les situations anxiogènes.
3. En collaboration avec la patiente, il établit une hiérarchie comportant 10 situations, en commençant par la moins anxiogène (par exemple, se rendre à un arrêt d'autobus) et en finissant par la pire (par exemple, se trouver dans un métro bondé sans être accompagnée d'un proche).
4. Il recommande ensuite à la patiente de s'exposer à chaque situation en commençant par la moins anxiogène. Celle-ci doit d'abord se rendre à l'arrêt d'autobus, noter son niveau d'anxiété et rester là jusqu'à ce que ce niveau baisse de moitié. Elle passe ensuite à la prochaine situation sur la liste, et ainsi de suite.

▶▶▶

5. En fin de thérapie, le thérapeute demande à Johanne si elle évite encore certaines situations. Dans l'affirmative, il l'incite à faire face à ces situations, une à la fois, jusqu'à ce qu'elle soit complètement désensibilisée.
6. Au cours d'une rencontre de suivi, quelques semaines plus tard (entrevue de consolidation), le thérapeute évalue l'évolution de la situation depuis la dernière rencontre. Si Johanne a recommencé à éviter une situation, il reprend le même traitement, mais en raffinant certains de ses ingrédients ou en y ajoutant de nouvelles composantes : explications plus détaillées, étapes de l'exposition plus nombreuses mais plus faciles, participation accrue de l'entourage, etc.

Prévention des difficultés

L'exposition graduée in vivo est une technique efficace, bien connue et utilisée depuis fort longtemps. Son usage n'est toutefois pas aussi simple qu'il n'y paraît à première vue, et l'expérience du thérapeute joue un rôle important dans l'obtention de résultats concluants. Les quelques suggestions suivantes, fondées sur l'expérience clinique, peuvent faire augmenter les chances de réussite :

- *Donner des explications claires.* Il faut exposer de façon détaillée l'objectif de la technique, ses différentes étapes, ses composantes, et bien situer celle-ci dans l'ensemble du traitement, etc. ;
- *Bien préparer le sujet.* Si le patient est incapable d'envisager l'exposition à cause d'une trop grande anxiété anticipatoire, on peut lui enseigner une technique respiratoire combinée à quelques éléments de relaxation et s'en servir pour faire précéder l'exposition d'une désensibilisation systématique en imagination. On peut aussi, en se servant de la restructuration cognitive, apprendre au patient à modifier son discours intérieur avant, pendant et après l'exposition ;
- *Être ferme.* Certains patients ont tendance à trouver toutes sortes de prétextes pour n'accomplir que partiellement les tâches qu'ils se sont engagés à faire. Si le thérapeute n'intervient pas dès le début, l'exposition risque d'être moins efficace ;
- *Être disponible.* Il faut accepter de voir le sujet plus souvent ou lui suggérer de téléphoner si des difficultés se présentent en cours de route ;
- *Procéder rapidement.* Il faut battre le fer quand il est chaud : le thérapeute doit éviter de commencer l'exposition in vivo avant des absences prévues ou ses vacances, ou des vacances du patient. Il faut y aller rondement une fois que le processus est enclenché.

L'exposition aux sensations physiques

Description

On entend par « sensations physiques » les symptômes physiologiques qui accompagnent les attaques de panique et qui suscitent chez la personne des peurs prenant l'allure de catastrophes, comme la peur de perdre connaissance, de perdre la maîtrise de soi ou de mourir. Ces symptômes peuvent être regroupés en cinq catégories :

- Des symptômes cardiovasculaires, en particulier de la tachycardie, des extrasystoles et des malaises thoraciques ;
- Des symptômes respiratoires, surtout une sensation d'étouffement combinée à une accélération du rythme respiratoire pouvant causer de l'hyperventilation ;
- Des symptômes vestibulaires, en particulier des nausées et des étourdissements ;
- Des symptômes consécutifs à l'hyperventilation. Il s'agit surtout d'une sensation d'irréalité se manifestant par un sentiment de dépersonnalisation et de la déréalisation ;
- Des symptômes liés à la tension musculaire, comme des tremblements et des raideurs musculaires.

L'exposition aux sensations physiques consiste à reproduire chez le sujet ces divers symptômes au moyen d'exercices spécifiquement conçus à cette fin (Marchand & Letarte, 1993 ; Leahy & Holland, 2000). Graduellement, la personne se familiarise avec ces symptômes, et il en résulte une dédramatisation lorsqu'elle se rend compte que, même si ceux-ci sont douloureux, ils ne sont pas vraiment dangereux. Elle en arrive donc à penser et à se comporter plus adéquatement lorsqu'ils surviennent au moment des attaques de panique.

Il y a huit exercices :

1. Secouer la tête de gauche à droite pendant 30 secondes. But : exposition aux étourdissements ;
2. Placer la tête entre les genoux pendant 30 secondes et la relever rapidement. But : exposition aux étourdissements ;
3. Monter et descendre rapidement un escalier ou une marche d'escalier pendant une minute. But : exposition à la tachycardie ;
4. Retenir sa respiration pendant 30 secondes. But : exposition à la sensation de manque d'air ;
5. Contracter tout son corps pendant une minute. But : exposition à la tension musculaire ou aux tremblements provoqués par l'anxiété ;
6. S'asseoir sur une chaise pivotante et tourner sur place pendant une minute. But : exposition aux étourdissements ;
7. Hyperventiler pendant une minute. But : exposition aux conséquences de l'hyperventilation, en particulier aux étourdissements, à la dépersonnalisation et à la déréalisation ;
8. Respirer à l'aide d'une paille étroite pendant une minute. But : exposition à la sensation d'étouffement.

Indications

Cette technique, dont l'apparition est relativement récente, est utilisée essentiellement pour traiter les attaques de panique et, par conséquent, toutes les pathologies au cours desquelles surviennent des attaques de panique, comme le Trouble panique seul ou le Trouble panique avec agoraphobie (Clark *et al.*, 1994; Craske *et al.*, 1997).

Procédure

Il est possible de s'y prendre de diverses façons pour effectuer une exposition aux sensations physiques, car la démarche peut varier selon les besoins et la motivation du patient. Les étapes suivantes peuvent servir de points de repère :

1. On doit expliquer de façon détaillée au patient la nature de cette technique : ses objectifs, ses étapes et les difficultés auxquelles on peut s'attendre. Il faut bien la situer dans l'ensemble du traitement;
2. On doit décrire soigneusement la nature, le rôle et le déroulement de chaque exercice, puis demander au patient d'exécuter les exercices au cours de l'entrevue. Il faut faire preuve de prudence, en particulier avec les exercices de tournoiement et d'hyperventilation, et évaluer le degré d'anxiété provoqué par chaque exercice;
3. Il faut mettre de côté les exercices qui ne provoquent aucune anxiété. On dresse ensuite une hiérarchie des exercices restants allant de l'exercice le moins anxiogène à l'exercice le plus anxiogène;
4. On demande au patient de répéter ces exercices à la maison, en commençant par le moins anxiogène. Il doit en répéter deux à la fois, deux fois consécutives, au moins une fois par jour mais de préférence deux fois par jour;
5. Lorsque le patient est bien désensibilisé au regard d'un exercice, on remplace l'exercice par le suivant dans la hiérarchie. On doit se limiter à deux exercices à la fois et poursuivre ainsi jusqu'à ce que tous les exercices de la hiérarchie aient provoqué la désensibilisation souhaitée.

Exemple

Jean étudie à l'université. Au cours d'un examen, il a subi une attaque de panique. Son cœur battait la chamade, il respirait difficilement et il ressentait des engourdissements aux mains et à la bouche. Il avait l'impression qu'il était sur le point de mourir d'une crise cardiaque, comme son père. Il s'est rendu à l'urgence de l'hôpital le plus proche, mais des examens ont démontré que son cœur était sain. On lui a alors expliqué qu'il avait subi une attaque de panique. Depuis, il n'est pas retourné en classe; il ne prend plus les transports en commun et il évite les foules, les bains chauds ainsi que l'exercice physique, car toutes ces situations déclenchent chez lui des attaques de panique. Lorsqu'une de ces attaques survient, il prend une médication et s'assoit sans bouger. Il consulte donc son médecin de famille parce qu'il voudrait terminer ses études, sachant qu'il ne le peut pas, car il se sent incapable de retourner à l'université. Le médecin lui prescrit une médication et le dirige vers un psychologue pour qu'il reçoive le traitement psychologique qui convient.

1. Le psychologue demande à Jean de décrire soigneusement ses attaques de panique, en insistant sur la première : les symptômes physiques qui les accompagnent, les pensées qui leur sont associées (par exemple, les palpitations sont synonymes de crise cardiaque), le contexte dans lequel les attaques surviennent (au moment d'un examen, dans une foule ou dans un bain chaud) et leur durée. Il note les stratégies de neutralisation que Jean utilise pour se protéger lorsqu'une attaque survient (par exemple, se rendre à l'urgence ou prendre une médication et rester immobile). Il note également la fréquence des attaques ainsi que leurs conséquences (par exemple, l'impossibilité d'aller en classe).
2. Il dresse la liste des situations que Jean évite ou craint.
3. Il explique à Jean ce qu'est le Trouble panique avec agoraphobie. Il le rassure en lui faisant valoir que les attaques de panique ne sont pas dangereuses. Il lui décrit les principales étapes du traitement, et plus particulièrement la restructuration cognitive, l'exposition aux sensations physiques et l'exposition graduée in vivo.
4. Les étapes antérieures étant terminées, il entreprend l'exposition aux sensations physiques. Il explique l'utilité de cette technique et décrit le rôle ainsi que le déroulement de chaque exercice. Dans la mesure du possible, il les exécute lui-même pour servir de modèle et demande ensuite à Jean d'en faire autant. Il le corrige, au besoin, puis il évalue le degré d'anxiété provoqué par chaque exercice.
5. Les exercices 1 (secouer la tête de gauche à droite) et 2 (placer la tête entre les genoux) ne provoquant pas d'anxiété, il les élimine. Il établit alors une hiérarchie des six exercices restants en commençant par l'exercice le moins anxiogène (exercice 5 : contracter tout son corps pendant un minute) et en terminant par le plus anxiogène (exercice 7 : hyperventiler pendant une minute).
6. Il demande alors à Jean de répéter les deux exercices les moins anxiogènes à deux reprises, deux fois par jour, à la maison, et lui remet une « Grille d'observation pour les exercices d'exposition aux sensations physiques ». Jean doit remplir cette grille à la fin de chaque séance d'exercice.
7. Lorsqu'un exercice ne produit plus d'anxiété, il est remplacé par le suivant dans la hiérarchie. Le thérapeute poursuit de la sorte jusqu'à ce que Jean soit complètement désensibilisé à toutes les sensations physiques provoquées par les exercices de la hiérarchie. Il entreprend ensuite l'étape suivante du traitement, qui est l'exposition graduée in vivo.

L'exposition graduée in vivo combinée à la prévention de la réponse

Description

Cette technique est surtout employée dans le traitement du Trouble obsessionnel compulsif (Marks, Hodgson & Rachman, 1975; Marks *et al.*, 1980; Roper *et al.*, 1975). Elle consiste à utiliser l'exposition graduée in vivo pour amener le patient à faire graduellement face aux peurs suscitées par ses obsessions et l'inciter à supprimer les compulsions ou les rituels auxquels il recourt habituellement pour contrôler son anxiété. Les compulsions forment ici *la réponse* et *la prévention de la réponse* amène leur suppression.

Procédure

1. Il faut d'abord connaître les diverses obsessions du patient et les compulsions qui en découlent. On note les différents stimuli ou facteurs (cognitifs, comportementaux, relationnels, etc.) qui les influencent.
2. On dresse ensuite la liste des principale situations où les comportements obsessifs et compulsifs apparaissent. On doit prendre soin d'inclure les situations que le patient évite complètement parce qu'elles sont trop anxiogènes. Sur cette base, on établit une hiérarchie allant de la situation la plus facile à affronter sans compulsion jusqu'à la plus difficile.
3. On demande ensuite au patient de vivre dans la réalité chacune de ces situations en éliminant complètement les compulsions. Il faut progresser graduellement, en partant de la situation la plus facile pour aller vers la plus difficile. Lorsque la chose est possible, on utilise l'apprentissage vicariant : le thérapeute exécute lui-même certains des exercices qu'il recommande au patient pour lui servir de modèle. Par exemple, il manipule des poignées de porte sans se laver les mains devant une personne qui craint d'y toucher de peur de se contaminer. Il lui demande ensuite de l'imiter.
4. Une fois que la première situation est maitrisée, on incite le patient à aborder une à une toutes les autres situations de la hiérarchie en appliquant les principes fondamentaux de l'exposition in vivo :
   - il faut tenir compte des trois conditions essentielles pour rendre les séances d'exposition efficaces : elles doivent être prolongées, répétées et rapprochées;
   - dans la mesure du possible, l'exposition débute pendant les entrevues avec le thérapeute. Elle se poursuit à domicile, entre les entrevues;
   - on ne progresse pas dans la hiérarchie tant que l'étape en cours n'est pas suffisamment maitrisée, c'est-à-dire tant que les compulsions ne sont pas complètement éliminées et tant que l'anxiété n'a pas diminué d'au moins 50 %.

Exemple

Manon a peur d'être contaminée par des microbes. Elle se lave les mains compulsivement plus de deux heures par jour. Elle porte des gants et évite de toucher aux robinets et aux poignées de porte, et de serrer la main des gens. Si elle est dans l'obligation de faire ces gestes qu'elle évite, elle se lave les mains par la suite jusqu'à ce qu'elle ait l'impression qu'elles sont propres, soit une dizaine de fois, en moyenne. Elle perd beaucoup de temps à exécuter ses rituels et consulte un thérapeute parce que sa directrice ainsi que ses compagnons de travail la pressent de se faire traiter.

1. Le thérapeute explique d'abord à Manon ce qu'est le Trouble obsessionnel compulsif. Il lui décrit de façon détaillée les principales étapes du traitement, en particulier celle de l'exposition graduée in vivo avec prévention de la réponse.
2. Il dresse ensuite la liste des obsessions (ici, la peur de la contamination) et des compulsions (par exemple, se laver les mains au moins 10 fois après avoir touché un robinet ou une poignée de porte) en notant leur fréquence et leur durée. Il utilise différentes échelles de mesure.
3. En se servant de cette liste, il bâtit une hiérarchie débutant par les situations les moins anxiogènes, soit celles qui provoquent le moins de comportements obsessifs et compulsifs (serrer la main d'une personne connue, toucher le sol, ouvrir la porte du bureau du thérapeute sans gants, etc.) et se terminant par les situations les plus anxiogènes (serrer la main d'un inconnu, manipuler un panier à ordures sans gants, utiliser des toilettes plus ou moins bien entretenues, etc.).
4. Il demande ensuite à Manon de s'exposer à ces situations, c'est-à-dire de toucher ou d'utiliser des objets qu'elle juge contaminés, en augmentant graduellement la difficulté : serrer des mains, toucher le sol, utiliser les poignées de porte des toilettes, manipuler un panier à ordures, etc. Auparavant, il fait lui-même ces gestes en sa présence pour lui servir de modèle.
5. À chaque étape de l'exposition, il l'incite à ne pas se laver les mains, du moins dans l'immédiat, et à répéter l'exercice tant que ses compulsions ne sont pas complètement éliminées et que son anxiété n'a pas diminué d'au moins 50 %.

Réponse à l'exercice

Stimulus inconditionnel : parler devant une classe dans un local surchauffé.
Réponse inconditionnelle : transpiration.
Stimulus conditionnel : parler devant une classe dans un local non surchauffé.
Réponse conditionnelle : transpiration et anxiété devant une classe dans un local non surchauffé.

CHAPITRE 4

Le conditionnement opérant

par Louis Chaloult et Thanh-Lan Ngo

Qu'est-ce que le conditionnement opérant ?

Les travaux de B. F. Skinner

Le psychologue américain B. F. Skinner, dans la foulée des travaux d'Edwin Thorndike (*voir le chapitre 1*), développa les concepts de base du conditionnement opérant (aussi appelé « contrôle de l'environnement » ou « aménagement du contexte, des éventualités ou des contingences » ou *contingency management,* en anglais) (Skinner, 1953; 1974). Selon lui, un comportement normal et pathologique, tant chez l'animal que chez l'humain, est conditionné par ses conséquences. Si un comportement est suivi d'un stimulus agréable, l'individu aura tendance à le reproduire et le rendra plus fréquent. S'il est suivi par un stimulus désagréable, l'individu aura tendance à le faire rapidement disparaître. S'il n'est suivi d'aucun stimulus, ni agréable ni désagréable, l'individu aura quand même tendance à l'éliminer, mais plus lentement, cette fois. Pour modifier un comportement, il importe donc, avant tout, de le faire suivre de conséquences agréables ou désagréables, ou de ne l'associer à aucune conséquence, selon qu'on veut en augmenter la manifestation ou la diminuer plus ou moins rapidement.

On peut illustrer ce phénomène par un exemple tiré de Malcuit, Granger et Larocque (1972, p. 14) : « Plaçons un animal assoiffé (rat blanc) dans une boîte. Qu'observons-nous ? Cet organisme émet ou, si on préfère, exécute divers comportements opérants. Il explore la boîte dans tous les coins, fouille avec son museau, appuie sur un levier qui se trouve dans un des coins de la boîte, etc. Si nous observons l'animal durant un certain temps, nous remarquons que la fréquence du comportement « presser sur un levier » augmente graduellement alors que celle des autres comportements diminue. Pourquoi ? Parce que si nous y regardons de plus près, nous remarquons que chacune des pressions de l'animal sur le levier déclenche l'opération d'un mécanisme de distribution d'eau qui laisse tomber une goutte d'eau (agent de renforcement positif) dans un petit récipient placé sous le levier. Tous les autres comportements de l'animal n'ont aucune conséquence de ce genre. Nous pouvons donc émettre l'hypothèse que le comportement de l'animal dans cette boîte est contrôlé par ses conséquences (renforcement positif). »

Si l'on poursuit l'expérience en supprimant la conséquence agréable, c'est-à-dire la goutte d'eau qui tombe lorsque le rat appuie sur le levier, le comportement « peser sur le levier » diminuera graduellement (processus d'extinction), tandis que les autres comportements d'exploration s'accroîtront. Et si, de surcroît, on fait suivre le comportement « peser sur le levier » d'une conséquence désagréable, comme un léger choc électrique (punition), le rat aura tendance à le faire disparaître encore plus rapidement.

Ce qui est vrai pour un animal l'est également pour un être humain, comme on peut le constater au quotidien. Si on s'empresse de répondre aux demandes de l'enfant qui pleure pour obtenir de l'attention ou satisfaire un désir (renforcement positif), il aura tendance à pleurer davantage à l'avenir ; si on ignore ses pleurs, ceux-ci diminueront lentement (extinction) ; si ses pleurs sont suivis d'un stimulus désagréable, comme un éloignement temporaire ou une réprimande (punition), ils diminueront sans doute plus rapidement.

Un autre exemple nous montre une situation quelque peu différente : des parents demandent à leur enfant de faire ses devoirs et d'apprendre ses leçons, puis d'accomplir certaines tâches ménagères avant d'aller jouer avec ses amis. Au fil des jours, trouvant ses résultats en classe trop faibles, ils lui proposent de diminuer sa participation aux travaux ménagers (renforcement négatif) s'il étudie plus longtemps et avec plus d'application. Après un certain temps, les résultats scolaires de l'enfant s'améliorent.

Définition des termes

Sur la base de ces exemples et en nous inspirant de nouveau de Malcuit, Granger et Larocque (1972) ainsi que de Louis Guérette (2000 ; 2001), nous pouvons définir les termes les plus fréquemment utilisés dans le domaine du conditionnement opérant :

- Un *agent de renforcement positif* est un stimulus qui, lorsqu'il suit immédiatement un comportement, augmente la probabilité de son apparition mais à condition de ne pas être interrompu ; l'eau qui tombe régulièrement, dans le premier exemple, et l'attention soutenue de l'adulte, dans le deuxième exemple, sont des agents de renforcement positifs ;
- Un *agent de renforcement négatif* est un stimulus qui, lorsqu'il suit immédiatement un comportement, augmente la probabilité de son apparition quand il diminue ou cesse ; la diminution ou la disparition des tâches ménagères, dans le troisième exemple, est un agent de renforcement négatif ;
- Un *agent de renforcement primaire* est un stimulus qui constitue, en soi, un renforcement par la satisfaction d'un besoin fondamental (manger, par exemple) ;
- Un *agent de renforcement secondaire* est un stimulus ayant acquis des caractéristiques « renforçantes » par son association avec un agent de renforcement primaire (par exemple, l'argent par lequel on se procure de la nourriture) ;
- Il y a *renforcement positif* dans les cas où la fréquence d'apparition d'un comportement augmente quand ce comportement est suivi d'un agent de renforcement positif. Ainsi, il

y aura un accroissement de la fréquence du comportement « presser sur le levier », dans le premier exemple, et des pleurs du bébé, dans le deuxième exemple, si ces manifestations sont suivies d'un agent de renforcement positif;

- Il y a *renforcement négatif* dans les cas où la fréquence d'apparition d'un comportement augmente si ce comportement est suivi de la cessation d'un agent de renforcement négatif. L'augmentation du temps d'étude quand l'enfant n'a pas à faire de tâches ménagères, dans le troisième exemple, constitue un renforcement négatif;
- L'*extinction* est la diminution de la fréquence d'apparition d'un comportement et, éventuellement, sa disparition lorsque ce comportement n'est plus suivi de la conséquence qui permet de le contrôler. Il peut s'agir, par exemple, de la diminution puis de la cessation du comportement « presser sur le levier » lorsque l'eau ne coule plus, ou des pleurs du bébé lorsque l'adulte les ignore;
- Une *punition* est un stimulus aversif qui suit un comportement et qui réduit les probabilités de son apparition. Il y a deux sortes de punitions : la punition par présentation d'un stimulus déplaisant, comme donner un choc électrique ou s'éloigner de l'enfant, (dans les deux premiers exemples) et la punition par retrait d'un stimulus plaisant, comme empêcher l'enfant d'aller jouer avec ses amis (dans le troisième exemple) ou diminuer le salaire d'un employé dont le rendement n'est pas satisfaisant;
- Il y a *apprentissage vicariant* (ou apprentissage par imitation) lorsque, après avoir observé un modèle, le sujet modifie un comportement dans le but d'imiter celui du modèle. Par exemple, le modèle peut être un thérapeute qui accompagne son patient agoraphobe dans le métro à l'heure de pointe pour lui donner l'occasion d'observer une personne qui est à l'aise dans ce type de situation;
- Le *renforcement vicariant* est un renforcement appliqué non pas au sujet lui-même, mais à un autre individu que le sujet peut observer. Ce dernier est alors susceptible d'imiter un comportement donné. Par exemple, le sujet peut observer un professeur qui félicite, devant la classe, un élève qui vient de réussir un brillant exposé;
- Une *punition vicariante* est une punition appliquée non pas au sujet lui-même, mais à une autre personne que le sujet peut observer. Ce dernier est alors dissuadé de reproduire un comportement donné. Par exemple, la peine de mort qu'on infligeait autrefois en public était une punition vicariante.

Exercice

Georges est un patient qui souffre de schizophrénie. Il est apathique et refuse de faire sa toilette depuis deux semaines. Le personnel infirmier décide donc, s'il fait sa toilette, de lui donner une cigarette, de l'exempter de la première marche du matin, qu'il déteste, et de le complimenter. S'il ne la fait pas, il aura moins souvent la permission de sortir avec un préposé. Georges fait maintenant sa toilette tous les deux jours.

? Quels sont, dans cet exemple, l'agent de renforcement positif, l'agent de renforcement négatif, le renforcement positif, le renforcement négatif et la punition ?

Les réponses se trouvent à la fin du chapitre.

Les principes de contingence et de contiguïté

Pour qu'un comportement soit modifié par un conditionnement, deux principes doivent être respectés : le principe de contingence et celui de contiguïté (Jacob, 2005).

Le principe de contingence

Ce principe implique que pour produire un conditionnement, le stimulus doive survenir à la suite du comportement, de façon que le sujet puisse établir un lien entre le stimulus et le comportement influencé. Le rat doit faire le lien entre le comportement « presser sur le levier » et la goutte d'eau, qui est le stimulus qui fera augmenter la fréquence du comportement « peser sur le levier »; l'enfant doit également faire le lien entre le comportement « pleurer » et l'éloignement de la mère, qui est le stimulus qui fera diminuer la fréquence des pleurs.

Le principe de contiguïté

Ce principe découle du principe de contingence. Pour que le sujet établisse un lien entre un comportement et les stimuli ou les conséquences qui influencent celui-ci, il doit y avoir contiguïté, c'est-à-dire que les deux événements doivent être rapprochés dans le temps. Si on veut augmenter la fréquence du comportement « peser sur le levier », il ne doit pas s'écouler plus que quelques secondes avant que la goutte d'eau ne tombe, et on doit agir de la même façon si on veut utiliser l'éloignement de la mère pour diminuer les pleurs du bébé.

Ces deux principes ont des répercussions importantes en clinique et dans la vie en général, c'est-à-dire dans nos rapports quotidiens avec les autres. Tant pour les animaux que pour les êtres humains, récompenses et punitions doivent être clairement liées au comportement à modifier, et sans délai. Par exemple, une femme, plutôt que de se renfrogner et de bouder son conjoint parce qu'il ne participe pas assez aux travaux ménagers, devrait lui signaler clairement le comportement qu'elle n'approuve pas, et ce, le plus tôt possible si les circonstances s'y prêtent.

Le façonnement

Il arrive que l'on souhaite un comportement de la part d'un animal ou d'un individu, mais qu'il ne soit pas adopté spontanément et que, par conséquent, il ne puisse être renforcé en tant que tel. Pour arriver au résultat souhaité, on établit une chaîne de comportements qui se rapprochent de plus en plus du comportement désiré, et l'on renforce chacune des composantes à tour de rôle. C'est ce qu'il faut faire dans le cas d'un animal que l'on prépare pour un spectacle ou d'un être humain qui procrastine de façon excessive par manque de discipline personnelle. Il s'agit du « façonnement » (ou *shaping*).

Les programmes de renforcement[1]

Le respect des principes de contingence et de contiguïté est important si on veut modifier efficacement un comportement, mais l'ordre dans lequel les renforcements sont apportés constitue un facteur tout aussi important. Cet ordre représente ce qu'on appelle un « programme de renforcement ». Ce programme peut être construit en fonction de deux facteurs : le laps de temps entre le comportement et son renforcement, qui permet de concevoir des programmes à intervalles, et le nombre de réponses émises avant la manifestation du renforcement, qui permet d'élaborer des programmes à proportions. Si la durée ou le nombre de réponses sont fixes, on parle de programmes à intervalles ou à proportions fixes. Si le laps de temps ou le nombre de réponses varient, il s'agit alors de programmes à intervalles ou à proportions variables. Voyons les caractéristiques de ces quatre types de programmes.

Les programmes à intervalles fixes

Dans le cas d'un programme à intervalles fixes, le renforçateur est émis de façon régulière indépendamment des réponses. Les caractéristiques de ce type de programme sont les suivantes : un « taux de réponse faible caractérisé par une pause après chaque renforcement suivie d'un retour graduel à la production s'accélérant jusqu'au renforcement suivant ; l'extinction est donc variable » (Guérette, 2001, vol. 9, n° 9, p. 3). Il peut s'agir, par exemple, de l'argent de poche remis à un enfant toutes les semaines : l'enfant sera d'abord peu enclin à faire ses tâches à domicile immédiatement après avoir reçu son argent de poche, mais il sera par la suite de plus en plus diligent jusqu'à ce qu'il reçoive son argent de nouveau.

Les programmes à intervalles variables

Dans un programme à intervalles variables, le renforçateur est émis de façon aléatoire. C'est le cas, par exemple, des contraventions émises par les policiers lorsque les automobilistes ne portent pas leur ceinture de sécurité. Il peut s'écouler un temps plus ou moins long avant qu'un automobiliste ne reçoive une contravention, mais celui-ci aura ensuite davantage tendance à boucler sa ceinture. On constate donc « un taux de réponse modéré. Par exemple, il y aura une augmentation modérée du comportement souhaité, c'est-à-dire de porter la ceinture de sécurité, mais extrêmement soutenu avec une extinction très longue » (Guérette, 2001, vol. 9, n° 9, p. 3). La tendance à porter la ceinture se maintient donc dans le temps même si le conducteur n'est pas arrêté par la police, parce qu'il ne sait pas quand un policier pourrait lui donner de nouveau une contravention.

Les programmes à proportions fixes

On parle de programme à proportions fixes lorsque les renforçateurs sont émis après un nombre fixe de réponses. Ce serait le cas, par exemple, d'une chaîne de restaurants qui offrirait un café gratuit à ses clients toutes les dix visites dans l'une ou l'autre de ses succursales. On constate, dans ce cas, « un taux élevé et stable de réponses, un arrêt de réponses tout

---

1. Adapté de Guérette (2001).

de suite après l'extinction et une brève pause après chaque réponse jusqu'au prochain renforcement» (Guérette, 2001, vol. 9, n° 9, p. 2).

Les programmes à propositions variables

Dans un programme à proportions variables, les renforçateurs sont émis de façon aléatoire (même si, en moyenne, ils apparaissent après un nombre fixe de réponses). C'est le cas, par exemple, lorsqu'il y a un prix à gagner à l'achat d'un sac de croustilles qui peut contenir une récompense spéciale. C'est aussi le cas de l'enfant qui demande constamment une gâterie à ses parents lorsqu'il les accompagne dans les magasins, malgré leurs refus répétés, car il sait qu'il finira par obtenir ce qu'il désire. On note alors « un taux très élevé et stable de réponses, pas de pause après le renforcement ainsi qu'une persistance très longue des comportements après l'arrêt des renforcements puisque le sujet ne peut jamais savoir si c'est vraiment la fin» (Guérette, 2001, vol. 9, n° 9, p. 2).

Le renforcement continu et le renforcement intermittent

Faisons une distinction entre ces deux types de renforcement. Dans le renforcement continu, le comportement est renforcé chaque fois qu'il est adopté; dans le renforcement intermittent, le comportement n'est renforcé que de façon intermittente. L'apprentissage est donc plus rapide avec le renforcement continu, mais les comportements renforcés de façon intermittente sont les plus difficiles à faire disparaître lorsqu'on cesse subitement le renforcement (Agras, 1995).

Les différentes formes de contrôle

Dans presque toutes les pathologies, on trouve des comportements plus ou moins dysfonctionnels pouvant être améliorés, au moins partiellement, à l'aide du conditionnement opérant. Mais certains patients répondront mieux que d'autres à ce type de thérapie au regard de deux facteurs apparaissant dans les questions suivantes: quel type d'individu est le plus apte à utiliser adéquatement le renforcement? Quelles conséquences sont les plus susceptibles d'entraîner une réponse? À la lumière de ces deux facteurs, on peut classer les procédures du conditionnement opérant (ou *contingency management*) en cinq catégories: le contrôle institutionnel (ou « économie de jetons »), le contrôle de soi, le contrôle mutuel, le contrôle par le psychothérapeute et le contrôle par l'aversion (Prochaska & Norcross, 1994). Relativement à toutes ces formes de contrôle, nous parlerons surtout de l'aspect comportemental, mais d'autres aspects également, en particulier l'aspect cognitif.

Le contrôle institutionnel

Ce type de conditionnement est utilisé pour moduler le comportement de personnes vivant dans des institutions (par exemple: Fairweather *et al.*, Fairweather, 1960, 1964; Ayllon et Azrin, 1968), parce que souffrant de retard mental, étant hospitalisées dans des unités de soins chroniques ou encore étant délinquantes. Auparavant, très peu de liens étaient établis entre des comportements désirables (comme une bonne hygiène ou de bonnes relations avec l'entourage) et des renforcements pouvant aider à les contrôler, comme la nourriture, l'accès à la télévision ou les sorties à l'extérieur. Le personnel réagissait lorsque des comportements inappropriés survenaient, comme des manquements à la discipline ou des passages à l'acte agressifs, par exemple, et ce type d'intervention provoquait souvent l'effet contraire à celui recherché.

En s'inspirant des principes du conditionnement opérant, on commence alors à établir des liens entre les comportements désirables et le renforcement positif pouvant contribuer à en augmenter la fréquence. Ce lien est fait au moyen du programme appelé « économie de jetons ». Chaque jeton a une valeur précise en points, et chaque comportement que l'on désire renforcer est soigneusement identifié et associé à un nombre précis de points qui viennent récompenser son adoption. Les jetons ainsi accumulés peuvent servir à se procurer divers renforçateurs.

À mesure que le programme progresse, on substitue graduellement aux jetons des renforçateurs sociaux, comme l'attention ou l'approbation. On montre ensuite aux sujets à se renforcer eux-mêmes. Ainsi, on leur apprend à devenir fiers de leur apparence ou de leur hygiène. Le patient évolue donc graduellement lorsqu'on passe du renforcement matériel au renforcement social, ce qui favorise le maintien futur de ces comportements ainsi que leur généralisation, donc leur adoption dans d'autres situations, comme celles auxquelles il doit faire face dans la vie sociale normale.

Le contrôle de soi

Le contrôle de soi est utilisé pour résoudre des problématiques où des comportements sont inappropriés parce qu'ils amènent des conséquences agréables à court terme, mais nocives à long terme, comme l'alcoolisme et les autres toxicomanies, l'obésité (Stuart, 1967; 1971), la sédentarité et la procrastination. On s'en sert aussi pour en arriver à améliorer la discipline de vie et à augmenter la productivité. Ici, le thérapeute aide le patient à devenir son propre thérapeute. Les principes suivants doivent être respectés :

- Suivre une démarche comportementale classique : bien définir le comportement à modifier et les stimuli qui l'influencent; fixer des buts précis et, surtout, limités; procéder par petites étapes successives; utiliser les renforcements à la fin de chaque étape; etc;
- Comprendre que le principal moteur de changement n'est pas d'abord une volonté de fer, mais plutôt une bonne évaluation du comportement et de ses conséquences;
- Prendre conscience du fait que les petites récompenses immédiates influencent davantage un comportement qu'une récompense importante mais éloignée (auto-récompense);
- Intervenir tôt dans la chaîne des comportements qui se terminent par une réponse problématique (par exemple, une personne qui a un problème d'obésité ne doit pas se rendre au réfrigérateur).

Donnons un exemple du contrôle de soi à l'aide du conditionnement opérant. Janie est obèse. Elle a essayé toutes les diètes inimaginables et, en désespoir de cause, elle consulte un thérapeute.

On pourrait l'aider en procédant de la façon suivante (Prochaska & Norcross, 1994):

- On effectue une analyse comportementale. On commence par l'évaluation de la ligne de référence en déterminant les antécédents du comportement. Janie mange lorsqu'elle regarde la télévision, lorsqu'elle se lève la nuit, lorsqu'elle lit le journal, lorsqu'elle se sent seule, lorsqu'elle s'ennuie et lorsqu'elle ouvre le garde-manger et voit des croustilles. On en décrit les conséquences immédiates (le fait de manger la calme et lui sert de distraction) et les conséquences à long terme (l'obésité et une faible estime personnelle);
- On modifie les antécédents du comportement en diminuant le nombre d'occasions au cours desquelles Janie peut manger. Elle ne doit plus manger en regardant la télévision, en lisant le journal ou autrement. Elle ne doit manger qu'à des heures fixes, en se mettant à table et sans distraction (elle doit prendre, par exemple, trois repas par jour auxquels s'ajoutent deux collations). On lui demande d'enlever de son environnement quotidien les aliments riches en calories (elle doit s'abstenir, par exemple, d'acheter des croustilles ou d'autres friandises);
- On l'encourage à s'engager dans des activités incompatibles avec le fait de manger (par exemple, marcher ou faire du vélo au cours de la soirée);
- On lui demande d'utiliser des renforcements positifs dans sa démarche en prévoyant des récompenses pour chaque petite victoire (par exemple, naviguer dans Internet 30 minutes si elle a bien suivi l'horaire des repas);
- On lui suggère d'intervenir tôt dans la chaîne comportementale si elle se rend compte qu'il y a risque de rechute (par exemple, ne pas se tenir près du réfrigérateur lorsqu'elle se sent seule puisqu'il lui arrive fréquemment d'en ouvrir la porte, d'en regarder le contenu et de manger les restes qui s'y trouvent).

Le contrôle mutuel

Cette forme de conditionnement opérant est surtout utilisée en thérapie de couple ou avec des personnes qui sont en étroite relation les unes avec les autres (Stuart, 1969; Jacobson & Margolin, 1979). Pour modifier des comportements dysfonctionnels (par exemple, pour diminuer les disputes dans un couple), on demande aux deux personnes de respecter un certain nombre de demandes venant de la part de l'autre, mais à condition que ces demandes soient raisonnables, claires et formulées de façon à amener l'adoption d'un comportement. Simultanément, les deux conjoints apportent des renforcements positifs, qui sont aussi clairement définis, chaque fois que l'autre est fidèle à son engagement. En psychothérapie, on se contente généralement d'une entente verbale, mais on peut aller jusqu'à écrire un contrat qui sera signé en bonne et due forme par les deux personnes en cause.

Prenons l'exemple d'un couple dans lequel le mari supporte difficilement les constants reproches de son épouse et que cette dernière est exaspérée parce que son mari ne participe pas assez aux travaux ménagers. Après avoir bien étudié ces deux types de comportements et les stimuli qui les déclenchent, le thérapeute demande au mari de s'engager à participer davantage aux travaux ménagers et, à l'épouse, de garder pour elle ses commentaires négatifs même si elle se sent traitée injustement. Dans les deux cas, le couple se renforce mutuellement par des félicitations lorsque l'autre remplit sa part du contrat.

Il va de soi que ce type d'entente n'a rien de particulièrement romantique, et c'est la raison pour laquelle il est préférable, dans une thérapie de couple, de n'en faire qu'une stratégie parmi d'autres pour résoudre des conflits. Mais il comporte l'avantage de cibler des comportements identifiables et mesurables, et de souligner l'importance d'échanger des renforcements positifs (les félicitations) pour maintenir l'équilibre du couple.

Le contrôle par le psychothérapeute

Ce type de contrôle est souvent nécessaire pour éliminer des comportements nuisibles en psychothérapie. Il peut s'exercer dans un cadre institutionnel, en clinique externe ou en bureau privé (Harris & Bruner, 1971; Greenspoon, 1955). Selon le cas, on détermine un cadre de vie en institution ou un cadre de psychothérapie en clinique externe, qui permet l'élimination ou le contrôle des comportements dysfonctionnels. On fait ensuite respecter le cadre par le patient en utilisant des renforcements positifs ou négatifs, ou encore des punitions, au besoin.

Un cadre thérapeutique clair est toujours nécessaire, mais il devient encore plus indispensable avec les personnes qui présentent des troubles du comportement. Il s'agit d'élaborer avec le patient un cadre bien délimité ne pouvant être transgressé sans qu'il n'en résulte des inconvénients importants pour lui. Ce cadre peut prendre les formes les plus diverses correspondant aux besoins de la situation et, une fois qu'il est défini, il est primordial de le faire respecter et de ne pas le modifier, dans la mesure du possible. Deux genres de situations sont particulièrement fréquents en clinique :

- Les *troubles du comportement survenant dans un contexte institutionnel* (hôpitaux, centres d'accueil, foyers d'hébergement, etc.). Ces troubles peuvent prendre la forme de comportements agressifs et, surtout, passifs-agressifs : manquements aux règlements, refus de collaborer, cris, bruits dérangeants, etc. On établit le cadre de concert avec tout le personnel soignant en fixant des limites très claires qui excluent les comportements dysfonctionnels. Puis, on dresse la liste des privilèges actuels ou potentiels du patient. On explique à celui-ci, de façon détaillée, les motifs de la démarche, la nature du cadre et les conséquences encourues si ce cadre n'est pas respecté. Ensuite, on ajoute ou on retire des privilèges selon que les comportements indésirables croissent ou diminuent. L'aspect le plus difficile, en institution, est de faire respecter le plan de traitement toute une journée de 24 heures. Il est parfois très compliqué, en particulier en milieu hospitalier, de transmettre des consignes peu usuelles d'un quart de travail à l'autre;
- Les *troubles du comportement survenant chez des personnes suivies en clinique externe,* notamment chez celles souffrant de troubles de la personnalité, et plus particulièrement du trouble de la personnalité limite (*borderline*). De nombreuses difficultés peuvent alors apparaître, et quelques-unes sont sérieuses, comme les passages à l'acte impulsifs ou les menaces suicidaires ou homicidaires. D'autres sont moins graves,

mais constituent quand même un frein non négligeable au traitement; il peut s'agir, par exemple, de retards répétés, d'absences non motivées ou de la mauvaise observance des travaux à domicile.

Un thérapeute qui ne met pas en place dès le début un cadre thérapeutique clair en expliquant au patient, sans colère mais fermement, les conséquences de ses actes (par exemple, la séance de thérapie se terminera à l'heure habituelle même s'il arrive en retard) risque de se trouver rapidement dans une situation difficile : manipulations, menaces, passages à l'acte ou autres manifestations.

Le contrôle par l'aversion ou les punitions

Il est clair que l'aversion et les punitions ne doivent être utilisées que lorsque les autres formes de conditionnement ont échoué. Ainsi, malgré un certain intérêt observé initialement, on a de moins en moins tendance à utiliser la thérapie par l'aversion, notamment parce qu'elle soulève des questions éthiques (McConaghy, 1993; Wilson, 1987; Estes, 1944). Dans ce type de thérapie, on couple les comportements non désirés (par exemple, l'abus d'alcool ou les comportements sexuels associés aux paraphilies) à un stimulus aversif (par exemple, les chocs électriques) ; on produit ainsi une anxiété conditionnée. Ou, encore, en se basant sur le principe de la sensibilisation implicite, on couple des images du comportement non désiré à des images associées à un stimulus déplaisant (par exemple, l'humiliation ou l'arrestation). Malgré tout, l'efficacité de cette approche demeure incertaine, et on ne l'utilise de nos jours qu'en dernier recours.

Soulignons tout de même ici les aspects dont il faut tenir compte pour rendre une punition plus efficace (Guérette, 2001). La punition doit être :

- immédiate pour respecter les principes de contingence et de contiguïté;
- suffisamment sévère : plus elle est désagréable, plus elle a de chances d'être efficace. Par contre, elle ne doit pas être disproportionnée;
- choisie de façon spécifique pour la personne en cause, de façon à être significative pour cette personne;
- donnée tôt dans la chaîne comportementale pour tenter de régler le problème avant qu'il ne s'intensifie;
- donnée selon un calendrier fixe ou constant, pour que l'individu réalise qu'il sera puni à tout coup s'il adopte un comportement répréhensible;
- donnée chaque fois que le comportement à modifier se reproduit, pour que la personne ne s'habitue pas à éviter ce comportement que lorsqu'elle est punie;
- donnée calmement pour que la personne qui la reçoit ne l'attribue pas à la colère, mais plutôt au comportement dont elle est la conséquence;
- perçue comme méritée;
- accompagnée de l'enseignement de comportements appropriés pouvant remplacer les comportements que l'on cherche à changer.

Et si le programme opérant ne fonctionne pas...

Il arrive parfois que l'on n'obtienne pas le succès escompté lorsqu'on applique un programme opérant. Guérette (2001) suggère alors de s'assurer que les principes de base ont été respectés :

- l'instantanéité : le renforçateur doit être rapproché de la réponse ;
- la consistance : la réponse doit suivre le comportement de façon prévisible ;
- la bienveillance : la punition ne doit pas résulter de l'hostilité du thérapeute envers le patient ;
- l'utilisation du renforcement positif ou de l'extinction plutôt que de la punition : cette dernière peut avoir des effets pervers (par exemple, un impact négatif sur la relation thérapeutique, un modelage négatif ou la suppression du comportement sans apprentissage réel) ;
- la rétroaction de la part du thérapeute : elle peut se faire verbalement ou par l'entremise de mesures écrites objectives ;
- une attitude constructive : il faut remplacer les comportements dysfonctionnels par des comportements fonctionnels valorisants ;
- la généralisation : ii faut favoriser l'engagement des tiers dans la thérapie afin que les principes puissent continuer à être appliqués en dehors de la thérapie ;
- des conséquences appropriées et proportionnées : si la punition est trop importante (par exemple, être privé d'argent de poche durant un mois plutôt que durant une semaine), le sujet n'aura plus de motivation pour continuer puisqu'il aura déjà tout perdu au début du traitement ;
- l'approbation du patient : il faut obtenir l'accord du patient et éviter de mettre en place des mesures qui pourraient être contestées sans qu'on puisse les faire respecter ;
- l'internalisation du lieu de contrôle : on doit viser l'internalisation du lieu de contrôle et le développement de renforçateurs internes (par exemple, se féliciter) plutôt qu'externes (par exemple, les félicitations d'autrui).

Les techniques découlant du conditionnement opérant

Il existe d'autres techniques basées sur les principes du conditionnement opérant. Parmi celles-ci, nous trouvons : le registre des activités quotidiennes et l'arrêt de la pensée.

Le registre des activités quotidiennes

Description

Le registre des activités quotidiennes consiste en une grille d'évaluation, en haut de laquelle on inscrit les jours de la semaine à l'horizontale et à gauche, et les heures à la verticale (*voir le tableau 4.1, à la fin du chapitre*). Le patient note très brièvement, en un ou deux mots, les principales activités qui l'ont occupé aux différentes heures de la journée. Il peut le faire au fur et à mesure, deux fois par jour ou, encore, une seule fois, à la fin de la journée. Lorsque cette grille est remplie, elle permet au thérapeute comme au patient de prendre rapidement et globalement connaissance des activités menées au cours d'une période de temps (une semaine, le plus souvent), et d'évaluer jusqu'à quel point ces activités, ou certaines d'entre elles, sont fonctionnelles ou dysfonctionnelles. Cette évaluation est basée sur différentes mesures que le patient prend à la demande du thérapeute, comme le degré de tristesse, de plaisir ou de valorisation, selon les besoins. Par la suite, le thérapeute utilise la démarche comportementale pour favoriser l'accroissement des activités utiles ou fonctionnelles et la diminution des activités dysfonctionnelles.

Une grille d'évaluation de ce genre permet également d'établir un lien entre les activités et les émotions ou les sensations corporelles (par exemple, le patient se rend compte qu'il est plus fatigué s'il reste au lit et moins fatigué s'il se lève). On peut aussi s'en servir pour aider un patient à mieux planifier ses journées et à s'engager davantage dans des activités plaisantes et valorisantes.

Indications

Le registre des activités quotidiennes est surtout employé dans le traitement de la dépression, en particulier si celle-ci est sévère (Jacobson *et al.*, 1996; Gortner *et al.*, 1998; Dimidjan *et al.*, 2006), mais il est également utilisé dans le traitement de problématiques où il est nécessaire de connaître l'emploi du temps du patient, comme dans le cas d'un problème de procrastination. On s'en sert aussi pour évaluer la fréquence et la durée de pensées ou de comportements pathologiques indésirables : obsessions, compulsions, épisodes de boulimie, par exemple.

Exemple

Marie, 42 ans, souffre d'un trouble dépressif majeur. Elle vient de subir un deuxième avortement spontané et est convaincue de ne plus jamais pouvoir être mère. Elle ne s'alimente presque plus et passe ses journées au lit, trop épuisée pour faire quoi que ce soit. Elle ne s'occupe plus des travaux ménagers, n'appelle plus ses amis et refuse de sortir avec son mari. Celui-ci est découragé et ne sait trop que faire pour l'aider. Marie pense constamment à son « échec en tant que femme » et se répète sans arrêt « pourquoi moi ? ». Elle se sent coupable d'être un fardeau pour sa famille, laquelle, inquiète de la voir dépérir ainsi, lui conseille de consulter un thérapeute.

Le thérapeute lui propose alors de suivre un traitement basé sur l'activation comportementale (Fennell, 1989). Les principales étapes en sont les suivantes :

- *L'évaluation* (*voir le chapitre 11*) Il faut d'abord faire une évaluation complète au cours de laquelle les objectifs de la patiente seront clairement définis. Par exemple, dans le cas de Marie, qui souhaite bien effectuer les travaux ménagers, il s'agit de laver la vaisselle tous les jours, balayer la cuisine tous les deux jours, passer l'aspirateur dans toutes les pièces deux fois par semaine, laver les vêtements, les sécher et les repasser une fois par semaine, etc. ; ▶▶▶

- *La psychoéducation* Il faut expliquer à Marie le lien entre la baisse d'activité et la dépression. « La dépression vous ralentit, tout devient un effort, vous en faites de moins en moins et vous vous blâmez en pensant que vous êtes incapable d'accomplir quoi que ce soit. Vous vous sentez alors plus déprimée et tout devient encore plus difficile. C'est le cercle vicieux de la dépression. Devenir plus active vous permettra de sortir de ce cercle vicieux. Seriez-vous prête à essayer ? »
- *L'auto-observation* Le thérapeute doit demander à Marie de remplir le registre des activités quotidiennes en inscrivant en un mot ses activités à chaque heure de la journée. À côté de chaque activité, Marie doit inscrire une cote allant de 0 à 10 qui traduit son évaluation du degré de plaisir et de valorisation que l'activité lui procure. Le thérapeute cherchera ainsi à détecter les sources potentielles de plaisir et de valorisation afin de pouvoir les augmenter par la suite ;
- *La planification des activités* Après avoir étudié le registre des activités quotidiennes, Marie et son thérapeute doivent dresser la liste des activités plaisantes (café avec une amie) et moins plaisantes (rester au lit toute la journée), valorisantes (le ménage) et moins valorisantes (regarder la télévision). Le thérapeute demande ensuite à Marie de prévoir à l'avance les activités plaisantes et valorisantes, heure par heure : l'objectif est d'augmenter le niveau d'activité et de maximiser le plaisir et la valorisation ;
- *L'assignation de tâches graduées* Les tâches doivent être divisées en petites étapes réalistes et bien délimitées. Par exemple, en ce qui concerne les travaux ménagers, il peut s'agir de laver la vaisselle, de mettre les vêtements dans la laveuse, de passer l'aspirateur dans deux pièces, de sortir les ordures, d'épousseter deux pièces, et ainsi de suite, ce qui permettra de diminuer la procrastination et l'évitement des tâches anxiogènes. Cette façon de lui assigner des tâches amènera Marie à ressentir un certain sentiment de maîtrise de sa vie ;
- *Le bilan* Les objectifs doivent être révisés chaque semaine pour mesurer les progrès, cibler les mesures qui se sont avérées efficaces et décider de la conduite à adopter pour maintenir et accentuer l'amélioration.

L'arrêt de la pensée

Description

L'arrêt de la pensée est une technique dont on se sert pour aider une personne à contrôler des pensées obsédantes. Cette technique consiste à apprendre au patient à intérioriser un arrêt externe qui lui permettra, par la suite, de contrôler volontairement ses pensées obsessionnelles. Elle est surtout utilisée pour traiter le Trouble obsessionnel-compulsif ou d'autres types de pathologies où apparaissent des pensées obsessionnelles, comme l'hypocondrie, certaines formes de toxicomanie (le tabagisme, par exemple) et le trouble du stress post-traumatique. Cette technique simple ne guérit pas la pathologie, mais peut procurer un soulagement rapide quoique généralement partiel. On pense toutefois qu'elle pourrait être considérée comme une stratégie de neutralisation, en ce sens que, comme un rituel, elle diminuerait les obsessions à court terme mais risquerait de les augmenter à long terme. Pour cette raison, et pour d'autres, son efficacité est remise en cause (Stern, Lipsedge & Marks, 1973; Emmelkamp & Kwee, 1977; Foa *et al.*, 1985).

Procédure

En attendant que de futures études nous renseignent davantage au sujet de cette technique, voyons brièvement les principales étapes à suivre lorsqu'elle est utilisée :

- Le thérapeute demande au patient de fermer les yeux, de se détendre, puis de se concentrer aussi intensément que possible sur la pensée obsédante. Lorsque ce dernier est bien concentré sur la pensée, au point où celle-ci provoque un haut niveau d'anxiété, le thérapeute frappe bruyamment sur une table avec une de ses mains tout en prononçant d'une voix forte le mot ASSEZ (ou STOP). Habituellement, même s'il est prévenu, le patient sursaute légèrement et constate que la pensée obsédante est disparue. Le thérapeute lui demande alors de la remplacer par une pensée agréable;
- Lorsque le patient a bien compris la façon de procéder, le thérapeute lui demande d'effectuer lui-même cette démarche sous sa supervision : le patient commence par se détendre, les yeux fermés, puis il se concentre sur la pensée obsédante; il frappe ensuite vigoureusement sur la table en prononçant d'une voix forte le mot ASSEZ et, enfin, il remplace la pensée obsédante par une pensée agréable. Le thérapeute surveille attentivement le patient et lui demande de recommencer tant qu'il n'a pas suffisamment maîtrisé la technique;
- Le thérapeute conseille ensuite au patient de s'exercer de la même façon entre les séances, environ 10 minutes deux fois par jour. Au cours de la première semaine, le patient continue de frapper sur la table tout en prononçant avec force le mot ASSEZ. Si la technique est efficace, la pensée obsessionnelle devient moins fréquente et moins intense. Le patient réduit alors graduellement la force avec laquelle il prononce le mot ASSEZ, de même que celle avec laquelle il frappe sur la table. Finalement, il cesse de frapper la table et n'utilise plus le mot ASSEZ que mentalement pour contrôler la pensée obsessionnelle.

Le patient emploie ensuite cette technique silencieusement lorsque des pensées obsessionnelles se manifestent à divers moments ou endroits au cours de la journée.

Réponse à l'exercice

Agent de renforcement positif : la cigarette, les compliments.
Agent de renforcement négatif : la première marche du matin.
Renforcement positif : Georges fait sa toilette tous les deux jours parce qu'il reçoit des cigarettes et des compliments.
Renforcement négatif : Georges fait sa toilette tous les deux jours parce qu'il est exempté de la marche du matin lorsqu'il la fait.
Punition : moins de sorties avec le préposé.

Annexe 1

www.cheneliere.ca/chaloult

TABLEAU 4.1 **Registre des activités quotidiennes**

Date : du ____________ au ____________

Note : Coter de 0 à 10 le degré de tristesse de chaque activité
(0 = absence de tristesse ; 10 = tristesse maximale)

Heure	Lundi	Mardi	Mercredi	Jeudi	Vendredi	Samedi	Dimanche
6 h à 7 h							
7 h à 8 h							
8 h à 9 h							
9 h à 10 h							
10 h à 11 h							
11 h à 12 h							
12 h à 13 h							
13 h à 14 h							
14 h à 15 h							
15 h à 16 h							
16 h à 17 h							
17 h à 18 h							
18 h à 19 h							
19 h à 21 h							
21 h à 24 h							
00 h à 6 h							

CHAPITRE 5

Les modifications cognitivo-comportementales

par Louis Chaloult et Thanh-Lan Ngo

Comme nous l'avons déjà mentionné, les principaux chercheurs et cliniciens dans le domaine de l'approche comportementale s'intéressaient surtout, au début, aux comportements observables et mesurables, et accordaient une importance secondaire aux processus mentaux comme les pensées et les émotions. Au cours de la seconde moitié du XXe siècle, certains d'entre eux se sont rendu compte qu'ils ne pouvaient continuer dans cette voie; ils ont alors commencé à intégrer dans leur pratique différents aspects de l'approche cognitive, qui prenait son essor à cette époque. Ce rapprochement fut favorisé par les travaux de certains chercheurs, qui ont exploré différents modes d'intervention dans lesquels on trouve des éléments à la fois cognitifs et comportementaux, d'où leur nom de « modifications cognitivo-comportementales » (*cognitive behavior modifications*). Ces recherches valent la peine que nous nous y arrêtions, car elles apportent plusieurs aspects nouveaux et utiles au travail en clinique. Nous en verrons six parmi les principales :

- La théorie de l'apprentissage social
- La théorie de l'attribution
- L'auto-observation
- L'entraînement aux auto-instructions (ou *self-instructional training*)
- L'inoculation contre le stress
- Les expériences comportementales

La théorie de l'apprentissage social

La théorie de l'apprentissage social (Social Learning Theory), d'Albert Bandura (1969; 1977), est un excellent exemple d'ajout d'une dimension cognitive à l'approche comportementale. Sans nier l'importance du conditionnement opérant dans le processus de l'apprentissage, Bandura souligne le rôle de deux autres éléments tout aussi essentiels à son avis :

- l'apprentissage social par imitation (ou apprentissage vicariant), qui résulte de l'observation de modèles réels ou imaginaires;
- les processus cognitifs mis en branle à la suite de cette observation, comme le raisonnement ou la mémorisation. Lorsque le sujet se rend compte des conséquences positives du comportement pour le modèle, il en déduit qu'il a intérêt à l'imiter. Il en résulte un renforcement interne dont le rôle est aussi important que celui des renforcements externes du conditionnement opérant.

Les principales étapes du processus de l'apprentissage

Les principales étapes du processus de l'apprentissage seraient donc sommairement les suivantes :

- *L'observation* Le sujet observe des personnes de son entourage et remarque que des conséquences positives découlent de certains de leurs comportements. Il voit, par exemple, une personne qui s'affirme bien puisqu'elle exprime clairement ses besoins et obtient ce qu'elle désire;
- *L'anticipation* C'est de l'anticipation que découle le renforcement interne. Le sujet en déduit que s'il parvient à reproduire les comportements qu'il a observés, il en retirera lui aussi des bénéfices. Il se dit qu'il lui serait profitable d'être lui-même affirmatif. Il s'agit ici d'un renforcement interne, ou d'un auto-renforcement, dont résulte une motivation à observer de plus près un comportement et à le reproduire, au besoin;
- *La mémorisation (ou l'encodage)* Par un phénomène de répétition ou autrement, le sujet mémorise ou encode le comportement observé;
- *L'imitation* L'imitation est la reproduction du comportement. Lorsque les circonstances le favorisent, le sujet cherche à reproduire le comportement en question. Ainsi, il tente de se comporter lui-même de façon affirmative quand il juge opportun de le faire;
- *Le renforcement externe* Si le sujet obtient ce qu'il désire après s'être bien affirmé, il ressent une satisfaction qui devient un renforcement positif, typique des renforcements décrits dans la théorie du conditionnement opérant.

Les différentes formes de renforcement

Dans le déroulement du processus d'apprentissage, on peut observer trois formes de renforcement :

- *Le renforcement vicariant* Le sujet observe chez autrui un comportement dont découlent des conséquences positives. Il cherchera donc à adopter ce comportement. Notons que les conséquences peuvent tout aussi bien être négatives, ce qui amène le sujet à tenter d'éviter le comportement plutôt que l'imiter;

- *Le renforcement interne (ou auto-renforcement)* Ce renforcement, qui est à l'origine de la motivation, suit les processus cognitifs dont font partie les croyances du sujet, croyances qui amènent celui-ci à prévoir des conséquences positives dans l'avenir. Ces conséquences n'ont pas besoin d'être immédiates et peuvent même être fort éloignées dans le temps. Ainsi, un individu peut travailler sur une chaîne de montage d'automobiles et détester ce travail, mais continuer de le faire parce qu'il espère épargner de l'argent et s'acheter une maison beaucoup plus tard;
- *Le renforcement externe* On trouve ce type de renforcement dans la théorie du conditionnement opérant. Son importance est souvent moins grande que celle du renforcement interne. Ce renforcement peut même être complètement absent, comme c'est le cas chez l'individu qui travaille sur la chaîne de montage et à qui on fait des reproches à la suite d'une erreur qu'il a commise, mais qui continue parce qu'il pense toujours à sa maison.

Les apports de la théorie de l'apprentissage de Bandura

Le rôle accru de l'individu

Comme nous l'avons dit, dans sa théorie de l'apprentissage social, Bandura insiste sur l'importance de l'interaction entre l'individu et son entourage. Cette théorie a le mérite de mettre en évidence le rôle de l'individu dans le processus d'apprentissage. Les désirs et les décisions de l'individu ne sont plus simplement influencés par des facteurs externes, comme le prétendait Skinner, mais aussi par des facteurs internes tels que les pensées et les croyances. Ceci laisse une certaine place à la liberté et distingue l'homme de l'animal, chez qui les facteurs externes jouent un plus grand rôle. Chez l'homme, la motivation est à la fois interne et externe et, le plus souvent, son comportement ne dépend pas prioritairement de l'environnement, mais relève tout autant de ce qui se passe en lui.

L'apprentissage par imitation ou apprentissage vicariant

La théorie de l'apprentissage social met également l'accent sur le rôle de l'apprentissage par imitation ou apprentissage vicariant. Cet aspect n'est pas nouveau en thérapie comportementale. D'autres chercheurs, comme Salter et Lazarus (1977), avaient déjà souligné l'utilité de l'imitation. Mais il revient à Bandura de l'avoir clairement située dans la chaîne des processus d'apprentissage. Le modelage (ou apprentissage actif par imitation de modèles) a pris une énorme importance chez les thérapeutes d'orientation cognitivo-comportementale. Tout clinicien un peu expérimenté tentera de commencer à modifier le comportement de son patient en adoptant le rôle de modèle à imiter. Par exemple, il manipulera les poignées de porte devant l'obsessionnel qui n'ose plus y toucher par crainte de la contamination.

Mais c'est surtout dans l'apprentissage des habiletés sociales que l'approche fondée sur l'imitation est particulièrement utile. Bandura n'est pas le seul ni même le premier à en avoir parlé. Wolpe, comme on l'a vu précédemment, puis Lazarus et bien d'autres, s'y étaient déjà intéressés. Mais la contribution de Bandura est majeure tant sur le plan de la théorie que sur celui de la pratique. Deux modes d'intervention en ont découlé : l'apprentissage de l'affirmation de soi et l'apprentissage des habiletés sociales, qui sont différents même s'ils se ressemblent à bien des égards. On les a perfectionnés avec le temps et, actuellement, on les utilise de plus en plus.

On se sert de l'apprentissage par imitation pour traiter les troubles anxieux tels que la phobie sociale, le trouble obsessionnel-compulsif et le trouble panique avec agoraphobie, les troubles de la personnalité évitante, schizoïde et limite (borderline), et la schizophrénie chronique (Chittenden, 1942; Lovaas *et al.*, 1966; Lovaas *et al.*, 1967; Bandura, Grusec & Menlove, 1967; Bandura et Menlove, 1968). Dans toutes ces pathologies, on peut trouver de la soumission, de l'inhibition ainsi qu'une certaine inaptitude à la négociation. Ces difficultés de communication sont d'abord analysées, puis le thérapeute agit comme modèle pour montrer au patient à surmonter ses problèmes; il l'amène ensuite à répéter les techniques apprises (par exemple, l'affirmation de soi) en utilisant des jeux de rôle.

La théorie de l'attribution

Une attribution est une explication concernant la cause d'un événement ou d'une situation. La façon dont un individu perçoit la cause de son problème influence considérablement son état psychologique au regard de ce problème et ses prévisions en ce qui a trait à son évolution. Si cet individu pense que ses symptômes découlent d'une faiblesse congénitale ou d'une déficience psychologique profonde, il sera davantage porté à se dévaloriser et à se décourager. Si on lui démontre, au contraire, que son problème provient plutôt d'un apprentissage défectueux, il sera possiblement plus disposé à faire des efforts pour changer.

Le «lieu de contrôle»

Diverses théories ont été élaborées sur le rôle de l'attribution dans l'origine et la guérison des maladies mentales. Un aspect particulièrement intéressant de ces théories concerne ce qu'il est convenu d'appeler le «lieu de contrôle». Ce concept est extrêmement important dans toute forme de traitement, et plus particulièrement en psychothérapie, car il a une influence déterminante sur l'issue du traitement. Il suppose la prise en compte de la relation établie par l'individu entre ce qu'il fait et l'amélioration de ses problèmes. Comme l'explique Julian Rotter (1966)[1], lorsque la guérison est perçue par le sujet comme une situation ne dépendant pas entièrement de son action, elle est alors considérée comme l'effet du hasard, de la chance, du destin ou, encore, comme une situation sous le contrôle de forces extérieures puissantes et imprévisibles. Lorsqu'on interprète un événement de cette façon, on parle de croyances en un contrôle externe. Si, par contre, l'individu considère

1. Traduit et cité par Louis Guérette, *Le compte à rebours,* vol.7, n° 37, 1999, p.5.

que cet événement est la conséquence directe de sa propre activité, on parle alors de croyances en un contrôle interne.

Une question se pose donc ici : l'individu croit-il avoir le contrôle de sa vie ou pense-t-il que celle-ci est contrôlée par des forces extérieures ?

Les travaux de Martin Seligman (1975) sur ce qu'il nomme « le modèle de l'impuissance apprise dans la dépression » (Learned Helplessness Model of Depression) illustrent bien la nature du lieu de contrôle et certaines influences environnementales pouvant contribuer à sa localisation.

Un jeune chien est mis dans une cage comportant deux compartiments entre lesquels il peut circuler à volonté. On lui donne alors un choc électrique en se servant du plancher du premier compartiment. Rapidement, le chien apprend à passer dans le second compartiment pour éviter les chocs. Simultanément, on fait la même expérience avec un autre chien, mais une donnée est modifiée : on bloque le passage entre les deux parties de la cage. Lorsqu'on commence à lui donner des chocs électriques, le chien se rend compte qu'il ne peut s'échapper et, rapidement, il devient amorphe et apathique, et présente des symptômes de dépression. Lorsqu'on interrompt l'expérience, il retrouve son comportement normal après quelques semaines.

Quelques mois ou quelques années plus tard, on répète l'expérience avec les deux mêmes chiens devenus adultes, avec cette différence que, dans la cage du second chien, on ne referme pas l'ouverture entre les deux compartiments. Lorsqu'ils reçoivent les chocs électriques, les deux chiens réagissent différemment : le premier, spontanément, saute d'un compartiment à l'autre de la cage, tandis que le second, malgré l'ouverture par laquelle il peut s'échapper, ne le fait pas ; il reste passivement sur place. Il présente alors les mêmes symptômes dépressifs que lors de la première expérience. L'inhibition des chiens déprimés fut baptisée « impuissance apprise » par Seligman.

Ces recherches appliquées à l'être humain ont inspiré le modèle de l'impuissance apprise dans la dépression. Ce modèle permet d'expliquer certains comportements. Par exemple, une personne est soumise, au cours de son enfance, à des traumatismes qu'elle ne peut éviter : la mort d'un parent ou d'une personne signifiante, des punitions répétitives injustifiées, une attitude constamment dévalorisante des parents, etc. Si, plus tard, une fois adulte, cette personne subit un traumatisme ou un stress provoqué par le décès d'un proche, si elle connaît un échec financier ou si elle a de la difficulté à se trouver un emploi, elle deviendra apathique et déprimée à cause de son impuissance apprise. Plutôt que de faire des efforts pour s'en sortir, elle pourra rejeter la faute sur les autres (parents, entourage, société, destin, etc.).

Selon Seligman et ses collaborateurs (Abramson, Seligman & Teasdale, 1978), on trouve chez l'être humain trois styles d'attribution : l'internalité ou l'externalité, la stabilité ou l'instabilité, et la globalité ou la spécificité. Par exemple, si une personne dépressive vit un échec, elle s'attribuera toute la responsabilité de cet échec (internalité), elle tiendra pour acquis que cet échec est définitif (stabilité), et toute son existence s'en trouvera influencée (globalité). À l'inverse, cette personne attribuera une résussite à l'action des autres ou au hasard (externalité) et elle considérera qu'il s'agit d'un événement qui ne durera pas (instabilité) et qui survient de façon isolée (spécificité). Il est raisonnable de penser que, chez l'individu en bonne santé mentale, le style d'attribution est généralement inversé. C'est la raison pour laquelle Seligman recommande, en psychothérapie, de modifier le style d'attribution des sujets déprimés ou des pessimistes pour le remplacer par un optimisme appris (Seligman, 1990).

Autres théories de l'attribution

Les travaux de Rotter, de même que ceux de Seligman et de ses collaborateurs, sur le lieu de contrôle, ne représentent qu'une faible partie des diverses recherches effectuées sur la théorie de l'attribution. Mentionnons simplement, au passage, trois autres théories dont parle Guérette (1999):

- La théorie de la dépendance par rapport au champ, du psychologue Herman Witkin (1981), qui souligne l'importance de la biologie dans le style attributionnel;
- La théorie de Schacter et Singer (1962), qui démontre que les émotions sont la conséquence de notre perception, c'est-à-dire de nos pensées et non pas simplement des événements;
- La théorie de l'efficacité personnelle de Bandura (1976), qui tente d'expliquer le refus de certains patients de suivre les directives pouvant les mener à la guérison par le fait qu'ils doutent de leur capacité de les appliquer correctement.

Les répercussions cliniques des recherches sur l'attribution

Même si les recherches sur l'attribution comportent des aspects souvent plus théoriques que pratiques, leurs répercussions sont quand même considérables en clinique. C'est particulièrement le cas en psychothérapie, où l'attribution joue un rôle essentiel dans le bon déroulement du traitement, comme le notent Goldfried et Davison (1994). Ceci s'applique surtout au moment de l'évaluation, étape particulièrement cruciale de la thérapie. Pour un patient, connaître précisément la maladie dont il souffre, la nature et l'origine de ses symptômes, les possibilités et les limites du traitement et, surtout, sa responsabilité et le rôle précis qu'il doit jouer dans sa guérison, peut faire toute la différence dans son intérêt et sa motivation à collaborer. De là l'importance, pour le thérapeute, de lui fournir des explications claires aussitôt que la problématique est bien comprise. En cours de thérapie, plusieurs moyens permettent de favoriser, chez le patient, l'internalisation du lieu de contrôle et, ainsi, d'obtenir une meilleure collaboration. Par exemple, lui expliquer au fur et à mesure les différentes étapes du traitement et insister sur son rôle et sa responsabilité à chaque étape; souligner l'importance de bien effectuer les travaux à domicile et fournir des renforcements positifs lorsqu'ils sont bien faits; insister sur le fait que les nouveaux comportements résultent avant tout de son travail et de ses efforts plutôt que des facteurs extérieurs comme les médicaments et l'entourage; en fin de traitement, s'abstenir, comme thérapeute, de prendre trop de crédit dans le cheminement du patient et souligner plutôt l'importance de son rôle et de son apport dans la guérison.

L'auto-observation

Dans la thérapie comportementale, on demande au patient de noter la fréquence et la durée des facteurs entourant l'apparition du symptôme cible ou des comportements dont la fréquence devrait augmenter ou diminuer. Les grilles d'auto-observation sont utilisées dans presque tous les types de protocole, comme ceux pour la dépression, le trouble panique et l'hypochondrie, entre autres (Kirk, 1989).

Selon Guérette (2000), cette technique permet :

- de mieux évaluer ce qui détermine l'apparition des symptômes cibles. Par exemple, relativement à un patient qui se plaint de trop manger en général, on pourrait noter que les épisodes de boulimie surviennent après des conflits avec le conjoint ;
- de jauger la motivation du patient à s'impliquer dans la thérapie en lui demandant de remplir la grille comme première tâche à domicile ;
- de continuer le travail thérapeutique à l'extérieur des séances ;
- d'augmenter la discrimination et la prise de conscience par la constatation de la répétition de certains comportements ou de certaines habitudes ;
- d'établir une ligne de référence (*baseline*) et d'évaluer les progrès ;
- d'inhiber l'apparition de comportements dysfonctionnels qu'il serait gênant d'inscrire dans la grille ;
- de profiter de l'effet thérapeutique associé à l'auto-observation ;
- de développer une relation avec soi-même ;
- de clarifier le but de la thérapie s'il est vague.

Les grilles d'auto-observation peuvent contenir les éléments suivants : la date, les symptômes cibles et leur intensité (par exemple, les crises de boulimie), les comportements fonctionnels (par exemple, les repas à heures fixes), les émotions précédant et suivant le comportement, les réactions personnelles ou celles de l'entourage, etc.

Afin de s'assurer que le patient remplit les grilles d'auto-observation, on doit clairement lui expliquer la façon de faire l'exercice et son but, puis établir un lien entre l'exercice et les objectifs qu'il poursuit, dissiper ses doutes, lui faire résumer ce qu'il a compris, commencer à faire l'exercice pendant la séance et lui donner, au besoin, des exemples.

L'entraînement aux auto-instructions

L'entraînement aux auto-instructions (ou *self-instructional training*) a été mis au point au cours des années 1970 par un psychologue canadien, Donald Meichenbaum (1977), qui s'est inspiré des travaux des psychologues russes Luria (1961) et Vygotsky (1962). Ceux-ci ont démontré l'existence de trois étapes bien distinctes dans l'internalisation du lieu de contrôle des comportements moteurs volontaires chez l'enfant. Durant la première étape, des instructions verbales venant d'un parent ou d'une autre personne dirigent le comportement de l'enfant. Durant la seconde étape, l'enfant dirige son comportement au moyen d'instructions verbales qu'il formule lui-même à voix haute. Finalement, durant la troisième étape, l'enfant dirige son comportement au moyen d'instructions silencieuses qu'il formule mentalement.

Les travaux de Meichenbaum

La méthode pour enfant impulsif ou hyperactif

En se basant sur les observations de Luria et Vygotsky, Meichenbaum a développé une méthode qu'il a d'abord expérimentée avec des enfants impulsifs, puis avec des enfants hyperactifs, dans le but de les aider à mieux contrôler leurs comportements dysfonctionnels. Sa méthode comprend cinq étapes :

1. Un modèle adulte, généralement le thérapeute, réalise une tâche, comme le dessin d'une maison, en décrivant à voix haute chaque étape de la tâche;
2. L'enfant réalise la même tâche en étant dirigé par des instructions énoncées à voix haute par le thérapeute (instructions externes);
3. L'enfant réalise ensuite la même tâche en se donnant à lui-même des instructions à voix haute (auto-instructions externes);
4. L'enfant réalise de nouveau la tâche en se donnant, cette fois, des instructions non plus à voix haute, mais à voix basse (les auto-instructions externes diminuent progressivement);
5. L'enfant réalise finalement la tâche en se donnant toujours les mêmes instructions, mais en silence, c'est-à-dire uniquement mentalement (les auto-instructions sont « couvertes », c'est-à-dire uniquement mentales et non verbales).

La même méthode appliquée à d'autres pathologies

L'efficacité du traitement des enfants impulsifs et hyperactifs au moyen des modifications des auto-verbalisations ayant été bien démontrée par des études sérieuses, Meichenbaum a poursuivi ses recherches et a étendu l'application de sa méthode à plusieurs pathologies. Par exemple, cette méthode peut être employée avec:

- les agoraphobes paralysés par des auto-verbalisations dramatisantes irréalistes (je vais mourir, m'évanouir, perdre le contrôle de mes actes, etc.);
- les phobiques sociaux, en particulier lorsqu'ils doivent s'exprimer en public;
- les schizophrènes, notamment pour les aider à améliorer leurs habiletés sociales;
- les colériques incapables de contrôler leur colère;
- les anxieux incapables de passer à l'action parce qu'ils sont paralysés par leur stress.

Les étapes du traitement par auto-instructions

Dans toutes ces pathologies ou groupes de pathologies, le traitement par auto-instructions suit généralement les étapes suivantes (Guérette, 2000):

1. *Donner des explications claires.* Il est essentiel que le patient se rende compte de la présence de ses auto-verbalisations et du rôle néfaste qu'elles jouent dans l'origine et

le maintien de sa pathologie. Chez l'agoraphobe, par exemple, un discours intérieur du genre « Je vais mourir, m'évanouir, devenir fou, perdre le contrôle de moi-même...» est évidemment de nature à accentuer l'anxiété et l'évitement;

2. *Reconnaître les discours intérieurs négatifs.* La pertinence du traitement étant bien comprise et acceptée, on aide ensuite le patient à reconnaître très clairement ses auto-verbalisations négatives, qui sont souvent restées, jusque-là, plus ou moins conscientes. Ce n'est généralement qu'après un effort d'auto-observation que l'agoraphobe comprend pleinement la nature de ses peurs et la façon dont il les verbalise mentalement en situation de crise;
3. *Remplacer le discours intérieur négatif par un discours intérieur plus réaliste et plus positif.* L'agoraphobe peut se dire, par exemple : « L'anxiété est désagréable mais elle n'est pas dangereuse; le fait d'avoir peur ne m'empêche pas de penser et d'agir selon ma volonté. »;
4. *Passer progressivement à l'action.* L'agoraphobe commencera à s'exposer graduellement aux situations phobogènes en utilisant son nouveau discours intérieur. Il peut s'en servir non seulement pour modifier ses cognitions anxiogènes, mais aussi pour guider et structurer son action.

La modification des auto-verbalisations est rarement utilisée seule. On la combine généralement à d'autres stratégies thérapeutiques, comme le jeu de rôle, les exercices de respiration, la relaxation et l'exposition graduée in vivo. Elle peut également être un élément clé d'autres modes d'intervention dont on se sert en thérapie cognitivo-comportementale : gestion du stress, affirmation de soi, résolution de problèmes, etc.

L'auto-instruction est semblable à la restructuration cognitive (dont nous parlerons plus loin), en ce sens qu'elle a également pour objectif la reconnaissance et la modification des pensées dysfonctionnelles du patient. Elle s'en distingue par le fait qu'elle est plus axée sur l'action et qu'elle fait davantage appel à l'ensemble des ressources cognitives, affectives, relationnelles ou autres de l'individu.

L'inoculation contre le stress

Dans l'entraînement à l'inoculation contre le stress (Meichenbaum, 1985) on tente de préparer l'individu à affronter le stress en l'exposant à des facteurs de stress mineurs, en l'invitant à se préparer sur le plan cognitif (répétitions mentales) et en lui enseignant des stratégies d'adaptation. Les trois phases du traitement sont les suivantes :

1. L'éducation, c'est-à-dire évoquer la nature des réactions de stress;
2. La présentation de stratégies d'adaptation, comme la relaxation, l'auto-verbalisation et l'auto-renforcement;
3. La répétition par l'exposition à une variété de facteurs de stress.

Cette approche a été étudiée dans le traitement de l'anxiété, de la colère et de la douleur (Meichenbaum, 1993). Par contre, comme il s'agit de l'apprentissage d'un ensemble de techniques, on ne sait pas encore si l'utilisation d'une seule de ces techniques pourrait être aussi efficace. Par exemple, la relaxation seule est-elle aussi efficace que la relaxation combinée à l'auto-verbalisation et à l'auto-renforcement ? Il faudra d'autres études de « démantèlement » pour connaître le ou les ingrédients actifs de ce type de thérapie, ce que permettra la comparaison des résultats obtenus par l'utilisation d'une seule de ces techniques aux résultats obtenus par l'emploi des trois.

Les expériences comportementales

Dès le début, les cognitivistes ont souligné l'importance des expériences comportementales qui permettent de modifier de façon durable les cognitions dysfonctionnelles. En effet, la restructuration cognitive par des techniques purement rationnelles, comme le questionnement socratique ou l'utilisation d'une grille d'enregistrement des pensées dysfonctionnelles, est souvent fragile et parfois peu crédible si elle n'est pas accompagnée de changements dans le comportement de l'individu. Ainsi, une personne peut croire qu'il n'existe aucune raison pour ne pas réussir un bon discours, mais si elle ne tente pas l'expérience de parler devant un groupe, souvent un doute subsistera dans son esprit.

Les expériences comportementales, grâce à une approche dite « scientifique », permettent donc de démontrer la force des pensées et des croyances. Elles servent à démontrer les principes énoncés dans la conceptualisation (par exemple, si un individu arrête de ruminer, il sera moins déprimé), à compiler des données qui appuient des pensées et des croyances connexes (par exemple, faire un sondage pour savoir ce que les gens pensent lorsqu'ils voient quelqu'un rougir au moment de parler devant un groupe) et à modifier très efficacement les expériences émotionnelles (par exemple, accepter rationnellement l'idée que le jugement sévère d'autrui n'est pas si important dans la vie quotidienne, par opposition au fait de vivre concrètement ce type de situation dans la réalité).

Les expériences comportementales permettent de consolider le processus d'apprentissage. Ainsi, selon Kolb (Kolb & Kolb, 2001), l'apprentissage expérientiel comporte les étapes suivantes : l'individu doit d'abord émettre une hypothèse (conceptualisation abstraite), planifier une expérience afin d'en tester la validité (expérimentation active), procéder à l'expérience comportementale (expérience concrète), analyser les résultats de l'expérience (observation réflexive) et, enfin, raffiner son hypothèse en tenant compte de ces résultats.

FIGURE 5.1 **Cercle de Kolb (Kolb & Kolb, 2001)**

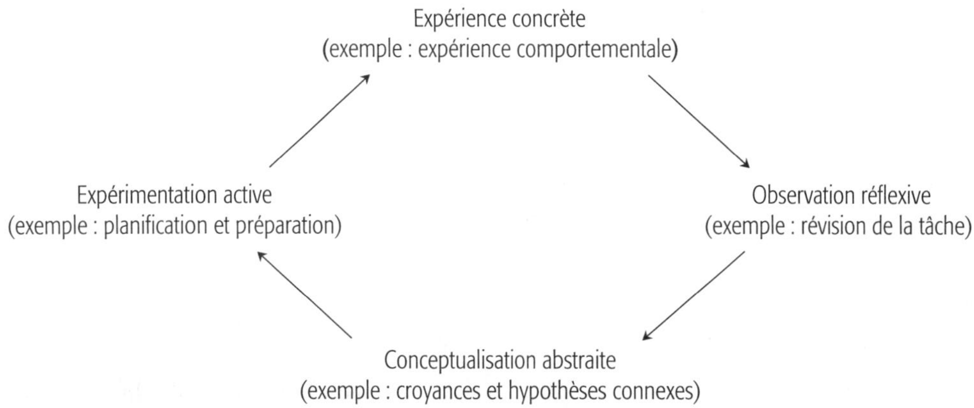

Selon Fennell (2002), si on saute l'une de ces étapes, l'apprentissage de nouvelles perspectives plus adaptées ne se fera pas. Ainsi, si on ne conceptualise pas le problème, les interventions thérapeutiques ne seront pas liées à une conceptualisation générale ou aux croyances du patient, et il sera difficile de généraliser les résultats. Si on ne planifie pas l'expérience dans le détail, celle-ci peut mener à un échec qui peut être démoralisant pour le patient, qui ne continuera donc pas à apprendre. Si on ne procède pas à l'expérience, l'apprentissage demeure théorique : on a moins de possibilités de donner une rétroaction directe et d'observer le patient en action, et celui-ci dispose donc de moins de souvenirs sensoriels crédibles. Si on n'analyse pas les résultats de l'expérience, ses conséquences peuvent être éphémères, et le patient peut avoir tendance à les oublier en vertu du phénomène de la dissonance cognitive (par exemple, le fait d'oublier ce qui ne correspond pas à ses croyances).

La démarche à suivre dans l'assignation d'une expérience comportementale est la suivante : il faut d'abord bien expliquer le principe de l'expérience ; il importe ensuite de décrire les croyances cibles (par exemple, dans le trouble panique : « Je vais perdre le contrôle si je continue à me sentir mal. ») ; on établit ensuite des prédictions vérifiables en utilisant des termes concrets et des phénomènes observables (par exemple : « Si je me sens étourdi, je vais m'évanouir. ») ; on cote le niveau d'adhésion à la croyance (par exemple : « J'y crois absolument, à 100 %. ») ; on spécifie ce que le patient fera différemment dans son expérience (par exemple, hyperventiler jusqu'à ce que surviennent des étourdissements et continuer jusqu'à ce que l'anxiété s'estompe) ; on révise ensuite les résultats de l'expérience (par exemple, en disant au patient : « Vous ne vous êtes pas évanoui, comment expliquez-vous cela ? ») ; finalement, on peut consigner les résultats dans un tableau (*voir le tableau 5.1, à la fin du chapitre*).

Fennell (2002) émet diverses suggestions permettant d'éviter des écueils en thérapie. Elle recommande :

- d'adopter une approche collaborative pour sélectionner la croyance à vérifier et l'expérience à tenter ;
- d'éviter les projets trop ambitieux ;
- de souligner au patient qu'il n'y a pas d'échec possible : tous les résultats sont intéressants (par exemple, un jeune homme invite une dame à sortir avec lui. Si celle-ci accepte, tant mieux, mais dans le cas contraire, on peut essayer de voir ce qui n'a pas fonctionné afin d'enseigner au jeune homme d'autres façons de faire) ;
- d'être curieux quant à l'issue de l'expérience ;
- de commencer avec des expériences faciles ;
- d'entreprendre la remise en question des croyances de façon progressive.

Bien que la plupart des expériences aient lieu en dehors des séances de thérapie, certaines d'entre elles peuvent être tentées pendant ces séances. Ainsi, on peut demander à un patient qui souffre d'un trouble panique de courir sur place afin de provoquer une accélération de son rythme cardiaque, ce qui l'aidera à se rendre compte que la sensation qui en résulte ne laisse pas automatiquement présager une crise cardiaque. De cette façon, on amène le patient à affronter des situations problématiques dans un contexte sécuritaire, ce qui permet d'observer les difficultés éprouvées et de discuter de la façon de les contourner lorsqu'elles surviendront entre les séances. On peut, finalement, prendre connaissance des pensées de la personne (par exemple : « Je vais subir une crise cardiaque. ») au moment où elles surviennent ou, encore, tenter des expériences qui seraient impossibles autrement (par exemple, dans le cadre d'une séance de thérapie, filmer un exposé devant des collègues de travail, qui peuvent ainsi donner une rétroaction immédiate).

Soulignons, en terminant, que si l'on considère ces nouvelles formes de traitement, comme l'apprentissage social de Bandura, la méthode de la modification des autoverbalisations de Meichenbaum ou les diverses méthodes liées à l'attribution, on constate, comme mentionné au début du présent chapitre, que l'aspect cognitif devient de plus en plus important dans le traitement des patients sans pour autant que soit négligé l'apport des comportementalistes.

Les fondements théoriques de la psychothérapie comportementale nous étant maintenant plus familiers, nous allons nous intéresser, dans les prochains chapitres, à ceux de la psychothérapie cognitive.

Annexe 2

www.cheneliere.ca/chaloult

TABLEAU 5.1 Tableau d'enregistrement des expériences comportementales

Date	Situation	Prédiction	Expérience	Résultat	Apprentissage fait

Source : Inspiré de Bennett-Levy *et al.* (2004)

CHAPITRE

6

Les principes fondamentaux de la thérapie cognitive

par Louis Chaloult et Jean Goulet

La thérapie cognitivo-comportementale repose sur un certain nombre de principes fondamentaux qu'il est important de connaître puisqu'ils constituent le cadre à l'intérieur duquel se pratique cette forme de thérapie. Dans le chapitre 3, nous avons vu les principes fondamentaux qui sont plus spécifiques à la thérapie comportementale. Nous aborderons maintenant ceux de la thérapie cognitive, qui découlent principalement des modèles de Beck et d'Ellis. Même s'ils concernent surtout l'aspect cognitif de la thérapie, ils sont parfois associés à l'aspect comportemental : Ellis, aussi bien que Beck et les autres principaux théoriciens de l'approche cognitive, se sont intéressés, dès le début, aux différents aspects de la thérapie comportementale qu'ils ont intégrés dans leur pratique quotidienne.

Voici donc quatorze principes fondamentaux parmi les plus fréquemment mentionnés dans la littérature portant sur la thérapie cognitive (Beck, A. T., 1976; Walen, DiGiuseppe & Wessler, 1980; Beck, Emery & Greenberg, 1985; Auger, 1986).

Les principes fondamentaux de la thérapie cognitive

Les quatorze principes

Premier principe : Les émotions des êtres humains sont surtout causées par leurs pensées ou leur perception plutôt que par les événements

Il s'agit là du premier et du plus important principe fondamental de la thérapie cognitive. Il sous-tend une notion essentielle et relativement nouvelle dans la psychologie moderne : la pensée précède et, le plus souvent, génère l'émotion. Pour bien comprendre la signification de ce principe, voyons d'abord la définition des termes «événement», «pensée» et «émotion».

- *Événement*: c'est le produit des différentes influences provenant de l'environnement que nous percevons par nos sens. L'événement peut être agréable, comme l'annonce d'une bonne nouvelle; désagréable, comme la maladie d'un être aimé; ou neutre, comme le fait de regarder distraitement un objet qui nous laisse indifférent.
- *Pensée*: le mot *pensée* est utilisé pour nommer un phénomène cognitif ou, plus simplement, pour décrire la façon dont un individu se parle à lui-même. L'ensemble des pensées forme le discours intérieur de la personne, qui se poursuit presque constamment lorsque celle-ci est éveillée. Le discours intérieur peut servir à exprimer une constatation, une réflexion, un projet ou autre chose.

  Comme nous le verrons dans le chapitre suivant, Beck inclut les pensées dans une catégorie plus large qu'il nomme «événements cognitifs». Cette catégorie comprend les pensées (discours intérieur), qui prennent une forme verbale, et les images mentales, qui prennent une forme visuelle.
- *Émotion*: Il s'agit d'un état affectif dont la durée et l'intensité sont variables et qui est accompagné de réactions physiologiques plus ou moins intenses, comme la rougeur, la transpiration ou la modification du rythme cardiaque. On peut diviser les émotions en trois catégories:
  - les *émotions agréables,* comme la joie ou l'amour. Normalement, leur présence convient à la personne qui les ressent;
  - les *émotions désagréables fonctionnelles.* Bien que ces émotions soient désagréables, leur intensité, leur fréquence, leur durée et le moment où elles apparaissent s'inscrivent dans les limites d'un contexte à l'intérieur duquel elles sont justifiables et utiles;
  - les *émotions désagréables dysfonctionnelles.* En plus d'être désagréables, ces émotions sont trop fréquentes ou trop intenses, ou elles durent trop longtemps ou, encore, surviennent dans des circonstances inappropriées. Par conséquent, elles nuisent au fonctionnement de l'individu qui les éprouve. Par exemple, la peur de traverser une rivière sur un frêle esquif au moment d'une tempête est appropriée, tandis que la crainte de traverser cette même rivière sur un pont solide par beau temps est dysfonctionnelle. Plus les émotions dysfonctionnelles sont fréquentes et intenses, plus longue est leur durée; plus elles surviennent dans des circonstances inappropriées, plus elles risquent de porter atteinte au bien-être et au bon fonctionnement de l'individu, et plus elles sont susceptibles de causer diverses formes de psychopathologies.

Mais quelle est la cause des émotions? Il est essentiel de connaître la réponse à cette question si on veut diminuer les émotions dysfonctionnelles. L'exemple suivant nous aidera à mieux comprendre.

Monsieur Dupont, président d'une grosse entreprise, meurt d'une crise cardiaque. Sa veuve est très affectée et pleure beaucoup. Par contre, son associé se réjouit, et sa secrétaire s'inquiète. Quelle est donc la cause du chagrin de l'épouse, de la joie de l'associé et de l'inquiétude de la secrétaire? La mort de monsieur Dupont? Il est difficile de croire qu'une même cause puisse produire des émotions aussi diverses. Il faut chercher ailleurs. Voyons ce que pensent ces trois personnes. L'épouse se dit : « Je viens de perdre un excellent mari et je ne pourrai peut-être jamais le remplacer. »; elle est triste. L'associé se dit : « Bravo, j'aurai enfin la chance de prouver ma compétence. »; il est joyeux. La secrétaire se dit : « Le remplaçant de mon patron ne voudra peut-être pas retenir mes services. Je risque de perdre mon emploi. »; elle est inquiète.

Il semble donc que la véritable cause des différentes émotions de ces trois personnes ne soit pas la mort de monsieur Dupont, mais plutôt la façon dont elles se parlent à elles-mêmes à l'occasion de cette mort. C'est ce qu'on appelle leur « perception », qui est exprimée au moyen de leurs pensées. La perception de ces personnes résulte, quant à elle, de leurs interprétations ou de leurs croyances. On en arrive donc à la conclusion que les émotions des êtres humains (dans l'exemple, le chagrin, la joie et l'inquiétude) sont causées non pas par les événements (ici, la mort de monsieur Dupont), mais plutôt par leurs pensées, qui sont l'expression de leur perception, laquelle est elle-même le reflet de leurs interprétations ou de leurs croyances. Les événements constituent simplement des occasions d'exprimer des émotions et non la cause de ces émotions.

On peut résumer ce qui vient d'être dit à l'aide du schéma de la figure 6.1.

FIGURE 6.1 **La relation entre les événements, les pensées et les émotions**

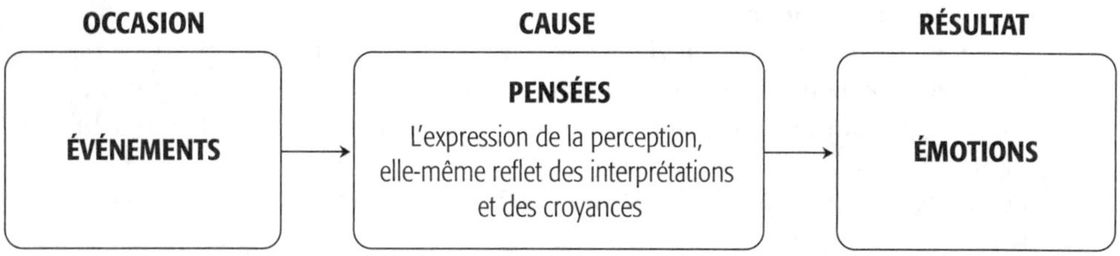

Il résulte de ce qui précède que, pour atténuer ou faire disparaître une émotion dysfonctionnelle, par exemple la colère d'un père qui se fâche exagérément contre son enfant qu'il juge trop bruyant, on peut agir sur deux plans :

1. L'occasion : on peut rendre l'enfant plus tranquille au moyen d'exhortations ou de punitions. C'est ce qu'Ellis appelle la solution « inélégante »;
2. La cause : on peut changer les idées ou la perception du père en augmentant son niveau de tolérance aux frustrations. C'est ce qu'Ellis nomme la solution « élégante ».

Nous pouvons illustrer la distinction entre « événement » et « pensée » avec d'autres exemples.

Question : La mort est attristante. Vrai ou faux ?

Réponse : Faux. En soi, la mort n'est ni gaie ni triste. Elle est la conclusion obligée et normale de toute vie humaine. C'est l'idée que l'on se fait de la mort en général, ou de celle d'un individu en particulier, qui la rend attristante. Cette idée, qui est une « représentation de la mort », résulte à la fois des valeurs, des pensées ou des croyances propres à un individu, et des valeurs, des pensées ou des croyances relevant de son appartenance à une culture, à une religion ou à une société donnée.

Question : Monsieur Durand est déprimé parce qu'il a perdu son emploi. Quelle est la cause de sa dépression ?

Réponse : C'est la perception qu'il a de la perte de son emploi ou son attitude à l'égard de cet événement. Cette perte n'est que l'occasion de sa dépression. Une autre personne pourrait être bien heureuse de perdre un emploi, qu'elle exècre, surtout si on lui en offre un autre plus rémunérateur.

Ainsi, des affirmations comme « les colères de mon conjoint m'exaspèrent » et « le cancer dont je mourrai bientôt me révolte » devraient être remplacées par « je suis exaspérée quand mon conjoint se met en colère » et « je me suis révolté quand ce cancer dont je mourrai bientôt est apparu ».

Deuxième principe : Les événements, les pensées, les émotions, les comportements et les réactions physiologiques s'influencent mutuellement

Abordons ce deuxième principe en définissant les termes « comportement » et « réactions physiologiques ».

- *Comportement* Il s'agit de l'action observable et mesurable d'un objet ou d'un organisme vivant, comme le fait de bouger, d'osciller, de marcher ou d'écrire.
- *Réactions physiologiques* Ce sont des modifications généralement involontaires de certains paramètres de fonctionnement d'un organisme vivant : transpirer, rougir, trembler, se tendre. Ces modifications peuvent être perçues par l'individu ou passer inaperçues.

Le modèle dont on vient de parler, la triade « événement, pensée et émotion », est linéaire puisque c'est toujours l'événement qui provoque la pensée dont résulte l'émotion. Nous savons, cependant, que la réalité est plus complexe. L'émotion peut, à son tour, produire des pensées qui auront elles-mêmes une action sur l'événement (ou l'environnement). De plus, les divers éléments de cette triade peuvent également influencer les comportements ou les réactions physiologiques de la personne et, par la suite, être influencés par eux.

Prenons l'exemple d'un agoraphobe qui doit utiliser un ascenseur bondé (événement). Ses pensées (« je pourrais peut-être m'évanouir ») peuvent faire apparaître une anxiété marquée (émotion) accompagnée de divers symptômes physiologiques : accélération du rythme cardiaque, sensation d'oppression, transpiration et tremblements. Les réactions physiologiques contribuent à rendre ses pensées encore plus dramatisantes (« je suis certain de m'évanouir »), à la suite de quoi son anxiété s'accentue de même que ses réactions physiologiques. À cette étape, on pourrait même observer un comportement d'évitement : l'agoraphobe pourrait sortir de l'ascenseur avant d'être rendu à destination.

On constate donc que les événements (occasion ou environnement), les pensées, les émotions, les comportements et les réactions physiologiques sont tous intimement liés, comme l'illustre la figure 6.2, empruntée à Greenberger et Padesky (1995).

FIGURE 6.1 Interrelations entre l'environnement, les pensées, les émotions, les comportements et les réactions physiologiques

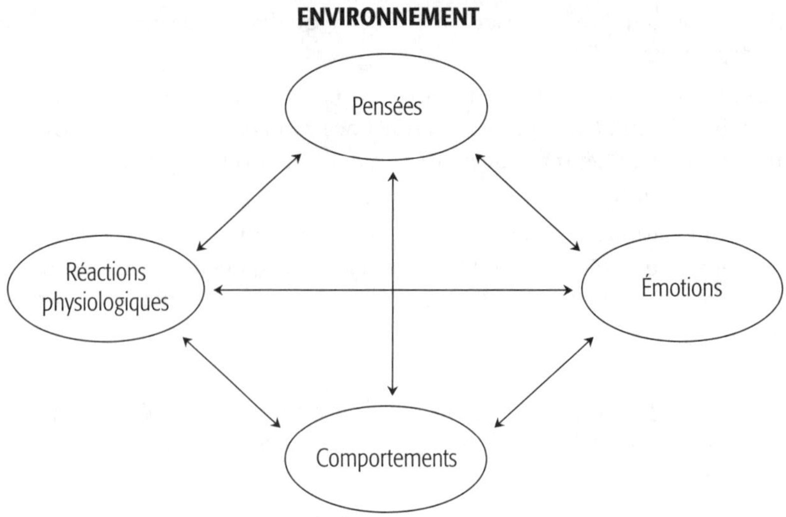

Deux conséquences, dont l'importance est majeure en thérapie, découlent de ces interrelations :

- Pour amener des modifications dans un système, on peut agir sur l'une ou l'autre de ses composantes ;
- Quelle que soit la composante sur laquelle on agit, on doit nécessairement tenir compte des répercussions de son action sur l'ensemble du système.

Dans le cas de l'agoraphobe qui a peur de prendre l'ascenseur, le thérapeute peut intervenir de multiples façons. Ainsi, il peut diminuer l'anxiété de la personne au moyen d'une médication ou d'une thérapie de relaxation ; il peut agir sur ses réactions physiologiques au moyen d'une exposition aux sensations physiques ; il peut modifier ses pensées en se servant d'une restructuration cognitive ; il peut aussi contrôler l'évitement en utilisant une exposition graduée in vivo. S'il réussit à contrôler l'évitement au moyen d'une exposition graduée in vivo, il en résultera des modifications sur le plan cognitif (l'agoraphobe se dira : « Ce n'est pas si dangereux puisqu'il ne m'est rien arrivé. ») qui se traduiront par une diminution de l'anxiété, puis des réactions physiologiques et, finalement, par une plus grande facilité à prendre l'ascenseur à l'avenir.

Troisième principe : Les émotions dysfonctionnelles sont habituellement causées par des pensées irréalistes[1]. Pour diminuer ses émotions dysfonctionnelles, l'être humain a donc intérêt à prendre conscience de ses pensées irréalistes et à s'appliquer à les changer

Si les émotions sont causées par les pensées plutôt que par les événements, il va de soi que les pensées dysfonctionnelles risquent d'engendrer des émotions qui seront aussi dysfonctionnelles, c'est-à-dire trop fréquentes, trop intenses et de trop longue durée, ou survenant à un mauvais moment. Un individu qui souffre de dépression, par exemple, pense fréquemment qu'il a commis des fautes graves et inexcusables (culpabilité excessive), que sa valeur est nulle (autodévalorisation) et qu'il n'a que peu ou pas de possibilités de mettre un terme à une condition qui le rend misérable (anxiété, tristesse extrême ou désespoir). Une vision aussi pessimiste, et toujours fausse, au moins partiellement, le rend profondément malheureux parce qu'il y croit. Pour l'en débarrasser, ou, de façon générale, pour débarrasser l'être humain de ses émotions dysfonctionnelles, il faut lui apprendre à raisonner correctement. C'est cet apprentissage que l'on nomme *restructuration cognitive* et dont on se sert en priorité dans une thérapie cognitive.

Bien sûr, les thérapeutes privilégiant l'orientation cognitivo-comportementale dans leur pratique ne limitent pas leur intervention au seul aspect cognitif. Comme nous l'avons vu précédemment, ils peuvent agir simultanément ou successivement sur bien d'autres facteurs en cause dans les problèmes de leurs patients, comme les événements, les émotions, les réactions physiologiques, les relations interpersonnelles et, plus particulièrement, les comportements. Mais les interventions sur les plans cognitif et comportemental sont évidemment plus spécifiques à la thérapie cognitivo-comportementale, et c'est généralement sur ces plans qu'on insiste davantage dans cette approche.

Quatrième principe : Les êtres humains ont une tendance innée à perturber leur vie par des croyances irrationnelles, et cette tendance est renforcée par l'environnement dans lequel ils évoluent

On peut constater, au quotidien, que les êtres humains présentent une tendance marquée à penser de façon irrationnelle, tendance qui se manifeste, entre autres, par un manque de nuances et de fréquentes affirmations sans preuves suffisantes. Le dogmatisme et le racisme découlent notamment de ce mode de pensée. Ce mode était approprié chez nos ancêtres préhistoriques qui ne pouvaient, faute de temps, faire des distinctions subtiles dans une jungle pleine de dangers. Il ne l'est plus dans le monde moderne, où la nature des dangers s'est considérablement modifiée.

1. Il est impossible d'évaluer précisément jusqu'à quel point une pensée est réaliste ou irréaliste parce que tout dépend de le perception de celui qui évalue la pensée, comme nous l'enseigne le premier principe fondamental de la thérapie cognitive. Par commodité, nous continuerons toutefois à utiliser les qualificatifs « réaliste » et « irréaliste » en tenant pour acquis qu'une pensée réaliste est plus rationnelle qu'une pensée irréaliste, c'est-à-dire plus facilement démontrable pour la plupart des gens.

L'environnement contribue à accentuer cette tendance innée. Au cours de l'enfance, ce sont les parents ou d'autres éducateurs qui s'en chargent. Par la suite, l'entourage, les médias ou la société en général prennent la relève.

Ellis et Beck ont bien décrit les erreurs logiques les plus fréquentes dans les populations occidentales, et les nombreuses croyances irréalistes auxquelles elles conduisent. Nous en parlerons plus loin. Soulignons seulement ici qu'Ellis met davantage l'accent sur l'aspect biologique dans l'étude de l'origine des croyances irrationnelles, tandis que Beck insiste surtout sur les aspects environnementaux.

Cinquième principe : L'être humain adulte est largement responsable de ses émotions dysfonctionnelles et, par conséquent, de sa propre détresse, parce qu'il entretient et accentue ses croyances irrationnelles

Les pensées et les croyances irrationnelles chez l'être humain proviennent donc d'une tendance innée et sont ensuite maintenues et accentuées par l'environnement. Cependant, l'environnement n'est pas seul à les renforcer. En effet, l'individu lui-même y contribue largement en y ajoutant foi et en se les répétant constamment dans son discours intérieur. Ce processus est le plus souvent inconscient, mais, même lorsqu'il devient conscient, bien des gens ne font rien pour le modifier parce qu'ils croient que les influences héréditaires ou environnementales sont immuables et rendent tout changement impossible (« Je suis fait comme ça… », « C'est la faute de mes parents… », « J'ai eu une enfance misérable… »). C'est ce qui amène un thérapeute d'orientation cognitive à dire ce qui suit à un patient qui attribue à son hérédité, à ses parents, à ses éducateurs ou à la société la responsabilité de ses problèmes : « Vos parents et votre hérédité sont partiellement responsables de vos pensées et de vos comportements dysfonctionnels, mais vous contribuez à les maintenir et à les accentuer. Votre responsabilité est de fournir les efforts nécessaires pour réussir à les modifier et, ainsi, d'agir dans votre intérêt. »

Il résulte de cette prise de position que, dans l'approche cognitive, la responsabilité repose prioritairement sur l'individu plutôt que sur l'entourage, les parents, la société ou le thérapeute. Le véritable thérapeute est d'abord et avant tout le patient, la personne consultée jouant plutôt le rôle de guide dans la démarche thérapeutique.

Sixième principe : Seuls des efforts prolongés et soutenus permettent de modifier de façon efficace les pensées, les émotions et les comportements dysfonctionnels

Lorsqu'un individu a, depuis longtemps, pris une mauvaise habitude, qu'elle soit comportementale ou cognitive, des efforts prolongés et soutenus sont nécessaires pour réussir à l'en débarrasser. S'il est difficile pour un obèse de manger moins (éliminer une mauvaise habitude comportementale), il est aussi ardu pour celui qui blâme exagérément, de devenir indulgent (éliminer une mauvaise habitude cognitive). Il est donc faux de croire, comme beaucoup semblent le penser, qu'il est possible de changer, c'est-à-dire de modifier ses mauvaises habitudes, facilement et rapidement. Toute thérapie un peu sérieuse demande temps et effort, et a comme condition essentielle un travail sur soi long et régulier, tant pour en arriver à une meilleure compréhension de soi que pour effectuer des changements sur différents plans. En outre, il s'agit d'une tâche qui n'est jamais vraiment terminée, car, si elle est négligée, le terrain gagné peut être rapidement perdu.

Septième principe : Une pensée rationnelle conduit habituellement à une réduction de la fréquence, de l'intensité et de la durée des émotions dysfonctionnelles, et non à une absence d'affects ou d'émotions

Lorsqu'on explique que l'approche cognitive a pour but de réduire les émotions dysfonctionnelles, bien des gens craignent que cette démarche ne résulte en une incapacité de ressentir toute forme d'émotion et ont peur de devenir des individus sans affects, non créatifs et inintéressants. Or, cette crainte n'est pas fondée. Si la thérapie cognitive atteint son but en réduisant les émotions dysfonctionnelles, bien souvent il y a une augmentation des émotions agréables, tandis que les émotions désagréables fonctionnelles ne sont que légèrement modifiées ou ne sont pas modifiées du tout. L'approche cognitive ne cherche donc pas à transformer les gens qui consultent un thérapeute en de petits robots sans affects et, par conséquent, sans grand intérêt, ce qui n'est évidemment pas souhaitable. Elle tend plutôt à en faire des êtres humains ayant la capacité de réagir avec des émotions adéquates et adaptées aux circonstances et aux événements.

Huitième principe : Une bonne relation thérapeutique est essentielle à une thérapie cognitive efficace

L'approche cognitive s'inscrit dans tous les principaux courants de pensée en psychothérapie où l'on considère la dimension relationnelle comme un aspect fondamental de presque toutes les formes de psychothérapie efficace. Ceci a été abondamment démontré en ce qui concerne l'observance d'un traitement pharmacologique, et c'est encore plus vrai dans le cas d'une psychothérapie, surtout d'une psychothérapie introspective (Pelsser, 1988). Plus un thérapeute possède et cultive les qualités essentielles à de bonnes relations interpersonnelles, comme l'empathie, la chaleur, l'authenticité, le respect et l'acceptation des autres, plus il sera en mesure d'aider ses patients.

Par ailleurs, certaines pratiques contribuent à susciter et à entretenir une bonne relation thérapeutique : donner des explications claires au patient ; décrire les objectifs qui, pour lui, sont prioritaires ; les formuler de façon à ce qu'ils soient bien compréhensibles et qu'ils lui paraissent atteignables ; établir, avec sa collaboration, un plan de traitement structuré ; l'informer et le consulter tout le long de la thérapie ; s'ajuster à ses besoins, ne rien entreprendre sans son accord ; etc. C'est cette façon de travailler que Beck appelle l'« empirisme collaboratif ». Il en sera question dans le chapitre 11, qui porte sur l'évaluation.

Neuvième principe : La thérapie cognitive est basée sur un modèle éducatif, et la relation qu'elle implique est du type maître-élève

En psychanalyse, la névrose de transfert amène la personne analysée à régresser et à établir avec l'analyste une relation de type *parent enfant*. Dans la thérapie humaniste inspirée de Rogers, on considère que la personne change lorsqu'elle est aimée et acceptée de façon inconditionnelle par un thérapeute, qui est son égal ; la relation est du type *ami ami*. En thérapie cognitive, la relation est du type *maître élève*. Sans se prétendre supérieur, le thérapeute se présente comme la personne qui possède certaines connaissances que le patient n'a pas et qui pourront l'aider à progresser. À l'instar d'un professeur compétent, il joue un rôle de guide : il questionne, il explique, il conseille et il suggère des travaux à faire à domicile. Souvent, il clarifie; parfois, il interprète. Il s'efforce de susciter l'enthousiasme et la motivation. Il donne les informations nécessaires au moment opportun, mais, dans la mesure du possible, il aide son patient à les découvrir par lui-même. Au début, il est plus directif; par la suite, il intervient de moins en moins.

De plus, tout le long de cette démarche, le patient demeure la personne sur laquelle repose l'essentiel de la tâche, et il est le principal responsable des succès ou des échecs survenant en cours de route. On pourrait prêter au thérapeute s'adressant à son patient les paroles suivantes : « C'est vous le principal acteur et le véritable thérapeute ici. C'est vous qui faites le travail et qui en aurez le crédit quand vous irez mieux. Je ne suis que le guide, et votre rôle est plus important que le mien. »

Dixième principe : L'approche cognitive utilise le questionnement socratique

Le questionnement socratique consiste, pour le thérapeute, à poser des questions au patient pour l'amener à faire son propre cheminement; cette pratique est préférée à l'affirmation, à l'explication, à la suggestion, à la persuasion ou à l'exhortation. La majorité des questions peuvent être inspirées des trois types de questions suivantes :

- Sur quelles preuves cette idée est-elle basée ?
- Serait-il possible de voir les choses autrement ?
- Et si « cela » (cet événement, cette situation ou cette inquiétude) se produisait, quelles en seraient les conséquences ?

Le questionnement socratique comporte plusieurs avantages :

- Il permet d'aller chercher de l'information. Les réponses obtenues sont souvent surprenantes et parfois très révélatrices;
- Il engage davantage le patient dans la thérapie en l'amenant à faire lui-même le travail plutôt que de laisser un autre le faire à sa place;
- Les problèmes se règlent avec plus d'efficacité et de rapidité lorsque la compréhension qu'on en a et les solutions viennent du patient plutôt que du thérapeute.

Le questionnement socratique est prôné par tous les thérapeutes cognitifs, mais il est surtout privilégié par Beck et son groupe, tandis qu'Ellis utilise davantage la persuasion. En réalité, tous combinent la méthode socratique avec les explications, les suggestions, la persuasion et l'exhortation. Seules les proportions des différents éléments varient. Nous reviendrons plus longuement sur ce sujet dans le chapitre 13.

Onzième principe : Les travaux à domicile constituent un élément essentiel de l'approche cognitive

Les travaux à domicile sont non seulement utiles, mais ils sont aussi indispensables à la bonne marche d'une thérapie cognitive, car ils constituent la meilleure façon d'amener des changements significatifs et durables chez un patient. Ils ont trois principaux objectifs :

- Au début de la thérapie, ils permettent au patient de se familiariser avec les aspects théoriques et pratiques de l'approche cognitive. Des lectures ou des exercices pratiques sont souvent suggérés ;
- À mesure que la thérapie progresse, le patient est initié aux différentes étapes de la restructuration cognitive. C'est grâce aux travaux à domicile qu'il apprend à exploiter ces étapes avec facilité et souplesse, et à intégrer les changements qui en résultent dans sa vie quotidienne ;
- Lorsque des techniques comportementales sont indiquées, c'est dans le cadre des travaux à domicile que le patient apprend à les utiliser de façon efficace pour modifier ses comportements dysfonctionnels.

Les travaux à domicile peuvent prendre plusieurs formes ; celles-ci seront d'autant plus variées que le thérapeute est expérimenté. Il importe avant tout de bien les adapter aux circonstances ainsi qu'aux besoins et aux particularités du patient.

Le chapitre 17 est entièrement consacré à la description des avantages des travaux à domicile et aux façons de les prescrire.

Douzième principe : L'approche cognitive est active et directive, et les séances sont structurées

Dans la plupart des cas, le thérapeute d'orientation cognitive est actif et directif. Il intervient fréquemment et, surtout au début d'une thérapie, il préfère généralement les questions directes et spécifiques aux questions floues ou ouvertes. La thérapie prend donc davantage l'allure d'un dialogue que celle d'un monologue adressé au patient. On évite les digressions et on cherche avant tout à résoudre les problèmes sans perdre de temps.

Il va de soi que les mots « actif » et « directif » ne correspondent pas à une règle rigide ; ils servent à désigner un style de thérapie qui doit être avant tout souple et adapté aux besoins du patient ainsi qu'aux circonstances. Ce style comporte de nombreuses exceptions. Il est parfois nécessaire de se taire et de laisser le patient parler, pour toutes sortes de raisons, par exemple, pour recueillir de l'information ou lui permettre d'exprimer ses émotions. C'est au thérapeute de s'adapter aux différentes situations et, en cas de doute, il est préférable de ne rien dire.

En clinique, concrètement, les séances sont le plus souvent structurées et suivent un plan pouvant s'inspirer de celui qui suit (Blackburn & Cottraux, 1988 ; Beck, J. S., 1995).

- *Revoir brièvement les symptômes et les événements survenus depuis la dernière séance.* Il s'agit avant tout de s'informer sur l'évolution de la symptomatologie depuis la dernière séance et de voir s'il n'est pas survenu une urgence ou un événement marquant dont le patient aimerait discuter. Le début de l'entrevue est également un bon moment pour ajuster la médication ou pour compléter les formulaires d'assurance ou d'autres papiers du genre, si nécessaire.

- *Faire brièvement le lien avec la séance précédente.* Qu'est-ce que le patient a retenu de la séance précédente ? A-t-il des questions à poser ? Aimerait-il revenir sur certains sujets ? À condition de ne pas y passer trop de temps, des questions de ce genre sont utiles pour faire le lien avec la séance précédente et permettre au patient de mieux situer sa progression dans le plan d'ensemble du traitement. Elles favorisent également sa compréhension et le stimulent à mieux se préparer avant chaque séance.
- *Préparer le programme de la séance qui débute.* À cette étape, le thérapeute demande au patient de choisir le thème ou le problème qu'il souhaite aborder au cours de la séance ; il lui fait aussi part des aspects que, de son côté, il priorise. Patient et thérapeute s'entendent ensuite sur un programme commun. Au début du traitement, les choix du thérapeute ont préséance, mais plus la thérapie progresse, plus ce sont ceux du patient qui prévalent.

Une fois qu'ils ont bien saisi l'utilité du programme, la plupart des patients collaborent volontiers à sa préparation, certains le rédigeant même par écrit avant leur entrevue.

- *Résoudre le ou les problèmes cibles.* Les différents problèmes liés aux thèmes ou aux sujets mis à l'ordre du jour sont résolus à la satisfaction du patient et du thérapeute. Il s'agit généralement de nouvelles étapes du plan de traitement qui sont introduites progressivement ou d'étapes déjà amorcées mais non terminées. Les outils utilisés sont le plus souvent la restructuration cognitive combinée à des techniques comportementales.
- *Déterminer les épreuves de la réalité qui en découlent.* Il est important de modifier les pensées, attitudes ou croyances d'une personne, mais il est tout aussi important de s'intéresser à la façon dont ces modifications seront intégrées dans sa vie quotidienne et aux conséquences qui en découleront.
- *Donner des tâches.* Il s'agit ici de s'entendre sur de nouveaux travaux à faire à domicile, travaux qui ont trait à la restructuration cognitive ou à des modifications comportementales, par exemple.
- *Résumer la séance et fournir réciproquement une rétroaction.* En fin de séance, thérapeute et patient résument les faits saillants de la rencontre. Le patient peut même les noter par écrit, s'il le juge opportun.

  Sans qu'il ne soit nécessaire d'y revenir à chaque entrevue, il est également important de vérifier le degré de satisfaction de la personne en traitement. Le style de la thérapie lui convient-elle ? S'intéresse-t-on aux bons problèmes ? Les tâches sont-elles trop nombreuses ? Se sent-elle à l'aise en entrevue ? Progresse-t-elle à un rythme qui lui convient ? Et, à la condition d'y mettre des formes, il est également important que le thérapeute fasse rapidement connaître au patient ses propres insatisfactions, lorsqu'il s'en présente.

Treizième principe : Une thérapie cognitive est généralement brève

Le thérapeute qui privilégie l'approche cognitive est actif et souvent directif, et la thérapie qu'il développe est structurée et ses objectifs sont bien ciblés. Le patient travaille au quotidien entre les rencontres, et on s'intéresse davantage à résoudre les problèmes vécus dans le présent qu'à comprendre leur origine. Il en résulte donc un type de thérapie dont la durée est généralement brève.

Dans les cas de pathologies de l'Axe I[1], comme un trouble dépressif majeur ou un trouble anxieux, les principaux théoriciens de l'approche cognitive parlent d'une thérapie d'une durée moyenne de quinze rencontres, étalées le plus souvent sur autant de semaines. Pour favoriser le maintien des acquis à long terme, on recommande de terminer la thérapie par une ou deux séances nettement plus espacées dans le temps (trois à douze mois). On les appelle « entrevues de consolidation » (*booster sessions*). Une thérapie de cette durée est généralement suffisante pour améliorer de façon significative la majorité des pathologies de ce genre. On a même observé, dans plusieurs études, que la plupart des personnes ayant bénéficié de cette forme de thérapie continuaient à progresser après le traitement.

Par contre, si on traite des pathologies de l'Axe II[2], c'est-à-dire des troubles de la personnalité ou des traits de personnalité pathologiques, la thérapie est nettement plus longue : elle peut durer un an ou deux, et même plus, tout particulièrement si on utilise la thérapie des schémas (*Schema Therapy*) de Jeffrey Young (2006), qui s'intéresse plus spécifiquement à ce type de problèmes.

Deux suggestions peuvent être faites pour abréger une psychothérapie (Emery, dans Beck, Emery & Greenberg, 1985) :

- *Rester simple* (*Keep it simple*). Il existe assez de théories compliquées en psychiatrie et en psychologie pour rendre confuse la personne aux idées les plus claires; comme le dit Emery, quel que soit le degré de complication des problèmes d'un patient, un thérapeute a toujours le pouvoir de les compliquer davantage (Beck, *et al.*, 1985). Or, le modèle cognitif est relativement simple (en théorie, mais non en pratique) et peut être compris assez facilement par la plupart des gens. On a donc généralement intérêt, surtout dans ses débuts professionnels, à s'en tenir au modèle habituel si on désire éviter des pertes de temps inutiles;
- *Rendre le traitement spécifique et concret.* Généralement, il est préférable d'utiliser des exemples provenant de situations récentes ou actuelles vécues par le patient pour faciliter la compréhension du traitement et accélérer le processus thérapeutique. Il faut éviter, autant que possible, les tangentes, les digressions et les discussions théoriques, philosophiques ou religieuses qui ne sont pas directement liées aux problèmes de la personne traitée.

---

2. Tel qu'on le définit dans le DSM-IV-TR (2003), le « système multiaxial implique une évaluation sur plusieurs axes, chacun représentant un domaine particulier, susceptible d'aider le clinicien dans son choix thérapeutique et dans son pronostic ». La classification multiaxiale comprend cinq axes : Axe I Troubles cliniques, Axe II Troubles de la personnalité, Axe III Affections médicales générales, Axe IV Problèmes psychosociaux et environnementaux et Axe V Évaluation globale du fonctionnement.

Quatorzième principe : L'approche cognitive est basée sur un modèle cognitif qui comprend six étapes principales

1. Le patient se familiarise avec les principes fondamentaux du modèle cognitif. Il apprend à établir des liens entre les événements, ses pensées, ses émotions, ses comportements et ses réactions physiologiques.
2. Il prend conscience de ses pensées au moment où il ressent des émotions dysfonctionnelles.
3. Il apprend à sonder ses pensées pour en examiner la validité. Est-ce bien vrai ? Pourrait-on voir les choses autrement ? Les conséquences (si telle ou telle chose devait se produire) sont-elles si graves ?
4. Il substitue des interprétations plus appropriées aux pensées inappropriées.
5. Il tient compte des résultats en modifiant ses comportements inappropriés.
6. Lorsque la thérapie est plus avancée, il apprend à reconnaître, puis à modifier ses attitudes dysfonctionnelles de même que les croyances dysfonctionnelles qui leur sont sous-jacentes.

Maintenant que nous sommes familiarisés avec les principes fondamentaux de l'ensemble des thérapies cognitives, nous verrons de façon plus approfondie les trois principaux modèles théoriques dont ils découlent, soient le modèle cognitif de Beck, le modèle émotivo-rationnel d'Ellis et la thérapie des schémas de Jeffrey Young.

CHAPITRE

7

Le modèle cognitif selon Beck

par Louis Chaloult et Thanh-Lan Ngo

Aaron Beck est un psychiatre américain qui, au cours de ses recherches qui visaient à prouver le bien-fondé des théories psychanalytiques expliquant la dépression, en est venu à s'intéresser à la perception des individus dépressifs. Il note que ces derniers ont une vision négative d'eux-mêmes, du monde et de l'avenir. C'est ce qu'on appellera, plus tard, la « triade de Beck », qui caractérise le contenu de la pensée dépressive.

Beck a développé la thérapie cognitive, qui est une thérapie active, directive, limitée dans le temps, structurée, ciblant plusieurs pathologies psychiatriques et basée sur la théorie suivante : les émotions et les comportements d'un individu sont largement déterminés par sa façon de percevoir le monde et de structurer cette perception. C'est pourquoi l'approche cognitive aura comme objectif premier d'amener la personne à poser un regard différent sur elle-même et sur le monde qui l'entoure, de telle sorte qu'elle puisse percevoir la réalité de façon plus objective ou adaptée, non à travers un prisme déformant. Mais d'où vient cette déformation ? Quels sont les mécanismes qui la sous-tendent ? C'est ce que cherche à expliquer le modèle cognitif de Beck.

Ce modèle repose sur quatre notions principales : les schémas et les croyances fondamentales, les croyances intermédiaires (présomptions, règles et attitudes), les processus cognitifs (erreurs logiques) et les événements cognitifs (pensées ou discours intérieur). À cela, nous ajouterons les trois principales réactions déclenchées par les événements cognitifs, soit les émotions, les comportements et les symptômes physiologiques. Nous terminerons en donnant quelques exemples concrets.

Les schémas et les croyances fondamentales

Tous les êtres humains ont une façon personnelle d'évaluer leur vécu quotidien et d'y réagir. Certains, par exemple, sont pessimistes, méfiants ou craintifs ; d'autres, sont optimistes, confiants et intrépides. Ces diverses façons d'aborder la vie résultent d'un ensemble de croyances à l'origine desquelles on trouve des structures cognitives appelées « schémas » par Beck et qui constituent un élément essentiel de sa compréhension de la psychopathologie (Beck, A.T., 1976).

Les schémas sont des structures cognitives profondes, inconscientes et relativement stables formant une grille d'évaluation que l'individu utilise pour percevoir et analyser la réalité (Pinard, 1988). Ils découlent des influences combinées de la biologie (le tempérament) et de l'environnement (parents et société). Ils peuvent demeurer inactifs pendant un certain temps, puis être réactivés par des expériences spécifiques. S'ils sont adaptés à la réalité, leur présence est précieuse, parce qu'ils permettent à l'individu de traiter rapidement l'information dans une situation donnée et de prendre de meilleures décisions. Par exemple, une réaction adéquate en présence d'une personne en colère (chercher à l'apaiser tout en demeurant affirmatif) résulte de l'interaction de plusieurs schémas appropriés.

Si, par ailleurs, les schémas sont erronés, ils déforment la réalité et déclenchent des réactions inappropriées ou dysfonctionnelles. La réaction affective, en somme, ne dépend pas de la réalité, mais plutôt des schémas. De plus, ces derniers, en plus de fausser la perception, empêchent de faire de nouveaux apprentissages basés sur différentes expériences. Les schémas, en effet, guident la sélection, l'encodage, l'organisation, la rétention et la récupération des informations, selon ce qui correspond à la perception de l'individu. Il faut donc intervenir pour corriger les schémas dysfonctionnels, et ce n'est qu'en les reconnaissant comme dysfonctionnels qu'une personne apprendra à en construire des nouveaux, mieux adaptés, pour les substituer à ceux qui sont inappropriés.

Disons tout de suite que les schémas sont constitués de croyances fondamentales qui sont des croyances absolues au sujet de soi, des autres et du monde. Ces croyances forment le *contenu cognitif* (ce qu'on pense). Ils sont également à l'origine des *processus cognitifs* (la façon dont on pense) desquels résultent les erreurs logiques. Nous reviendrons sur ces notions un peu plus loin.

La théorie du *Learned Helplessness Model of Depression* de Seligman est un exemple de la formation et des conséquences d'un schéma dysfonctionnel prédisposant à la dépression (Fontaine & Wilmotte, 1984). À la suite de la perte d'un parent ou comme conséquence d'une éducation brutale ou dévalorisante, un enfant acquerra la conviction de ne pouvoir rien faire pour s'en sortir lorsque des difficultés surviennent. Tant qu'il ne n'éprouvera pas de problèmes majeurs, il pourra vivre normalement; mais lorsque surviendront des traumatismes, comme la mort du conjoint ou une autre forme de perte importante, il demeurera passif et sera porté à déprimer plutôt qu'à réagir.

Notons, au passage, que la notion de « schéma » correspond, jusqu'à un certain point, aux concepts psychanalytiques de « fixation » (production de schémas) et de « régression » (réactivation des schémas).

La plupart du temps, les schémas n'existent pas seuls; ils sont regroupés autour d'un thème commun pour former ce que Beck appelle des « constellations cognitives » (Beck, A.T., 1976). Prenons comme exemple les croyances suivantes : « Il n'existe rien de pire que d'être rejeté. », « Je ne peux supporter la colère des autres. », « J'ai absolument besoin d'être compris. » et « Toute critique équivaut à un rejet personnel. » Si ces croyances, qui sont réunies autour du thème de l'acceptation, se trouvent chez un même individu, il en résultera probablement une constellation cognitive pouvant s'énoncer de la façon suivante :

« Je dois absolument être aimé et approuvé par presque toutes les personnes importantes de ma vie, et si je ne le suis pas, c'est terrible et inacceptable. » Cette constellation cognitive constitue ce qu'Ellis appelle une « croyance irréaliste majeure », et nous verrons plus loin tous les dommages qu'elle peut causer.

Une nouvelle notion introduite par Beck est celle des modes (Beck, *et al.*, 1990). Ce concept permet d'expliquer que, face à certaines situations stéréotypées, l'individu perçoit les choses, les ressent et se comporte toujours de la même façon. Le mode est un réseau intégré d'éléments cognitifs, affectifs, motivationnels et comportementaux formant une unité structurelle et opérationnelle de personnalité qui permet à l'individu de mieux s'adapter aux circonstances. Afin d'illustrer ce concept, nous pouvons imaginer un individu qui réagit toujours de la même façon lorsqu'il reçoit des critiques : il se dit qu'il est un perdant (aspect cognitif) ; il se sent triste (aspect affectif) et, pour éviter d'autres échecs, il ne fait plus d'efforts pour relever de nouveaux défis (aspects motivationnel et comportemental). Un mode contient des souvenirs, des stratégies de résolution de problème, des images et des mots clés ; son fonctionnement est surtout automatique et, lorsqu'il est activé, il amène l'individu à exploiter des stratégies de survie programmées pouvant se généraliser et devenir un style de vie. Ainsi, certains individus ont un style de vie dépressif, narcissique, anxieux, histrionique ou paranoïaque. Comme nous le voyons, nous touchons ici à l'origine de la structure de la personnalité ainsi qu'à celle des troubles de la personnalité, sujet qui intéresse tout particulièrement Beck et son groupe depuis quelque temps.

Les croyances intermédiaires

Une fois qu'ils sont constitués, les schémas vont donner naissance à ce que Judith Beck nomme les « croyances intermédiaires » (Beck, J. S., 1995). Il y en a trois : les présomptions, les règles et les attitudes.

Les présomptions

Les présomptions (ou croyances conditionnelles ; *assumptions*, en anglais) sont des hypothèses ou des conditions découlant directement d'une croyance fondamentale : elles en sont les conséquences implicites (si ceci est vrai, il en résulte cela). Elles sont souvent plus ou moins conscientes, parfois complètement inconscientes, et le sujet les perçoit généralement comme des certitudes plutôt que comme des hypothèses.

Nous pouvons considérer l'exemple d'un individu exagérément sensible à l'abandon, dont la croyance fondamentale serait la suivante : « Je n'ai pas les ressources nécessaires pour faire face aux pertes sérieuses ou aux difficultés de la vie. » Si une personne qui lui est chère le quitte ou décède, il peut en résulter les présomptions suivantes : « Sans la personne que je viens de perdre, je ne pourrai plus jamais être heureux. » ou « Quels que soient mes efforts ou l'aide que l'on m'apporte, ce sera insuffisant. » ou encore « Sans l'aide rapide d'une autre personne fiable, je ne m'en sortirai pas. » Ces présomptions découlent directement de la croyance fondamentale de cet individu, et elles comportent des conséquences importantes pour lui. Elles s'énoncent souvent ainsi : « Si… alors… » (par exemple, si on m'abandonne, alors je ne pourrai jamais être heureux).

Les règles

Les règles (ou lois, ou exigences; *rules*, en anglais) sont déjà contenues dans les schémas et les présomptions, ou elles en découlent. Elles se présentent sous la forme d'instructions plus ou moins impératives qui dictent le comportement à adopter à la personne, à son entourage ou au monde en général (Dieu, le destin, les gouvernements, les institutions, etc.). Elles s'énoncent souvent ainsi: «je dois… on doit…» Beck les désigne également sous le nom de «postulats silencieux». Leurs principales caractéristiques sont les suivantes:

- Elles constituent les critères de base auxquels l'individu se réfère pour évaluer la signification et, surtout, le bien-fondé de ses actions et de celles des autres: bien ou mal, bon ou mauvais, bienveillant ou malveillant, etc. L'individu s'en sert pour interpréter la réalité et pour agir concrètement dans une situation donnée. Il les utilise pour parvenir à ses objectifs, pour se protéger contre les atteintes physiques ou psychologiques et pour maintenir de bonnes relations avec son entourage;
- Comme les schémas qui les englobent, les règles résultent des interactions entre la biologie, l'éducation des parents et l'influence de la société. Chaque individu possède son propre ensemble de règles formant un système à la fois très personnel et très complexe;
- Chaque type de pathologie (anxiété, dépression, paranoïa, etc.) possède un ensemble de règles qui lui est propre et qui est assez semblable chez tous les individus souffrant de ce même type de pathologie.

Si nous revenons à l'exemple de l'individu exagérément sensible à l'abandon, diverses règles peuvent résulter de sa croyance fondamentale ou de ses présomptions. Ainsi, il se dira: «Je dois absolument faire tout ce qui est en mon pouvoir pour ne pas être abandonné.» ou encore: «Je dois absolument trouver quelqu'un d'autre pour s'occuper de moi.»

Nous reviendrons plus longuement sur ce sujet des règles ou des exigences lorsque nous exposerons la pensée d'Ellis, lequel s'est beaucoup intéressé à cette question.

Les attitudes

Les attitudes sont des façons plus ou moins identiques ou stéréotypées de réagir à certaines situations ou à certains événements de la vie courante ayant activé des croyances fonctionnelles ou dysfonctionnelles. Elles sont le résultat prévisible et répétitif des présomptions ou des règles associées à ces croyances. Elles peuvent se manifester de diverses façons dans le discours intérieur de la personne et provoquer, à leur tour, l'apparition d'émotions et de comportements dysfonctionnels eux-mêmes prévisibles et répétitifs.

Ainsi, ce qui résultera de l'ajout d'une règle ou d'une présomption au schéma de l'individu exagérément sensible à l'abandon pourra être exprimé comme suit: «Je n'ai pas les ressources nécessaires pour faire face aux pertes sérieuses et aux difficultés de la vie (croyance fondamentale). Par conséquent, si je suis abandonné par mon conjoint, je ne pourrai plus jamais être heureux (présomption). Je dois donc faire tout ce qui est en mon pouvoir pour ne pas être abandonné (règle).»

De tout ceci découlera éventuellement une attitude dramatisante pouvant être formulée de la façon suivante: «C'est horrible et catastrophique si je perds mon conjoint.»

Si cette personne vit avec un conjoint autoritaire, intolérant et qui menace de la quitter, il en résultera une règle qui sera influencée par son attitude et qui, appliquée à la situation, pourra donner ceci : « Je dois tout faire pour éviter d'être abandonnée, y compris endurer les comportements les plus abusifs de mon conjoint. » Ce qui peut se traduire, sur le plan comportemental, par une attitude prenant la forme d'une soumission nocive, surtout pour la personne, mais aussi pour son conjoint.

Soulignons que les croyances intermédiaires (présomptions, règles et attitudes) sont intimement liées les unes aux autres et qu'elles ne constituent, en somme, que différentes facettes d'une même réalité. Jusqu'ici, nous avons parlé de croyances fondamentales produisant des présomptions dont découlent des règles puis des attitudes. Toutefois, à l'inverse, nous aurions pu dire, avec autant de justesse, comme le fait Judith Beck, que les croyances fondamentales sont d'abord à l'origine d'attitudes dont découlent ensuite des règles, puis des présomptions. Un peu comme dans le cas de l'œuf et de la poule, il est impossible de déterminer précisément l'élément qui est à l'origine de l'autre. Si nous reprenons, une fois encore, l'exemple développé ci-dessus, nous aurions tout aussi bien pu le formuler de la façon suivante :

- « Je n'ai pas les ressources nécessaires pour faire face aux pertes sérieuses et aux difficultés de la vie. » (Croyance fondamentale) ;
- « Une telle éventualité est redoutable et catastrophique. » (Attitude dramatisante) ;
- « Je dois tout faire pour éviter d'être abandonnée, y compris endurer les comportements les plus abusifs de mon conjoint. » (Règle ou exigence rigide) ;
- « Si je n'y arrive pas (si je suis abandonnée), je serai malheureuse toute ma vie. » (Présomption).

Nous pourrions encore, toujours avec justesse, combiner autrement ces différentes assertions.

Les processus cognitifs

« Le passage des schémas (structures profondes) vers les événements cognitifs (structures superficielles) se fait par l'intermédiaire des processus cognitifs. Les processus cognitifs sont des règles logiques de transformation de l'information. Elles permettent de passer des schémas inconscients aux pensées préconscientes (pensées automatiques), puis aux pensées conscientes (pensées contrôlées) » (Cottraux, 1992, p. 44). Si les schémas sont sains, ils produisent des processus cognitifs logiques et également sains. S'ils sont erronés, ils produisent des processus cognitifs biaisés, distordus appelés erreurs logiques « dont la distorsion traduit une perturbation profonde et stable de la pensée logique » (Cottraux, 1992, p. 44).

Des explications sont ici nécessaires. L'ensemble des croyances fondamentales d'une personne de même que les présomptions et les règles qui en découlent forment ce qu'on peut appeler le système de valeurs de cette personne. Il s'agit là d'une structure profonde, surtout inconsciente et plutôt statique, en ce sens qu'elle ne se modifie guère avec le temps.

Certaines composantes ou croyances faisant partie de cette structure sont saines et d'autres sont pathologiques, selon qu'elles servent plus ou moins bien les intérêts de la personne et ceux de son entourage. S'il n'y a pas de circonstances ou de situations qui activent une croyance donnée, cette dernière reste latente et ne se manifeste pas. Si une circonstance ou une situation joue le rôle de déclencheur, le processus cognitif est alors activé, et il en résulte un discours intérieur (événement cognitif) qui contient plus ou moins d'erreurs logiques, selon que la croyance impliquée est plus ou moins fonctionnelle ou dysfonctionnelle. Il s'agit là d'un processus dynamique passager qui donne naissance aux événements cognitifs, c'est-à-dire au discours intérieur de l'individu.

Chez la personne exagérément sensible à l'abandon, on trouve la croyance suivante : « Je n'ai pas les ressources nécessaires pour faire face aux pertes sérieuses ou aux difficultés de la vie. » Si cette personne vit avec un conjoint bon et responsable, il est possible qu'elle mène une vie relativement heureuse et satisfaisante en sa compagnie. Sa croyance est toujours présente, mais rien ne vient l'activer. Si son conjoint la quitte ou décède, elle tiendra sans doute le discours intérieur suivant : « Rien ni personne ne peut remplacer mon conjoint et, sans lui, ma vie est vouée au malheur et à l'échec. C'est horrible et catastrophique, et je serais mieux morte. » On trouve dans ce discours intérieur la manifestation de plusieurs erreurs logiques, dont la déduction arbitraire et la dramatisation. Comme nous le verrons plus loin, ces erreurs sont des processus cognitifs distordus activés par une situation qui est ici le décès du conjoint.

Les erreurs logiques sont extrêmement nombreuses et variées. Nous nous limiterons à en décrire sept parmi les plus fréquentes. Ces sept erreurs peuvent elles-mêmes être divisées en deux principaux groupes : celui des déductions sans preuve et celui des généralisations excessives. Une caractéristique essentielle distingue ces deux groupes. Dans le cas des déductions sans preuve, la personne en arrive à une conclusion sur la base d'hypothèses ou d'indices plus ou moins plausibles et non vérifiés, tandis que, dans le cas des généralisations excessives, elle base son raisonnement sur des faits réels et vérifiables, mais qu'elle utilise mal en les exagérant, en les minimisant ou en déformant leur signification.

Les déductions sans preuve

Les déductions sans preuve (ou les conclusions sans preuve, les affirmations sans preuve, les déductions arbitraires ou, encore, les inférences arbitraires) consistent en des conclusions émises en l'absence de faits, d'indices, de données, d'évidences ou de preuves suffisantes pour appuyer le raisonnement qui y mène. Parfois, il existe des indices valables sur lesquels on pourrait se baser pour émettre une hypothèse prudente, mais non une affirmation certaine ou quasi certaine, comme on le voit souvent dans cette forme d'erreur logique. Plus la pathologie est grave, plus les indices sont rares, fragiles et ayant peu à voir avec la réalité. Parfois, même, ils n'ont aucune corrélation avec la réalité. C'est la raison pour laquelle les déductions sans preuve constituent un groupe d'erreurs logiques souvent plus graves et plus lourdes de conséquences que les généralisations excessives. Poussées à l'extrême, elles peuvent même déboucher sur une psychose.

Nous verrons ici trois formes de déductions sans preuve : le raisonnement émotif, la personnalisation et la lecture des pensées d'autrui.

Le raisonnement émotif

La personne qui commet cette forme d'erreur logique s'appuie sur ses émotions ou sur ce qu'elle pense et ressent intérieurement et s'en sert comme preuve pour en arriver à une conclusion fausse ou très peu probable. Ce faisant, elle ne tient pas compte d'indices ou même d'évidences démontrant la non-pertinence de son raisonnement. « Je me sens nul, coupable ou méchant, donc je le suis », se dit l'individu déprimé. « J'ai l'impression qu'un danger me menace, donc il m'arrivera sûrement malheur », croit l'anxieux. « Il me semble que je suis observé et jugé sévèrement par autrui, c'est donc la réalité », pense le timide ou le phobique social.

Le raisonnement émotif peut parfois entraîner de graves conséquences. Plus la pathologie est grave, plus ce raisonnement conduit à de fausses conclusions. Dans sa forme extrême, c'est un exemple typique d'une erreur logique qui peut provoquer une perte de contact avec la réalité et dégénérer en psychose : « J'ai l'impression d'être persécuté et poursuivi, donc je le suis… donc je pourrais être espionné… donc je vérifie s'il y a des micros dans la pièce où je me trouve. Je n'en trouve pas, mais je suis certain qu'ils sont là… »

La personnalisation

Il s'agit d'un mécanisme par lequel un individu se sent impliqué, à tort, dans une situation ou un événement qui le concerne peu ou qui ne le concerne pas du tout. Il invente ou surestime l'importance de la relation entre l'événement et sa personne. Le paranoïaque, par exemple, s'imagine que l'on dit du mal de lui chaque fois qu'il entend chuchoter dans son entourage. Le timide, lui, croit être le centre d'attention dans un groupe, alors que personne ne s'intéresse particulièrement à lui.

L'erreur d'attribution est une forme fréquente de personnalisation. Elle consiste à s'attribuer une responsabilité non fondée dans une situation ou un événement malheureux. Parfois, l'erreur d'attribution est totale, en ce sens qu'il n'y a aucun lien ou qu'il n'existe qu'un lien fortuit entre l'événement et l'individu. « Si mon père n'était pas venu me visiter, il ne serait pas décédé dans cet accident survenu en cours de route. Je suis responsable de sa mort ! » Parfois, l'erreur d'attribution n'est que partielle : il existe un lien entre l'événement et l'individu, mais ce lien est grossièrement exagéré. Il ne s'agit donc plus ici d'une déduction sans preuve, mais plutôt d'une généralisation excessive. Il peut s'agir, par exemple, d'une mère qui s'attribue l'entière responsabilité des dérives de son enfant qui se drogue. Sans doute a-t-elle commis des erreurs, mais elle oublie que l'autre parent, le reste de la famille, les amis, le milieu scolaire et la société ont, eux aussi, leur part de responsabilité.

La lecture des pensées d'autrui (*mind reading*)

Cette erreur logique consiste à attribuer à autrui des pensées, des opinions, des intentions ou des jugements dont on est convaincu de la véracité, mais sans raisons suffisantes et, surtout, sans s'être donné la peine d'en vérifier la justesse. Une personne, par exemple, croise dans la rue un ami qui ne le lui rend pas son salut; elle en conclut, à tort, que cet ami lui en veut, alors qu'il était simplement distrait. Il peut aussi s'agir de l'individu qui pense être boudé par sa compagne parce qu'il n'a pas suffisamment participé aux travaux ménagers, alors que cette dernière est plutôt absorbée par des problèmes urgents qu'elle doit résoudre au travail.

Les généralisations excessives

Les généralisations excessives forment un groupe d'erreurs logiques qui amènent une personne à tirer une conclusion générale d'un ou de plusieurs petits faits ou indices isolés qui sont véridiques, mais qui sont insuffisants pour justifier cette conclusion. Par exemple, un individu dira : « Il pleut toujours lorsque je pars en vacances. » ; l'adolescent à qui on refuse une permission s'exclamera : « Les autres parents sont tous moins sévères que les miens. » On trouve donc dans la généralisation excessive une part de vérité, comme nous le disions, que l'individu a déformée en l'exagérant, en la minimisant, en ne tenant pas compte de l'ensemble de la situation, etc.

Nous verrons ici les quatre formes de généralisation excessive les plus fréquentes, à notre avis : la dramatisation, la disqualification du positif, la pensée « tout ou rien » et le jugement global sur la valeur personnelle.

La dramatisation

En observant de petits faits négatifs ou qui présentent de très faibles possibilités de danger, le sujet qui dramatise en arrive à voir l'ensemble d'une situation sous un angle exagérément pessimiste, inquiétant ou même catastrophique. « Mon enfant vient d'échouer à un examen, il va rater son cours… ses études… sa vie ! » ; « Mon conjoint a oublié notre anniversaire de mariage, il ne m'aime plus… il va me laisser… je me retrouverai seule et abandonnée de tous. » ; « J'ai moins d'entrain, je fais moins bien mon travail, je vais perdre mon emploi… je n'en trouverai pas d'autre … je ne vaux plus rien. » ; « J'ai un vague malaise physique, je souffre sûrement d'une maladie grave… je vais en mourir. »

La dramatisation est une forme de généralisation excessive extrêmement fréquente. Qui n'a pas dramatisé à l'occasion ? On la trouve dans presque toutes les pathologies psychiatriques, mais surtout chez les anxieux et les déprimés. On la traite généralement en clinique en utilisant le questionnement socratique, spécifique à la psychothérapie cognitive : « Est-ce bien vrai ? » ; « Pourrait-on voir les choses autrement ? » ; « Les conséquences appréhendées sont-elles si terribles ? » (*voir le chapitre 13*).

La disqualification du positif

La disqualification du positif consiste, pour un individu, à sous-estimer son rôle dans un événement positif, ou sa participation à la réussite d'un tel événement. Après avoir obtenu de bonnes notes à un examen, un étudiant se dit : « J'ai réussi parce que j'ai été chanceux et parce que les questions étaient faciles. » Parfois, c'est l'importance de l'événement lui-même qui est minimisée après coup : « De toutes façons, cet examen a peu de conséquences, et mon succès ne garantit en rien que je vais obtenir mon diplôme. »

La disqualification du positif se manifeste surtout chez les personnes pessimistes ou déprimées, ou qui possèdent une faible estime d'elles-mêmes. On la classe, par commodité, dans les erreurs logiques relevant de la généralisation excessive, mais il s'agit, en fait, du mécanisme inverse : il y a diminution plutôt qu'exagération de l'importance réelle d'un événement. On pourrait l'appeler « minimisation excessive ».

Chez l'individu déprimé, on observe fréquemment une combinaison de la dramatisation et de la disqualification du positif, qui peuvent se manifester en alternance, phénomène que l'on nomme *amplification et minimisation*. Amplification : « Mon échec est terrible et prouve mon incompétence. » ; minimisation : « Ma réussite est sans importance et n'est pas due à mon efficacité. »

La pensée « tout ou rien »

L'individu qui a tendance à utiliser cette forme de généralisation excessive évalue une personne, une situation, une théorie ou un système en les classant dans des catégories diamétralement opposées, selon le principe du tout ou rien, plutôt que d'adopter une position plus nuancée se situant entre ces deux extrêmes. Par exemple, il dira : « Si je ne suis pas le meilleur, je suis un raté. », et il n'hésitera pas à qualifier un politicien qui obtient du succès « d'homme extraordinaire » avant de le traiter « d'incapable » s'il commet une erreur.

La pensée « tout ou rien » (ou « tout blanc tout noir », dichotomique, absolue, bipolaire) est souvent responsable du dogmatisme et du fanatisme. Le socialisme, le féminisme, le syndicalisme, telle race, tel parti politique ou, plus globalement, tel système social ou tel système de pensée sont, pour le dogmatique ou le fanatique, totalement bons ou totalement mauvais.

À l'instar de la dramatisation et du jugement global sur la valeur personnelle, dont il sera question ci-dessous, la pensée « tout ou rien » est une erreur logique extrêmement répandue que l'on trouve, à des degrés divers, chez tous les êtres humains. Une bonne façon de l'aborder en thérapie consiste à utiliser la notion de « continuum », qui suppose un passage graduel du blanc au noir ou du tout au rien (*voir le chapitre 13*).

Le jugement global sur la valeur personnelle

Le jugement global sur la valeur personnelle est une forme de généralisation excessive qui est spécifiquement utilisée pour évaluer sa propre personne ou une autre personne. Se fondant sur de petits comportements isolés ou des caractéristiques très partielles, l'individu saute aux conclusions pour en arriver à évaluer globalement sa propre valeur personnelle ou celle d'autrui. « Puisque j'ai bien réussi cette épreuve, je suis une personne extraordinaire », prétend le narcissique et, sur cette base, il se croit le nombril du monde et peut en arriver à mépriser son entourage. Mais, s'il connaît un échec important, le même mécanisme entre en jeu, et il se dévalorise globalement et risque de déprimer : « Je suis un moins que rien, je serais mieux mort. »

Souvent, le jugement global est porté non pas sur l'individu dans sa totalité, mais sur un de ses rôles ou sur une facette importante de sa personnalité. « Mon médecin n'a pas réussi à me guérir rapidement, c'est un mauvais médecin. » « Mon voisin a refusé de me rendre un petit service, c'est un mauvais voisin. »

C'est surtout dans les cas de dépression et lorsqu'il est appliqué à soi-même que le jugement sur la valeur personnelle devient redoutable : « J'ai fait des erreurs dans le passé, donc ma vie est un échec et je ne vaux rien. » ; « J'ai de la difficulté à résoudre ce problème, donc je suis un incapable et je n'arriverai jamais à me sortir de ce mauvais pas. »

Il est évident que ce type de raisonnement est de nature à aggraver la situation plutôt qu'à l'améliorer.

Ce qu'on appelle parfois l'*étiquetage* ou l'*erreur d'étiquetage* est une forme particulière de jugement global sur la valeur personnelle. Elle consiste à attribuer à soi-même ou à autrui un qualificatif ou une étiquette globale inspirés de petites erreurs ou de petites déficiences isolées qui ne les justifient pas. « Je n'ai pas obtenu cet emploi, je suis un perdant-né. » ; « Je n'ai pas réussi cette transaction, je suis un raté. » ; « Mon fils a échoué à son examen, c'est un bon à rien. »

Soulignons, en terminant, l'importance et les conséquences parfois désastreuses qu'a le jugement global sur la valeur personnelle tant dans la population en général que chez les gens qui souffrent d'une quelconque pathologie. Nous y reviendrons d'ailleurs longuement dans le chapitre 8, où nous décrirons le modèle émotivo-rationnel d'Ellis.

Notons ici que les erreurs logiques reposent sur des mécanismes qui sont sensiblement les mêmes que ceux décrits par Piaget pour caractériser la pensée du petit enfant. Elles résultent donc d'une pensée primitive et immature que l'on trouve, à des degrés divers, chez tous les êtres humains. Combinées à d'autres causes, que nous verrons plus loin, elles sont responsables en bonne partie des émotions dysfonctionnelles et de la psychopathologie. Dans la démarche thérapeutique de Beck, une des premières étapes de la psychothérapie est de faire prendre conscience au patient de son discours intérieur, des erreurs logiques qu'il contient, pour ensuite lui montrer à raisonner de façon plus rigoureuse, plus nuancée et, par conséquent, plus appropriée.

Les événements cognitifs

Les événements cognitifs (ou structures cognitives superficielles conscientes et préconscientes) sont des structures cognitives superficielles se présentant sous la forme de pensées (autoverbalisations, monologues ou dialogues intérieurs) ou d'images mentales provenant du traitement de l'information par les schémas et les processus cognitifs. On les divise en deux catégories : les pensées contrôlées et les pensées automatiques.

Les pensées contrôlées

On entend par « pensées contrôlées » le discours intérieur ou les images mentales dont une personne est pleinement consciente et qui sont en bonne partie sous le contrôle de sa volonté. Il peut s'agir, par exemple, d'une personne qui imagine une scène agréable ou qui réfléchit pour résoudre un problème.

Les pensées automatiques

Au cours de séances de psychanalyse, Beck s'est rendu compte qu'un second discours intérieur très différent de celui qui était verbalisé surgissait fréquemment dans la pensée de ses patients. Ce second discours est à l'origine de ce qu'il appelle « les pensées automatiques ». En voici les principales caractéristiques (Beck, A.T., 1976):

- Ces pensées sont dites « automatiques » parce qu'elles apparaissent spontanément, rapidement, sans effort, et qu'elles sont difficiles à étouffer. Elles ne proviennent donc pas de la réflexion. C'est la raison pour laquelle on pourrait également les appeler « pensées autonomes » ;
- Elles sont le produit des schémas et des règles. Elles sont donc déformées par les erreurs logiques dont elles découlent;
- Elles sont formulées de façon discrète, en petites phrases spécifiques, claires, courtes (style télégraphique) et très chargées affectivement (*hot cognitions*, comme le dit Beck);
- Elles précèdent souvent les émotions dysfonctionnelles. C'est pourquoi il importe de demander au patient de décrire ce à quoi il a pensé immédiatement avant l'apparition de l'émotion dysfonctionnelle;
- Elles s'adressent le plus souvent à la personne elle-même. Elles contiennent des interprétations, des instructions et des prédictions. La plupart du temps, elles sont au moins partiellement inconscientes, et si elles sont conscientes, l'individu préfère ne pas en parler parce qu'elles lui causent de la honte ou de l'anxiété;
- Le sujet les considère comme plausibles et raisonnables, même si ce n'est manifestement pas toujours le cas. Il les accepte comme des pensées valides sans mettre en doute leur réalité ou leur logique;
- Elles sont idiosyncrasiques, c'est-à-dire particulières ou spécifiques à chaque individu. Elles peuvent cependant être relativement semblables d'un individu à l'autre si la pathologie est la même dans l'un et l'autre cas. Chez un individu donné, leur formulation peut différer selon les circonstances, mais elles tournent généralement autour des mêmes thèmes;
- Plus un individu présente une pathologie sévère, plus ses pensées automatiques sont inadaptées, conscientes et nombreuses, au point d'occuper parfois presque tout le champ de sa conscience.

Prenons comme exemple un individu qui parle en public et qui est tenaillé par le trac. Sa pensée est avant tout absorbée par ce qu'il dit, mais, simultanément, d'autres pensées font irruption malgré lui dans son champ de conscience: « Je me sens tendu... je tremble... ça doit paraître... j'ai l'air d'un idiot... s'il fallait que je manque mon coup... ce serait terrible... quelle horreur!» Ces pensées automatiques engendrent une grande anxiété, et il en résulte un cercle vicieux (indices physiologiques, pensées automatiques, anxiété plus marquée, etc.) qui contribue à les accentuer davantage. Elles peuvent envahir suffisamment le champ de conscience de la personne pour nuire à sa performance et même l'empêcher complètement de parler.

L'intervention directe du thérapeute pour rendre conscientes les pensées automatiques permet de reconnaître rapidement, dans le discours intérieur du sujet, les pensées véritablement responsables de ses émotions dysfonctionnelles ainsi que les erreurs logiques et les schémas dont elles proviennent. Il est alors possible de les examiner, ce qui accélère le processus thérapeutique et le rend plus efficace.

Les réactions : émotions, symptômes physiologiques et comportements

Plus le discours intérieur d'une personne (événements cognitifs) contient des pensées dysfonctionnelles, plus il en résulte des émotions dysfonctionnelles, dont l'anxiété, l'hostilité, la culpabilité et la tristesse. En outre, plus ces émotions sont intenses, plus elles engendrent des symptômes physiologiques (symptômes cardiaques, respiratoires, digestifs ou autres) ainsi que des comportements dysfonctionnels (apathie, évitement, rituels, etc.).

Les émotions dysfonctionnelles, de même que les symptômes physiologiques et les comportements dysfonctionnels qui en résultent, constituent ce que Judith Beck (1995) appelle les « réactions » au discours intérieur de la personne. Ces trois éléments forment la partie la plus apparente du système, tant pour l'individu que pour son entourage, mais ils sont presque toujours précédés par des éléments cognitifs (croyances et erreurs logiques) dont le rôle est à la fois plus obscur et plus important. On pourrait comparer ces éléments cognitifs à la partie cachée de l'iceberg, par opposition aux réactions, qui en constituent la partie visible.

Il est extrêmement important d'ajouter qu'il ne s'agit pas ici d'un modèle linéaire, mais plutôt d'un modèle circulaire puisque ses éléments sont en constante interrelation. Par exemple, l'anxiété d'un hypocondriaque provenant de sa crainte de souffrir d'une maladie grave après avoir ressenti un malaise physique entraînera éventuellement une aggravation de son malaise qui, elle, l'ancrera davantage dans sa conviction qu'il est gravement malade.

Ajoutons que toute cette structure est elle-même en constante interrelation avec l'entourage, lequel influence ses divers éléments en même temps qu'il est influencé par eux.

La comparaison suivante peut nous aider à mieux comprendre le modèle cognitif de Beck (*voir la figure 7.1*). Imaginons un projecteur dans lequel est insérée une diapositive. Si nous l'allumons, la lumière passe à travers la diapositive, puis à travers la lentille et, en frappant l'écran, elle nous permet de voir le contenu de la diapositive. Dans le modèle de Beck, la diapositive est l'image de la réalité, tandis que la lentille est l'équivalent de l'ensemble des croyances de l'individu qui forment son système de valeurs. Les imperfections dans le verre de la lentille représentent les croyances dysfonctionnelles présentes dans le système de valeurs de l'individu. Si le projecteur est éteint, rien ne paraît. Si on le met en marche, le passage de la lumière à travers la diapositive et la lentille (processus cognitif) produit une image sur l'écran (événements cognitifs ou discours intérieur) qui nous permet de voir les imperfections de la lentille. Si nous regardons successivement plusieurs diapositives, nous finirons par nous faire une idée assez exacte des déformations produites par la lentille. Ici, la lentille est un élément statique, tandis que le passage de la lumière à travers la lentille constitue un processus dynamique. L'image projetée sur l'écran est, elle aussi, un élément dynamique : elle prend la forme et la coloration données à la diapositive par la lentille déformée, tout comme le discours intérieur de l'individu prend la forme et la coloration non pas de la réalité en tant que telle, mais de la réalité déformée par son système de valeurs.

FIGURE 7.1 **L'analogie entre la projection d'une diapositive et le modèle cognitif de Beck**[1]

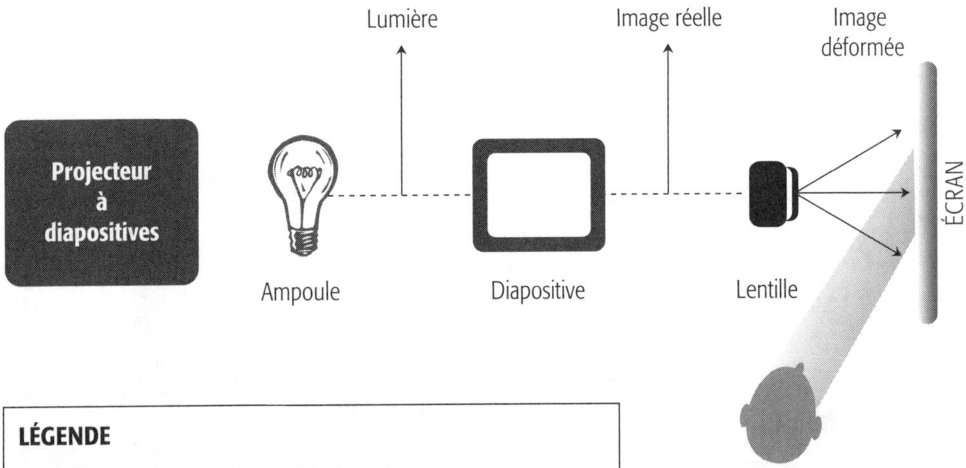

LÉGENDE

Ampoule + lumière + diapositive = réalité

Lentille = système de valeurs de l'individu

Lumière qui passe à travers la lentille = erreurs logiques → image déformée

Image sur l'écran = discours intérieur de l'individu

Spectateur = thérapeute qui reconnaît, grâce au discours intérieur, les erreurs logiques (processus dynamique) et les déformations de la lentille (croyances dysfonctionnelles = processus statique).

Nous venons de voir l'essentiel de la pensée de Beck sur l'étiologie des troubles mentaux. Pour en faciliter la compréhension, reformulons brièvement le tout.

Soumis à des influences biologiques, familiales et sociales, l'individu développe une série de schémas ou de croyances fondamentales qui forment des grilles d'évaluation à l'aide desquelles il perçoit la réalité. Ces grilles contiennent ou engendrent des croyances intermédiaires appelées présomptions, règles et attitudes. Lorsque ces éléments sont activés par des perceptions externes ou internes, les schémas et les croyances intermédiaires erronés influencent la perception de la réalité, ce qui se fait par l'entremise de processus cognitifs distordus nommés erreurs logiques. Les erreurs logiques se manifestent chez l'individu par un discours intérieur également erroné qui est à la fois conscient (pensées contrôlées) et préconscient (pensées automatiques). Le discours intérieur et les images mentales sont nommés événements cognitifs. Ce sont surtout les pensées préconscientes automatiques qui sont à l'origine des émotions et des comportements dysfonctionnels, et de la psychopathologie. La figure 7.2, présentée à la page suivante, résume très succinctement ce qui est ici énoncé.

1. D'après une idée de Jean Goulet, psychiatre à la Cité de la Santé de Laval.

FIGURE 7.2 Le modèle cognitif de Beck

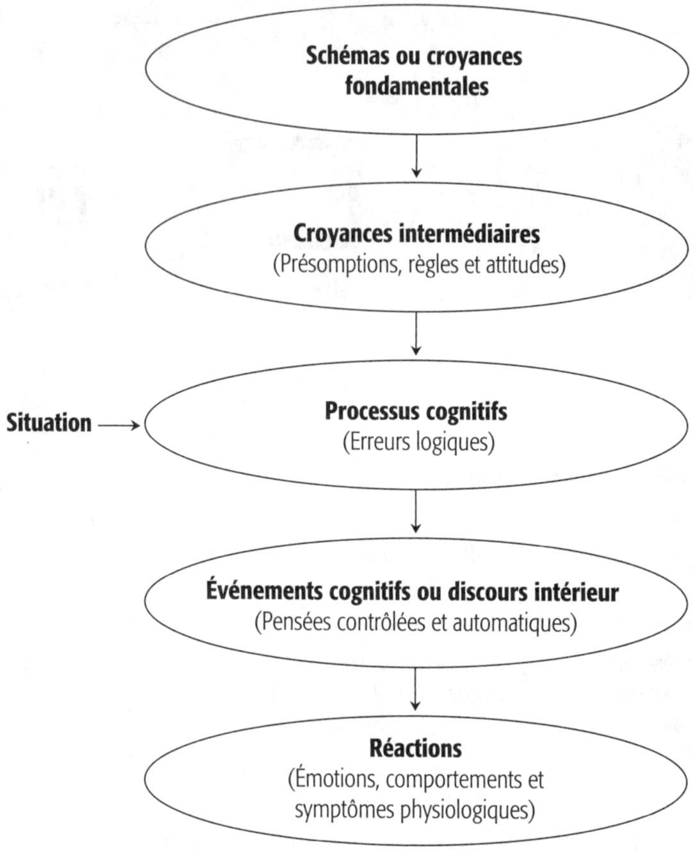

Source : Adapté de J. S. Beck, 1995.

Pour traiter un patient, il importe donc, au cours d'une première étape, de le rendre conscient de ses émotions dysfonctionnelles, des événements cognitifs qui y sont associés (pensées et images mentales), des schémas et des croyances intermédiaires dont ces événements résultent ainsi que des erreurs cognitives qui en sont la manifestation. Au cours de la seconde étape, on lui apprend à considérer d'autres façons de voir la réalité. Cette seconde étape se nomme « restructuration cognitive ».

Nous terminons notre exposé sur le modèle de Beck en présentant trois exemples très simplifiés de ce modèle appliqué à des situations cliniques (*voir les tableaux 7.1, 7.2 et 7.3*).

TABLEAU 7.1 La dépression majeure

Croyance fondamentale	Un individu doit absolument réussir tout ce qu'il entreprend pour se considérer comme une personne valable.
Croyances intermédiaires	**Présomption :** «Par conséquent, si j'échoue dans une entreprise importante de ma vie, ma valeur personnelle baisse, ce qui signifie que je ne vaux pas cher.» **Règle :** «Je dois absolument tout réussir dans ma vie et tout faire pour éviter un échec important.» **Attitude :** «Si je ne réussis pas, c'est une catastrophe terrible et irrémédiable.»
Situation : perte de son emploi	
Processus cognitifs (erreurs logiques)	Dramatisation, pensée «tout ou rien», jugement global sur la valeur personnelle
Événements cognitifs (discours intérieur)	«Je ne vaux rien, plus personne ne peut rien pour moi, je ne m'en sortirai pas.» (Triade de Beck) «Quelle horreur ! Je serais mieux mort.»
Réactions	**Émotions :** anxiété, auto-dévalorisation et désespoir **Comportements :** apathie, retrait social, etc. **Symptômes physiologiques :** asthénie, anorexie, insomnie, etc.

TABLEAU 7.2 La phobie sociale

Croyance fondamentale	«Ma valeur personnelle dépend de l'opinion d'autrui.»
Croyances intermédiaires	**Présomption :** «Si je parais maladroit ou mal à l'aise aux yeux d'autrui, on pensera que je ne vaux pas cher et on aura raison.» **Règle :** «Je dois tout faire pour éviter de paraître maladroit ou mal à l'aise lorsqu'on m'observe.» **Attitude :** «Si je parais maladroit ou mal à l'aise aux yeux d'autrui, c'est horrible et catastrophique.»
Situation : signes de malaise (transpiration, tremblements ou autres) face à un groupe de plusieurs personnes	
Processus cognitifs (erreurs logiques)	Personnalisation, dramatisation
Événements cognitifs (discours intérieur)	«Tous m'observent, ils remarquent ma transpiration, mon tremblement, quelle horreur ! Je suis parfaitement ridicule, ils vont se moquer de moi.»
Réactions	**Émotions :** anxiété avant ou pendant l'événement, tristesse et auto-dévalorisation après l'événement **Comportements :** évitement. L'individu parle peu, cherche à ne pas se faire remarquer et pense parfois à s'enfuir. Il évite, par la suite, de participer à des rencontres sociales. **Symptômes physiologiques :** accentuation et multiplication des symptômes déjà présents

TABLEAU 7.3 **L'hypocondrie (type obsessionnel-compulsif)**

Croyance fondamentale	«La souffrance et la mort sont catastrophiques, et je ne peux supporter l'incertitude à ce sujet.»
Croyances intermédiaires	**Présomption :** «Si je ressens un malaise, je suis en danger de mort.» **Règle :** «Je dois tout faire pour éviter ce danger et me rassurer.» **Attitude :** «Je ne peux supporter la possibilité d'être gravement malade. Si cela arrivait, ce serait épouvantable et catastrophique.»
Situation : malaise physique banal	
Processus cognitifs (erreurs logiques)	Raisonnement émotif et dramatisation
Événements cognitifs (discours intérieur)	«C'est très grave, quelle horreur! Pourvu que je m'en sorte. Qui pourrait bien me rassurer?»
Réactions	**Émotions :** anxiété **Comportements :** rituels : vérification répétée de l'endroit douloureux, visites et téléphones au médecin **Symptômes physiologiques :** accentuation des malaises physiologiques et apparition d'autres malaises secondaires liés à l'anxiété

CHAPITRE 8

Le modèle émotivo-rationnel selon Ellis

par Louis Chaloult et Thanh-Lan Ngo

Albert Ellis est un psychologue et psychanalyste américain. Vers 1950, il traite une patiente qui souffre de timidité. Après deux ans de psychanalyse, frustré par la répétition des propos de sa patiente, il lui propose de se jeter dans les bras de dix inconnus lors d'une soirée amicale. Peu après cet exercice, la patiente, qui se plaint depuis longtemps d'être seule, sort tous les soirs avec ses nombreux prétendants et déclare qu'elle va beaucoup mieux.

À partir de 1955, Ellis (1958) propose un nouveau type de thérapie, la thérapie rationnelle, qui deviendra plus tard la thérapie émotivo-rationnelle (*rational-emotive therapy* ou RET), puis, en 1993, la psychothérapie émotivo-rationnelle et comportementale (PERC, en français; REBT, en anglais). Ce nouveau type de psychothérapie s'appuie sur des concepts philosophiques et psychologiques. Il s'agit, selon Ellis, d'un traitement plus efficace et direct des problèmes émotifs des patients. Sa prémisse centrale est la suivante: les événements ne sont pas la seule cause de l'anxiété, de la colère et de la tristesse lorsque celles-ci sont dysfonctionnelles. Ce sont plutôt les croyances irrationnelles qui contribuent à l'apparition des émotions dysfonctionnelles et des comportements autodestructeurs. La PERC enseigne au patient à reconnaître, à évaluer et à remettre en question ses croyances irrationnelles afin que celui-ci se sente mieux et qu'il devienne plus fonctionnel. Ellis (1962) définit les croyances irrationnelles comme des croyances qui entraînent une distorsion dans l'évaluation de la réalité, qui empêchent l'individu d'atteindre les buts qu'il s'est fixés, qui créent des émotions extrêmes et qui sont associées à des comportements qui amènent l'individu à se nuire ou à nuire aux autres.

Le système de traitement d'Ellis comporte trois niveaux (Ellis, 1962; 1973; Ellis & Greiger, 1977). Le premier est l'*interprétation*, ou ce que la personne croit subjectivement qu'il se passe réellement. Par exemple, en croisant un ami dans la rue, un individu se dit: « Cet ami ne me salue pas parce qu'il est fâché. » Lorsque la thérapie commence à ce premier niveau, le thérapeute et le patient tentent de déterminer les erreurs logiques qui sont à l'origine de la situation en cause. Selon Ellis, les principales erreurs logiques susceptibles d'être responsables de « distorsions cognitives » importantes sont les suivantes : la catégorisation excessive et sans nuance (c'est noir ou blanc), la propension à généraliser à outrance, la croyance en la possibilité de lire dans les pensées d'autrui ou d'être victime de prédictions maléfiques (la bonne aventure), la personnalisation et l'inclination pour le raisonnement émotif. Le thérapeute enseigne au patient à reconnaître ces « distorsions cognitives » et à les remettre en question.

Le deuxième niveau est *l'évaluation,* soit la signification que l'individu attribue à l'événement ou à la réponse à la question suivante : « Si mon interprétation est correcte, comment puis-je évaluer la situation ? » Il existe, selon Ellis, quatre façons particulièrement nuisibles d'évaluer une situation, ce qu'il nomme des « attitudes dysfonctionnelles de base » : les exigences (je dois/je devrais), la dramatisation, la non-acceptation (l'intolérance à la frustration) et les jugements sur la valeur personnelle. Ainsi, dans l'exemple précédent, l'individu inquiet de ne pas avoir été salué peut se dire : « Si mon ami est fâché contre moi, c'est terrible et je ne peux le supporter. »

Le troisième niveau est celui des *croyances sous-jacentes,* dans lesquelles on trouve des règles influençant la réaction aux événements. Ellis décrit un certain nombre de ces croyances, qu'il nomme « croyances irréalistes majeures ». Celles-ci composent le noyau des valeurs centrales de l'individu. Elles peuvent rendre ce dernier malheureux si elles comportent des règles rigides et absolues.

On constate donc que le modèle émotivo-rationnel d'Ellis ressemble jusqu'à un certain point à celui de Beck : dans les deux modèles, le clinicien s'intéresse d'abord aux émotions et aux pensées conscientes, puis aux croyances sous-jacentes. La principale différence entre les deux approches réside dans le fait qu'Ellis passe beaucoup plus rapidement aux croyances dysfonctionnelles, qu'il aborde avec vigueur, alors que Beck s'attarde davantage sur les émotions et les pensées conscientes ou semi-conscientes. Ce n'est que lorsque son patient a bien maîtrisé cette étape que Beck passe aux croyances intermédiaires et fondamentales. Sa démarche est donc plus lente, mais aussi plus méthodique et, à notre avis, plus efficace. C'est sans doute la raison pour laquelle elle a été adoptée par une majorité de cliniciens au cours des dernières années.

Nous avons conservé ici deux aspects du modèle émotivo-rationnel d'Ellis, parce que leur utilisation nous semble particulièrement pertinente en psychothérapie et parce qu'ils comportent, à notre avis, des notions complémentaires à celles du modèle de Beck. Ce sont les attitudes dysfonctionnelles de base et les croyances irréalistes majeures.

Les attitudes dysfonctionnelles de base

Une attitude est une façon plus ou moins rigide ou stéréotypée d'envisager certaines situations ou événements de la vie courante ou d'y réagir. Une attitude devient dysfonctionnelle si elle est inappropriée et si elle dessert l'individu. Pour Ellis (1962), les quatre attitudes les plus fréquentes et les plus nuisibles dans la société contemporaine sont les exigences rigides, la non-acceptation, la dramatisation et les jugements sur la valeur personnelle. C'est pourquoi il les nomme « attitudes dysfonctionnelles de base ». En réalité, ces quatre façons de penser ou d'agir au quotidien ne sont pas toujours des attitudes ; c'est leur répétition qui en fait des attitudes. La dramatisation, par exemple, est une erreur logique qui ne constitue pas une attitude si elle ne survient que rarement. Elle le devient toutefois si elle se répète constamment.

Les attitudes dysfonctionnelles de base sont extrêmement fréquentes chez tous les êtres humains, même les plus sains. Elles accompagnent toujours, à des degrés divers, toutes les croyances dysfonctionnelles dont elles sont le résultat. Plus les croyances sont dysfonctionnelles, plus les attitudes dysfonctionnelles sont nombreuses et prononcées, et plus le risque de psychopathologie est grand.

Les trois premières attitudes dysfonctionnelles (exigences, non-acceptation et dramatisation) découlent l'une de l'autre. On peut difficilement les dissocier parce qu'elles représentent des facettes différentes d'un même problème, comme nous le verrons plus loin. La dernière, le jugement sur la valeur personnelle, existe en elle-même et peut aussi être combinée aux trois premières.

Les exigences rigides

La notion d'« exigence » chez Ellis correspond, en bonne partie, à celle des règles chez Beck. En fait, les exigences rigides découlent de règles rigides et deviennent, par le fait même, des attitudes rigides. Ellis considère que ce thème est fondamental et en parle avec beaucoup d'insistance. Pour bien le comprendre, expliquons d'abord la signification des termes *désirs*, *besoins* et *lois* (Ellis, 1962; Auger, 1984, 1986).

Les désirs et les besoins

Un individu ressent un désir pour un objet ou une situation lorsqu'il considère que ces derniers peuvent lui apporter du plaisir, de la satisfaction ou une autre forme de bien-être. Un désir devient toutefois un besoin, lorsque la situation ou l'objet convoité est vraiment indispensable à sa survie, comme les besoins de manger, de dormir, de respirer et de s'abriter des intempéries. On peut appeler ces besoins des « besoins essentiels ». Un objet ou une situation peut également être perçu par l'individu comme indispensable à sa survie ou à son bien-être, sans que cela soit le cas dans la réalité. C'est la personne qui le considère essentiel sans qu'il le soit vraiment. On parle plutôt, dans ce cas, de « besoin non essentiel ».

Les *besoins non essentiels* sont nombreux, complexes et, surtout, très variables d'un individu ou d'une situation à l'autre. Ils résultent principalement des influences de l'éducation et de l'environnement, et leur importance chez un même individu fluctue au gré des circonstances ou des événements. On peut les diviser en quatre catégories :

- *Les besoins liés à la propriété de biens matériels* Exemples : « J'ai besoin de gagner vingt, cinquante ou cent mille dollars par année. » ; « J'ai besoin d'une maison de telle grandeur ou de telle apparence. » ; « J'ai besoin d'une automobile de telle marque ou de telle grosseur. » ; « J'ai besoin de tant d'économies ou de telle forme de sécurité financière. »
- *Les besoins liés à l'acceptation ou à l'amour des autres* Exemples : « J'ai besoin d'un compagnon ou d'une compagne de vie qui m'aime et prend soin de moi. » ; « J'ai besoin d'être

accepté et respecté par la plupart de mes collègues au travail. » ; « J'ai besoin de la reconnaissance de mes enfants. » ; « J'ai besoin de telle ou telle forme de sécurité affective. »

- *Les besoins liés au plaisir* Exemples : «J'ai besoin de prendre des vacances et de m'amuser. » ; « J'ai besoin de consommer telle ou telle drogue. » ; « J'ai besoin d'avoir des relations sexuelles à telle ou telle fréquence. »
- *Les besoins liés à l'évitement de l'inconfort* Des difficultés inhérentes à la condition humaine peuvent se manifester de diverses façons :
  - évitement de la souffrance physique : « Je ne peux tolérer d'avoir mal aux dents, de mal dormir, de souffrir. » ;
  - évitement de la souffrance psychique : « Je ne peux tolérer de me sentir triste, anxieux, déprimé. » ;
  - évitement de l'effort : « Je ne peux tolérer de suivre une diète, de cesser de fumer, de travailler durement, de stationner mon automobile à trois coins de rue de mon lieu de destination. » ;
  - évitement des contraintes, des cadres, de la discipline, etc.

Un besoin non essentiel provient donc de la combinaison de deux éléments : un *désir* et la *non-acceptation de sa non-réalisation.* Ce type de besoin constitue une forme d'exigence, terme plus général qui s'applique également aux lois dont nous parlerons ultérieurement. Plus les besoins non essentiels sont nombreux chez un individu, plus celui-ci les considère comme indispensables à son bien-être et à sa survie; plus s'accentue le degré de rigidité ou d'intensité du désir et de l'inacceptation de sa non-réalisation, plus ces éléments sont susceptibles de produire des émotions dysfonctionnelles nombreuses et sévères.

Les émotions dysfonctionnelles les plus fréquemment associées aux besoins non essentiels sont l'anxiété et la tristesse. Si, en effet, une personne craint de ne pas obtenir l'objet de son besoin ou de le perdre une fois qu'elle l'a obtenu, elle deviendra anxieuse. Si sa crainte se réalise et qu'elle le perd vraiment, il en résultera de l'anxiété et de la tristesse. Par exemple, une jeune femme qui vit seule et qui considère son engagement dans une vie de couple comme un besoin essentiel à son bien-être sera anxieuse à la pensée de devoir rester seule toute sa vie tant qu'elle n'aura pas trouvé un compagnon; si elle en trouve un, elle redeviendra anxieuse à la première dispute, craignant de le perdre un jour. Si, effectivement, son compagnon la laisse, elle se sentira à la fois anxieuse et triste devant la perspective d'être de nouveau seule et de le rester pour toujours. Bref, plus cette jeune femme conçoit la vie de couple comme un besoin essentiel à son bien-être, plus son anxiété et sa tristesse seront marquées. Le tableau 8.1 résume notre propos sur les besoins.

TABLEAU 8.1 Les désirs et les besoins

Un désir pour une situation ou un objet survient lorsque celui-ci est considéré comme un élément pouvant apporter du plaisir, de la joie ou une autre forme de bien-être. Un désir devient un besoin lorsque la situation ou l'objet convoité est vraiment indispensable à la survie de l'individu (besoin essentiel) ou, encore, lorsque la situation ou l'objet est perçu par l'individu comme étant indispensable à sa survie ou à son bien-être, sans que cela soit la réalité (besoin non essentiel).		
BESOINS ESSENTIELS		
	Ex. : manger, dormir, respirer, se protéger contre les intempéries	Ces besoins sont essentiels (indispensables à 100 %) à l'être humain. Ce sont de véritables exigences que l'on doit satisfaire pour survivre.
BESOINS NON ESSENTIELS		
1. Besoins liés à la propriété	Ex. : gagner vingt, cinquante ou cent mille dollars par année. Besoin d'une maison, d'une automobile de telle apparence ou de telle grosseur	Ces besoins résultent de la combinaison d'un désir et d'un certain degré de non-acceptation de sa non-réalisation. Ils ne sont jamais indispensables à 100 %. Il est souvent bon de les satisfaire, mais sans plus. On peut en faire des exigences, mais ils n'en sont pas vraiment.
2. Besoins liés à l'acceptation et à l'amour des autres	Ex. : être aimé d'un conjoint, être accepté et respecté par son entourage, être reconnu de ses enfants	
3. Besoins liés au plaisir	Ex. : prendre des vacances, s'amuser, avoir des relations sexuelles à telle fréquence	
4. Besoins liés à l'inconfort ou à l'évitement des difficultés inhérentes à la condition humaine	Ex. : éviter la souffrance physique. (ne pas tolérer d'avoir mal aux dents, de mal dormir) Ex. : éviter la souffrance psychique (ne pas tolérer l'anxiété, la tristesse, la dépression) Ex. : éviter l'effort. (difficulté à travailler, à suivre une diète) Ex. : éviter les contraintes, les cadres ou la discipline	
Plus une personne a de besoins, plus elle les considère comme essentiels à son bien-être et plus elle sera susceptible de présenter des émotions dysfonctionnelles. Ses possibilités d'être heureuse et de rendre son entourage heureux en sont d'autant diminuées.		
DIMINUONS NOS BESOINS NON ESSENTIELS ; IL Y VA DE NOTRE INTÉRÊT !		

Les lois

La satisfaction de leurs désirs et de leurs besoins a conduit les être humains à élaborer diverses règles de conduite que nous appellerons ici « lois ». Comme les besoins, les lois peuvent être regroupées en deux catégories.

- *Les lois de l'univers* Ces lois existent en tant que telles et ne sont pas régies par les êtres humains. Elles sont objectives, absolues, rigides, inéluctables et s'appliquent toujours. Les lois de la physique sont des lois de l'univers : l'eau bout à 100 °C, un objet tombe si on ne le tient pas.
- *Les lois conçues par les êtres humains* Ces lois sont relatives, changeantes et comportent toujours des exceptions. Elles se divisent elles-mêmes en deux sous-catégories :
  - *Les lois conçues par les groupes.* Même si elles sont imparfaites et parfois discutables, ces lois sont souvent appropriées parce qu'elles résultent généralement d'un certain consensus. C'est le cas, par exemple, des lois du Canada, du Québec et du code de déontologie des médecins, des règlements de la circulation et des règlements des départements de psychiatrie des hôpitaux ;
  - *Les lois conçues par les individus.* Chaque être humain conçoit ses propres lois personnelles, familiales et sociales. Ces lois sont très nombreuses et très variables d'un individu à l'autre ou d'une période à l'autre dans la vie d'un même individu. Elles sont subjectives, parfois appropriées, parfois inappropriées, et souvent contradictoires. Elles se situent au cœur même du système de valeurs de l'individu, qui les appellera souvent « sa morale » ou « ses principes ». Par exemple, on dira : « Ma femme devrait s'habiller, cuisiner ou faire l'amour de telle ou telle façon. » ; « Mon mari devrait gagner tel salaire, rentrer à telle heure. » ; « Mon fils devrait étudier pour devenir électricien, avocat ou homme d'affaires comme son père. » ; « Le gouvernement devrait donner plus ou moins aux gens âgés ou aux assistés sociaux. » ; « Je dois toujours faire bonne impression, être parfait au travail. »

Les lois auxquelles nous nous intéressons ici sont les lois conçues par les êtres humains, et plus particulièrement les lois individuelles. Une « loi rigide » résulte de la combinaison d'une règle de conduite et de l'intolérance de l'individu à sa non-application. Après les besoins non essentiels, les lois rigides constituent une seconde forme d'exigence, et, comme dans le cas des besoins non essentiels, plus les lois rigides d'un individu sont nombreuses, plus les émotions dysfonctionnelles qui en résultent sont, elles aussi, nombreuses. Ces émotions deviendront de plus en plus dysfonctionnelles à mesure que les lois deviendront elles-mêmes plus rigides. Les émotions dysfonctionnelles en cause sont surtout l'hostilité et la culpabilité ; l'hostilité provient de la transgression d'une loi rigide appliquée à autrui, et la culpabilité, d'une loi rigide appliquée à soi-même. Le tableau 8.2 résume ce qui vient d'être présenté sur les lois.

TABLEAU 8.2 Les lois

La satisfaction de leurs besoins a conduit les êtres humains à élaborer diverses lois que l'on peut diviser en deux catégories.

LES LOIS DE L'UNIVERS

Ces lois sont objectives, absolues, rigides, inéluctables et s'appliquent toujours. Ce sont de véritables exigences, car nous n'avons pas le choix de nous y soumettre ou non.

Exemples : les lois de la physique (l'eau bout à 100° ; un objet tombe si on ne le tient pas).

LES LOIS CONÇUES PAR LES ÊTRES HUMAINS

Ces lois sont relatives et changeantes, et comportent toujours des exceptions.
Nous avons également toujours le choix de ne pas les appliquer, même lorsqu'il est approprié de le faire.
Elles se divisent en deux sous-catégories.

1. Les lois conçues par les groupes	Ex.: les commandements de Dieu et de l'Église, les lois du Canada et du Québec, les règlements des institutions	• Ces lois résultent généralement d'un consensus. • Elles sont imparfaites, mais souvent appropriées.
2. Les lois conçues par les individus concernant : • eux-mêmes ; • autrui ; • les idéologies ou les institutions.	Ex. : • Eux-mêmes : « Je devrais être le meilleur, ne jamais être blâmé, me dévouer sans arrêt, réussir tout ce que j'entreprends. » • Autrui : « Ma conjointe devrait s'habiller de telle façon, mon patron devrait me donner un meilleur salaire, mon fils devrait devenir électricien comme moi.» • Les idéologies ou les institutions : «Le féminisme, la psychanalyse, le syndicalisme, les gouvernements devraient être comme ceci ou comme cela. »	• Ces lois sont souvent très nombreuses et, surtout, très variables d'un individu à l'autre. • Elles sont parfois appropriées, parfois inappropriées, et souvent contradictoires. • Elles sont souvent rigides, c'est-à-dire qu'elles contiennent un degré plus ou moins grand de non-acceptation de leur non-application. • Elles s'expriment dans le langage courant par des expressions comme «il faut», «je dois», «tu dois», «il doit», «je ne peux pas le supporter», «c'est inacceptable», etc.

Plus les lois d'un individu sont nombreuses et rigides, plus il en résulte de sévères et nombreuses émotions dysfonctionnelles (hostilité et culpabilité, surtout) et plus diminuent les possibilités, pour cet individu, d'être heureux et de rendre son entourage heureux.

SACHONS RECONNAÎTRE ET ASSOUPLIR NOS LOIS TROP RIGIDES, IL Y VA DE NOTRE INTÉRÊT !

Nous savons maintenant que les besoins non essentiels et les lois rigides constituent des exigences, et qu'ils suscitent un certain degré d'intolérance au regard de leur non-réalisation ou de leur non-acceptation. Ce degré d'intolérance peut varier selon les individus et les circonstances. Les exigences jouent un rôle majeur dans l'apparition ou l'accentuation des émotions désagréables ou dysfonctionnelles et, par conséquent, de la psychopathologie.

En d'autres mots, un individu et son entourage deviennent rapidement victimes d'exigences rigides si celles-ci sont perçues par cet individu comme étant absolument nécessaires à son bien-être et à son accomplissement. De plus, l'intensité et la rigidité avec lesquelles l'individu s'accroche à ces exigences sont directement proportionnelles à l'importance du tort qu'il se fait et qu'il fait à ses proches. Dans la vie de tous les jours, les exigences s'expriment par des expressions du type « Il faut... », « Je dois... », « Je ne l'accepte pas. », « C'est intolérable ! », « C'est inacceptable ! », « Je ne peux pas le supporter. », « Ma morale me l'interdit. » et « C'est une question de principe. ».

Même s'il les aborde différemment, Beck s'est lui aussi intéressé aux exigences rigides, qu'il appelle des « règles » et qui sont pour lui des croyances qui guident nos actions. Il a dressé une liste de quelques-unes des règles qu'une personne s'impose et qui sont fréquemment observées en psychothérapie (Beck, 1976).

- Je dois faire preuve au plus haut point de générosité, de prévoyance, de dignité, de courage et de modestie.
- Je dois être un parfait amant, ami, parent, enseignant, étudiant, conjoint.
- Je dois être capable de vivre n'importe quelle difficulté sans sourciller.
- Je dois être capable de trouver une solution rapide à n'importe quel problème.
- Je ne dois pas être affecté par quoi que ce soit ; je dois toujours être heureux et sourire.
- Je dois tout savoir, comprendre et prévoir.
- Je dois toujours être spontané et, en même temps, toujours contrôler mes émotions.
- Je dois m'affirmer ; je ne dois jamais blesser autrui.
- Je ne dois jamais me sentir fatigué ou tomber malade.
- Je dois toujours produire au maximum de mon efficacité.

Si, dans cette liste, on remplace « je dois » par « tu dois » ou « il doit », nous aurons une bonne idée de ce à quoi peuvent ressembler les exigences imposées à autrui. Pour ce qui est des exigences imposées à l'univers (ou Dieu, ou le destin), elles prennent souvent l'allure suivante : « Il ne faut pas que moi ou mes proches soyons touchés par des problèmes exceptionnels ; il ne doit pas m'arriver un malheur que je n'ai pas mérité, sinon ce sera catastrophique, intolérable, et je ne pourrai pas le supporter. »

Ce que Horney a appelé « la tyrannie des exigences » (Horney, 1942) et les dangers qui en résultent avaient depuis longtemps attiré l'attention de philosophes et d'autres penseurs. Mentionnons, entre autres, les philosophes stoïciens Épictète, Marc Aurèle et Spinoza, et les psychanalystes Reich et Anna Freud. Ellis a simplement mis cet aspect davantage en évidence. Il considère les exigences comme la principale source des malheurs des êtres humains, et c'est ce qui l'amène à tant insister sur ce sujet.

Dans le cadre d'un traitement, Ellis et les psychothérapeutes d'orientation émotivo-rationnelle sont à l'affût des « il faut », « je dois », « tu dois », « il doit » ou d'autres expressions courantes reflétant la présence d'exigences rigides. Ils cherchent à bien reconnaître ces exigences, à amener leur patient à en prendre conscience, puis à les atténuer par la restructuration cognitive. Graduellement, les besoins non essentiels et les lois rigides deviennent plus souples, mieux adaptés à la réalité; en même temps, la tendance à la dramatisation diminue, et la tolérance aux frustrations augmente. Il s'ensuit un passage progressif de l'exigence rigide à ce que l'on appelle la « préférence ». Parfois, même, certains désirs inappropriés disparaissent complètement, comme les désirs de vengeance ou de domination : ils évoluent successivement de l'exigence à la préférence, puis à l'absence.

C'est ce que nous tentons d'illustrer dans la figure 8.1.

FIGURE 8.1 **Le continuum : exigences rigides, préférences et absence**

Les exigences rigides sont des besoins non essentiels que l'individu croit devoir satisfaire ou des lois imposées de façon rigide à soi, aux autres ou à l'univers. Si une exigence rigide s'assouplit, elle se transforme graduellement en préférence et même, parfois, elle disparaît. Ce passage est illustré par le continuum ci-dessous.

Exigences rigides (besoins non essentiels et lois rigides)	**Préférences** (désirs non rigides)	**Absence**
X	X	X
100 %		0 %

La psychothérapie a pour but de diminuer le nombre et la rigidité des exigences pour les transformer en préférences et même, parfois, de les faire disparaître.

SACHONS RECONNAÎTRE ET DIMINUER NOS EXIGENCES, IL Y VA DE NOTRE INTÉRÊT !

La non-acceptation

Nous venons de voir qu'une exigence entraîne nécessairement une certaine frustration chez l'individu lorsqu'elle n'est pas satisfaite. La non-acceptation qui nous intéresse ici est celle qui découle d'un faible niveau de tolérance aux frustrations. On peut donc l'associer à de l'intolérance, à de l'intransigeance ou à du refus. Comme dans le cas des exigences, c'est sa répétition qui en fait une attitude dysfonctionnelle. La non-acceptation consiste en un refus d'accepter les contrariétés, les difficultés ou les frustrations inhérentes à la condition humaine. Ce refus s'exprime souvent par les mots « Je ne l'accepte pas. », « Je ne le prends pas. » et « Je ne peux pas le supporter. ».

La pensée sous-jacente à la non-acceptation peut s'énoncer de la façon suivante : « Le destin et les êtres humains qui m'entourent devraient faire en sorte que je puisse toujours obtenir facilement et rapidement tout ce que je désire et que je ne sois jamais contrarié ou importuné par rien ni personne (exigence rigide), sinon c'est horrible et catastrophique (dramatisation), et je ne peux le supporter (non-acceptation). » Cette façon de penser est rarement exprimée ou vécue de façon aussi extrême, mais elle accompagne toujours, à divers degrés, la non-acceptation causée par une relative incapacité à tolérer les frustrations.

Ce type de non-acceptation génère beaucoup d'émotions dysfonctionnelles et de comportements d'évitement. Nous avons tous vécu des situations comme celles qui suivent, ou nous en avons été témoins :

- Mon auto tombe en panne sur l'autoroute un soir d'hiver → je ne l'accepte pas → frustration, colère;
- Mon enfant a été renvoyé de son école → je ne l'accepte pas → colère, anxiété;
- J'ai mal aux dents → je ne peux pas le supporter → frustration, révolte et apitoiement;
- Mon psychologue m'annonce que je suis agoraphobe et que je ne dois plus éviter les ascenseurs et les foules malgré mon anxiété → je n'accepte pas cette évaluation → évitement;
- Mon médecin m'annonce que je souffre du diabète → je ne l'accepte pas → révolte, anxiété et tristesse.

La non-acceptation n'aide généralement pas à régler le problème dont elle découle. Si, par exemple, une personne est impatiente et de mauvaise humeur parce qu'il pleut pendant ses vacances, le soleil n'apparaîtra pas pour autant, et son impatience et sa mauvaise humeur gâcheront bien plus ses vacances que le temps maussade. De là, l'expression « se payer deux problèmes pour le prix d'un ».

Le contraire de la non-acceptation est évidemment l'acceptation. Une personne qui accepterait totalement et constamment toutes les choses (épreuves et difficultés) *qu'elle n'a pas le pouvoir de changer* verrait inévitablement ses émotions dysfonctionnelles diminuer. Épreuves, souffrance et mort font partie de la vie, et celui qui les accepte augmente ses possibilités de joie et de bien-être, donc de bonheur.

Mais nous vivons à une époque et dans une société où le niveau de tolérance aux frustrations n'est pas toujours très élevé. C'est pourquoi le thème de l'acceptation revient si souvent en clinique.

Le tableau 8.3 montre brièvement une façon, parmi d'autres, d'aborder l'acceptation en psychothérapie. Il met en évidence, dans la colonne de droite, les aspects de l'existence considérés par la plupart des gens comme les principaux inconvénients de la condition humaine : la mort, la souffrance, les contrariétés, nos défauts et ceux d'autrui. Nous devons les accepter, car personne n'a le pouvoir de les faire disparaître complètement. Les refuser a pour conséquence d'accentuer les émotions dysfonctionnelles, tandis que leur acceptation atténue ces émotions, créant ainsi chez la personne une plus grande disponibilité pour profiter des avantages de la vie, comme ceux énumérés dans la colonne de gauche.

La dramatisation

Ellis et Beck ont sensiblement la même compréhension du mécanisme de la dramatisation : tous deux le considèrent comme une forme de généralisation excessive (Ellis emploie, en anglais, le terme *catastrophisation*). En observant quelques faits isolés, négatifs ou désagréables,

TABLEAU 8.3 L'acceptation

La condition humaine comporte des avantages et des inconvénients au regard desquels nous sommes tous égaux au moment de notre naissance, quels que soient notre sexe, notre race ou notre statut social. En voici quelques exemples.

AVANTAGES	INCONVÉNIENTS
La jouissance de la vie	La perspective de la mort
Le bien-être et les moments agréables	La souffrance et les moments difficiles
La santé	La maladie
Nos qualités et celles des autres	Nos erreurs, nos échecs et ceux des autres
La justice	L'injustice
Les émotions agréables : joie, amour, plaisir, etc.	Les émotions désagréables et dysfonctionnelles : anxiété, hostilité, culpabilité, etc.
L'assurance et la certitude	L'incertitude

Lorsque nous acceptons les inconvénients de la vie tels qu'ils se présentent, nous vivons beaucoup moins d'émotions dysfonctionnelles et plus de moments agréables. Si nous définissons le bonheur comme la résultante d'une existence comprenant plus de moments agréables que de moments désagréables, nous nous rendons compte qu'en augmentant notre capacité d'acceptation, nous augmentons nos possibilités d'être heureux et de rendre les autres heureux. L'acceptation se traduit donc par une meilleure qualité de vie pour nous et notre entourage.

ACCEPTONS L'INÉVITABLE, IL Y VA DE NOTRE INTÉRÊT !

réels ou non, le sujet en arrive à considérer toute la situation sous un angle exagérément pessimiste, et même catastrophique. La dramatisation devient une attitude lorsqu'elle se répète fréquemment chez le même individu.

La gravité de la dramatisation peut varier d'une personne à une autre, d'une situation à une autre, et même à différents moments au cours d'une même situation. En pratique, elle résulte le plus souvent d'une exigence rigide accompagnée d'un certain degré de non-acceptation. Plus l'exigence rigide et la non-acceptation sont marquées, plus la dramatisation est intense. Considérons, par exemple, la gradation suivante :

- Endurer un voisin trop bruyant;
- Perdre mille dollars;
- Voir son chien mourir;
- Apprendre qu'on devra être opéré de l'appendicite;
- Apprendre que son enfant se drogue;
- Apprendre la mort de son conjoint;
- Apprendre qu'on mourra d'un cancer dans un an;
- Apprendre qu'on mourra d'un cancer dans un mois.

Bien qu'au premier regard, ces situations apparaissent, du point de vue de leur gravité, très différentes les unes des autres, certains individus pourraient toutes les percevoir comme absolument cruelles, dramatiques et inacceptables. Bien sûr, une telle perception découle directement, chez les personnes concernées, d'exigences rigides incontournables et d'une tendance très forte à la non-acceptation. À l'inverse, plus un individu s'est préparé, au cours de sa vie, à accepter les situations qu'il ne peut changer, plus il se montrera apte à affronter les scénarios les plus éprouvants. Ainsi, on peut facilement imaginer des personnes pour qui la présence d'un voisin bruyant représente un drame épouvantable et qui vont, à cause de cette situation, ressentir des émotions aussi intenses que nuisibles. À l'opposé, il se trouve des personnes pour qui l'annonce d'une maladie grave ou la perspective d'une mort à court terme apparaissent comme des situations difficiles, certes, mais non dramatiques et, à la limite, acceptables.

Mentionnons, au passage, qu'à l'extrême limite, pour une personne qui accepterait totalement l'inévitable, il n'existerait plus de catastrophe. Mais il s'agit là d'un concept plus théorique que pratique.

Ellis et les psychothérapeutes s'inspirant de l'approche émotivo-rationnelle insistent beaucoup sur l'utilisation intempestive et trop fréquente dans la population de termes comme « effrayant », « horrible », « dramatique », « épouvantable » et « catastrophique ». Pris dans leur sens littéral, ces termes devraient servir uniquement à qualifier un événement extrêmement néfaste ou qui ne pourrait être pire. En pratique, il s'agit presque toujours d'une grossière exagération qui contribue à accentuer la vision pessimiste de celui qui la commet.

Pour Ellis, comme pour Beck, la façon la plus courante d'intervenir en psychothérapie pour atténuer la dramatisation consiste à poser des questions visant à dédramatiser une situation : « Et si cette chose qui vous fait peur se produisait, quelles en seraient les conséquences ? Serait-ce si terrible ? » Si une personne s'efforce d'évaluer objectivement une situation qu'elle considère comme catastrophique, elle se rend compte, la plupart du temps, que cette situation est moins grave et comporte moins de conséquences désastreuses qu'elle ne l'aurait cru à première vue. C'est ainsi que commence le processus de dédramatisation. Par la suite, pour apprendre au sujet à nuancer sa pensée et à replacer l'événement malheureux dans un contexte plus réaliste, on peut utiliser divers exercices pratiques. Par exemple, à la personne qui vit comme un drame horrible et épouvantable une rupture amoureuse ou une perte d'argent, on demande de dresser la liste des pires situations qu'elle puisse imaginer pour une être humain (mourir de soif dans un désert, être enfermé seul dans un cachot jusqu'à la fin de ses jours, mourir en étant lentement torturé) et de comparer la gravité de ces situations à ce qu'il lui arrive (Walen, DiGiuseppe & Wessler, 1980) (Wessler & Wessler, 1980).

La triade exigence rigide, non-acceptation et dramatisation

On constate, à la lumière de ce qui vient d'être exposé, qu'à l'origine de la plupart des émotions dysfonctionnelles, on trouve la combinaison de ces trois attitudes que sont l'exigence rigide, la non-acceptation et la dramatisation. Ces attitudes forment une triade qu'on peut appeler « la triade d'Ellis » (*voir la figure 8.2*). Son usage est particulièrement utile en clinique parce qu'elle permet d'effectuer rapidement le travail de restructuration cognitive consistant à reconnaître puis à modifier les croyances intermédiaires, les règles et les exigences qu'elles comportent, de même que les attitudes qui en découlent. Chaque attitude constitue une excellente porte d'entrée pour mener ce travail, et on peut utiliser l'une ou l'autre, selon les circonstances et les besoins du patient. Ceci étant fait, le thérapeute se trouve en bonne position pour entreprendre, s'il le juge bon, l'étape de la reconnaissance et de la modification des croyances plus fondamentales de son patient.

FIGURE 8.2 La triade d'Ellis

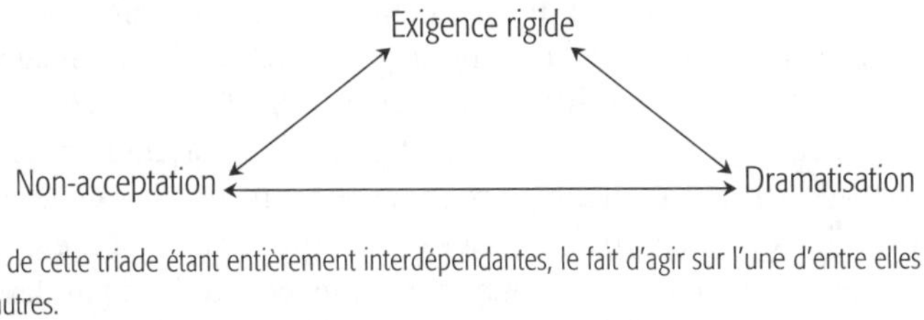

Note : Les composantes de cette triade étant entièrement interdépendantes, le fait d'agir sur l'une d'entre elles entraîne des répercussions sur toutes les autres.

Le jugement global sur la valeur personnelle

Nous savons que les êtres humains sont portés à mal raisonner. Cette tendance se manifeste plus particulièrement par l'habitude, fort répandue, de s'évaluer et d'évaluer les autres globalement. On dira d'une personne (et de soi) qu'elle est globalement « bonne » ou globalement « mauvaise » ; une femme sera perçue comme une « bonne mère » et un homme sera vu comme un « mauvais père » ; on engagera un « bon plombier » et un « mauvais électricien », et on considérera qu'il y a de bons et de mauvais médecins qui soignent de bons et de mauvais patients.

Cette façon de penser résulte d'un mécanisme de généralisation excessive, car un être humain ne peut jamais être totalement bon ou mauvais. Un « super héros » se trompe ou rate parfois son coup, et le pire des « bandits » fait des gestes louables, à l'occasion, comme rendre visite à sa vieille mère malade.

Si les individus ne sont jamais totalement bons ou mauvais, ils sont donc tous partiellement bons et mauvais. Mais jusqu'à quel point le sont-ils ? Quel est le pourcentage exact, en chacun de nous, du « bon » et du « mauvais » ? Dans un groupe ou dans une société, qui est le meilleur et qui est le pire ? Lequel a le plus de mérite ? Lequel en a le moins ? En d'autres mots, comment réussir à nous évaluer ou à nous comparer avec justesse ? Comment nous y prendre pour juger précisément de notre valeur personnelle et de celle des autres ?

Ces questions sont fondamentales, car presque tous les êtres humains, à divers degrés, s'évaluent et se comparent constamment aux autres, et c'est sur les résultats de ces évaluations et de ces comparaisons qu'ils basent leur estime d'eux-mêmes et celle qu'ils ont pour autrui.

Pour pouvoir y répondre, nous devons distinguer la valeur intrinsèque d'un objet, d'un animal ou d'un être humain de sa valeur extrinsèque (Auger, 1984; 1986; 1992).

La valeur intrinsèque d'un objet, d'un animal ou d'un être humain est cette valeur essentielle qui le caractérise à jamais et qui caractérise exactement de la même façon tous ses semblables. Un objet existe, un animal existe et vit, et un être humain existe, vit et a la capacité de raisonner. Ces attributs ne changent jamais et ne subissent aucune modification d'un objet, d'un animal ou d'un être humain à l'autre, à moins qu'ils ne soient détruits. Leur valeur intrinsèque demeure donc toujours la même.

La valeur extrinsèque a trait aux caractéristiques extérieures des objets, des animaux et des êtres humains qui, elles, changent constamment de l'un à l'autre, ou à différents moments de l'existence d'un objet, d'un animal et d'un être humain.

Ainsi, la valeur intrinsèque d'une montagne, ou sa nature essentielle, est d'être une montagne, c'est-à-dire de s'élever au-dessus du sol, et cette caractéristique ne varie pas d'une montagne à l'autre. Sa valeur extrinsèque, par contre, dépend de caractéristiques extérieures qui, elles, changent considérablement d'une montagne à l'autre. Une montagne peut être boisée ou dénudée, il peut être facile ou difficile d'y grimper, elle peut être habitée ou déserte, recouverte de neige sur son sommet ou non, etc. Mais ces caractéristiques extérieures ne modifient pas sa valeur intrinsèque. Une montagne est toujours une montagne et ne l'est pas plus ou pas moins qu'une autre montagne. Une grosse montagne n'est pas davantage une montagne qu'une petite montagne ; une montagne récente n'est pas davantage une montagne qu'une montagne ancienne, et une montagne célèbre, comme le mont Everest, n'est pas davantage une montagne qu'une montagne dont personne n'a jamais entendu parler.

Il en est de même d'un être humain. Qu'il soit fort ou faible, intelligent ou déficient intellectuel, doux ou violent, voleur ou honnête, pauvre ou riche, vieux ou jeune, chômeur ou premier ministre, son état d'être humain ne se modifiera pas pour autant : sa valeur intrinsèque est toujours la même. Seule sa valeur extrinsèque change, c'est-à-dire ses caractéristiques extérieures.

Il s'ensuit qu'on ne peut utiliser la valeur intrinsèque pour juger de la valeur personnelle d'un individu, puisqu'elle ne change pas d'une personne à l'autre. On devra donc nécessairement se baser sur la valeur extrinsèque, ou les caractéristiques extérieures, qui, elles, changent d'une personne à l'autre.

Cependant, il faut rester prudent, car les caractéristiques extérieures sont tellement relatives et discutables qu'on ne peut pas vraiment s'y fier. Elles fluctuent constamment sous l'influence d'une multitude de facteurs, tous plus subjectifs et variables les uns que les autres. Pour mieux comprendre le caractère flou et changeant des caractéristiques extérieures, examinons trois des facteurs les plus fréquemment considérés lorsque l'on évalue un individu : sa perception, les circonstances et la période de sa vie.

La perception individuelle

Une personne jugera les actions et les attitudes d'un individu en fonction de son système de valeurs et de ses goûts; ce jugement variera donc d'une personne à l'autre. Par exemple. un individu travaille peu et reçoit de l'aide sociale, mais c'est un excellent conjoint et un père de famille remarquable. Un autre est un artiste talentueux et renommé, mais il se conduit comme un véritable petit tyran domestique. Lequel des deux a le plus de valeur ? La personne qui valorise l'art ou la réussite choisira l'artiste, alors que celle qui préfère les valeurs familiales optera pour le bon époux et le bon père de famille.

Selon que nous aimons ou que nous détestons tel type de comportement, telle attitude, telle caractéristique physique ou telle façon de se vêtir, notre jugement sur un individu sera très différent de celui d'une personne qui n'a pas les mêmes goûts que nous ou qui ne possède pas notre système de valeurs. C'est pourtant toujours le même individu qui est évalué.

Les circonstances

L'exemple suivant, inspiré de Lucien Auger (1992, p. 66), illustre le rôle des circonstances dans les jugements sur la valeur personnelle.

Vous quittez, au moyen d'une chaloupe, un bateau qui coule au cours d'une tempête. Pour ramer, vous avez le choix entre un grand savant, célèbre mais vieux et perclus de rhumatismes, et un jeune bandit fort et robuste qui est conduit au bagne pour avoir étranglé sa vieille mère. Si vous voulez vous en sortir vivant, choisissez le jeune bandit à qui les circonstances confèrent une valeur qu'il n'aurait pas en d'autres temps ou d'autres lieux.

La période de vie

Jean-Pierre est un homme d'affaires prospère, bien marié et père de deux enfants qu'il aime beaucoup. Il est fier de ses succès et se permet, à l'occasion, de regarder de haut ceux qui ont moins bien réussi que lui. Puis, survient une mauvaise transaction qui entraîne la faillite de son entreprise. Sa femme le laisse alors et amène avec elle les deux enfants. Jean-Pierre devient sérieusement déprimé, s'accusant d'être nul et sans valeur puisqu'il n'a pas su éviter ces échecs. Quelque temps après, il se remet de sa dépression, fonde une nouvelle entreprise, se remarie et mène de nouveau une existence heureuse.

La valeur de Jean-Pierre était-elle moins grande pendant sa période difficile que pendant ses périodes de succès, comme il semble le croire ? N'était-il pas, en réalité, toujours le même individu, avec les mêmes qualités et les mêmes défauts, les mêmes ressources et les mêmes faiblesses, un simple individu qui a vécu une période difficile précédée et suivie d'une période de succès ? En fait, sa valeur personnelle n'est pas vraiment en cause, et si Jean-Pierre s'était abstenu de s'évaluer, il se serait épargné une dépression pendant sa période difficile et il aurait épargné aux autres son mépris pendant sa période de succès.

On constate donc, en y regardant de plus près, que la valeur extrinsèque qui résulte des caractéristiques extérieures est trop subjective et trop changeante pour constituer une base valable pour évaluer ou comparer un individu. Comme nous l'avons vu précédemment, on ne peut non plus s'en remettre à la valeur intrinsèque puisqu'elle est toujours la même d'un individu à l'autre. Dans ces conditions, sur quoi donc peut-on se fier pour quantifier sa valeur globale et celle des autres ?

Malheureusement ou heureusement, on ne peut se fier à rien ! Il n'existe pas de critère objectif sûr pour évaluer globalement un être humain. Bref, selon l'approche émotivo-rationnelle, **nous devons nous abstenir d'évaluer et de juger globalement notre propre personne et les autres, et nous contenter simplement d'évaluer et de juger subjectivement nos actes et ceux d'autrui.**

En somme, nous menons des actions et nous avons des attitudes, *mais nous ne sommes pas nos actions et nos attitudes.* Notre labeur n'est pas notre valeur, comme se plait à le répéter Beck, ce qu'Ellis, réputé pour la verdeur de son langage, traduit dans les termes suivants : « Les chevaux font des crottes tous les jours, mais ils ne sont pas de la merde pour autant[1]. » De même, les êtres humains font régulièrement des erreurs et des bêtises, mais ils ne sont pas des imbéciles pour autant.

Plutôt que d'affirmer que quelqu'un est bon ou méchant, capable ou incapable, formidable ou nul, il est préférable de dire qu'on aime ou qu'on n'aime pas ce qu'il fait, ce qu'il dit et sa façon de parler ou de s'habiller, qu'on approuve ou qu'on désapprouve ses attitudes ou ses prises de position. On a d'ailleurs intérêt à adopter la même attitude pour soi. Dans ces conditions, il n'y a plus de bons et de méchants, mais uniquement des êtres humains qui, en certaines circonstances, se conduisent de façon appropriée ou de façon inappropriée et qui, par moments, réussissent ou ratent leurs entreprises.

Tout ceci ne nous empêche pas d'aimer ou de ne pas aimer certaines personnes, non parce qu'elles sont globalement bonnes ou mauvaises, mais simplement parce qu'elles nous conviennent ou ne nous conviennent pas, et ce, pour des raisons le plus souvent subjectives.

Le fait de s'abstenir de se juger globalement ou de juger les autres conduit à *l'indulgence* et à la *tolérance* et, par conséquent, à une plus grande acceptation de soi-même et des autres, ce qui entraîne la diminution des émotions dysfonctionnelles résultant fréquemment de jugements globaux sur la valeur personnelle, comme l'anxiété, qui peut provenir de la peur d'être mal jugé par l'entourage; l'hostilité, qui émane d'un jugement sévère porté sur autrui; la culpabilité et l'autodévalorisation, qui relèvent d'un jugement sévère porté sur soi.

Cette prise de position est assez particulière, car la plupart des systèmes de psychothérapie ont pour objectif d'augmenter l'estime de soi en enseignant aux gens à s'évaluer de façon plus positive, alors que les tenants du système émotivo-rationnel préconisent de ne pas s'évaluer tout court. Il peut s'ensuivre une amélioration de l'estime de soi, mais cette amélioration est simplement provoquée par le fait que l'individu cesse de se dévaloriser en considérant ses échecs et ses erreurs.

---

1. Entendu au cours d'une conférence donnée par Ellis à Oxford, en Angleterre, en 1988.

Les croyances irréalistes majeures

Après s'être employé à modifier les attitudes dysfonctionnelles de base, Ellis s'est attaqué à ce qu'il appelle les « croyances irréalistes majeures ». Ces croyances sont à l'origine des attitudes dysfonctionnelles, et c'est la raison pour laquelle le travail sur ces dernières y conduit spontanément.

Ellis et plusieurs autres auteurs ont dressé la liste de ces croyances dont le nombre est, en fait, illimité. Nous en verrons ici onze, nous inspirant en cela de Ellis (Ellis, 1962; Ellis & Harper, 1975), d'Auger (1974) et, surtout, de Walen, *et al.* (1980), qui en parlent de façon claire et concise tout en donnant plusieurs exemples concrets.

Première croyance irréaliste majeure : «Je dois être aimé, approuvé et admiré par presque toutes les personnes importantes de ma vie, et si je ne le suis pas, c'est terrible et inacceptable. »

Cette croyance irréaliste est l'une des plus répandues et des plus fréquemment observées en psychothérapie et dans la vie courante. Elle comprend, entre autres, deux aspects.

- La peur du rejet, qui peut se manifester sous deux formes :
  - la timidité, la gêne ou la honte. Exemples : « Si je pose une question dans un groupe, je risque de montrer que je n'ai pas compris et de passer pour un imbécile. Je n'en ai pas le courage, je préfère m'abstenir. » ; « Si je demande à cette personne de m'accompagner dans cette soirée, elle refusera peut-être et j'aurai l'air ridicule aux yeux de tous. Je ne peux pas le supporter. » ;
  - les attitudes rigides et inadéquates par peur de perdre la face (honneur ou déshonneur). Exemples : « Jamais je ne vais céder, de quoi aurais-je l'air ? » ; « C'est une question de principe ! » ; « Je ne me laisserai pas monter sur le dos. » ; « Je vais leur montrer de quel bois je me chauffe. »
- La croyance, fausse, en l'impossibilité de s'épanouir ou d'être heureux sans un grand amour. Exemples : « Je ne suis rien sans toi, sans ton amour. » ; « J'ai trente ans et je n'ai pas de conjoint ni d'enfants. Je vais peut-être rater ma vie. » (anxiété) ; « J'ai cinquante ans et je n'ai ni conjoint ni enfants. J'ai raté ma vie. » (tristesse) ; « Ma conjointe m'a laissé. Je ne pourrai plus jamais être heureux, ma vie est finie et je serais mieux mort. » (tristesse).

Croyance plus réaliste : il est préférable et productif de se concentrer sur le respect de soi, sur la façon de gagner l'approbation des autres pour des raisons pratiques et non pour des raisons narcissiques, et sur le fait d'aimer au lieu d'être aimé.

Deuxième croyance irréaliste majeure : pour se considérer comme valable, un être humain doit être parfaitement qualifié et compétent en tout temps ou, du moins, la plupart du temps, dans au moins un domaine important.

Il s'agit là d'une croyance évaluative qui équivaut à penser que notre labeur égale notre valeur ou, encore, que notre succès égale notre valeur, comme le dit Beck (Beck *et al.*, 1979). Elle est très répandue dans notre société compétitive et orientée vers la performance.

Cette forme de pensée est habituellement liée à une forte peur de l'échec. Ainsi, parce qu'elle a éprouvé des difficultés dans un aspect de sa vie, la personne a tendance à croire que toute sa vie est un échec. Cette croyance provoque l'anxiété lorsque l'échec est prévu et la dépression lorsqu'il survient. Exemples : « Jamais je n'accepterai d'être le deuxième violon ! » ; « Je ne vaux plus rien maintenant que je suis à la retraite. »

Croyance plus réaliste : il est préférable de s'accepter comme une créature imparfaite avec des limites et des imperfections humaines. Il est également préférable d'agir plutôt que de toujours vouloir faire tout parfaitement.

Troisième croyance irréaliste majeure : lorsque des personnes se conduisent mal ou sont injustes, il est justifié de les considérer comme des personnes méchantes et mauvaises, et elles doivent être sévèrement blâmées et punies pour leur méchanceté.

Cette croyance irréaliste comporte deux aspects :

- *Les personnes qui se conduisent mal sont méchantes ou mauvaises.* Existe-t-il des « méchants » ? Non. Comme nous l'avons vu, il s'agit là d'une généralisation excessive qui conduit à un jugement global sur la valeur personnelle. L'acte peut être méchant et inapproprié, mais non l'individu ;
- *Un acte inapproprié ou méchant mérite d'être puni.* Un acte inapproprié ou méchant ne doit pas être puni uniquement par désir de vengeance, d'abord parce que la vengeance attire souvent d'autres vengeances ou, du moins, de l'hostilité, ce qui est rarement souhaitable, et, en second lieu, parce que la valeur d'un acte est parfois aussi difficile à évaluer que la valeur personnelle globale d'un individu. L'être humain est lourdement conditionné, et les critères sur lesquels on se base pour déterminer le bien-fondé d'une action peuvent être très variables, selon les époques ou le système de valeurs de la personne qui évalue.

Ceci dit, en pratique, il est souvent approprié de punir pour se protéger (par exemple, en mettant en prison un criminel dangereux) ou pour modifier un comportement inadéquat (en interdisant la télévision à un enfant trop turbulent). Avant de punir, il est toutefois préférable d'expliquer clairement la raison de la punition, d'aider l'autre à se rendre compte de son erreur et, si possible, de lui indiquer la façon de s'y prendre pour changer.

Croyance plus réaliste : certains actes sont inappropriés ou antisociaux, et les gens qui les font ne sont pas méchants ou mauvais, mais agissent de façon stupide ou inappropriée, et auraient avantage à être aidés afin de changer (parfois au moyen de punitions).

Quatrième croyance irréaliste majeure : « Il existe toujours une solution précise et parfaite aux problèmes humains, et je dois avoir un complet contrôle sur les choses, sinon c'est la catastrophe. »

Cette croyance, ainsi que celle qui va suivre, ont trait au contrôle sur soi, sur les autres et sur les événements. Beaucoup de gens, en particulier les perfectionnistes, acceptent mal de ne pouvoir tout prévoir et tout contrôler, ou d'être dans l'impossibilité de trouver une solution parfaite à tous les problèmes. Ce désir exagéré de contrôle crée énormément d'anxiété, et il est souvent à l'origine des troubles anxieux, surtout chez les personnes qui souffrent d'Anxiété généralisée ou d'un Trouble obsessionnel-compulsif. Exemple : « Je sais qu'il est peu probable que je sois contaminé si je ne me lave pas les mains aussi souvent, mais cette éventualité demeure et je ne peux la supporter. »

Croyance plus réaliste : nous vivons dans un monde de probabilités et de hasards, mais la vie peut être appréciée malgré cela.

Cinquième croyance irréaliste majeure : si quelque chose est ou peut devenir dangereux, on doit s'en préoccuper au plus haut point et se tracasser sans arrêt à propos de cette éventualité.

Cette croyance vient, la plupart du temps, se greffer sur la précédente, qui amène l'individu à toujours chercher une solution parfaite et à tout contrôler. Elle y ajoute la dimension suivante : en l'absence d'une solution satisfaisante ou d'un parfait contrôle, il est normal et même nécessaire de se tracasser sans arrêt. Il va sans dire que cette façon de voir est génératrice de beaucoup d'anxiété. Par exemple :

- *L'hypocondriaque* « Tant qu'on ne m'aura pas dit la cause exacte de mes malaises, je ne pourrai dormir tranquille. » ;
- *Le diabétique ou l'hypertendu* « Vous me dites que ma maladie peut comporter des complications graves à long terme. Je ne puis supporter cette éventualité et, par conséquent, je me tracasse, je me tracasse, je me tracasse… » ;
- *L'anxieux (Anxiété généralisée)* « S'il fallait que mon conjoint me laisse, que mon enfant réussisse mal dans la vie, que mon entreprise fasse faillite… et je me tracasse, je me tracasse, je me tracasse… ».

Croyance plus réaliste : la vie comporte des dangers réels et, tôt ou tard, nous finirons par mourir. Il est préférable d'affronter ces dangers et de les rendre inoffensifs, si possible. Sinon, acceptons l'inévitable, puisque nous faire du souci n'arrange rien et provoque une souffrance supplémentaire.

Sixième croyance irréaliste majeure : c'est terrible et catastrophique lorsque les choses ne vont pas comme on le souhaiterait.

Comme les quatre autres croyances qui vont suivre, cette croyance relève de la non-acceptation et entraîne un intense sentiment de frustration lorsque des épreuves ou des contrariétés inévitables de la vie surviennent. Elle peut être atténuée en psychothérapie si on réussit à augmenter le seuil de tolérance aux frustrations. Exemples : « Je ne peux plus me passer de mon amoureux, de mon statut social, de mon argent, de mon auto, de mon chalet dans le Nord, de mon voyage dans le Sud. » ; « Je ne peux plus endurer d'être malade, de souffrir, de vivre avec un conjoint acariâtre, de voir mon enfant gaspiller sa vie. » ; « Je ne pourrai jamais supporter de perdre mon emploi, d'échouer à mon examen, de vieillir. »

Croyance plus réaliste : il est souvent malheureux que les choses ne soient pas telles que nous le souhaiterions, et il est préférable, quand c'est possible, de changer ou de contrôler les circonstances afin de les rendre plus satisfaisantes. Sinon, comme dans le cas de la croyance précédente, acceptons l'inévitable, puisque nous faire du souci n'arrange rien et provoque une souffrance supplémentaire.

Septième croyance irréaliste majeure : le monde devrait être honnête et juste.

Malgré son peu de réalisme, cette croyance est l'une de celles que l'on rencontre le plus fréquemment en clinique. Elle s'exprime par des phrases comme « Pourquoi moi plutôt qu'un autre ? »; « C'est injuste, j'ai pourtant fait mon possible ! » ; « Le ciel m'en veut ! » ; « Il n'y a pas de justice... » En réalité, le monde est farci d'injustices. Il n'est pas juste de naître en Éthiopie, de mettre au monde un enfant infirme ou de mourir d'un cancer du poumon à trente ans, surtout si on n'a jamais fumé. Les tribunaux se trompent souvent, comme le montrent les erreurs judiciaires. C'est malheureux, mais telle est la condition humaine, et face à une injustice qu'on ne peut éviter ou atténuer, il vaut mieux accepter stoïquement la situation que pleurer sur son sort. Nous éviterons ainsi des émotions dysfonctionnelles qui viennent s'ajouter à l'injustice, plus particulièrement, dans ce cas-ci, la révolte.

Beaucoup de personnes pensent qu'il existe une « justice immanente », c'est-à-dire que les bons doivent nécessairement être récompensés et les méchants, punis, parce qu'ils le méritent. Il est vrai qu'une personne dont la conduite est rationnelle a plus de possibilités d'atteindre ses objectifs et d'être heureuse qu'une autre dont la conduite est erratique. Elle n'est pas pour autant à l'abri de l'injustice.

Par exemple, M. Lebon, bon père de famille, bon travailleur, citoyen estimable, marche sur le trottoir. Soudain, il glisse sur une pelure de banane et se casse le cou. M. Leméchant, un bandit notoire, passe peu après, évite la pelure de banane et continue son chemin sans problème. C'est injuste, dira-t-on, M. Lebon n'a pas mérité son sort. Peut-être, mais là n'est pas la question. Ce qui importe avant tout, si on ne veut pas se casser le cou, c'est de regarder où l'on marche plutôt que d'avoir du mérite.

Croyance plus réaliste : le monde est souvent injuste, et il est vrai que certains « bons gars » meurent jeunes. Il est préférable d'accepter ce fait et de se concentrer sur la façon de profiter de la vie malgré tout.

Huitième croyance irréaliste majeure : il est plus facile de fuir les difficultés de la vie et d'échapper à ses responsabilités que d'y faire face.

Cette croyance, qui résulte, elle aussi, de la non-acceptation ou d'un seuil peu élevé de tolérance aux frustrations, se manifeste sous la forme de réticences devant l'effort à fournir. Ainsi, il est fréquent de voir des gens refuser de faire les gestes susceptibles de les conduire à des solutions. On remet à plus tard, on évite certaines tâches pourtant nécessaires, etc.

Cette peur de l'effort constitue souvent le principal obstacle à la bonne marche d'une psychothérapie. La plupart des gens, en effet, sont prêts à venir rencontrer leur psychothérapeute une heure par semaine, mais très peu auront le courage de travailler régulièrement à domicile, comme il est souvent nécessaire de le faire dans le cadre d'une approche cognitivo-comportementale.

Cette croyance se manifeste dans des propos comme ceux-ci : « Je ne suis pas capable d'arrêter de fumer, de maigrir, de me discipliner, c'est bien trop difficile. » ; « Je le ferai demain, j'y penserai demain, je verrai plus tard. » ; « Je n'arrive pas à trouver le temps pour lire le volume que vous m'avez recommandé, pour faire ma relaxation, pour faire mes exercices de désensibilisation. »

Croyance plus réaliste : il est presque toujours préférable de faire rapidement face à ses difficultés et d'assumer ses responsabilités, et d'y mettre le temps et l'effort nécessaires, parce que la facilité conduit très rarement à des résultats probants.

Neuvième croyance irréaliste majeure : le bonheur humain peut être atteint par l'inertie et l'inaction si on se laisse vivre passivement.

Il s'agit là d'une version un peu différente de la croyance précédente. Elle s'impose de plus en plus dans notre société depuis quelques années, car, au nom d'une prétendue « qualité de vie », bien des gens évitent de s'engager dans des projets d'envergure nécessitant travail et effort à long terme. Ils oublient que c'est le plus souvent en s'accomplissant ou en se dépassant que l'être humain obtient ses plus importantes gratifications dans la vie. Exemples : « Me marier, avoir des enfants ? Tu n'y penses pas, c'est bien trop de problèmes ! » ; « Passer à travers le cégep et l'université pour obtenir un diplôme dans plusieurs années ? Je préfère travailler et gagner de l'argent tout de suite. » ; « Faire de l'exercice, du sport, me garder en forme ? C'est plus facile de regarder la télé ! »

Croyance plus réaliste : les êtres humains sont généralement plus heureux dans la vie quand ils s'engagent dans des activités auxquelles ils consacrent une bonne partie de leur énergie et de leur créativité.

Dixième croyance irréaliste majeure : « La détresse émotionnelle vient de pressions externes, donc je n'ai pas vraiment le pouvoir de changer mes émotions. »

Cette croyance met en cause ce qu'il est convenu d'appeler le « lieu de contrôle ». Si le lieu de contrôle est interne, l'individu croit qu'il maîtrise en bonne partie son destin et qu'il est le principal responsable de son sort. Si, au contraire, le lieu de contrôle est externe, l'individu pense que son entourage (personnes ou organismes) ou les circonstances exercent une influence prédominante sur ce qui lui arrive et que, par conséquent, il joue un rôle secondaire dans la conduite de sa vie. Plus le lieu de contrôle est externe, moins l'individu s'efforce de régler ses problèmes et plus il attend passivement que les autres le fassent à sa place.

Lorsqu'on perçoit un lieu de contrôle externe en thérapie, il importe d'amener le patient à l'intérioriser, au moins partiellement, dès le début, sinon, on risque d'obtenir très peu de collaboration de la part du patient, qui remettra au thérapeute la responsabilité principale dans la conduite et les résultats de son traitement. Exemples : « C'est la faute de la société, du gouvernement, du système... »; « J'ai toujours été malchanceux... »; « Si ma femme me quitte, je suis fini ! »; « Qu'est-ce que vous attendez pour me guérir, docteur ? »

Croyance plus réaliste : les bouleversements émotionnels et les conséquences néfastes qui en découlent sont causés en grande partie par notre façon de voir les choses. Nous aurons un réel contrôle sur nos émotions et nos comportements dysfonctionnels si nous choisissons de travailler avec persévérance à les modifier.

Onzième croyance irréaliste majeure : « Ma biologie et mon enfance sont la cause de mes problèmes. Puisque ces facteurs m'ont fortement influencé dans le passé et qu'ils m'influencent toujours dans le présent, ils continueront de le faire dans l'avenir. Il est inutile de tant travailler à changer ses comportements. »

Nous avons ici affaire à un lieu de contrôle externe plus spécifique : il implique la croyance selon laquelle, à la suite d'influences subies dans le passé, l'individu a des problèmes dont il n'est pas responsable et qu'il ne peut plus changer. Ces influences peuvent être génétiques, parentales, sociales ou ethniques, ou il peut s'agir d'un traumatisme important : viol, inceste, accident ou infirmité. Il est certain que la biologie, les circonstances et les facteurs environnementaux influencent considérablement la vie d'une personne. Cependant, celle qui croit au libre arbitre, qui pense que les êtres humains disposent d'un certain degré de liberté, sera toujours persuadée de jouir d'une marge de manœuvre qui lui permet d'influencer et d'améliorer son sort. Ici, la croyance en des influences irréparables du passé constitue un lieu de contrôle externe, tandis que la foi dans le libre arbitre relève d'un lieu de contrôle interne. D'où l'importance d'insister sur la notion de libre arbitre et sur la possibilité d'en arriver à se changer si on désire obtenir des résultats concluants au cours d'une thérapie.

Les exemples suivants illustrent cette croyance : « C'est la faute de mes parents. »; « J'ai eu une enfance misérable. »; « Je suis fait comme ça. Tous les Italiens sont comme ça ! »; « J'ai été adopté, j'ai été violée, je suis un infirme..., par conséquent, je suis marqué au fer rouge. »; « Nous sommes tous émotifs dans ma famille, comment ne pas être colérique ? »

Croyance plus réaliste : notre biologie, nos parents, la société et les événements passés sont partiellement à l'origine de nos problèmes et de nos croyances inadaptées. Nous avons toutefois contribué à les maintenir et à les accentuer, et c'est notre responsabilité, maintenant, de les changer.

Voilà donc, sommairement, ce que sont les attitudes dysfonctionnelles de base et les croyances irréalistes majeures de l'approche émotivo-rationnelle d'Ellis. Nous verrons, dans le prochain chapitre, la thérapie des schémas de Jeffrey Young, dont la façon d'aborder les croyances est bien différente de celle d'Ellis.

CHAPITRE 9

Les aspects théoriques de la thérapie des schémas selon Jeffrey Young

par Pierre Cousineau

La publication, en 1990, de *Cognitive therapy for personality disorders: A schema-focused approach,* par Jeffrey Young, marque les débuts officiels de la thérapie des schémas. Young avait travaillé à Philadelphie avec Beck et était déjà un thérapeute cognitif réputé. C'est pourquoi l'élaboration de la thérapie des schémas s'est faite dans la continuité des travaux portant sur la thérapie cognitive, à laquelle on a ajouté des aspects encore peu explorés par les cognitivistes à l'époque, soit les dimensions expérientielles et relationnelles[1]. Par ailleurs, le souci de la parcimonie, de la rigueur, de la vérification et de la collaboration thérapeute-patient est demeuré présent dans cette nouvelle approche. Certains disent que la thérapie des schémas est une thérapie cognitivo-comportementale introspective (TCCI). Ses concepts ouvrent effectivement la voie à une meilleure connaissance de soi.

Dans le présent chapitre, nous exposons les aspects théoriques de la thérapie des schémas; les aspects pratiques seront traités dans le chapitre 15. Tour à tour, les sujets suivants seront abordés:

- Les indications de la thérapie des schémas;
- Le schéma précoce inadapté;
- L'origine des schémas;
- La description des schémas précoces inadaptés;
- La perpétuation des schémas;
- Les modes.

1. Ces dimensions ont été reprises par d'autres cognitivistes ; voir l'ouvrage de Layden, Newman, Freeman et Byers-Morse, 1993.

Les indications de la thérapie des schémas

Les patients présentant des troubles de la personnalité, particulièrement ceux souffrant d'un trouble de la personnalité limite (*borderline*), ne répondent pas bien aux traitements issus de la thérapie cognitivo-comportementale (TCC) classique. Dans certains cas, les progrès normalement associés aux protocoles de traitement des troubles de l'Axe I sont limités ou absents, les patients rechutent facilement, des problèmes résiduels continuent de les affecter ou, tout simplement, les patients présentent des symptômes peu spécifiques. C'est ce qui a amené Young à élaborer le concept des schémas précoces inadaptés[2] et à étendre le champ des outils thérapeutiques servant à les traiter en y incluant des techniques provenant d'autres écoles thérapeutiques, ce qui fait de la thérapie des schémas un modèle intégratif.

Selon Young (Young, Klosko & Weishaar, 2003), certaines différences distinguent le patient qui répond positivement aux traitements issus des protocoles spécifiques de la TCC de celui qui n'y répond pas; ainsi, dans la plupart des cas, lorsque ces protocoles ne sont pas efficaces, c'est que le patient présente un trouble de la personnalité[3]. Dans les lignes qui suivent, nous illustrerons ces différences en utilisant l'exemple d'un patient souffrant du trouble de la personnalité limite.

- La collaboration et l'assentiment au traitement sont différents. Le niveau de perturbation et de souffrance du patient ayant un trouble de la personnalité limite a comme conséquence que le patient suit difficilement un protocole. Il n'est pas rare que celui-ci n'accomplisse pas les tâches qui lui sont données, et il est davantage préoccupé par les enjeux de la relation avec le thérapeute.
- L'accès aux cognitions et aux émotions est compromis dans le cas d'un patient ayant un trouble de la personnalité limite. Ce patient peut être submergé par ses émotions et avoir difficilement accès à ses cognitions et, à d'autres moments, ne plus être en contact avec ce qu'il ressent ou pense.
- Dans une TCC conventionnelle, le patient parvient sans trop de difficulté à modifier ses cognitions et ses comportements dysfonctionnels grâce à des techniques éprouvées. Ce n'est pas le cas d'un patient souffrant d'un trouble de la personnalité limite : celui-ci présente des cognitions irrationnelles et adopte des modèles comportementaux rigides qui résistent au changement. On dit souvent de ses problèmes qu'ils sont égosyntones parce qu'ils font littéralement partie de son identité, ce qui rend d'autant plus difficile leur abandon.
- La TCC présuppose l'adhésion du patient aux objectifs du traitement. Or, au départ, les objectifs d'un patient présentant un trouble de la personnalité limite ne sont pas nécessairement similaires à ceux du thérapeute d'orientation cognitivo-comportementale classique auquel il s'adresse. La personne peut consulter pour un symptôme spécifique, comme l'anxiété, mais être plus intéressée, dans les faits, par l'obtention d'une réponse à ses besoins affectifs sans en être vraiment consciente. On se trouve alors dans une situation où le thérapeute vise un objectif, alors que le patient en poursuit un autre.

---

2. Bien que le concept de « schéma » soit beaucoup plus large (il existe, heureusement, des schémas adaptés), le terme « schéma » désignera ici, à moins d'indications contraires, un schéma précoce inadapté.
3. Il y a aussi des cas où une approche symptomatique ne convient tout simplement pas au patient : recherche d'authenticité, préoccupations existentielles, etc.

Dans ce contexte, le patient aura des réactions qui pourraient facilement être interprétées par le thérapeute comme une absence de collaboration.

- Le patient ayant un trouble de la personnalité limite arrive souvent avec des problèmes flous, chroniques et envahissants. Ces problèmes sont, le plus souvent, d'ordre caractérologique. Ils résultent, par exemple, d'une façon d'entrer en relation avec les autres, d'une incapacité d'utiliser son potentiel ou, encore, d'un sentiment de vide. Il est difficile, dans de telles conditions, d'en arriver à une définition claire des objectifs thérapeutiques, comme l'exige la TCC conventionnelle.

La thérapie des schémas a donc été développée, initialement, pour offrir un traitement mieux adapté aux patients souffrant de troubles de la personnalité qui ne progressent pas suffisamment dans une TCC classique. La définition des problèmes à l'aide des schémas offre la possibilité de conceptualiser ce qui est flou, chronique et envahissant et, ainsi, d'intervenir de façon plus ciblée. Ce type de thérapie ramène aussi à l'avant-scène le principe de « l'empirisme collaboratif », si cher aux tenants de la TCC : le patient travaille conjointement avec le thérapeute pour diminuer l'emprise que les schémas exercent sur lui.

Au cours de son évolution, la thérapie des schémas a été utilisée pour traiter divers problèmes : dépression et anxiété chroniques, anorexie et boulimie, problèmes de couple et difficulté à maintenir des relations intimes satisfaisantes. Elle a aussi été employée pour traiter des criminels et des dépendants à l'alcool ou à d'autres drogues. Par ailleurs, rien n'empêche son utilisation pour résoudre des problèmes d'adaptation plus légers ou aborder des enjeux relatifs au développement personnel.

Le schéma précoce inadapté

On peut définir un schéma précoce inadapté à l'aide des caractéristiques suivantes :

- *Une mémoire*[4] *constituée de sensations corporelles, d'émotions, de cognitions et de souvenirs* Ce type de mémoire est fait d'expériences traumatiques ou nocives ; il est approximatif (la similitude entre la situation présente et la situation d'origine peut même être minime) et il déclenche des réactions automatiques, non réfléchies. Les éléments affectifs y ont un poids plus important que les éléments cognitifs ;
- *Un thème ou un modèle (*pattern*) important et envahissant* Un schéma a un enjeu particulier ; il peut s'agir, par exemple, de la peur de l'abandon ou de la punition, ou d'un sentiment de solitude. Cet enjeu occupe une place importante dans les préoccupations de l'individu ; il se fixe dans un style d'adaptation spécifique, comme l'évitement ou la contre-attaque ;
- *Le rapport à soi et les relations avec les autres* Le schéma a le plus souvent été créé dans une situation interpersonnelle. Il amène l'individu à prévoir de façon rigide le comportement d'autrui (par exemple, « Il va chercher à me faire du mal. ») et à tirer des conclusions fixes sur soi (par exemple, « Je suis incompétent. ») ;

4. La mémoire peut être considérée comme la façon dont les événements passés affectent le fonctionnement futur ; on n'a pas à rappeler consciemment son contenu. En langage neuroscientifique, c'est une probabilité augmentée de réactivation d'une configuration neuronale spécifique (Siegel, 1999).

- *Un enjeu déterminé au cours de l'enfance et de l'adolescence* C'est pourquoi on qualifie les schémas de « précoces ». La majorité des schémas sont créés en bas âge, alors que l'enfant est vulnérable, donc plus sensible aux expériences traumatisantes ou nocives. C'est aussi une période où le langage n'est pas encore développé : il ne pourra donc pas aider l'enfant à relativiser une situation ;
- *Un schéma réactivé dans le présent* Malgré leur imprégnation importante au cours de l'enfance, les schémas sont toujours réactivés dans le présent. Ils peuvent donc être renforcés ou corrigés par les événements. S'ils sont difficiles à modifier, c'est qu'ils participent à la construction des situations, ce qui diminue, par le fait même, la probabilité qu'ils soient réfutés ;
- *Un dysfonctionnement significatif* C'est la définition même du schéma précoce inadapté. Ce type de schémas contient un nombre élevé d'affects perturbateurs (angoisse, dysphorie, etc.) et a des conséquences personnelles dommageables pour soi ou pour les autres. Il existe, par ailleurs, des schémas fonctionnels qui permettent l'adaptation ; plusieurs ont aussi été conçus durant l'enfance (une autonomie saine et une bonne estime de soi en sont des exemples), mais on ne viendra évidemment pas consulter un thérapeute pour s'en défaire.

Quelques caractéristiques des schémas précoces inadaptés

Le schéma étant une mémoire d'expériences traumatiques ou nocives, expériences vécues le plus souvent à répétition, il servira à interpréter toujours de la même façon des événements ultérieurs. Plus le schéma est marqué, plus la réaction sera caractérisée par son intensité et par un mécanisme de généralisation excessive. L'individu réagit à une situation nouvelle comme si elle était identique à la situation du passé. La réaction peut être traumatique, comme celle d'une personne qui a vécu des abandons précoces sévères et qui manifeste de la détresse à la moindre froideur de son partenaire. Elle peut aussi être nocive, comme celle d'un enfant qui a été démesurément gâté et qui continue, adulte, à attendre des autres qu'ils comblent le moindre de ses désirs. Dans ces conditions, le schéma est inadapté parce qu'il amène l'individu à se comporter comme si la réalité ne pouvait être modifiée, ou ne devrait pas l'être.

Ceci nous amène à parler d'une autre caractéristique des schémas : leur maintien dans le temps. Métaphoriquement, on dit que les schémas donnent au patient l'étrange impression de se battre pour survivre. Par exemple, c'est souvent avec désarroi et un grand sentiment d'impuissance que des patients décrivent la façon dont ils sont attirés à répétition par des personnes qui s'avéreront nocives pour eux : une femme décrira son attrait pour un homme alcoolique et violent, ou un homme manifestera son attirance pour une femme froide et distante. Le principe de cohérence peut sans doute servir à expliquer cette intrigante et puissante attraction. Grawe (2004) met ce principe à la base de la vie mentale. Dans ce contexte, nous pourrions dire que tout se déroule comme si la réactivation du schéma évoquait un paysage familier, une expérience que l'on ramène à soi ou, encore, une mémoire émotionnelle signifiante.

Lorsque la puissance d'un schéma est maximale, l'individu ne perçoit plus aucune distance entre ce schéma et lui. L'interprétation que ce dernier déclenche est immédiatement assimilée à ce qui se passe, à la pure réalité. Ainsi, un thérapeute qui dirait à un patient très méfiant qu'il semble percevoir les autres comme potentiellement malveillants pourrait se faire répondre : « Non, ce n'est pas une perception, ils sont malveillants. » Dans sa façon de ressentir, de penser et de se comporter, la personne est alors totalement sous l'emprise du schéma. Lorsque le schéma est moins intense, l'individu est capable de faire la différence entre ce qu'il ressent et ce qu'il comprend rationnellement, mais il arrive difficilement à garder une maîtrise rationnelle de ses comportements. Ainsi, une personne accumulant les succès au travail, mais convaincue de son imposture, dira : « J'ai beau me rappeler régulièrement toutes mes réalisations, je demeure émotivement convaincue d'être incompétente et je redoute le moment où cela sera étalé au grand jour. » ; pour cette raison, elle persistera à refuser des promotions. Enfin, lorsque le schéma est à un niveau de prégnance[5] encore moins élevé, la même personne pourra, dans un premier temps, se sentir incompétente, puis évaluer rationnellement cette perception, qu'elle jugera non fondée, et, enfin, choisir d'agir en conséquence, soit accepter les promotions malgré ses peurs[6].

Deux types de traitement de l'information

La distinction entre « mémoire implicite » et « mémoire explicite » permet de mieux comprendre les schémas de Young.

Globalement, nous pouvons dire qu'il existe deux façons fondamentales de traiter l'information. La première est implicite, c'est-à-dire qu'elle ne nécessite pas l'intervention de la conscience, comme dans le cas d'une réaction résultant d'un conditionnement classique. Par exemple, une personne qui a été mordue par un chien alors qu'elle était très jeune, qui n'en a aucun souvenir et à qui aucun adulte n'en a parlé, n'a aucune construction narrative de cette histoire. Pourtant, chaque fois qu'elle croise un chien, elle ressent de la peur. Cette peur, en fait, résulte d'un élément mémorisé, mais elle n'est pas le fruit d'un souvenir puisqu'elle n'est liée à aucune image ou verbalisation explicite. Autre exemple : il fut une époque où on ne disait pas aux enfants qu'ils avaient été adoptés, et même si on les en informe aujourd'hui, ceux qui ont été adoptés dans la première année de leur vie n'en gardent aucun souvenir. Or, nous savons, par expérience, que plusieurs de ces enfants ont développé, en vieillissant, une sensibilité particulière à l'abandon. On voit, dans ces exemples, qu'un bon nombre de nos réactions somatiques, émotionnelles et comportementales ont été apprises de façon implicite.

Le traitement de l'information implicite a des caractéristiques qui lui sont propres. Plus perceptuel que conceptuel, il est automatique, rapide, mais approximatif. *Il peut difficilement se détacher de la situation en cours* (c'est pourquoi les schémas sont si convaincants sur le plan émotionnel). Il a, par ailleurs, un avantage énorme sur le traitement explicite : il permet de traiter plusieurs informations en même temps (PDP pour *parallel distributed processing*) ; on peut, par exemple, faire son jogging tout en étant absorbé par la préparation de sa journée de travail.

---

5. Psychol. « Force et par suite stabilité et fréquence d'une organisation psychologique privilégiée, parmi toutes celles qui sont possibles » (P. Guillaume) (*Le nouveau Petit Robert de la langue française 2001*, version électronique).
6. On peut penser au titre du best-seller de Susan Jeffers : *Feel the fear and do it anyway.*

À la lumière de ce qui précède, nous pouvons comprendre pourquoi les schémas précoces inadaptés sont lourdement chargés de mémoire implicite. Le rappel étant automatique, le schéma n'est pas accompagné de la sensation de se souvenir et, par conséquent, il donne l'impression d'être plus authentique.

La deuxième façon de traiter l'information est nommée « explicite » et est plus conceptuelle. Ce traitement d'information est plus lent que le traitement implicite, mais il permet un processus logique, rationnel et analytique. Il est conscient et contrôlé volontairement, et procure *une capacité d'abstraction et de détachement au regard de la situation en cours.* C'est donc sur lui qu'il faudra compter, dans un premier temps, pour gérer les schémas. C'est lui qui permettra au patient de dire : « Je sais que mon schéma me donne l'impression que je ne pourrai jamais arriver à me débrouiller par moi-même (mode implicite) mais, lorsque je regarde la situation rationnellement, je comprends que rien ne s'oppose à ce que je sois capable de le faire ; c'est pourquoi je choisis de fonctionner de façon plus autonome, malgré mes peurs. » Par ailleurs, le traitement explicite ne nous donne pas la capacité de fonctionner dans plusieurs canaux à la fois ; ainsi, il nous est impossible de construire deux phrases en même temps.

Ces deux modes de traitement de l'information mènent à des interventions thérapeutiques différentes. Nous y reviendrons dans le chapitre portant sur le traitement.

L'origine des schémas

Les schémas découlent de facteurs biologiques, psychologiques et environnementaux. Pour bien comprendre leur origine, il importe de connaître la spécificité des éléments suivants : le tempérament, à forte composante génétique, les besoins psychologiques fondamentaux, et l'interaction entre ces deux éléments et l'environnement, qui produira le caractère.

Le tempérament

Le tempérament est considéré comme la dimension biologique de la personnalité. Il est présent à la naissance et ne changera pratiquement pas tout le long de la vie (*voir Kagan, Reznick & Snidman, 1988, sur la timidité*). Il influence la façon dont un individu répond à ses besoins et il joue un rôle important dans les interactions entre une personne et l'environnement. C'est le tempérament qui fait qu'un enfant actif cherche à obtenir l'attention de ses parents par diverses requêtes ou qu'il lutte contre les obstacles que crée l'environnement. C'est aussi le tempérament qui fait qu'un enfant passif se trouve plus facilement dans la position de celui qui subit les manques ou qui capitule devant les contraintes.

Young décrit cliniquement le tempérament à l'aide des dimensions suivantes :

Intensité émotionnelle	←→	Restriction émotionnelle
Dysthymique	←→	Optimiste
Anxieux	←→	Calme
Obsession	←→	Distractivité
Passif	←→	Actif / Agressif
Irritable	←→	Enjoué
Timide	←→	Sociable

L'effet de l'environnement sur l'enfant sera donc lourdement influencé par son tempérament. Même si des parents adoptent des comportements identiques avec tous leurs enfants, ceux-ci peuvent développer des schémas différents. Leur tempérament respectif module l'effet des interventions des parents. Ainsi, un enfant pourrait décrire son père comme une personne intimidante, alors que son frère sera beaucoup moins impressionné par les colères de ce même père et aura de lui une perception fort différente. Plus une dimension du tempérament est marquée, moins l'environnement aura d'effet. Par exemple, il pourrait être particulièrement difficile de réconforter un enfant dont le niveau d'anxiété est démesurément élevé.

Les besoins psychologiques

Les schémas précoces inadaptés sont dysfonctionnels, parce qu'ils empêchent l'individu de répondre adéquatement à ses besoins psychologiques de base. Young reconnaît cinq grands regroupements de besoins :

- *Besoin d'attachements fiables à des personnes significatives (les parents, au départ).* Ces attachements doivent offrir affection, sécurité, stabilité, empathie et acceptation ;
- *Besoin d'autonomie, de compétence et d'un sentiment d'identité.* En arriver à développer le sentiment d'avoir la capacité de fonctionner en tant qu'individu[7] ;
- *Besoin d'intégration de limites et d'instauration d'autocontrôles.* Un sain fonctionnement, sur les plans social et individuel, exige la capacité d'exercer un contrôle sur soi, de respecter les autres et de se fixer des objectifs personnels, puis de les réaliser ;
- *Besoin de pouvoir reconnaître ses besoins fondamentaux, de se sentir libre d'en tenir compte, de les exprimer et de pouvoir, éventuellement, les actualiser* ;
- *Besoin de tenir compte de ses tendances naturelles, de sa spontanéité.* Ce sont nos besoins, nos désirs, nos envies qui donnent de la couleur à notre vie. Ce sont eux qui nous amènent à avoir des objectifs congruents à notre personnalité, à donner un sens à notre parcours et, ultimement, à éprouver une passion.

L'interaction avec l'environnement et la création des schémas

Les schémas fonctionnels et dysfonctionnels sont la mémoire des réponses de l'environnement précoce aux besoins et constituent un modèle interne de fonctionnement, le «*inner working model*» de Bowlby (1973), au regard de ce qui est à venir[8]. Si, compte tenu du tempérament, l'environnement précoce a répondu de façon satisfaisante aux besoins d'un enfant ou d'un adolescent, ses schémas seront fonctionnels ; il développera la capacité de chercher des réponses adéquates à ses besoins. Si, dans le cas contraire, toujours en fonction du tempérament, l'environnement n'a pas répondu de façon optimale à ses besoins, l'enfant risque de développer des schémas dysfonctionnels qui ne lui permettront pas

7. Trouver un équilibre sain entre le besoin d'être en relation et le besoin d'individuation est un défi humain important.
8. Siegel (1999) parle de « mémoire prospective » et affirme que l'esprit tente de « se rappeler l'avenir » en se basant sur ce qui est arrivé dans le passé.

d'offrir une réponse adéquate à ses besoins. L'objectif de la thérapie, dans ce contexte, est de permettre au patient de répondre de la façon la plus satisfaisante possible à ses besoins psychologiques fondamentaux. Cette démarche se fait en validant et en soutenant, par divers moyens, sa compréhension de lui-même et sa quête personnelle. Ainsi, il deviendra, dans le vocabulaire de Young, un « Adulte Sain ».

La question de l'origine des schémas est controversée. Les schémas précoces inadaptés sont-ils des images fidèles de l'environnement qui existait durant l'enfance et l'adolescence ? Se fondant sur son expérience clinique, Young affirme qu'ils sont basés sur la réalité dans la mesure où ils reflètent l'ambiance de l'environnement précoce des sujets. Cependant, l'interprétation des événements peut avoir été biaisée par les ressources cognitives limitées de l'enfant au moment où ces événements se sont déroulés. Ainsi, un patient pourrait bien décrire la froideur de ses parents et l'attribuer à un manque d'amour pour lui sans se rendre compte que cette absence d'expression affective repose davantage sur les limites et carences de ses parents que sur une absence d'amour. Mais Young trouve un allié de taille en Bowlby (Bowlby, 1973). Ce dernier affirme que les anticipations établies pendant l'enfance tendent à rester relativement stables tout le long de la vie, et que ces anticipations sont un reflet plutôt fidèle des expériences qu'une personne a réellement vécues au cours de son enfance. Notre point de vue sur cette question est le suivant : le schéma étant une mémoire, il présuppose un apprentissage dans des contextes spécifiques. Dans le cas des schémas décrits par Young, ces contextes sont principalement interpersonnels (abandon, carence affective, abus, punition, exclusion, assujettissement, etc.). Le sujet garde donc en mémoire sa perception de ses interactions avec des personnes significatives. Ainsi, un enfant au tempérament très actif en interaction avec une mère constamment terrifiée à l'idée qu'il se blesse risque de retenir le sentiment d'avoir été contraint. Dans son expérience subjective, la mère, de son côté, avait simplement peur et voulait l'empêcher de se blesser. En thérapie, la réalité qui est présente est celle de la subjectivité du patient, celle qui, émotionnellement, a un sens pour lui, dans ce cas-ci le sentiment d'avoir été contraint. C'est la seule réalité à laquelle le thérapeute a accès, et la seule qui permettra d'intervenir sur le plan expérientiel.

La description des schémas précoces inadaptés

Lorsqu'il n'y a pas eu, dans l'environnement précoce d'une personne, suffisamment de réponses appropriées à un besoin, un domaine du développement personnel de cette personne est atrophié. Par exemple, tout être humain a besoin d'un attachement stable à une personne aimante au début de sa vie, et l'absence d'un tel attachement entraînera des dommages significatifs sur ses capacités relationnelles et son estime personnelle (Cyrulnik, 2000). Young a délimité cinq grands domaines qui correspondent, chacun, à une zone atrophiée de l'individu qui a connu une carence de réponses à un de ses besoins de base (par exemple, le domaine « séparation et rejet », qui est associé aux manques de réponses au besoin d'attachement fiable à des personnes significatives). Chaque schéma, avec son enjeu particulier, est rattaché à l'un de ces cinq domaines ; il en constitue une facette distinctive. Les dix-huit schémas précoces inadaptés sont répartis entre les cinq domaines. En voici la description.

Domaine I : la séparation et le rejet

Impression du patient que ses besoins de sécurité, de stabilité, d'affection, d'empathie, de partage de sentiments, d'acceptation et de respect ne seront pas comblés de façon prévisible dans le contexte de ses relations intimes ou familiales.

Abandon / Instabilité

La personne a l'impression que les gens susceptibles de lui fournir un soutien ou de créer un lien avec elle sont instables et peu fiables. Elle craint d'être abandonnée pour une personne plus intéressante. Elle a peur qu'une personne significative meure. Selon elle, les personnes significatives sont présentes de façon erratique, et elles sont émotionnellement instables et imprévisibles (elles sont capables, par exemple, d'explosions de colère).

Méfiance / Abus

La personne a l'impression que les autres vont abuser d'elle, la blesser, l'humilier, la tromper, la manipuler, lui mentir ou chercher à profiter d'elle. Elle entretient la perception que le tort qu'on lui cause est intentionnel ou le résultat d'une négligence extrême et injustifiée.

Carence affective

La personne a l'impression que ses besoins affectifs ne seront pas comblés adéquatement par les autres. Les trois types fondamentaux de carence sont :

- La *carence d'affection* Absence d'attention, d'affection, de chaleur ou d'amitié ;
- La *carence d'empathie* Absence de compréhension, d'écoute, de divulgation de soi ou d'échange avec d'autres sur des sentiments ;
- La *carence de protection* Absence de conseils, d'orientation et de solidité venant des autres.

Imperfection / Honte

La personne a l'impression d'être fautive, mauvaise, non désirable et non désirée, inférieure ou nulle dans quelques domaines importants de la vie. Elle a le sentiment de ne pouvoir être aimée par des personnes significatives et manifeste une hypersensibilité fréquente à la critique, au rejet et au blâme. Elle établit entre elle et les autres des comparaisons qui lui sont défavorables, et ressent donc de l'embarras et de l'insécurité dans ses rapports sociaux. Elle entretient un sentiment de honte associé à la perception de ses défauts personnels. Ces défauts peuvent être :

- *internes :* égoïsme, impulsions colériques et désirs sexuels inacceptables ;
- *externes :* attributs physiques non désirés et maladresse sociale.

Isolement social

La personne a l'impression d'être isolée du reste du monde, d'être différente des autres ou de ne faire partie d'aucun groupe ou communauté.

Domaine II : l'altération de l'autonomie et de la performance

Attentes de la personne par rapport à elle-même ou à l'environnement, qui font qu'il lui apparaît impossible ou, du moins, très difficile de se séparer, de fonctionner et de survivre de manière autonome ou, encore, de parvenir à une réussite suffisante.

Dépendance / Incompétence

La personne croit qu'elle est incapable de gérer ses responsabilités quotidiennes de manière compétente, sans devoir compter de façon excessive sur l'aide des autres (par exemple, prendre soin d'elle-même, résoudre des problèmes quotidiens, exercer un bon jugement, s'attaquer à de nouvelles tâches et prendre de bonnes décisions). Cette croyance apparaît souvent sous la forme d'un sentiment d'impuissance.

Peur du danger ou de la maladie

La personne éprouve une peur démesurée à l'idée qu'une catastrophe imprévisible puisse frapper à tout moment, et elle a la conviction qu'elle n'arrivera pas à la prévenir. Les peurs concernent l'un ou l'autre des domaines suivants, ou plus d'un : le domaine physique, comme la peur de souffrir d'une crise cardiaque ou d'être atteint du sida ; le domaine émotif, comme la peur de perdre la raison ou de perdre le contrôle ; le domaine lié aux situations et aux phobies, comme la peur des ascenseurs, des avions et des tremblements de terre, ou d'être victime d'un crime.

Fusion / Personnalité atrophiée

Dans le cadre d'une proximité excessive, il y a une implication émotionnelle démesurée de la personne auprès de personnes significatives (souvent les parents), au détriment d'une individuation complète ou d'un développement social normal. La personne entretient la croyance qu'au moins une des deux personnes fusionnées ne peut survivre ou être heureuse sans le soutien continu de l'autre. Le fait qu'elle se sent engluée ou étouffée par les autres peut être une manifestation de ce schéma. On note chez cette personne une absence d'identité personnelle, qui se traduit par un vide, une incertitude, l'absence d'orientation et, dans les cas extrêmes, par un doute sur sa propre existence.

Échec

La personne croit qu'elle a échoué ou qu'elle échouera à coup sûr dans une sphère de performance, comme l'école, le travail ou les sports. Elle a le sentiment d'être fondamentalement incompétente par rapport à ses pairs et elle a souvent l'impression d'être stupide, inepte, ignorante et moins bonne que les autres.

Domaine III : les limites déficientes

Déficience des limites internes de la personne, de son sentiment de responsabilité envers les autres, ou de sa capacité de présenter une orientation à long terme. D'où la difficulté à respecter les droits des autres, à maintenir des engagements ou à se fixer et à réaliser des objectifs personnels.

Droits personnels exagérés/Grandeur

Ce schéma amène la personne à croire qu'un individu devrait faire ou avoir tout ce qu'il veut, sans se soucier du coût pour les autres ou de ce que les autres considèrent comme raisonnable. Cette personne a une tendance excessive à affirmer son pouvoir, à imposer son point de vue ou à contrôler le comportement des autres, conformément à ses propres désirs, sans égard à leurs besoins d'autonomie et à leurs choix personnels, d'où de fréquentes exigences excessives et une absence d'empathie au regard des besoins et des sentiments d'autrui.

Contrôle de soi/Autodiscipline insuffisants

La personne a d'énormes difficultés à se maîtriser et à tolérer la frustration dans la réalisation de ses objectifs personnels ou à contenir l'expression de ses émotions et impulsions (ou refuse d'agir en ce sens). Dans une manifestation moins importante de ce schéma, la personne éprouve des difficultés à composer avec la dynamique *inconfort-évitement*: évitement de la douleur, des conflits, des affrontements, des responsabilités, ou investissement d'efforts personnels trop importants, et ce, au détriment de son accomplissement personnel, de son engagement ou de son intégrité.

Domaine IV : la centration sur autrui

Focalisation excessive de la personne sur les désirs, les sentiments et les réponses des autres, au détriment de ses besoins personnels, dans l'intention de gagner leur amour ou leur approbation, d'éviter des représailles ou de préserver son sentiment d'attachement. Habituellement, cette attitude s'accompagne de l'absence de conscience et de la suppression de sa propre colère et de ses inclinaisons naturelles.

Assujettissement

La personne a une tendance excessive à abdiquer son contrôle sur son propre comportement, sur l'expression de ses émotions et sur ses décisions, parce qu'elle se sent contrainte de le faire, habituellement pour éviter la colère, les représailles ou l'abandon. Il y a deux formes majeures d'assujettissement :

- *L'assujettissement des besoins* Répression de ses préférences, décisions et désirs propres ;
- *L'assujettissement des émotions* Répression de l'expression émotionnelle, particulièrement dans les cas de colère.

La personne entretient donc la perception que ses désirs, ses opinions et ses sentiments personnels ne sont pas valides ou importants aux yeux des autres. Elle manifeste fréquemment une obéissance excessive combinée à une forte impression d'être coincée.

Cette attitude implique souvent, chez elle, la répression de la colère contre les gens qui, selon elle, exercent le contrôle. Il y a donc une accumulation de colère qui se manifeste fréquemment dans des symptômes d'inadaptation, comme un comportement passif agressif, des explosions incontrôlées de colère, des symptômes psychosomatiques, la bouderie, la mise en acte (*acting out*) et la toxicomanie.

Abnégation

La personne ressent un besoin démesuré de répondre aux attentes des autres dans des situations quotidiennes, au détriment de sa propre satisfaction. Elle agit le plus souvent ainsi pour ne pas faire de peine aux autres, pour éviter la culpabilité associée au fait de se sentir égoïste ou pour maintenir une relation avec des gens qu'elle considère dans le besoin. Cette attitude découle souvent d'une sensibilité aiguë à la souffrance des autres. Elle peut parfois créer, chez la personne, le sentiment d'une absence de réponse à ses propres besoins ainsi que du ressentiment envers les gens dont elle s'occupe (chevauchement avec le concept de « codépendance »).

Recherche d'approbation et de reconnaissance

La personne a un besoin excessif d'obtenir l'approbation, la reconnaissance et l'attention des autres ou fait des efforts pour répondre à leurs attentes, au détriment du développement d'un soi assuré et authentique. Son estime d'elle-même repose d'abord sur les réactions des autres plutôt que sur ses propres valeurs ou intérêts. Elle accorde parfois une importance exagérée au statut, à l'apparence, à l'acceptation sociale, à l'argent, à la compétition ou aux réalisations (elle veut être parmi les meilleurs et les plus populaires, mais ne cherche pas nécessairement le pouvoir et le contrôle) comme moyens d'obtenir l'approbation. Elle a donc fréquemment tendance à faire des choix fondamentaux de vie non authentiques ou insatisfaisants, à développer une hypersensibilité au rejet ou à envier ceux qui sont plus populaires et qui ont mieux réussi qu'elle.

Domaine V : la survigilance et l'inhibition

Besoin excessif de la personne de réprimer ses sentiments spontanés et ses impulsions, de contrôler ses réactions et ses choix, de manière à éviter de faire des erreurs ou pour répondre à des règles personnelles rigides concernant la conduite et la performance. D'où le sentiment fréquent, chez elle, d'absence de bonheur, et l'incapacité de s'exprimer, de relaxer ou d'avoir des relations intimes; présence aussi de préoccupations concernant l'atteinte à sa santé. La personne est souvent pessimiste et inquiète, et appréhende la détérioration des choses si elle n'est pas constamment vigilante et prudente.

Négativité/Pessimisme

On trouve chez la personne une focalisation soutenue et excessive sur les aspects négatifs de la vie (douleur, mort, pertes, déceptions, conflits, culpabilité, ressentiment, problèmes irrésolus, erreurs potentielles, trahisons, situations qui peuvent mal tourner, etc.) et une négligence ou un rejet des aspects positifs. La personne anticipe exagérément – dans un large éventail de situations (financières, interpersonnelles ou professionnelles) – une mauvaise tournure aux événements; elle croit que les choses vont très mal se dérouler ou que des pans entiers de la vie d'un individu en apparence sans problèmes peuvent s'écrouler à tout moment. Cette attitude est habituellement accompagnée d'une peur démesurée de faire des erreurs susceptibles de conduire à des effondrements financiers, à des pertes, à l'humiliation, à l'enfermement dans une mauvaise situation ou à la perte de contrôle. Comme les conséquences négatives de ses actions sont amplifiées, la personne manifeste souvent une inquiétude chronique et une vigilance excessive, se plaint constamment ou fait preuve d'une grande indécision.

Inhibition émotionnelle

La personne inhibe excessivement ses réactions spontanées (actions, sentiments et paroles) dans le but d'éviter la honte, la désapprobation ou la perte de contrôle sur ses impulsions. L'inhibition émotionnelle mène à différents comportements, dont les plus courants sont : l'inhibition de la colère et de l'agressivité; l'inhibition d'impulsions positives, comme la joie, l'affection, l'excitation sexuelle et le jeu; la difficulté de parler de sa vulnérabilité ou d'exprimer spontanément ses sentiments et ses besoins; l'importance excessive accordée à la raison par rapport aux émotions.

Exigences élevées/Critique excessive

Ce schéma consiste en une croyance sous-jacente de la personne qui l'incite à faire des efforts pour répondre à des normes intériorisées très élevées portant sur le comportement ou la performance, l'objectif habituel étant d'éviter la critique. La personne ressent fréquemment une sensation de pression intérieure, a de la difficulté à ralentir le rythme et manifeste une très grande propension à la critique de soi et des autres. De plus, un déficit significatif apparaît dans les domaines suivants : la capacité d'avoir du plaisir ou de se relaxer, la santé, l'estime de soi, le sentiment d'accomplissement et les relations interpersonnelles satisfaisantes.

Les exigences élevées de la personne se présentent habituellement sous les formes suivantes : le *perfectionnisme,* qui consiste en une attention démesurée prêtée aux détails et en une sous-estimation de la qualité de sa performance par rapport à la norme; des *règles rigides* et des « je devrais » dans plusieurs sphères de la vie, ce qui inclut des préceptes moraux, éthiques, culturels ou religieux démesurément élevés; une préoccupation liée au *temps* et à l'*efficacité* afin de pouvoir accomplir toujours plus de choses et d'une meilleure manière.

Punition

La personne croit que les gens doivent être punis sévèrement pour les erreurs qu'ils font. Elle a tendance à être colérique, intolérante, punitive et impatiente avec les autres (et avec elle-même) lorsque ceux-ci n'atteignent pas le niveau de perfection attendu. Elle a donc fréquemment de la difficulté à pardonner les erreurs ou à tolérer ses limites et celles des autres, attitude relevant d'une difficulté à considérer les circonstances atténuantes, à tolérer l'imperfection humaine ou à être sensible aux sentiments.

La perpétuation des schémas

Les schémas se perpétuent dans les perceptions, les interprétations, les attirances relationnelles, les réactions émotionnelles et les modèles comportementaux des sujets. Ils sont de véritables attracteurs pour la personne, des attracteurs qui orientent, par exemple, le choix de son partenaire critique aux yeux duquel tout ce qu'elle fera sera incorrect (schéma *Imperfection*), partenaire qu'elle ne pourra quitter, étant convaincue que personne d'autre ne pourra s'intéresser à elle. Cette situation est sans doute déplaisante, mais elle est connue. La personne a appris à se débrouiller tant bien que mal avec ce type de situation, et elle se reconnaît dans les affects que ces situations génèrent. Dans de telles conditions, le schéma ne peut que se renforcer. Pour changer, la personne devra faire des efforts importants, nécessitant, dans certains cas, de l'aide thérapeutique. Nous verrons, dans le chapitre sur le traitement, les différentes stratégies thérapeutiques qui peuvent être utilisées pour s'attaquer aux schémas.

Les styles d'adaptation dysfonctionnels

Young a décrit trois stratégies choisies (inconsciemment) par l'enfant, pour composer avec les schémas. Même si ces stratégies pouvaient être adaptées au départ, l'enfant n'ayant pas d'autres options, elles deviennent dysfonctionnelles avec le temps. Ces trois stratégies, ou styles d'adaptation dysfonctionnels, sont :

- *La capitulation* Capituler signifie se soumettre au schéma, l'accepter comme vrai, penser et se comporter en conséquence. Ainsi, une personne peut choisir un partenaire qui ne lui est pas fidèle (schéma *Abandon*) et vivre régulièrement les affres de l'adultère, mais ne jamais abandonner l'espoir que ce partenaire change;

- *L'évitement* La personne qui choisit l'évitement s'organise pour que son schéma ne soit pas réactivé : elle évite les pensées liées au schéma, se coupe des émotions qui en font partie, se tient loin des situations ou des gens qui pourraient le déclencher. Ainsi, la personne évite les relations intimes pour ne pas être abandonnée (schéma *Abandon*) ou elle recourt à des stratégies de neutralisation, comme l'abus d'alcool, la fuite dans le jeu compulsif ou la boulimie. Ce sont des moyens qu'elle peut utiliser pour ne pas avoir à éprouver la souffrance de l'abandon ou l'appréhension d'être abandonnée;
- *La contre-attaque* La personne qui opte pour la contre-attaque combat activement son appréhension; elle adopte souvent le comportement carrément contraire à celui que son schéma l'incite à adopter. Elle cherche à contrôler activement la situation. Dans l'exemple relatif au schéma *Abandon,* la personne peut surveiller son partenaire, le contrôler pour s'assurer qu'il ne rencontrera pas quelqu'un d'autre, mais elle peut aussi, à la limite, choisir de le laisser pour ne pas se retrouver dans la position de l'être qui est abandonné.

On peut voir dans chacune de ces trois stratégies la perpétuation du schéma, puisque celui-ci est considéré comme une croyance fondamentale, une vérité émotionnelle incontournable. Les stratégies dysfonctionnelles ne visent donc pas à modifier le schéma, mais plutôt à trouver des moyens de composer avec lui. Il y a là une tentative de rendre l'impact affectif moins douloureux; c'est pourquoi ces stratégies sont appelées « styles d'adaptation dysfonctionnels ». L'objectif de la personne qui les exploite est de rendre les schémas plus tolérables, mais elle n'en conteste jamais les fondements. Le choix d'un style d'adaptation ne se fait pas de façon consciente : ces stratégies sont établies très tôt dans la vie à l'aide du répertoire limité de réponses de l'enfant. Elles étaient, dans les circonstances, la meilleure solution disponible. Ayant été choisies de façon inconsciente et s'étant automatisées[9] avec le temps, elles perdurent, presque inchangées, jusqu'à l'âge adulte. Elles demeurent donc peu conscientes. Un des premiers objectifs de la thérapie des schémas sera donc d'amener le patient à pendre conscience de ses stratégies dysfonctionnelles, une étape nécessaire dans la démarche visant à altérer leur automatisme.

Les trois styles d'adaptation dysfonctionnels s'appliquent à chacun des dix-huit schémas précoces inadaptés. On peut *capituler* devant chacun d'eux, les *éviter* ou *contre-attaquer.* Dans le cas de la capitulation, le schéma s'exprimera à son état pur, si l'on peut dire. La personne sera abandonnée, en manque d'empathie, rejetée, exclue, abusée, punie, pessimiste, anxieuse, etc. Dans le cas de l'évitement et de la contre-attaque, le contact avec le schéma est coupé. Son identification nécessitera une exploration, une clarification. Par exemple, une personne se présente en thérapie pour un problème de dépendance à l'alcool; cette stratégie d'évitement peut viser, entre autres, l'« anesthésie » de l'abandon (« Mon conjoint me trompe. »), de l'imperfection (« Personne ne m'apprécie. ») ou de la négativité (« La vie n'est qu'une suite de problèmes. »). Mais il peut aussi s'agir d'une personne apparemment en plein contrôle de ses moyens, qui insiste continuellement sur

9. Une caractéristique de la mémoire implicite.

l'éclat de ses réussites (stratégie de *contre-attaque*) pour combattre un profond sentiment d'imposture (« Mon incompétence sera un jour exposée à tous les regards. » : schéma *Échec*). Dans la *capitulation*, donc, le schéma précoce inadapté est réactivé dans sa quasi intégralité ; à l'inverse, l'*évitement* vise à empêcher la réactivation du schéma ; la *contre-attaque*, quant à elle, sert à prendre le schéma à contre-pied par une action opposée à celle qu'il devrait engendrer.

La dynamique entre les schémas

La pratique de la thérapie des schémas a conduit à un raffinement de l'approche. Ainsi, Young a établi une distinction entre les schémas inconditionnels et les schémas conditionnels ; il a aussi développé le concept des « modes », sur lequel nous reviendrons plus loin.

Parmi les dix-huit schémas précoces inadaptés, certains sont fondamentaux ou inconditionnels ; d'autres sont stratégiques ou conditionnels. Les schémas stratégiques sont, en quelque sorte, des styles d'adaptation dysfonctionnels permettant de composer avec des schémas fondamentaux. Ainsi, le schéma *Droits personnels exagérés* peut avoir une fonction de contre-attaque par rapport au schéma *Carence affective*: « Je n'ai rien eu sur le plan affectif, donc je prends, j'exige, et on n'a pas le droit de me refuser quoi que ce soit. » S'il advient, et ce n'est pas rare, qu'un individu affecté par ces schémas trouve un partenaire ayant un schéma *Abnégation*, la stratégie aura une certaine efficacité, même si elle ne comble pas vraiment le sentiment de manque.

Les schémas conditionnels sont acquis plus tard que les schémas inconditionnels ; le plus souvent, leur fonction est d'empêcher la réactivation de ces derniers (par exemple, s'assujettir pour ne pas être abandonné ou puni). Leurs prémisses sont plus facilement contestables. Un schéma conditionnel ou stratégique donne à l'individu l'impression qu'il a un pouvoir sur l'issue des situations et qu'il peut arriver à les changer (il n'aura pas à vivre l'abandon, la punition, la honte, etc.). Cinq schémas sont conditionnels : *Assujettissement, Abnégation, Recherche d'approbation, Inhibition émotionnelle* et *Exigences élevées.*

Les schémas inconditionnels ayant été acquis plus tôt dans l'histoire de la personne, ils sont donc fortement enracinés, et la plupart sont liés aux besoins psychologiques fondamentaux (fiabilité relationnelle, investissement affectif, sécurité de base, validité, etc.). Un schéma inconditionnel ou fondamental apparaît comme une caractéristique ineffaçable de l'individu. La liste des schémas inconditionnels est longue. Mentionnons les quatre qui sont probablement les plus puissants et les plus dommageables : *Abandon/Instabilité, Méfiance /Abus, Carence affective* et *Imperfection.*

Les quatre grandes familles des modes

Nous en arrivons maintenant à ce qui constitue, pour plusieurs, la dimension conceptuelle la plus difficile à saisir de la thérapie des schémas. Pour la comprendre, on doit changer son cadre de référence, sa façon de penser (son *mind set*), pour revoir tout ce qui précède sous un nouvel angle. Young est arrivé à la notion de « modes » par son travail avec des patients qui présentent un trouble de la personnalité limite. Une caractéristique importante de ces patients tient dans le fait qu'ils changent brusquement d'attitude, d'humeur et d'état d'esprit. De conciliants, ils peuvent soudainement devenir colériques et peuvent rapidement passer de la volubilité à la fermeture, à un silence résolu. Pour aider ces patients, il fallait trouver un outil dont la flexibilité permettrait au thérapeute de suivre leurs brusques changements d'état d'esprit; les modes ont répondu à ce besoin.

Un mode est un *état émotionnel* qui prédomine dans l'organisation psychologique d'un individu à un moment donné. On trouve des schémas et des styles d'adaptation à l'intérieur des modes. Lorsqu'un schéma ou un style d'adaptation est activé, il est accompagné d'un état affectif singulier, et c'est cet état qui permet l'identification du mode. C'est à l'état de détresse ou de colère qu'on percevra la réactivation du schéma *Méfiance/Abus*, et à l'état de pression interne constante (« il faut... ») qu'on reconnaîtra le schéma *Exigences élevées.*

La différence entre un trait et un état peut servir d'analogie pour mieux comprendre le rapport entre un schéma et un mode. Le schéma est comme un trait, et il devient un état lorsqu'il est réactivé. Le schéma non activé est dormant, et la probabilité qu'il soit déclenché augmente avec son importance dans l'ensemble psychologique d'un individu.

Il y a dix modes répartis en quatre grandes familles.

- *Première famille : les modes de l'Enfant* La personne adopte une attitude ou un comportement dont l'expression rappelle l'attitude ou le comportement qu'elle avait lorsqu'elle était enfant. Il y a quatre modes de *l'Enfant* et trois sont dysfonctionnels : *l'Enfant Vulnérable, l'Enfant en Colère* et *l'Enfant Impulsif*; un seul est adapté et sain : *l'Enfant Heureux.*
- *Deuxième famille : les modes stratégiques dysfonctionnels* Ces modes correspondent à des styles d'adaptation dysfonctionnels. Il y a trois modes stratégiques dysfonctionnels : le *Conciliant* , le *Protecteur Détaché* et le *Compensateur.*
- *Troisième famille : les modes parentaux inadaptés* Ces modes ont trait à l'adoption intégrale, par la personne, d'une attitude ou d'un comportement malsain d'un parent. Il y a deux modes parentaux inadaptés : le *Parent Punitif* et le *Parent Exigeant.*
- *Quatrième famille : le mode de l'Adulte Sain* C'est le mode adapté que la thérapie cherche à favoriser. L'individu qui y accède tient compte à la fois de ses besoins et de la réalité, et ce, de façon saine et responsable.

Examinons plus attentivement chacun de ces modes.

Les modes de l'Enfant

Enfant Vulnérable et Enfant en Colère

Pour introduire ces premiers modes, utilisons les quatre schémas considérés comme les plus fondamentaux : *Abandon/Instabilité, Méfiance/Abus, Carence affective* et *Imperfection.* S'ils sont activés par un déclencheur et qu'aucune stratégie dysfonctionnelle ne les masque, ils se manifesteront dans toute leur intensité. En fait, deux grandes familles de réactions ont été observées dans de telles circonstances, soit celle du pôle « vulnérabilité et détresse » et celle du pôle « colère ». Considérons, par exemple, le cas suivant : une personne présente un schéma *Abandon* marqué; son conjoint est très en retard et ne donne pas de nouvelles, ce qui entraîne chez elle un état de détresse important. Le conjoint arrive et dit qu'il a oublié de téléphoner; voilà alors que la personne réagit par un état de rage. Cette petite histoire illustre les deux premiers modes, soit le mode de *l'Enfant Vulnérable* et celui de *l'Enfant en Colère*. Le terme « enfant » est employé parce que l'état de cette personne est affectivement similaire à celui d'un enfant qui réagit par de la détresse ou de la colère au fait d'être abandonné. C'est littéralement une mémoire d'un état antérieur qui est réactivée. Des exemples comparables pourraient être trouvées pour les schémas *Méfiance/Abus*, *Carence affective*, et *Imperfection*, et aussi pour d'autres schémas fondamentaux ou inconditionnels. Ainsi, quand des schémas fondamentaux sont réactivés sous leur forme originelle (la capitulation), ils le sont soit en mode *Enfant Vulnérable*, soit en mode *Enfant en Colère*.

Les modes sont souvent décrits par des qualificatifs. Ainsi, un patient en mode *Enfant Vulnérable* peut se décrire comme étant seul, fragile, désespéré et perdu (*Abandon*), impuissant, victime, vaincu et opprimé (*Méfiance/Abus*), peu soutenu, peu aimé et incompris (*Carence affective*), imparfait, sans valeur personnelle, peu attachant et exclu (*Imperfection*). Par ailleurs, en mode *Enfant en Colère*, il sera intensément fâché, exaspéré, impatient, frustré, furieux même, parce qu'il ne reçoit pas de réponses à ses besoins fondamentaux.

Enfant Impulsif

La personne qui est en mode *Enfant Impulsif* exigera des réponses à des besoins qui ne sont pas fondamentaux (par exemple, posséder une voiture de luxe devient une exigence), ou elle cherchera des réponses à des besoins légitimes d'une façon excessive, non respectueuse des autres (par exemple, elle ne tient aucunement compte de la disponibilité des autres lorsqu'elle a besoin d'attention). Le plus souvent, ce mode est associé à la réactivation des schémas *Droits personnels exagérés/Grandeur* et *Contrôle de soi/Autodiscipline insuffisante* dans leur version pure (qui reflètent, par exemple, un milieu d'origine qui répondait sans discrimination à toutes les demandes d'un enfant).

Enfant Heureux

Le dernier mode de *l'Enfant* est l'un des deux modes adaptés, l'autre étant le mode de *l'Adulte Saint*. Le mode de *l'Enfant Heureux* (spontané plutôt qu'impulsif) est le mode *Enfant* optimal. Il représente l'enfant qui reçoit des réponses adéquates à ses besoins et qui s'exprime et agit de façon spontanée en développant graduellement des capacités de contrôle. Ce type d'enfant se sent aimé, protégé, accepté, compris, valorisé, guidé, en sécurité et en contrôle; il est satisfait, confiant, optimiste et spontané. Deux questions sont souvent soulevées à son sujet : comment se présente-t-il en thérapie et comment le différencie-t-on du mode *Adulte Saint*? Un adulte sain n'a plus besoin de guide ou de validation externe; même lorsqu'il demande conseil, il assume la décision. En thérapie, l'*Enfant Heureux* apparaît surtout en phase intermédiaire. Utilisons l'exemple d'une personne qui a un schéma *Inhibition émotionnelle* important. Elle perçoit tout contact avec ce qui est spontané, de l'ordre de l'intérêt ou du désir, comme menaçant, car elle craint une perte de contrôle. Le thérapeute pourra l'encourager à être davantage à l'écoute d'elle-même, à tenir compte de ses intérêts, de ses envies et de ses désirs. Lorsque cette personne se conduira de façon plus spontanée et appréciera le relâchement et le plaisir, elle éprouvera en même temps le besoin de vérifier si sa façon d'agir est « correcte »; cette validation se fera avec l'aide du thérapeute. Avec le temps, cette personne pourra faire des expériences qui renforceront, chez elle, l'expression d'une plus grande spontanéité, et le soutien du thérapeute favorisera le développement de l'autovalidation et de l'autonomie. On voit que le mode l'*Enfant Heureux* est un mode que le thérapeute encouragera, soutiendra, validera.

Les modes stratégiques dysfonctionnels

Les modes des styles d'adaptation dysfonctionnels correspondent, à une exception près, aux styles dysfonctionnels utilisés pour faire face aux schémas, l'exception étant la capitulation. En effet, si on capitule devant ses schémas fondamentaux, par exemple, en choisissant un amoureux qui réactive certains d'entre eux, on risque de les vivre en mode *Enfant Vulnérable* et en mode *Enfant en Colère*. Ainsi, si une personne choisit un conjoint abusif, elle vivra de la détresse ou de la colère lorsqu'il y aura abus.

Le mode Conciliant

Le mode *Conciliant* est un style. Comme son nom l'indique, il amène la personne à être plutôt obéissante, soumise aux autres. Dans ce mode, la personne sera très centrée sur les réactions, les besoins et le regard de l'autre. Le plus souvent, ce mode est activé par les schémas *Assujettissement*, *Abnégation* et *Recherche d'approbation* (ne pas s'opposer pour ne pas être abandonné ou puni, se sentir coupable de ne pas répondre aux besoins de l'autre et ne pas déplaire). Le *Conciliant* est l'inverse du rebelle, qu'on retrouvera chez le *Compensateur.*

Le mode Protecteur Détaché

Le mode *Protecteur Détaché* correspond au style « évitement » et il peut prendre de multiples formes. Sa fonction est de diminuer l'intensité et l'impact affectif d'une situation. C'est le mode de la fuite, de l'évitement, de la neutralisation et de la minimisation. Même s'il peut se manifester dans le schéma *Inhibition émotionnelle*, le mode *Protecteur Détaché* est plus souvent associé à un style d'adaptation dysfonctionnel. La personne qui fonctionne sous ce mode cherche à réduire l'intensité affective douloureuse d'une situation par l'évitement comportemental, la fuite dans une autre forme d'intensité (hypersexualité, boulimie, sport extrême, etc.), la somatisation, l'apaisement par les drogues ou l'alcool, la dissociation de mémoires pénibles ou de pulsions interdites, etc. Parce qu'il peut prendre tant d'aspects différents, ce mode peut demander, dans certains cas, beaucoup de sagacité de la part du thérapeute pour être reconnu.

Le mode Compensateur

Dans le mode *Compensateur*, qui correspond au style « contre-attaque », la personne prend la position inverse de celle que son schéma l'incite à adopter. Même si elle peut donner l'apparence d'être adaptée, cette position est rigide et démesurée. Le contre-phobique en est un exemple. Sa position excessive pourrait l'amener à ne pas prendre de mesures de sécurité raisonnables devant un danger. Le narcissique est aussi un *Compensateur*: devant affronter sa pauvre estime de soi (schéma de l'*Imperfection*), il défend une image de lui-même grandiose ou il est méprisant à l'endroit des autres (schéma de l'*Exagération des droits personnels et de la Grandeur*). Le mode *Compensateur* peut favoriser une réussite sociale, importante dans certains cas (schéma des *Exigences Élevées*). Cependant, cette réussite se fera souvent aux dépens de la qualité de vie, de la santé ou de relations interpersonnelles harmonieuses.

Les modes parentaux inadaptés

Le mode Parent Punitif et le mode Parent Exigeant

Dans ces modes, la personne adopte intégralement une attitude qu'avait un de ses parents. Ainsi, une personne dont le père avait une conduite extrêmement punitive deviendra elle-même très intolérante, tant avec les autres qu'avec elle-même; elle n'acceptera aucune erreur ni aucun relâchement. De même, une personne dont la mère exigeait la perfection ou l'abnégation pourrait s'imposer les mêmes exigences ou les imposer à autrui. Dans ces deux modes, il y a une rigidité dans l'application des règles qui fait que la personne tolère mal les exceptions ou les circonstances atténuantes.

Le mode de l'Adulte Sain

La thérapie vise le développement optimal du mode *Adulte Sain*. Dans ce mode, la personne se conduit comme un adulte responsable qui, tout en tenant compte de la réalité et des autres, se laisse guider par ses besoins, ses intérêts et ses valeurs (qui ne correspondent pas à des règles rigides). Tout gain sur les schémas renforce *l'Adulte Sain*. Ainsi, la personne qui a toujours choisi l'assujettissement dans sa relation conjugale se conduira en *Adulte Sain* lorsqu'elle s'affirmera de façon adéquate. Elle quittera alors la position de l'enfant qui n'a pas les moyens de s'opposer à un parent dominant pour prendre celle d'un adulte qui s'attend à être traité avec respect et équité. Dans sa version optimale, *l'Adulte Sain* est davantage raisonnable que rationnel, spontané plutôt qu'impulsif et capable d'objectiver sa subjectivité tout en s'appuyant sur elle.

En résumé, nous pouvons dire que la thérapie des schémas est une approche née du besoin d'adapter la thérapie cognitive aux patients présentant des troubles de la personnalité. C'est Jeffrey Young, à la fin des années 1980, qui a proposé ce modèle sur lequel il n'a jamais cessé de travailler par la suite. D'abord utilisée avec des patients présentant des troubles de la personnalité, cette approche s'est aussi avérée utile dans le traitement de plusieurs autres types de problèmes, comme les toxicomanies, l'anorexie et la dépression chronique. Son utilisation s'est aussi étendue à la résolution des problèmes de couple et des troubles d'adaptation légers. Elle peut même favoriser la croissance personnelle.

La polyvalence de la thérapie des schémas repose sur son modèle de compréhension de la personnalité. L'unité conceptuelle de base de cette thérapie est le schéma, qui est une forme de mémoire de solutions adoptées durant l'enfance et l'adolescence pour composer avec des enjeux relationnels et de développement. La construction des schémas repose sur les interactions entre le tempérament, les besoins psychologiques de l'enfant et les réponses de l'environnement, principalement celles des parents, à ces besoins. Il y a dix-huit schémas précoces inadaptés. Les schémas assimilent rapidement et automatiquement (mode de fonctionnement implicite) les situations et les événements associés à ceux déjà connus, et tendent à se perpétuer dans trois styles d'adaptation dysfonctionnels : la capitulation, l'évitement et la contre-attaque. Ces trois styles ne remettent pas en causent le schéma ; il s'agit donc de stratégies de maintien. Le thérapeute, lui, vise à modifier les schémas, soit en aidant le patient à les gérer, soit en travaillant à les modifier. Pour ce faire, il recourra à des techniques provenant de plusieurs écoles thérapeutiques, ce que nous verrons dans le chapitre portant sur le traitement.

Un dernier concept, celui des « modes », est apparu plus tard, lorsqu'on a cherché à tenir compte du fait que certains patients passent rapidement d'un état d'esprit (*state of mind*) à un autre durant les entrevues. Les modes sont des états émotionnels qui prédominent à tour de rôle dans l'organisation psychologique d'un individu. Ils sont composés d'un ou de plusieurs schémas ou styles d'adaptation. Ils indiquent une réactivation à l'état pur d'un schéma, le passage à un style d'adaptation ou même la reproduction intégrale d'une attitude ou d'un comportement malsain d'un parent. Il y a, par ailleurs, deux modes adaptés qui deviennent des objectifs thérapeutiques à atteindre, c'est-à-dire des façons plus saines de répondre à ses besoins psychologiques en tenant compte de la réalité.

L'efficacité de la thérapie des schémas auprès de patients présentant un trouble de la personnalité limite a été confirmée. En effet, une étude d'une durée de plus de trois ans menée en Hollande fait état de changements positifs significatifs chez ces personnes après qu'elles ont suivi cette thérapie (Giesen-Bloo *et al.*, 2006).

CHAPITRE

10

Les principales indications de la thérapie cognitivo-comportementale

par Jean Goulet

Comme le titre l'indique, notre objectif, dans le présent chapitre, est d'étudier les principales indications de la thérapie cognitivo-comportementale (TCC). Cependant, avant d'entrer dans le vif du sujet, nous pouvons nous demander jusqu'à quel point ce type de thérapie est efficace. Les recherches en ce domaine sont innombrables et ont suscité de multiples controverses. Nous allons donc nous arrêter quelques instants sur cette question et sur les polémiques qu'elle soulève avant d'en arriver aux indications. Ainsi, nous nous poserons les questions suivantes :

- La TCC est-elle efficace ?
- Son efficacité est-elle spécifique ?
- Comment la comparer à d'autres formes d'intervention ?
  - Aux autres formes de psychothérapie ?
  - À la pharmacothérapie ?
- Quels sont ses ingrédients actifs ?
- Les résultats des recherches sur la TCC peuvent-ils être transposés en clinique ?

L'évaluation de la thérapie cognitivo-comportementale dans son ensemble

La TCC est-elle efficace ?

La nature de la thérapie cognitivo-comportementale, soit une approche structurée où les problèmes sont ciblés, et le développement des protocoles spécifiques de traitement qui s'en inspirent ont permis une progression rapide des connaissances à son sujet. Elle constitue, et de très loin, le système de psychothérapie le mieux étudié en recherche. Le tableau 10.1 illustre bien cette particularité. Il compare les articles portant sur la TCC à ceux portant sur les thérapies psychanalytiques. On constate que le nombre total d'articles est comparable dans les deux cas, mais que les articles rapportant les résultats d'études rigoureuses, c'est-à-dire des études cliniques aléées avec groupes témoins, sont beaucoup plus nombreux dans le cas de la TCC que dans celui des thérapies psychanalytiques.

TABLEAU 10.1 Nombre d'articles cités dans les grandes banques de données traitant de la TCC et des thérapies psychanalytiques

Banque de données	Période couverte	Nombre total d'articles cités		Nombre d'études cliniques aléées	
		TCC	Thérapies psychanalytiques	TCC	Thérapies psychanalytiques
Medline	1966 à la 3e semaine d'avril 2006	31 978	11 146	4435	81
PsychINFO	1806 à la 4e semaine d'avril 2006	23 575	30 038	1158	59

Source : Lettman, A. F. et coll., (2004)

L'ensemble de ces recherches a permis de démontrer l'efficacité de la TCC dans un très grand nombre d'indications (Butler *et al.*, 2006). Un groupe de travail de l'*American Psychological Association* est arrivé à la même conclusion. Ce groupe avait comme tâche d'observer à long terme l'évolution des connaissances relatives à l'utilisation des thérapies validées scientifiquement dans le traitement d'une vaste gamme de psychopathologies. Les observations du groupe ont confirmé que l'efficacité de l'approche cognitivo-comportementale est nettement mieux démontrée que l'efficacité des autres approches (Chambless *et al.*, 1996; 1997).

Des recherches sérieuses ont également démontré l'efficacité d'autres formes de psychothérapie, comme la thérapie psychanalytique à court terme et la thérapie interpersonnelle (Leichsenring *et al.*, 2004). Ces recherches sont toutefois moins nombreuses que celles portant sur la TCC. Soulignons, par ailleurs, que, dans tous les cas, y compris celui de la thérapie psychanalytique, les thérapies les plus efficaces sont celles dont les interventions sont **ciblées et structurées,** et dans lesquelles on utilise un manuel de traitement (approche que les anglophones qualifient de *manualized*).

L'efficacité de la TCC est-elle spécifique ?

Nous savons que les facteurs non spécifiques sont des facteurs communs à toutes les formes de psychothérapie (par exemple, la relation thérapeutique). Ces facteurs exercent une action bien reconnue. Les facteurs spécifiques, par contre, sont ceux qui caractérisent un type de psychothérapie et qui le distinguent des autres. Plus les facteurs spécifiques sont efficaces, plus la thérapie devient elle-même efficace, et plus cette efficacité dépasse celle d'une autre thérapie basée uniquement sur des facteurs non spécifiques.

Pour démontrer jusqu'à quel point une thérapie est efficace, on s'en sert pour traiter un groupe de personnes, puis on compare les résultats obtenus avec ceux du traitement d'un autre groupe au moyen d'une thérapie basée uniquement sur des facteurs communs. Ces études ne sont pas faciles à réaliser, car elles doivent respecter de nombreux paramètres méthodologiques qui ont trait, entre autres, aux caractéristiques du groupe témoin, à l'expérience des thérapeutes et à leur orientation théorique. C'est la raison pour laquelle ce domaine de recherche a tant tardé à se développer. Comme on peut le constater en observant le tableau 10.1, la grande majorité des recherches portant sur la psychothérapie sont des études ouvertes sans groupe témoin ; les études rigoureuses avec groupes témoins sont peu nombreuses dans le cas de la TCC, mais elles le sont encore moins dans le cas des autres formes de psychothérapie.

On a tout de même réussi à démontrer assez clairement qu'une certaine spécificité pouvait être reconnue à l'approche cognitivo-comportementale dans le traitement de plusieurs troubles anxieux et, aussi, bien qu'à un degré moindre, dans le traitement de la boulimie, de l'insomnie primaire et, plus récemment, de certains troubles de la personnalité (Giesen-Bloo *et al.*, 2006 ; Linehan *et al.*, 2006).

Comment la TCC se compare-t-elle à d'autres formes d'intervention ?

La comparaison avec d'autres formes de psychothérapie

Prouver qu'une forme de thérapie est efficace pour traiter certaines pathologies est une chose ; démontrer qu'elle est supérieure aux autres thérapies pour traiter ces pathologies en est une autre. L'efficacité de l'approche cognitivo-comportementale est bien reconnue dans un grand nombre d'indications, comme nous le verrons plus loin, mais les études la comparant aux autres types de thérapie sont rares, et leur qualité méthodologique est souvent médiocre. Un petit nombre d'études font toutefois exception, et, dans presque toutes ces études, la TCC s'est avérée au moins aussi efficace que les approches auxquelles on l'a comparée, quand elle n'est pas apparue supérieure.

Dans les cas de trouble obsessionnel compulsif (TOC) et d'anxiété généralisée (TAG), la TCC s'est avérée plus efficace que d'autres formes de thérapie crédibles (Chambless & Ollendick, 2001). Dans les cas de boulimie, ses résultats sont supérieurs à ceux obtenus avec des patients placés sur une liste d'attente ou traités au moyen de thérapies psychanalytiques non directives (Yager *et al.*, 2005 ; 2006). Dans les cas d'insomnie primaire, ses résultats sont également supérieurs à ceux obtenus avec des patients placés uniquement sur une liste d'attente ou traités au moyen d'un placebo ou d'une thérapie de relaxation (Edinger & Means, 2005; National Institute of Health, 2005). Dans le traitement du trouble dépressif majeur, la TCC a mené à une plus grande amélioration de l'état des patients que le traitement à l'aide d'un placebo, l'inscription des patients sur une liste d'attente et le traitement au moyen de certaines autres formes de psychothérapie (Gloaguen *et al.*, 1998). Pour ce qui est des personnes présentant un trouble de la personnalité limite, deux types de thérapie inspirées de l'approche cognitivo-comportementale ont aussi montré leur plus grande efficacité; ainsi, la thérapie axée sur les schémas s'est avérée plus efficace qu'une psychothérapie centrée sur le transfert, et la thérapie dialectique comportementale a été supérieure à un suivi communautaire par des experts. On doit ces résultats à deux études d'une remarquable qualité méthodologique (Giesen-Bloo *et al.*, 2006; Linehan *et al.*, 2006).

La comparaison avec la pharmacothérapie

De plus en plus d'études comparent l'efficacité de la TCC à celle de la pharmacothérapie. Dans les troubles anxieux, la combinaison TCC et pharmacothérapie ne présente pas un avantage net par rapport à la TCC employée seule (Foa *et al.*, 2002); on souligne même la présence éventuelle de certains inconvénients. Cependant, beaucoup de variables sont encore à considérer, comme la nature du médicament, les doses utilisées, la durée du traitement, le diagnostic en cause, la sévérité de la pathologie et la présence de comorbidité.

La TCC s'est avérée au moins aussi efficace que la pharmacothérapie dans le traitement du trouble dépressif majeur et dans celui de l'insomnie primaire chronique[1]. Dans plusieurs autres indications, cependant, la TCC n'a prouvé son efficacité qu'en combinaison avec les médicaments; c'est le cas de la schizophrénie, du trouble bipolaire et du trouble du déficit de l'attention.

Quels sont les ingrédients actifs de la TCC ?

L'élaboration de protocoles de traitement inspirés de la TCC a facilité la mise en train de recherches ayant pour but de trouver les techniques les plus efficaces pour traiter une pathologie spécifique. On en arrive ainsi à améliorer progressivement ces protocoles. Bien que très prometteur, ce champ de recherche n'en est actuellement qu'à ses débuts. Les ingrédients actifs dont on a le mieux démontré l'efficacité jusqu'ici sont sans doute les différentes techniques d'exposition utilisées dans le traitement des troubles anxieux.

Les résultats des recherches sur la TCC peuvent-ils être transposés en clinique ?

Il est important de vérifier si les résultats des recherches sur la TCC peuvent être reproduits dans un contexte clinique quotidien. Autrement dit, ces résultats peuvent-ils être généralisés ? Cet aspect est encore peu étudié, mais on commence à s'y intéresser, et les

1. Une brève réflexion sur les mérites relatifs des médicaments et de la TCC dans le cas de ces deux pathologies se trouve dans le présent chapitre, dans les sections « Le trouble dépressif majeur » et « L'insomnie primaire ».

résultats obtenus jusqu'ici sont encourageants (Wade *et al.*, 1998 ; Tuschen-Caffier *et al.*, 2001 ; Merrill *et al.*, 2003).

Nous en arrivons maintenant à l'objet premier de ce chapitre, c'est-à-dire la revue des principales indications de l'approche cognitivo-comportementale chez l'adulte, chez l'adolescent et chez l'enfant, ainsi que celle de ses principales contre-indications.

Les principales indications de la TCC chez l'adulte

Comme nous l'avons mentionné précédemment, l'efficacité de la TCC a été évaluée dans le traitement d'un grand nombre de problèmes cliniques. Les guides de pratique publiés par les grands organismes professionnels donnent une bonne idée de la place importante qu'elle occupe dans l'ensemble des psychothérapies. Le tableau 10.2 présente un résumé des approches thérapeutiques les plus efficaces selon ces guides. Celles inspirées de la TCC sont inscrites en caractère gras.

TABLEAU 10.2 **Des approches psychothérapeutiques efficaces, selon divers guides de pratique**

Indication	Organisme	Référence	Approches psychothérapeutiques
Trouble dépressif majeur	American Psychiatric Association (APA)	American Psychiatric Association, 2000	- **TCC** - Thérapie interpersonnelle (TIP)
	APA (mise à jour)	Fochtmann et Gelenberg, 2005	Ajouts : - **Résolution de problèmes** - **Groupes psycho-éducatifs** - ***Cognitive behavioral analysis system of psychotherapy*** - **Activité physique**
	CANMAT	Canadian Psychiatric Association, 2001 ; Reesal *et al.*, 2001 ; Segal *et al.*, 2001a ; 2001b	- **Thérapie cognitive (TC)** - **TCC** - TIP
	National Institute of Mental Health (NIMH) (information aux patients)	National Institute of Mental Health, 2000	- **TCC** - TIP

▶▶▶

Indication	Organisme	Référence	Approches psychothérapeutiques
Trouble bipolaire Ajout au traitement pharmacologique	APA	American Psychiatric Association, 2002	- Manie : médicaments - Dépression : TIP, **TCC** (Thérapie psychanalytique : pas de soutien empirique)
	APA (mise à jour)	Hirschfeld, 2005	- **Programme structuré de thérapie familiale** (***Family focused Therapy***) (**psycho-éducation,** communication, **résolution de problèmes**) - **TC** - **Psychoéducation** - *Interpersonal and Social Rythm Therapy*
Troubles anxieux	NIMH (information aux patients)	National Institute of Mental Health, 2006	- **Thérapie comportementale (exposition)** - **TCC**
Trouble panique avec ou sans agoraphobie	APA	American Psychiatric Association, 1998	- **TCC**
	International Consensus group on Depression and Anxiety (ICGDA)	Ballenger *et al.*, 1998a	- **Éducation** - **Exposition**
	Association des psychiatres du Canada (APC)	Swinson *et al.* 2006	- **TCC**
Trouble anxiété sociale	ICGDA	Ballenger *et al.*, 1998b	- **Exposition** - **TCC**
	APC	Swinson *et al.*, 2006	- **TCC**
Trouble obsessionnel-compulsif	APC	Swinson *et al.*, 2006	- **TCC**
État de stress post-traumatique	APA	Ursano *et al.* 2004	- **TCC** - EMDR (*Eye Movement Desensitization and Reprocessing*) (Les mouvements des yeux ne semblent toutefois pas augmenter l'efficacité.) - ***Stress inoculation training***

▶▶▶

Indication	Organisme	Référence	Approches psychothérapeutiques
État de stress post-traumatique (*suite*)			- **Exposition in vivo prolongée** - **Exposition en imagination** - Psychothérapie psychodynamique (sur la base d'études descriptives et d'expériences cliniques substantielles)
	ICGDA	Ballenger *et al.*, 2000 ; 2004	- **TCC incluant : Exposition, TC et Stress inoculation training**
	Cochrane Library	Bisson et Andrew, 2005	- **TCC (individuelle et de groupe)**
	APC	Swinson *et al.*, 2006	- **TCC**
Anxiété généralisée	ICGDA	Ballenger *et al.*, 2001	- **TCC**
	APC	Swinson *et al.*, 2006	- **TCC**
Schizophrénie Ajout au traitement pharmacologique	APA	Lehman *et al.*, 2004	- Intervention familiale - Soutien à l'emploi - Suivi intensif dans le milieu - **Entraînement aux habiletés sociales** - **TCC**
Anorexie	APA	American Psychiatric Association, 2000b; Yager *et al.*, 2005;	- Peu d'études systématiques
	Cochrane Library	Hay *et al.*, 2003	- Pas d'approche spécifique recommandée
Boulimie	APA	American Psychiatric Association, 2000b; Yager *et al.* 2005; 2006	- **TCC**
	Cochrane Library	Hay *et al.*, 2004	- **TCC**
Insomnie primaire chronique	National Institute of Health	National Institute of Health, 2005	- **TCC**
	American Academy of Sleep Medecine	Morgenthaler *et al.*, 2006	- **Contrôle des stimuli** - **Relaxation** - **TCC**

▶▶▶

Indication	Organisme	Référence	Approches psychothérapeutiques
Trouble de la personnalité limite	APA	American Psychiatric Association, 2001	- Thérapie psychodynamique - **Thérapie comportementale dialectique (*Dialectical behavior therapy*)**
	APA (mise à jour)	Oldham, 2005	- **Thérapie comportementale dialectique** - Plusieurs autres se développent et semblent efficaces.
Fibromyalgie	American Pain Society	Goldenberg *et al.*, 2004	- **Activité physique** - **TCC** - **Psychoéducation**

Voyons maintenant, en considérant à tour de rôle les pathologies mentionnées précédemment, les principales indications de la TCC chez l'adulte.

Les troubles de l'humeur

Le trouble dépressif majeur

L'efficacité de la TCC dans le traitement du trouble dépressif majeur est démontrée par une base de données impressionnante. Plusieurs méta-analyses ont été publiées sur ce sujet (Gloaguen *et al.*, 1998; Wampold *et al.*, 2002). Dans ce traitement, en plus des éléments communs à la plupart des protocoles de TCC (psychoéducation, hygiène de vie, analyse fonctionnelle, plan de traitement, objectifs clairs et limités, ligne de base, maintien et prévention des rechutes, etc.), on trouve un programme d'activation comportementale ainsi que de la restructuration cognitive. Cette dernière porte surtout sur la triade de Beck : vision négative de soi (*worthlessness*), du monde (*helplessness*) et de l'avenir (*hopelessness).*

Selon ces méta-analyses, les résultats de la TCC sont nettement supérieurs à ceux obtenus au moyen d'un placebo ou avec des patients simplement inscrits sur une liste d'attente. La TCC semble aussi plus efficace que d'autres formes de thérapie (Gloaguen *et al.*, 1998). Wampold *et al.* (2002) ont repris l'analyse de Gloaguen *et al.* Ils ont comparé les études utilisant des approches dont le modèle est structuré et appliqué par des thérapeutes expérimentés (ils les nomment *bona fide*, c'est-à-dire « de bonne foi ») à d'autres dont le modèle est moins rigoureux (non *bona fide*). Ils ont émis l'hypothèse que toute thérapie *bona fide* est plus efficace qu'une thérapie dont le seul but est de constituer un groupe témoin auquel on prête une attention comparable à celle portée au groupe de la thérapie *bona fide.* Ils en sont venus à la conclusion que les thérapies *bona fide* sont presque aussi efficaces que la TCC et plus efficaces que celles non *bona fide.* Il est toutefois important de noter ici que les thérapies dites *bona fide* étaient non seulement structurées, mais qu'elles devaient reposer sur un manuel de traitement. On ne peut donc déterminer si c'est l'aspect *bona fide*, l'expérience du thérapeute, les facteurs spécifiques de la thérapie ou la structure de l'intervention soutenue par un manuel qui augmentent l'efficacité des thérapies. Les études portant sur la thérapie interpersonnelle et certaines études dans d'autres champs de pratique nous amènent toutefois à croire que la présence d'un modèle cohérent, d'une approche structurée et d'une intervention ciblée est cruciale pour améliorer les résultats d'une thérapie au-delà de ce que permettent les facteurs non spécifiques.

Dans le traitement d'un premier épisode dépressif majeur d'intensité légère à modérée, la TCC s'avère autant et parfois même plus efficace que les antidépresseurs (Gloaguen *et al.*, 1998; Pinquart *et al.*, 2006). La combinaison des deux ne semble toutefois pas ajouter beaucoup aux résultats obtenus par la seule TCC, du moins à court terme. Cette combinaison semble, par contre, donner des résultats supérieurs dans le cas d'un épisode dépressif sévère ou d'une dépression récidivante (Thase *et al.*, 1997). Pour ce qui est de la psychothérapie, une méta-analyse comprenant dix études portant sur la TCC, deux sur la thérapie interpersonnelle, une sur une thérapie de soutien, une sur une thérapie de couple et une sur une thérapie psychanalytique a démontré qu'elle augmente l'efficacité du traitement pharmacologique (Pampallona *et al.*, 2004).

La TCC diminue aussi le risque de récidives dépressives (Fava *et al.*, 1998; Paykel, 2006). Elle offre une certaine protection même après la fin du traitement, ce qui comporte un avantage par comparaison aux antidépresseurs (Evans *et al.*, 1992; Hensley *et al.*, 2004; Hollon *et al.*, 2005). Et la poursuite de la TCC pendant la phase de maintien semble diminuer le risque de rechute chez les patients plus gravement atteints (Jarrett *et al.*, 2001).

Le trouble bipolaire

En ce qui a trait au trouble bipolaire, les données sont nettement moins probantes que dans le cas du trouble dépressif majeur, mais leur nombre s'accroît rapidement. L'efficacité de la TCC pour prévenir les rechutes des personnes souffrant du trouble bipolaire a été assez bien démontrée lorsque l'on combine la TCC au traitement pharmacologique (Lam *et al.*, 2003; Otto *et al.*, 2003). Certaines données suggèrent que les bénéfices d'une TCC à court terme s'atténuent avec le temps (Ball *et al.*, 2006). Une thérapie plus longue ou des entrevues de consolidation (*booster sessions*) sont peut-être souhaitables. D'autres approches semblent aussi efficaces (*Family Focused Therapy, Interpersonal and Social Rythm Therapy)* (American Psychiatric Association, 2002; Otto *et al.*, 2003; Hirschfeld, 2005). Ces interventions, dans leur ensemble, sont complémentaires au traitement pharmacologique et mettent l'accent sur la psychoéducation, l'adhésion au traitement et la résolution de problèmes. Les protocoles d'une TCC dans le traitement du trouble bipolaire comprennent souvent des techniques d'auto-observation pour détecter rapidement les symptômes précurseurs de rechutes; ils impliquent aussi généralement l'hygiène de vie, l'activation comportementale, de même que la restructuration cognitive (Otto *et al.*, 2003). On parle très peu du rôle de la psychothérapie lorsqu'il est question d'épisodes aigus (Bowden *et al.*, 2005).

Les troubles anxieux

De nombreuses études ont clairement démontré l'efficacité de l'approche cognitivo-comportementale pour traiter des troubles anxieux. C'est dans ce domaine, en particulier dans le traitement du trouble obsessionnel-compulsif (TOC) et du trouble Anxiété généralisée (TAG), que la TCC a le mieux prouvé sa supériorité sur les autres formes de thérapies crédibles (efficacité spécifique) (Chambless & Ollendick, 2001).

Les aspects comportementaux du traitement, notamment les diverses formes d'exposition, produisent d'excellents résultats, mais il existe moins de recherches concernant les aspects cognitifs. Il semble que ces derniers augmentent peu l'efficacité du traitement comportemental du TAS (trouble de l'anxiété sociale) et du TOC, mais produit davantage de bénéfices pour les patients souffrant du TAG. Cependant on demeure dans le doute en ce qui concerne le rôle spécifique des éléments cognitifs, dans le traitement du trouble panique avec agoraphobie (TPA) et le l'état de stress post-traumatique (ESPT) (Deacon & Abramowitz, 2004).

Le trouble panique avec agoraphobie (TPA)

Les principales techniques utilisées dans le traitement cognitivo-comportemental du TPA sont la psychoéducation, la rééducation respiratoire, la relaxation, la restructuration cognitive, l'exposition aux sensations physiques de la panique (aussi nommée exposition aux stimuli intéroceptifs) et l'exposition graduée in vivo.

La TCC du TPA a produit des résultats remarquables par comparaison avec ceux obtenus à l'aide de plusieurs types de groupes témoins, dont l'inscription de patients sur une liste d'attente et diverses formes de thérapies crédibles (Levitt *et al.*, 2001; Mitte, 2005). Les bénéfices se maintiennent bien à long terme, ce qui a été vérifié, tant dans des approches individuelles que dans des thérapies de groupe (Fava *et al.*, 2001). Pour traiter ce type de pathologie, TCC et médicaments donnent des résultats comparables. Par contre, lorsqu'on cesse le traitement après six mois, les gains demeurent stables plus longtemps si on utilise la TCC (Barlow *et al.*, 2000).

L'anxiété sociale (TAS)

Les techniques les plus utilisées dans le traitement cognitivo-comportemental du TAS sont la relaxation, la restructuration cognitive, l'exposition aux stimuli sociaux en imagination et in vivo, l'entraînement aux habiletés sociales et l'affirmation de soi. Pour traiter ce trouble, on exploite souvent la TCC au sein de groupes, ce qui constitue, par le fait même, une situation d'exposition; cette formule s'avère particulièrement efficace (Heimberg, 2002; Heimberg & Becker, 2002).

On a aussi démontré que le traitement du TAS par la TCC produit de meilleurs résultats que ceux obtenus auprès de patients inscrits sur une liste d'attente ou ne bénéficiant que d'une thérapie de soutien (Rowa & Antony, 2005). En l'absence d'exposition, la TCC est cependant moins bénéfique (Heimberg, 2002).

Le trouble obsessionnel-compulsif (TOC)

Les techniques les plus usuelles dans le traitement cognitivo-comportemental du TOC sont la restructuration cognitive, l'exposition en imagination et l'exposition graduée in vivo avec prévention de la réponse. Avant qu'on utilise l'exposition graduée in vivo avec prévention de la réponse, les patients souffrant du TOC avaient la réputation d'être particulièrement réfractaires à la psychothérapie. Mais cette dernière technique a apporté de nouvelles perspectives, car elle possède une efficacité très spécifique et largement démontrée. La combinaison de l'exposition et de la prévention de la réponse donne des résultats supérieurs à ceux qu'on atteint si on utilise ces techniques séparément. L'exposition en imagination semble parfois utile mais non nécessaire. Les gains persistent après la fin de la thérapie (Foa *et al.*, 1998). La combinaison TCC et antidépresseurs semble plus efficace que la seule utilisation des antidépresseurs. Jusqu'à quel point les médicaments apportent-ils des bénéfices additionnels lorsqu'ils sont combinés à la TCC ? On n'a pas réellement de réponse à cette question. Si ces bénéfices sont réels, leur action demeure probablement modeste (Foa *et al.*, 2002; Eddy *et al.*, 2004; Foa *et al.*, 2005).

L'état de stress post-traumatique (ESPT)

Les techniques les plus employées dans le traitement cognitivo-comportemental de l'ESPT sont la relaxation, la restructuration cognitive, l'exposition aux souvenirs traumatiques et l'exposition graduée in vivo s'il y a de l'évitement lié à l'événement traumatique.

La TCC est efficace dans le traitement de l'ESPT (Foa & Meadows, 1997; Foa, 2000; Bisson & Andrew, 2005), mais les bénéfices sont modérés, et la majorité des patients conservent des symptômes résiduels significatifs après la thérapie (Deacon & Abramowitz, 2004; Bradley *et al.*, 2005). Les études menées jusqu'ici n'ont pu démontrer l'utilité d'ajouter d'autres éléments thérapeutiques aux techniques d'exposition (Foa *et al.*, 2003). Notons, cependant, que dans les études comparatives, on souligne que le nombre total de séances consacrées à la restructuration cognitive est égal au nombre de séances consacrées aux techniques d'exposition, ce qui restreint sensiblement le temps réservé à l'exposition.

La technique de l'EMDR (*Eye Movement Desensitization and Reprocessing*) s'est également avérée efficace jusqu'à un certain point. Il s'agit d'une forme d'exposition au cours de laquelle le thérapeute demande au patient de faire des mouvements saccadés des yeux. C'est une approche controversée. Certaines études tendent à démontrer son efficacité, mais leur méthodologie laisse à désirer (Foa & Meadows, 1997). Ajoutons que les mouvements des yeux, qui sont au cœur du modèle théorique, ne semblent pas améliorer les résultats (Pitman *et al.*, 1996).

Le trouble Anxiété généralisée (TAG)

Les techniques les plus utilisées dans le traitement cognitivo-comportemental du TAG sont la relaxation, l'auto-observation des inquiétudes, la restructuration cognitive, l'exposition en imagination aux scénarios dramatiques et la technique de résolution de problèmes.

L'efficacité de la TCC pour traiter le TAG a été démontrée de façon très convaincante par 13 études contrôlées, et les bénéfices semblent se maintenir après la fin de la thérapie (Borkovec & Ruscio, 2001). La TCC constitue la forme de thérapie la plus prometteuse en ce qui a trait au traitement du TAG (Falsetti & Davis, 2001). Elle semble aussi supérieure à la thérapie non directive (Borkovec & Costello, 1993) et à la thérapie psychanalytique (Durham *et al.*, 1994). De plus, la combinaison d'éléments cognitifs et d'éléments comportementaux augmente les bénéfices qu'on peut en retirer lorsqu'on les utilise séparément (Deacon & Abramowitz, 2004) .

Les phobies spécifiques

L'exposition in vivo donne d'excellents résultats pour ce qui est de ces indications (Choy *et al.*, 2007). La désensibilisation systématique et l'exposition à la réalité virtuelle semblent aussi efficaces.

La schizophrénie et les autres troubles psychotiques

Les premières études contrôlées portant sur le rôle de la psychothérapie dans le traitement de la schizophrénie remontent aux années 1960 et 1970. Elles incitaient à croire que la psychothérapie était inutile, parfois même nuisible, pour soigner ce type de pathologie (Gunderson *et al.*, 1984; Stanton *et al.*, 1984). Il a fallu attendre plusieurs années avant que des chercheurs ne s'intéressent de nouveau à ce sujet et mènent de nouvelles études. Cette fois, ils sont arrivés à la conclusion que, même si la psychothérapie ne constitue pas la pierre angulaire du traitement des troubles psychotiques, elle joue un rôle indéniable dans ce traitement, mais à condition de faire partie d'un plan intégré et personnalisé au cœur duquel se trouve l'aspect pharmacologique (Garety *et al.*, 2000).

Le Royaume-Uni est à l'avant-garde dans ce type de recherches. Il apparaît que les programmes intégrés de TCC et l'entraînement aux habiletés sociales sont les thérapies les plus couramment utilisées pour traiter les troubles psychotiques. Les programmes intégrés de TCC comprennent généralement les éléments suivants : établissement d'une alliance thérapeutique, reconnaissance des problèmes prioritaires, psychoéducation, conceptualisation cognitive du cas, restructuration cognitive, expériences comportementales, entraînement aux habiletés sociales et prévention des rechutes (Rector & Beck, 2002). Toutefois, ces techniques doivent être utilisées avec prudence, en respectant le rythme du patient et en tenant compte de sa symptomatologie, notamment de son degré d'autocritique. Elles ont fait l'objet d'une vingtaine d'études contrôlées, à ce jour (Jones *et al.*, 2004; Tarrier, 2005).

Dans ces études, la TCC est toujours considérée comme un complément au traitement pharmacologique. Elle est moins efficace dans le traitement des troubles psychotiques que dans celui d'autres pathologies, comme les troubles anxieux, mais on a pu démontrer de façon assez convaincante la présence d'un effet bénéfique modeste mais significatif sur l'intensité de la symptomatologie (Gould *et al.*, 2001; Rector & Beck, 2001; Pilling *et al.*, 2002; Jones *et al.*, 2004; Tarrier, 2005; Zimmermann *et al.*, 2005). Certaines revues de la littérature suggèrent qu'il y a un maintien des bénéfices à moyen terme (6 à 12 mois) (Pilling *et al.*, 2002; Rathod & Turkington, 2005; Zimmermann *et al.*, 2005). Contrairement à l'approche familiale, la TCC ne semble pas diminuer significativement le taux de rechute (Pilling *et al.*, 2002; Jones *et al.*, 2004). Ce dernier aspect fait toutefois l'objet de controverses.

Les troubles des conduites alimentaires

Le traitement de la boulimie constitue une indication bien établie de l'approche cognitivo-comportementale. Les techniques utilisées sont assez spécifiques à cette pathologie : psychoéducation, journal alimentaire, pesée régulière, horaire alimentaire planifié, éradication des périodes de jeûne et de privation, observation et gestion des impulsions boulimiques et restructuration cognitive portant sur les pensées concernant l'alimentation.

Plusieurs études contrôlées confirment que la TCC est actuellement le traitement le plus efficace pour soigner la boulimie (Whittal *et al.*, 1999; Hay *et al.*, 2004; Wilson, 2005). En effet, la TCC produit des résultats supérieurs à ceux démontrés pour les patients simplement inscrits sur une liste d'attente ou faisant partie de groupes témoins recevant un degré d'attention semblable; ces résultats sont aussi supérieurs à ceux découlant de thérapies psychodynamiques non directives (Yager *et al.*, 2005; 2006). Elle semble même plus efficace que les antidépresseurs (Bacaltchuk *et al.*, 2001). L'Institut national pour l'excellence clinique du Royaume-Uni, un organisme qui émet des recommandations relatives aux traitements de diverses pathologies médicales et psychiatriques, se basant sur des données scientifiques rigoureuses, classe les traitements dans des catégories allant de A à C, selon leur degré de fiabilité; seule l'approche cognitivo-comportementale s'est vue attribuer une recommandation de niveau A pour le traitement de la boulimie, alors que les antidépresseurs n'obtiennent qu'un niveau B (Wilson & Shafran, 2005). Malgré tout, il semble que la TCC n'arrive que rarement à ramener les patients à un niveau de rémission symptomatique total, c'est-à-dire comparable à celui de personnes n'ayant jamais souffert de trouble des conduites alimentaires (Lundgren *et al.*, 2004). Un autre type de thérapie, la thérapie interpersonnelle, montre aussi des signes prometteurs concernant l'efficacité du traitement de la boulimie, surtout à plus long terme (Agras *et al.*, 2000).

Pour ce qui est de l'anorexie mentale, la situation est très différente : aucune forme de traitement, aucune psychothérapie ni aucun médicament ne donnent actuellement de résultats scientifiquement établis (Hay *et al.*, 2003; Wilson, 2005; Wilson & Shafran, 2005; Yager *et al.*, 2006).

Diagnostic à l'étude dans le DSM-IV, le trouble hyperphagique boulimique semble aussi bénéficier de la TCC (Brownley *et al.*, 2007).

L'insomnie primaire

L'insomnie primaire est le seul trouble du sommeil dont le traitement a été bien étudié au regard de la TCC. Les techniques les plus utilisées sont l'hygiène du sommeil, la psychoéducation, la relaxation, la restructuration cognitive ciblée sur les croyances concernant le sommeil et, surtout, le contrôle des stimuli influençant le sommeil ainsi que la restriction du sommeil. Ces deux dernières techniques sont les plus efficaces, et les bénéfices obtenus semblent durables (Morin *et al.*, 1994). Le protocole encadrant leur usage est largement reconnu, comme le traitement de choix pour soigner l'insomnie primaire (National Institute of Health, 2005). Tout comme dans le cas de la boulimie, la TCC produit des résultats supérieurs à ceux obtenus avec des patients inscrits sur une liste d'attente; elle est également plus efficace qu'un traitement utilisant un placebo, de l'attention psychologique ou une thérapie de relaxation (Edinger & Means, 2005). À court terme, elle se révèle au moins aussi efficace que les médicaments hypnotiques (Jacobs *et al.*, 2004; Sivertsen *et al.*, 2006); elle semble même leur être supérieure à moyen terme. On note également qu'à court terme, la combinaison TCC et médicaments ne produit pas de meilleurs résultats que la TCC employée seule (Jacobs *et al.*, 2004). Le maintien des acquis sur une période de 10 à 24 mois serait moindre lorsque la thérapie est combinée à des somnifères (Silber, 2005). C'est la raison pour laquelle on recommande, si possible, de commencer le traitement par l'essai de la TCC sans médicaments.

On trouvera dans les ouvrages de Charles M. Morin (Morin, 1993; Morin & Espie, 2003) une description détaillée du protocole de traitement de l'insomnie primaire au moyen de techniques inspirées de la TCC. Une version plus sommaire de ce protocole a également été publiée en 2004 (Morin, 2004).

Mentionnons que des données encourageantes suggèrent que la TCC pourrait aussi être efficace dans le traitement d'insomnies secondaires découlant de diverses pathologies organiques ou psychiatriques (Morin *et al.*, 2006).

Les troubles liés à l'alcoolisme et aux autres formes de toxicomanie

Une thérapie de soutien individuelle ou de groupe semble utile pour accroître le taux d'abstinence chez les personnes présentant un problème d'alcoolisme ou souffrant d'autres formes de toxicomanie. Même si ce type de thérapie est bref et dirigé par des intervenants peu spécialisés, il peut avoir des effets bénéfiques (Whitlock *et al.*, 2004). Ce genre d'intervention brève comprend généralement cinq étapes : évaluation, établissement des objectifs, psychoéducation, description de techniques pour modifier le comportement cible, puis renforcement positif portant sur les progrès accomplis (McCaul & Petry, 2003).

Ces techniques sont généralement efficaces, mais à condition d'être concrètes et axées sur le présent; elles le sont d'autant plus si on les fait précéder d'une étape où seront exploitées des techniques permettant d'augmenter le niveau de motivation. La TCC offre un bon cadre pour atteindre ces objectifs. Par contre, les thérapies basées sur l'introspection ne semblent pas utiles, tout au moins au début de l'intervention. Elles peuvent même être nuisibles à ce stade du traitement (Schuckit, 2005).

Plusieurs approches d'inspiration plus ou moins cognitivo-comportementale sont utiles dans le traitement de l'alcoolisme ou d'autres formes de toxicomanies : l'approche motivationnelle, le soutien comportemental, l'entraînement aux habiletés sociales, les techniques de prévention des rechutes, le renforcement communautaire, les contrats thérapeutiques, la thérapie conjugale de type comportemental ainsi que le programme des Alcooliques Anonymes en douze étapes (Irvin *et al.*, 1999; Miller & Wilbourne, 2002; McCaul & Petry, 2003). Ces approches sont relativement efficaces (Carroll & Onken, 2005), mais sans plus (Luty, 2003). Il est probable que les facteurs spécifiques à la TCC ne constituent pas des éléments déterminants de son efficacité dans ce type de problématique (Stewart & Conrod, 2005). Ajoutons que les caractéristiques de la personnalité de certains patients permettent à ceux-ci de profiter davantage de ce genre d'intervention (Nielsen *et al.*, 1998).

Les troubles de la personnalité

Nous disposons de peu de recherches rigoureuses sur l'utilisation de la psychothérapie dans le traitement des troubles de la personnalité. Jusqu'à récemment, les rares études sur ce sujet ne démontraient pas clairement la supériorité d'une forme de thérapie sur une autre (Bateman & Fonagy, 2000; Leichsenring & Leibing, 2003; Svartberg *et al.*, 2004). Par contre, on s'est rendu compte que dans tous les types de thérapies, y compris dans les thérapies d'orientation analytique, l'utilisation d'un manuel indiquant les principales étapes à suivre favorisait l'efficacité du traitement (Leichsenring & Leibing, 2003). On s'est également rendu compte que les thérapies donnant les meilleurs résultats avaient en commun une approche structurée, active, focalisée et intégrée aux autres aspects du traitement (Bateman & Fonagy, 2000). De plus, même si la méthodologie de ces études laisse parfois à désirer, ce qui doit nous inciter à rester prudents dans nos conclusions, il ressort de l'ensemble de ces données que la psychothérapie est efficace pour améliorer les troubles de la personnalité parce qu'elle favorise une rémission beaucoup plus rapide (Perry *et al.*, 1999).

Deux nouveaux types de psychothérapie inspirés de la TCC ont été adaptés pour le traitement des troubles de la personnalité. Ils font, depuis quelque temps, l'objet d'un intérêt tout particulier. Il s'agit de la thérapie dialectique comportementale de Marsha Linehan (*Dialectical Behavior Therapy,* ou DBT) (Linehan, 2000a; 2000b; Robins & Chapman, 2004) et de la thérapie des schémas de Jeffrey Young (Young *et al.*, 2005). Ces deux nouveaux modèles ont permis l'émergence de recherches beaucoup plus rigoureuses sur la psychothérapie des troubles de la personnalité. En ce qui concerne la DBT de Marsha Linehan, on a pu démontrer que son utilisation avec des patients souffrant d'un trouble de la personnalité limite amène une diminution des hospitalisations, des visites à l'urgence et des tentatives de suicide, et ce, de façon plus efficace qu'une thérapie communautaire menée par des experts à laquelle on l'a comparée. Les patients traités au moyen de la thérapie communautaire servaient de groupe témoin, et les thérapeutes présentaient le même degré d'expertise, d'expérience et d'allégeance que ceux qui dirigeaient la DBT (Linehan *et al.*, 2006). Pour ce qui est de la thérapie des schémas de Jeffrey Young, une étude très rigoureuse portant sur des patients souffrant de troubles de la personnalité a permis de démontrer qu'elle est plus efficace dans le traitement de ce type de pathologies qu'une thérapie d'orientation analytique axée sur le transfert (Giesen-Bloo *et al.*, 2006). Les patients traités au moyen de la thérapie d'orientation analytique servaient de groupe témoin; ils ont pu bénéficier du même nombre de séances que ceux traités à l'aide de la thérapie des schémas, et les thérapeutes possédaient des niveaux de formation, d'expérience et de supervision comparables.

Le retard mental (déficience intellectuelle)

L'analyse fonctionnelle appliquée (*applied behavior analysis*) a largement fait ses preuves dans le domaine de la modification des comportements problématiques chez les personnes souffrant de retard mental. Plusieurs méta-analyses l'ont confirmé (Carr *et al.*, 1999). Cette approche a également été validée par le *Surgeon general* (chef du service fédéral de la santé publique aux États-Unis) (Surgeon General, 1999) et par l'American Association on Mental Retardation (Rush & Frances, 2000). Les principes sur lesquels s'appuie l'analyse fonctionnelle appliquée sont décrits dans les chapitres du présent volume portant sur la thérapie comportementale[2]. Bien que l'approche comportementale constitue ici la pierre angulaire du traitement, des techniques cognitives commencent à être utilisées, dont les techniques de gestion de la colère (*anger management*) (*voir le chapitre 17*), car elles semblent donner des résultats prometteurs (Sturmey, 2004).

La TCC et les autres troubles mentaux

Des techniques comportementales spécifiques sont utilisées depuis longtemps pour traiter les problèmes de dysfonction sexuelle (Masters & Johnson, 1966; 1970). On peut s'en servir dans le cadre d'une approche plus globale intégrant des interventions conjugales comportementales ou systémiques (Besharat, 2001).

L'usage de la TCC dans le traitement de l'hypocondrie est recommandé même si les données sur lesquelles s'appuie cette recommandation demeurent limitées. On a fait l'essai, au début, de thérapies d'orientation analytique, mais leurs résultats ont été décevants, et la TCC demeure, jusqu'à présent, le traitement le plus efficace pour soigner ce type de pathologie (Taylor *et al.*, 2005). On utilise généralement les techniques suivantes : psychoéducation, auto-observation, relaxation, restructuration cognitive, exposition aux sensations physiques, exposition en imagination et exposition in vivo avec prévention de la réponse.

Il existe des données intéressantes concernant l'utilisation de la TCC dans le traitement d'autres troubles mentaux. Mentionnons les troubles de l'adaptation (van der Klink *et al.*, 2003), le jeu pathologique (Tavares *et al.*, 2003), la trichotillomanie (Minichiello *et al.*, 1994; Christenson & Crow 1996) et les paraphilies (Marshall & Laws, 2003; Kenworthy *et al.*, 2004).

La TCC et les affections médicales

La TCC en général et la thérapie comportementale en particulier, seules ou en combinaison avec d'autres formes d'intervention, comme l'exercice physique, s'avèrent de plus en plus efficaces dans le traitement de l'obésité (Avenell *et al.*, 2004; Shaw *et al.*, 2005), du syndrome de fatigue chronique (Deale *et al.*, 1997; 2001; Craig & Kakumanu, 2002; Edmonds *et al.*, 2004; Price & Couper, 2008) et de la fibromyalgie (Burckhardt, 2002; Williams, 2003; Goldenberg *et al.*, 2004). Toutefois, certaines données laissent croire que les bénéfices obtenus dans les cas de fibromyalgie ne se maintiennent peut-être pas à long terme (Redondo *et al.*, 2004). La TCC semble aussi efficace dans le traitement de la douleur chronique, mais les gains restent modestes (Morley *et al.*, 1999; Vlaeyen & Morley, 2005; Kerns *et al.*, 2006). On l'utilise également avec succès dans le traitement des céphalées de tension (Rains *et al.*, 2005). En outre, l'intervention comportementale basée sur l'analyse fonctionnelle semble donner des résultats intéressants pour diminuer les comportements problématiques chez les patients souffrant de démence (Logsdon *et al.*, 2007). Par ailleurs, les résultats sont plus limités et moins homogènes dans le traitement du colon irritable (Blanchard, 2005), de la dyspepsie d'origine fonctionnelle (Soo *et al.*, 2005) et de l'asthme (Yorke *et al.*, 2006).

---

2. On peut également en trouver une description dans Carr (1999) et dans la section 3C de Rush et Frances (2000).

La TCC et les autres problèmes

Les thérapies conjugales d'orientation comportementale (*behavioral marital therapy*) ou cognitivo-comportementale sont d'une efficacité significative mais relativement modeste et ne semblent pas se démarquer clairement d'autres formes de thérapies conjugales (Dunn & Schwebel, 1995).

Il existe plusieurs recherches et méta-analyses portant sur l'utilisation de la TCC pour aider les personnes ayant commis des délits de nature sexuelle. Bien que limitées (Kenworthy *et al.*, 2004), ces données suggèrent que la TCC, lorsqu'elle est combinée à un traitement hormonal, diminue le taux de récidive de façon modérée; cette diminution est moins importante quand la thérapie comportementale est employée seule (Nagayama, 1995). Pour un aperçu plus général du récidivisme criminel, on peut consulter Pearson *et al.* (2002).

Les principales indications de la TCC chez les enfants et les adolescents

Même s'il s'agit d'un domaine qui se développe rapidement, on constate que les recherches sur l'efficacité des diverses formes de traitement des troubles mentaux sont nettement moins nombreuses en ce qui a trait aux enfants et aux adolescents. Plusieurs études sérieuses, cependant, tendent à démontrer la supériorité de la TCC sur les autres formes de thérapie pour traiter les patients de ce groupe d'âge souffrant de troubles anxieux (Cartwright-Hatton *et al.*, 2004). Ces auteurs ne trouvent d'ailleurs aucune étude contrôlée aléée portant sur l'efficacité des deux autres approches thérapeutiques les plus utilisées pour traiter cette indication, soient la thérapie psychodynamique et la thérapie familiale. Une revue récente de la littérature (Compton *et al.*, 2004) a permis de relever 21 études ayant pour objet l'utilisation de la TCC dans le traitement des troubles anxieux chez des enfants ou des adolescents dont l'âge moyen se situait à 9,85 ans. Diverses pathologies ont été étudiées, dont le TAG, le TAS, les phobies spécifiques et le refus scolaire, l'anxiété de séparation et le TOC. Ces études regroupent souvent plusieurs troubles anxieux, et les données portant sur un trouble anxieux spécifique sont peu nombreuses (Wagner, 2003; King *et al.*, 2005). Des suivis d'une durée moyenne de 12 mois (un suivi varie de 3 mois à 6 ans) suggèrent que l'amélioration consécutive au traitement se maintienne sur une longue période. Comme chez l'adulte, l'exposition est un élément essentiel (King *et al.*, 2005), et il semble que l'implication des parents et de la famille soit généralement utile (Cartwright-Hatton *et al.*, 2004).

Il existe moins de données sur l'efficacité de la TCC dans le traitement de la dépression chez l'enfant et l'adolescent. Les résultats prometteurs de plusieurs études sérieuses portant sur cette indication nous amènent cependant à penser que cette forme de thérapie constitue le meilleur choix pour traiter ce type de pathologie (Compton *et al.*, 2004).

Les approches comportementales sont largement utilisées pour corriger des comportements dysfonctionnels chez les enfants souffrant de retard mental (Rush & Frances, 2000) ou de troubles envahissants du développement (Matson *et al.*, 1996).

Des développements intéressants ont eu lieu dans le traitement des comportements perturbateurs (Kazdin, 1997). En plus des techniques de résolution de problèmes déjà largement utilisées dans d'autres indications, on a développé des programmes d'entraînement pour les parents (Barkley, 1997). On montre aux parents à se servir du conditionnement opérant dans la vie quotidienne pour modifier les comportements dysfonctionnels de leur enfant. L'utilisation de ce type de programme s'est étendue à d'autres pathologies, en particulier au trouble du déficit de l'attention (Barkley, 2002; Daly *et al.*, 2007). Dans cette dernière indication, toutefois, l'efficacité du traitement pharmacologique est mieux reconnue, et les interventions psychosociales menées seules ont donné peu de résultats (Brown *et al.*, 2005). Par contre, l'enseignement aux parents de techniques comportementales appliquées simultanément à la maison et dans le milieu scolaire pourrait produire des résultats significatifs en combinaison avec les médicaments. Ce type d'intervention doit cependant être appliqué à long terme pour produire une amélioration réelle (Barkley, 2002).

On commence à utiliser la TCC pour traiter plusieurs autres types de pathologies chez les enfants et les adolescents, comme les difficultés à s'endormir ou à rester endormi (Sadeh, 2005), les céphalées (Eccleston *et al.*, 2003) et les problèmes liés à l'abus de drogues toxicomanogènes (Waldron & Kaminer, 2004).

L'utilisation de la TCC pour traiter les enfants ou les adolescents oblige le thérapeute à modifier son intervention en fonction du niveau de développement de son patient. Ces efforts d'adaptation ont produit des méthodes de traitement originales ainsi qu'une pédagogie renouvelée (Friedberg & McClure, 2002) dont on aurait sans doute intérêt à s'inspirer pour traiter une clientèle adulte.

Les principales contre-indications de la TCC

Les principales contre-indications de l'approche cognitivo-comportementale relèvent du sens commun : psychose en phase aiguë avec agitation, dépression majeure trop sévère, syndromes cérébro-organiques trop avancés, déficience intellectuelle trop profonde, etc. Dans ces situations, nous avons peu accès aux pensées du sujet, ou nous n'y avons pas du tout accès, et l'utilisation de l'approche cognitive est évidemment difficile, voire impossible. L'approche comportementale, toutefois, est souvent d'un grand secours.

L'absence de motivation constitue probablement l'un des obstacles les plus difficiles à surmonter. Dans ce genre de situation, l'approche motivationnelle peut être un outil fort utile (Prochaska *et al.*, 1994; Miller & Rollnick, 2002).

Soulignons, en terminant, que l'état des connaissances et la fiabilité des divers protocoles de traitement inspirés de la thérapie cognitivo-comportementale varient beaucoup d'une indication à l'autre. Nous pouvons toutefois affirmer, sans risque de nous tromper, que son efficacité a été abondamment démontrée, au moyen de nombreuses études contrôlées, dans le traitement des troubles anxieux (TPA, TAS, TOC, ESPT et TAG) et du trouble dépressif majeur. Dans le cas des troubles anxieux, l'exposition constitue un ingrédient actif très spécifique qui donne d'excellents résultats. La TCC est également efficace dans le traitement de la boulimie, de l'insomnie primaire (ou psycho-physiologique), des problèmes de dépendance aux drogues ou à l'alcool, et de certaines dysfonctions sexuelles. Les recherches relatives à ces dernières indications sont cependant moins nombreuses. Par ailleurs, l'usage de la TCC accentue les bénéfices du traitement pharmacologique de la schizophrénie et des troubles bipolaires. Des adaptations récentes permettent de l'utiliser pour soigner certains troubles de la personnalité, notamment le trouble de la personnalité limite.

PARTIE 2

Les principales étapes de la démarche clinique en thérapie cognitivo-comportementale

CHAPITRE

11

L'évaluation

par Louis Chaloult

La réflexion sur la méthode à suivre pour évaluer un patient en psychothérapie nous conduit à formuler les deux questions suivantes :

1. Quelle est la meilleure façon de s'y prendre pour évaluer un patient ou, en d'autres mots, quels doivent être le style de l'évaluateur et la forme de l'évaluation ? On s'intéresse donc ici au « contenant ».
2. Que faut-il évaluer ou quels sont les objectifs de l'évaluation ? Notre préoccupation est alors le « contenu » : quelle information cherchons-nous à obtenir et comment allons-nous utiliser cette information dans le meilleur intérêt du patient ?

La façon d'évaluer et les objectifs de l'évaluation diffèrent selon l'école de pensée à laquelle appartient l'évaluateur. En gardant en tête ces deux grandes questions, nous aborderons divers éléments qui caractérisent l'évaluation fondée sur l'approche cognitivo-comportementale. Ce chapitre sera divisé en trois parties :

- La façon d'évaluer en TCC;
- Les objectifs de l'évaluation au cours de la première entrevue;
- Les objectifs de l'évaluation au cours des entrevues subséquentes.

La façon d'évaluer en TCC

Au cours de l'évaluation, le thérapeute qui s'inspire de la théorie cognitivo-comportementale est actif et directif (style de l'évaluateur), et l'évaluation elle-même est brève et structurée (forme de l'évaluation). En fait, les qualificatifs « actif », « directif », « bref » et « structuré » caractérisent l'approche cognitivo-comportementale dans son ensemble (Beck, 1995). Voyons leur portée dans le cadre spécifique de l'évaluation.

- *Le thérapeute est actif.* On entend par là qu'il intervient souvent pour questionner, reformuler, résumer ou clarifier. L'évaluation prend donc généralement la forme d'un dialogue auquel le thérapeute participe autant que le patient.
- *Le thérapeute est directif.* En TCC, une importante quantité de renseignements sont nécessaires pour comprendre la problématique, poser un diagnostic et établir un plan de traitement. Le temps est limité, et si l'évaluateur veut atteindre son but, il doit éviter autant que possible les longs silences, les digressions inutiles et les minutieux retours dans le passé. Au début, les questions sont ouvertes puis, graduellement, deviennent plus directes et plus spécifiques.
- *L'évaluation est brève.* La première entrevue peut durer environ deux heures. C'est généralement suffisant pour comprendre, au moins sommairement, la problématique, pour en arriver à un diagnostic ou à des hypothèses diagnostiques, pour tracer les grandes lignes du plan de traitement et, finalement, pour rédiger l'histoire du cas. Quand le problème est d'une certaine complexité, on doit prolonger la période de l'évaluation. Même en ces circonstances, cependant, celle-ci dépasse rarement deux ou trois entrevues.
- *L'évaluation est structurée.* La plupart du temps, un évaluateur suit un plan prédéterminé qui constitue la structure de son évaluation. C'est le cas dans l'approche cognitivo-comportementale, mais avec cette particularité que le thérapeute prend moins de liberté et respecte davantage le cadre de son plan, par comparaison avec ce qui se passe dans d'autres approches. Nous verrons plus loin de quelle façon et dans quel esprit se construit une évaluation structurée.

Les objectifs de l'évaluation en début de thérapie

Cinq objectifs nous paraissent particulièrement importants au cours de l'entrevue d'évaluation :

- Se procurer l'information nécessaire pour bien comprendre la problématique ;
- Évaluer soigneusement les ressources, les attentes et la motivation du patient ;
- Établir un plan de traitement structuré comprenant des objectifs précis et limités ;
- Fournir des explications claires au patient et s'assurer de sa collaboration ;
- Jeter les bases d'une saine alliance thérapeutique.

Voyons chacun d'eux plus en détail.

Se procurer l'information nécessaire pour bien comprendre la problématique

Afin d'obtenir l'information dont il a besoin pour évaluer un patient, un professionnel de la santé utilise généralement les outils avec lesquels il s'est familiarisé au cours de sa formation. La façon d'évaluer un patient peut donc varier considérablement selon la profession de l'évaluateur et compte tenu des objectifs qu'il poursuit. Le « plan d'une évaluation en début de thérapie » présenté ci-dessous s'inspire de l'évaluation traditionnelle en psychiatrie.

Il peut-être utilisé à titre suggestif pour déterminer quels renseignements il est nécessaire de connaître en début de thérapie et dans quel ordre de les procurer.

TABLEAU 11.1 Le plan d'une évaluation en début de thérapie[1]

Identification	âge, statut social, nombre d'enfants, type de résidence, emploi, etc.
Raisons de la consultation	
Antécédents psychiatriques familiaux	
Antécédents personnels	• médicaux et chirurgicaux • psychiatriques • judiciaires
Habitudes de vie	tabagisme ; consommation d'alcool, de drogues ou de caféine ; exercice physique ; alimentation
Médication actuelle	nom de chaque médicament, posologie, début de la prise du médicament et variations de la dose
Histoire de la maladie actuelle	facteurs précipitants, début de la maladie, évolution, essais de traitement avec réponse, symptômes au moment de la consultation, comorbidité, fonctionnement actuel, etc.
Histoire personnelle	parents, fratrie, enfance, contexte familial, scolarisation, adolescence, vie sentimentale et conjugale, relations familiales, amitiés, travail, etc.
Examen mental	présentation, attitude, comportement, affect et humeur (nature, fluctuations et forme), pensée (cours, formes et contenu) et fonctions cognitives (attention, concentration, mémoire et autocritique)
Synthèse ou conceptualisation longitudinale et transversale, ou formulation dynamique	
Diagnostic selon les axes du DSM-IV[2]	Axe I : Troubles cliniques Axe II : Troubles de la personnalité et retard mental Axe III : Affections médicales générales Axe IV : Problèmes psychosociaux et environnementaux Axe V : Évaluation globale du fonctionnement (EGF)
Plan de traitement	• aspect administratif • aspect biologique • aspect psychologique • aspect social
Explications et dispositions	

1. Il ne s'agit évidemment ici que de l'exemple succinct d'un plan qui peut servir de guide à une évaluation en thérapie cognitivo-comportementale.
2. American Psychiatric Association, DSM-IV-1995 *Manuel diagnostique et statistique des troubles mentaux*, traduction française de J.-D. Guelfi *et al.*, Paris, Masson, 1996.

Concernant la recherche des renseignements, soulignons quelques aspects qui nous semblent particulièrement pertinents.

Compléter des questionnaires avant l'entrevue d'évaluation

En TCC, on fait souvent parvenir au patient des questionnaires qu'il remplira à la maison avant l'entrevue d'évaluation. Leur contenu peut varier d'un thérapeute à l'autre, mais leur objectif principal est presque toujours d'éclairer différents aspects de l'évaluation. Ces questionnaires ont l'avantage d'inciter le patient à réfléchir, avant le début de l'entrevue, aux problèmes qui l'amènent en consultation, et ils le poussent à préciser davantage ses attentes. Par ailleurs, ils permettent au thérapeute d'épargner du temps et de couvrir certains aspects qu'il n'aurait pu aborder autrement.

Documenter les thérapies passées ou en cours

Même s'il n'est pas exclusif à l'évaluation en TCC, cet aspect nous semble particulièrement important. Relativement à chaque thérapie que le patient a suivie, le thérapeute a généralement intérêt à connaître la raison de la consultation, le genre de thérapie dont il s'agissait, la façon dont elle s'est déroulée, les résultats obtenus, les attentes de la personne, le degré de satisfaction atteint quant à ces attentes, etc. Ces renseignements sont utiles de plusieurs façons parce qu'ils permettent, entre autres, de mieux saisir la nature des attentes du patient, de jauger sa motivation et d'élaborer, par la suite, un plan de traitement davantage adapté à ses besoins.

Évaluer avec précision les comportements à modifier ou l'analyse fonctionnelle

L'analyse fonctionnelle se situe au cœur de l'évaluation en TCC. On l'appelle aussi « analyse comportementale », « analyse behaviorale » et « diagnostic fonctionnel ». Cottraux la définit en ces termes :

> L'analyse fonctionnelle porte sur l'observation du comportement directement ou indirectement quantifiable. Son but est de préciser les conditions de maintien et de déclenchement des comportements. On précisera où, quand, avec quelle fréquence, quelle intensité, en présence de qui se déclenchent les réponses inadaptées. On précisera également les conséquences du comportement du sujet sur les proches et l'environnement social : les bénéfices ou les résultats néfastes obtenus [...]
>
> L'analyse fonctionnelle ne s'arrête pas aux aspects superficiels mais cherche à isoler le ou les problèmes-clefs, dont la solution modifiera de façon durable et importante le comportement [...] Le thérapeute étudiera également les pensées, les images mentales, les monologues intérieurs qui, bien souvent, vont accompagner et/ou précéder les comportements problèmes. Enfin, il définira avec autant de précision que possible les comportements moteurs et verbaux (Cottraux J., 1990, p. 9).

En résumé, nous pouvons dire que l'analyse fonctionnelle a pour but d'évaluer avec précision les comportements auxquels le thérapeute s'intéresse de même que tous les facteurs pouvant les influencer. Prenons l'exemple d'une personne souffrant d'agoraphobie avec évitement. Le comportement à évaluer est donc l'évitement. Le thérapeute peut alors se poser les questions suivantes :

- Où survient-il ? Dans les foules ou dans les endroits clos ?
- Quand survient-il ? À la suite d'une angoisse d'anticipation ou d'une attaque de panique ?
- À quelle fréquence survient-il ? Une fois par mois, par semaine, par jour ; plusieurs fois par jour ?
- Quelle intensité a-t-il ? L'évitement est-il partiel ou complet ?
- En présence de qui survient-il ? S'il y a des observateurs et si l'individu craint d'être mal jugé, l'évitement est-il plus marqué ?
- Quelles en sont les conséquences à court terme ? L'évitement procure-t-il au patient un soulagement qui peut constituer un renforcement positif ?
- Quelles en sont les conséquences à plus long terme ? La personne évite-t-elle à un point tel qu'elle ne sort presque plus de chez elle et que toute sa famille est à son service, ce qui peut constituer un bénéfice secondaire important et contribuer à maintenir et à accentuer l'évitement ?

S'assurer d'une compréhension suffisante avant l'établissement du diagnostic et du plan de traitement

Même s'il s'intéresse d'abord à la résolution des problèmes dans le présent, le thérapeute qui adopte l'approche cognitivo-comportementale n'en accorde pas moins une importance primordiale à une bonne conceptualisation longitudinale et transversale. On entend par là la reconnaissance des facteurs prédisposants, précipitants et entretenants responsables de l'apparition, du maintien et de l'accentuation de la symptomatologie. Les interrelations entre ces divers facteurs sont également importantes. En ce qui a trait aux facteurs prédisposants, une histoire personnelle bien documentée est particulièrement utile. Elle constitue un instrument de choix pour connaître les influences auxquelles le sujet a été soumis depuis son enfance et qui ont pu façonner ses croyances fonctionnelles et dysfonctionnelles passées et présentes.

Évaluer soigneusement les ressources, les attentes et la motivation du patient

Les ressources

Les ressources peuvent être intellectuelles, affectives ou familiales et sociales.

- *Les ressources intellectuelles* Plus un patient a de la facilité à travailler sur le plan rationnel, plus il sera en mesure de comprendre rapidement les différents aspects de la TCC. À l'opposé, plus les ressources intellectuelles d'une personne sont limitées, plus les moyens d'intervention devront se réduire à des techniques cognitives et comportementales simples.

- *Les ressources affectives* Plus les traits de personnalité et le système de valeurs d'un patient sont rigides, plus ses émotions dysfonctionnelles sont nombreuses, intenses et mal contrôlées, et, par conséquent, plus il deviendra nécessaire de lui consacrer du temps, de s'armer de patience et de faire des efforts pour l'amener à changer. C'est la raison pour laquelle certains patients qui souffrent de troubles de la personnalité constituent un défi particulier pour le thérapeute.
- *Les ressources familiales et sociales* La présence d'une famille ou de nombreux amis qui estiment la personne et sont prêts à l'aider constitue évidemment une richesse inestimable qu'un thérapeute a intérêt à évaluer et à utiliser au cours du traitement.

Les attentes

Les attentes des gens qui consultent sont souvent floues, irréalistes, parfois trop modestes et souvent démesurées. Il importe donc de bien les évaluer en posant des questions concrètes et précises comme celles-ci : en quoi la thérapie peut-elle vous aider ? De quels symptômes voulez-vous vous débarrasser ? Quelles situations, quels comportements, quelles émotions, quelles attitudes voulez-vous changer ? Une fois la thérapie terminée, quelles modifications espérez-vous apporter à votre vie de couple, à votre vie familiale, à votre vie sociale, à votre travail ?

La motivation

C'est évidemment la pierre angulaire de toute démarche thérapeutique vraiment efficace. Il est essentiel d'évaluer le degré ou le niveau de motivation du patient au début du traitement et de rester attentif à ses fluctuations par la suite. Pour y arriver, le thérapeute doit se poser certaines questions : la personne est-elle habituellement persévérante dans ses entreprises ? Son niveau de tolérance aux frustrations est-il bas ou élevé ? A-t-elle déjà commencé des thérapies dans le passé, puis les a-t-elle abandonnées rapidement et sans raison précise ? A-t-elle rempli avec minutie ou négligemment le questionnaire envoyé à son domicile ? Se dit-elle enthousiaste à l'idée d'entreprendre une démarche thérapeutique avec le thérapeute et selon les perspectives que celui-ci lui propose ? Consulte-t-elle le thérapeute parce qu'il lui a été recommandé par une connaissance ou est-elle tombée sur lui par hasard ? Sa pathologie ou ses symptômes la rendent-ils vraiment souffrante ? Soulignons que, pour consolider la motivation du patient, un thérapeute a intérêt à lui expliquer clairement ce dont il souffre et les raisons qui font qu'il en souffre, à lui proposer un plan de traitement concret avec des objectifs précis et limités, et à lui décrire, au moins dans les grandes lignes, la démarche qu'il entend suivre pour les atteindre. Ces éléments sont abordés dans la prochaine section.

Établir un plan de traitement structuré

L'établissement d'un plan de traitement structuré qui comprend des objectifs précis et limités est primordial en TCC. Pour y arriver, on peut s'y prendre de différentes façons. La démarche qui suit en est une parmi d'autres, et elle est simplement proposée à titre d'exemple. En voici les principales étapes.

Dresser la liste des principaux problèmes affectant le patient

Si le diagnostic est bien documenté et posé avec précision, il devient relativement facile de dresser une liste des principaux problèmes en s'inspirant des cinq axes du DSM-IV.

Axe 1 : Quels sont les principaux troubles cliniques ou les principales psychopathologies du patient ?

Axe II : A-t-il un ou des troubles de la personnalité ou des traits de personnalité pathologiques ?

Axe III : Souffre-t-il de pathologies organiques ou d'affections médicales générales ?

Axe IV : Quels sont les principaux facteurs de stress aigus ou chroniques ou les principaux problèmes psychosociaux et environnementaux ?

Axe V : Quel a été le niveau global du fonctionnement du patient au cours de la dernière année ?

Si le thérapeute considère qu'il existe d'autres problèmes non couverts par ces cinq axes, il peut toujours les ajouter à la liste.

Une autre façon de connaître les principaux problèmes du patient consiste à lui demander d'en faire la liste puis de l'aider à la préciser ou à la compléter en lui posant quelques questions.

Déterminer le problème par lequel commencer

Quatre critères peuvent faciliter la tâche du thérapeute lorsqu'il doit déterminer l'ordre de ses interventions pour traiter un patient qui présente de multiples problèmes. Il a généralement intérêt à commencer par :

- les problèmes les plus urgents, comme un risque de suicide ou un problème présentant une autre forme de dangerosité ;
- les problèmes les plus souffrants, comme les attaques de panique sévères ;
- les problèmes les plus encombrants, parce qu'ils créent d'importantes difficultés à l'individu ou à son entourage, ou parce qu'ils empêchent l'individu de travailler et, ainsi, de régler d'autres problèmes ; une toxicomanie sévère ou une sérieuse situation de crise en sont des exemples ;
- les problèmes sur lesquels le patient est le plus motivé à travailler ; ce sont généralement les problèmes les plus souffrants.

Aucun de ces critères n'est absolu, et ceux-ci peuvent parfois s'exclure mutuellement. On a donc intérêt à les garder à l'esprit avant d'établir un ordre de priorité. Souvent, les priorités changent en cours de route, et le thérapeute doit s'adapter aux nouvelles situations. De plus, ce n'est généralement que lorsque les problèmes les plus urgents, souffrants ou encombrants sont résolus qu'il devient possible d'entreprendre un travail plus introspectif.

Fixer des objectifs précis et limités pour chaque problème

- *Des objectifs précis* Si, au cours de l'évaluation, on a pu cerner clairement les problèmes, préciser les attentes du patient et s'entendre avec lui sur un ordre de priorité, il est alors plus facile de fixer des objectifs précis à la thérapie : changer telle situation, atténuer telle émotion ou telle attitude dysfonctionnelle, modifier tel comportement, etc. En ce qui concerne plus particulièrement la modification des comportements, on cherche à mesurer et à quantifier les objectifs. Si, par exemple, on traite un patient pour une claustrophobie au moyen d'une technique de désensibilisation, plutôt que de lui recommander simplement de faire face à ses peurs, il est préférable de lui demander : «Êtes-vous d'accord pour aller tel jour, à telle heure, à tel endroit, avec ou sans telle personne et d'y rester pendant tant de temps ?»
- *Des objectifs limités* Les objectifs peuvent être limités par rapport aux résultats escomptés ou au temps nécessaire pour les atteindre. De façon générale, si une personne dispose de peu de ressources ou si elle est peu motivée, il est alors préférable de fixer, dès le début, des objectifs modestes et à court terme. Si ceux-ci sont atteints, il devient possible d'envisager d'autres objectifs plus ambitieux et à plus long terme. De cette façon, le patient ne se sent pas engagé dans un processus interminable dont il ne voit pas la fin ; il sait davantage où il va et il est encouragé par des succès immédiats, même s'ils sont minimes et très partiels.

Pour le thérapeute, ce type d'objectifs permet de mieux tenir compte des limites de son patient et de s'ajuster plus facilement à son rythme. Par exemple, une personne consulte pour atténuer une Anxiété généralisée sévère, mais est sceptique et peu motivée à la suite d'un échec thérapeutique antérieur. L'objectif de départ pourrait être de travailler uniquement sur la dédramatisation durant trois séances pour diminuer l'anxiété. À la fin de la troisième séance, il y a réévaluation. Si les résultats sont probants et que la motivation s'est accrue, on peut alors décider de poursuivre et fixer de nouveaux objectifs, plus ambitieux, comme celui de suivre le protocole complet du traitement du trouble d'Anxiété généralisée. Au contraire, si, après trois séances, la personne n'est pas davantage motivée et veut mettre un terme à la thérapie, il n'y aura pas de perte de temps et la déception sera moindre de part et d'autre.

Prévoir la marche à suivre pour atteindre les objectifs

Au cours de l'évaluation, on essaie dès la première entrevue de prévoir, au moins approximativement, les principales étapes du traitement : les mesures d'urgence, la médication, le type de thérapie qui sera utilisé, la démarche qui sera suivie dans le cadre de cette thérapie, etc. Si, par exemple, une personne souffre d'une dépression majeure, on peut décider de prendre les mesures d'urgence nécessaires, de prescrire ou non une médication, de commencer par de l'activation comportementale, s'il y a beaucoup d'apathie ou de retrait social, et, peu après, de travailler à un niveau cognitif superficiel. Si l'état du patient s'améliore après quelques semaines, on peut réévaluer la situation et décider d'entreprendre ou non une thérapie plus introspective.

Trois aspects de cette planification nous paraissent particulièrement importants :

- Au moment de l'évaluation, on prévoit surtout les étapes générales et, si cela est nécessaire, on détaille ensuite chaque étape ;
- Ce travail est fait en étroite collaboration avec le patient ;
- Tout le long du traitement, on ajuste et on modifie les étapes prévues initialement selon les circonstances et les besoins du patient.

Mentionnons, en terminant, quatre autres avantages au fait de fixer des objectifs précis et limités et de déterminer une marche à suivre pour les atteindre :

- Le thérapeute et le patient sont sur la même longueur d'onde, c'est-à-dire qu'ils peuvent vérifier si leurs objectifs sont identiques et s'ils s'entendent sur les moyens à prendre pour les atteindre. Si ce n'est pas le cas, il est préférable de ne pas s'engager dans une thérapie qui est probablement vouée à l'échec ;
- La thérapie est centrée davantage sur les problèmes importants ciblés initialement, et on perd moins de temps à résoudre des crises accessoires ;
- Le patient est davantage incité à aller jusqu'au bout de la thérapie parce qu'il est implicite que celle-ci se terminera lorsque les buts seront atteints ;
- Il est plus facile de mesurer l'efficacité d'une thérapie si on peut évaluer, après coup, jusqu'à quel point les objectifs ont été atteints.

Fournir des explications claires au patient et s'assurer de sa collaboration

On considère comme essentiel en TCC d'amener le patient à comprendre clairement la nature de la démarche et à collaborer activement tout le long du processus thérapeutique. Cette préoccupation apparaît tout particulièrement chez Beck (Beck *et al.*, 1979), au point de donner une coloration assez unique à son style de travail. Du commencement à la fin de la thérapie, le thérapeute explique petit à petit au patient le pourquoi et le comment de chaque étape ou de chaque initiative importante. Il préfère ne pas passer à une nouvelle étape sans être sûr d'obtenir l'accord du patient. C'est ce qu'il appelle l'« empirisme collaboratif ».

Au cours de l'entrevue d'évaluation, l'empirisme collaboratif peut se manifester de la façon suivante : vers la fin de l'entrevue, le thérapeute explique au patient sa façon de comprendre la problématique, c'est-à-dire sa perception des principaux problèmes qui affectent celui-ci et de leurs causes présentes ou passées. Il s'assure que le patient a bien compris en lui demandant de résumer, en ses propres mots, ce qui vient de lui être expliqué ; il vérifie ensuite si le patient approuve la démarche entreprise et il répond à ses questions. Il va de soi qu'à la fin d'une première entrevue, le thérapeute n'est pas toujours en mesure de tout expliquer à son patient et qu'il n'est pas non plus toujours approprié de tout lui dire. C'est une question de discernement.

Une fois la problématique bien comprise, le thérapeute explique au patient les différentes avenues qui peuvent être empruntées au regard du plan de traitement, et c'est avec sa collaboration qu'il détermine les diverses étapes qui seront suivies. Par exemple, il lui dira : « Pour atténuer vos attaques de panique, on peut vous donner une médication. Voici les avantages et les inconvénients d'une telle décision. Qu'en pensez-vous ? Votre anxiété est très marquée, et l'apprentissage de la relaxation pourrait vous aider. Voici en quoi il consiste. Êtes-vous intéressé ? Par la suite, on peut entreprendre une restructuration cognitive suivie d'une exposition aux sensations physiques puis d'une exposition graduée in vivo. Voici de quoi il s'agit et les travaux que vous devrez effectuer. Cela vous convient-il ? »

Si le patient et le thérapeute sont d'accord, le traitement débute. Durant toute la durée du traitement, le thérapeute continue d'expliquer soigneusement au patient chaque étape et s'assure que celui-ci comprend et approuve les actions entreprises.

L'empirisme collaboratif comporte de nombreux avantages. Des explications claires rassurent le patient et augmentent sa motivation. Et si celui-ci est sérieusement impliqué dans la prise de décision, il deviendra plus actif, prendra davantage d'initiatives, et le traitement progressera plus rapidement.

Jeter les bases d'une saine alliance thérapeutique

Sans revenir sur les caractéristiques propres à la dimension relationnelle en TCC, soulignons tout de même trois aspects plus spécifiques à l'évaluation pouvant contribuer à jeter les bases d'une saine alliance thérapeutique.

1. Si les problèmes sont bien connus et si on donne des explications claires à leur sujet, le patient comprend mieux, il se sent davantage compris, et l'alliance thérapeutique s'en trouve améliorée.
2. Si on établit un plan de traitement comportant des objectifs clairs et précis que le patient approuve, et si ce dernier accepte la marche à suivre pour les atteindre, il entrevoit des solutions à ses problèmes. Il en tire alors de l'espoir, il fait davantage confiance à son thérapeute et, de nouveau, l'alliance thérapeutique s'en trouve renforcée.
3. Si le patient est régulièrement consulté pendant l'évaluation et s'il se sent impliqué dans le processus thérapeutique, il voit dans cette façon de procéder une marque de confiance de la part du thérapeute et, une fois de plus, l'alliance thérapeutique y gagne en qualité.

Les objectifs de l'évaluation au cours des entrevues subséquentes

Même si le thérapeute d'orientation cognitivo-comportementale peut généralement en arriver à une bonne compréhension de la nature et de l'origine des problèmes de son patient dès la première entrevue, il arrive fréquemment qu'il ait à réviser ou à compléter ultérieurement certains aspects de son évaluation. Voici quelques-uns des objectifs de l'évaluation pouvant être poursuivis au cours des entrevues subséquentes.

Parvenir à une meilleure conceptualisation transversale et longitudinale

Certains patients présentent des problèmes multiples et complexes qui nécessitent une investigation plus poussée, comme cela arrive souvent dans les cas de troubles de la personnalité. Le thérapeute doit alors fouiller davantage les antécédents et l'histoire personnelle de son patient pour bien comprendre les différents aspects de la problématique. Parfois, il juge opportun de rencontrer des membres de la famille et de l'entourage, d'entrer en communication avec d'autres intervenants ou de s'impliquer dans d'autres démarches. Il devient alors nécessaire de prolonger l'évaluation pendant une ou plusieurs entrevues. Si, par ailleurs, un thérapeute entreprend d'emblée une TCC plus introspective, il aura également besoin de quelques entrevues supplémentaires au début de la thérapie pour approfondir l'histoire personnelle du patient et en arriver à une meilleure compréhension longitudinale, laquelle est particulièrement importante dans ce type de psychothérapie.

Préciser le diagnostic

Lorsque les problèmes du patient sont complexes, le thérapeute doit souvent se contenter d'hypothèses diagnostiques à la fin de la première entrevue. C'est seulement au cours des entrevues suivantes qu'il lui devient possible de compléter et de préciser le diagnostic par rapport aux principaux axes du DSM-IV.

Compléter et détailler le plan de traitement

Comme nous l'avons vu précédemment, on ne trace généralement que les grandes étapes du plan de traitement au cours de la première entrevue, et ce n'est que plus tard qu'on aborde les détails de chaque étape.

L'évaluation en TCC ne se limite donc pas toujours à une seule entrevue. Cependant, même lorsqu'elle se prolonge, elle dépasse rarement deux ou trois entrevues. Elle reflète en cela cette préoccupation propre à l'approche cognitivo-comportementale qui consiste à tenter de résoudre les problèmes dans les plus brefs délais et avec le maximum d'efficacité.

CHAPITRE 12

Les différents niveaux d'intervention

par Louis Chaloult

Une fois l'évaluation terminée, le thérapeute poursuit son travail, dont l'objectif est de connaître et, surtout, de modifier les pensées, émotions, croyances ou comportements dysfonctionnels de son patient. Cette démarche peut prendre des formes très différentes selon les besoins du patient et d'autres éléments, comme la formation ou la disponibilité du thérapeute. Elle peut, par exemple, se limiter à un travail à un niveau superficiel et conscient, comme dans une thérapie de soutien, ou aller plutôt vers un niveau inconscient, comme dans une thérapie introspective.

L'objectif du présent chapitre est de présenter une vue d'ensemble des différents aspects et des différentes étapes de la démarche en TCC. Nous commencerons par faire la distinction entre thérapie de soutien et thérapie introspective et, sur cette base, nous décrirons les principaux champs ou niveaux d'intervention de l'approche cognitivo-comportementale.

La distinction entre la thérapie de soutien et la thérapie introspective

La thérapie de soutien

On s'accorde généralement pour dire qu'une thérapie de soutien comporte deux principaux volets.

- *Une écoute empathique* (aspect supportif) Le thérapeute offre une présence rassurante ainsi que sa disponibilité. Il écoute et il permet au patient de « ventiler », c'est-à-dire d'exprimer ses émotions et de faire part de ses difficultés sans craindre le rejet ou les interventions intempestives de son interlocuteur. Il soutient la partie saine du patient en mettant en évidence les ressources qu'il possède pour affronter les difficultés présentes, ressources qui lui permettront aussi d'affronter les difficultés futures.

- *Des conseils éclairés* (aspect directif) En plus des explications d'usage sur la nature de la maladie et la pharmacothérapie, le cas échéant, le thérapeute donne à son patient des conseils concrets sur différents éléments connexes à la maladie ou à la situation : la façon de faire face aux facteurs de stress aigus ou chroniques; la façon d'en réduire l'intensité; l'éventualité d'un arrêt de travail, sa durée potentielle; la façon d'améliorer son hygiène de vie; etc.

Par définition, une thérapie de soutien est superficielle, en ce sens que le travail s'effectue principalement sur le plan des pensées, des émotions et des comportements conscients. Ses objectifs sont généralement modestes, sa durée est souvent brève, et les ressources du patient peuvent être limitées. Dans ce type de thérapie, le thérapeute n'a pas nécessairement besoin d'une longue formation, et son intervention peut couvrir une très large gamme de situations ou de maladies, allant des crises de vie transitoires jusqu'aux pathologies les plus sévères.

La thérapie introspective

Lorsqu'on utilise la thérapie introspective, on cherche plutôt à agir à un niveau préconscient et inconscient. Le principal objectif de cette thérapie est de rendre le patient davantage conscient de ses émotions, attitudes et croyances dysfonctionnelles, ainsi que du rôle qu'elles jouent dans l'apparition et le maintien de ses symptômes. Il lui est alors possible de les améliorer en les modifiant. Une thérapie introspective dure généralement plus longtemps qu'une thérapie de soutien. Elle s'adresse le plus souvent à des personnes possédant de bonnes ressources et une excellente motivation, et son utilisation nécessite un thérapeute bien formé. Elle convient rarement aux patients souffrant de pathologies sévères en phase aiguë ou à ceux qui vivent de sérieux bouleversements.

Malgré ces distinctions entre la thérapie de soutien et la thérapie introspective, il est important de comprendre qu'il ne s'agit pas de deux traitements complètement distincts ou indépendants l'un de l'autre : ce sont plutôt les deux faces opposées d'une même réalité. On peut se les représenter comme un continuum aux extrémités duquel il y a, d'un côté, la thérapie de soutien et, de l'autre, la thérapie introspective. Entre ces deux extrémités se trouvent différents champs ou niveaux intermédiaires plus ou moins conscients où il est possible d'intervenir. L'ensemble de ces niveaux forme ce qu'on peut appeler les niveaux d'intervention.

Le figure 12.1 illustre notre propos. À gauche se trouve la thérapie de soutien et à droite, la thérapie introspective. Plus on se déplace de la gauche vers la droite, plus le matériel clinique (pensées, émotions, croyances ou autres) faisant l'objet de la psychothérapie devient inconscient. Intéressons-nous à trois points illustrés dans cette figure.

- À gauche, on trouve les pensées, les émotions et les croyances conscientes ou préconscientes auxquelles le thérapeute et le patient ont plus facilement accès. C'est à cette extrémité que se situent les pensées automatiques de Beck, qui sont également conscientes et préconscientes.

- Le centre est occupé par les croyances intermédiaires ou conditionnelles, comme le dit Beck, accompagnées des attitudes et des règles qui en découlent. Les attitudes dysfonctionnelles de base d'Ellis (exigences rigides, dramatisation, non-acceptation et jugement global sur la valeur personnelle) se trouvent également à cet endroit.
- Finalement, à droite, même s'ils sont, par bien des aspects, très différents les uns des autres, se trouvent les schémas et les croyances fondamentales de Beck, les schémas précoces inadaptés de Young et les croyances irréalistes majeures d'Ellis.

Sans doute pourrions-nous poursuivre plus avant cette exploration, mais il s'agit d'un domaine qui déborde le cadre de notre propos.

FIGURE 12.1 Le continuum : thérapie de soutien par opposition à thérapie introspective

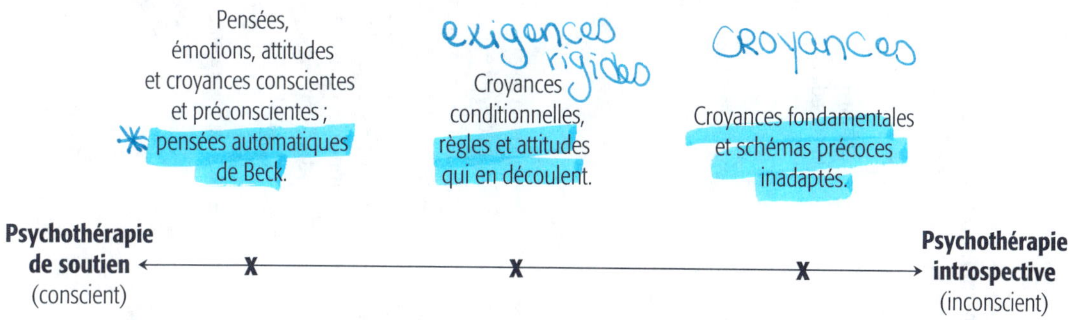

Note : La nature du matériel clinique examiné au cours de la psychothérapie se modifie graduellement à mesure que la thérapie devient de plus en plus introspective.

Tous les systèmes de psychothérapie comprennent des interventions à différents points le long de ce continuum. En ce qui a trait aux champs d'intervention de la TCC, il y a trois niveaux principaux auxquels se réfèrent les plus importants théoriciens de l'approche cognitivo-comportementale (*voir la figure 12.2 à la page suivante*).

1. Le *niveau conscient*, qui est l'objet usuel de la thérapie de soutien. À ce niveau, l'intervention concerne le plus souvent des pensées ou des émotions conscientes ou préconscientes. Selon que l'approche est plus ou moins organisée ou systématisée, on peut subdiviser ce niveau en deux :
   - le niveau conscient non systématisé ;
   - le niveau conscient systématisé.
2. Le *niveau des croyances* intermédiaires, qui a trait aux croyances intermédiaires de Beck de même qu'aux attitudes dysfonctionnelles de base d'Ellis. Ces croyances et ces attitudes sont déjà plus éloignées de la conscience mais, en clinique, on peut assez facilement amener le patient à en prendre conscience.

FIGURE 12.2 Les niveaux d'interprétation en thérapie cognitivo-comportementale

Note : Aux 2e et 3e niveaux, on dispose de l'ensemble des techniques et modes d'intervention utilisés aux niveaux précédents, auxquels on ajoute d'autres techniques plus spécifiques à ces niveaux plus introspectifs.

3. Le *niveau des croyances fondamentales*, est celui des schémas et des croyances fondamentales de Beck, des schémas précoces inadaptés de Young et, jusqu'à un certain point, des croyances irréalistes majeures d'Ellis. Ces croyances se trouvent à un niveau d'inconscience plus élevé que celui des croyances intermédiaires; par conséquent, il est plus difficile pour le clinicien de les rendre conscientes.

Examinons ces trois niveaux un à un en commençant par le niveau conscient. Nous l'aborderons en deux étapes: le niveau conscient non systématisé et le niveau conscient systématisé.

Premier niveau : le niveau conscient

Le niveau conscient non systématisé

On ne parle généralement pas de ce premier niveau d'intervention dans les textes portant sur la TCC. Nous nous y intéressons pourtant parce que, à notre avis, c'est à ce niveau que commencent et, souvent, se limitent plusieurs des interventions en pratique courante. Ses principales caractéristiques sont les suivantes:

- On y trouve les principaux aspects d'une psychothérapie de soutien, soit l'écoute empathique et les conseils éclairés.
- La thérapie est presque toujours superficielle, en ce sens qu'elle concerne principalement des niveaux conscients et préconscients, et rarement des niveaux inconscients.
- Les interventions sont non systématisées, c'est-à-dire qu'elles se font spontanément, sans exiger une préparation particulière, même s'il demeure possible de les systématiser davantage par la suite. Elles sont plutôt brèves, quoique ce ne soit pas toujours nécessairement le cas.
- Même lorsqu'il se limite à ce niveau, le thérapeute d'orientation cognitivo-comportementale dispose de toute une gamme de techniques ou de modes d'intervention qu'il utilise selon les besoins: restructuration cognitive, questionnement socratique, techniques comportementales, etc.
- Il n'y a pas de frontière précise entre le niveau conscient non systématisé et le niveau systématisé. Le passage se fait graduellement le long d'un continuum qui les relie l'un à l'autre.

Les principales indications de l'approche cognitivo-comportementale relatives au niveau conscient non systématisé concernent surtout le milieu hospitalier ou des clientèles sévèrement atteintes. Voici certaines situations où l'utilisation de ce type d'approche est justifiée.

- Avec des patients dont le traitement sera nécessairement très court, comme ceux qui consultent dans le cadre d'une urgence ou d'une brève hospitalisation.
- Avec des patients trop atteints pour entreprendre une démarche thérapeutique plus élaborée: dépression majeure sévère, déficience, atteinte cérébrale organique, etc.

- Avec des patients non motivés ou peu motivés. Des explications claires, combinées à un début de restructuration cognitive, peuvent contribuer à augmenter la motivation et à inciter la personne à s'engager dans un traitement plus élaboré.
- En présence de certaines pathologies qui ne nécessitent pas une intervention plus poussée, comme c'est souvent le cas lorsqu'il s'agit de troubles d'adaptation légers.
- Lorsque le thérapeute est au début de sa formation. C'est souvent par cette étape qu'un thérapeute peu expérimenté a intérêt à commencer, et il est généralement préférable qu'il n'aille pas plus loin tant qu'il ne s'y sent pas raisonnablement à l'aise.
- Lorsqu'un thérapeute doit limiter son action par manque de disponibilité ou qu'il ne désire pas pousser plus loin son intervention. On peut penser ici, à titre d'exemple, au professionnel de la santé débordé par les consultations en attente, qui n'a parfois ni le temps ni le goût de prolonger davantage son intervention.

Il va de soi que, dans toutes ces situations, le thérapeute peut se limiter à ce premier niveau, mais rien ne l'empêche de passer à un niveau plus systématisé si les circonstances changent, notamment si le patient devient plus motivé et tire un réel bénéfice du traitement.

Le niveau conscient systématisé

Lorsqu'il intervient à ce niveau, le thérapeute organise méthodiquement son action. Il peut procéder de différentes façons, selon son expérience ou les besoins du patient : entraînement à l'affirmation de soi, initiation à la démarche de résolution de problèmes, apprentissage de la relaxation, etc. Tous ces types d'interventions exigent un minimum d'organisation pour être efficaces. Mais les deux méthodes les plus fréquemment employées en TCC pour systématiser la démarche demeurent les protocoles d'intervention conçus pour des pathologies spécifiques et le tableau d'enregistrement des pensées dysfonctionnelles.

Les protocoles d'intervention conçus pour des pathologies spécifiques

À la suite des travaux de Beck et de son groupe, au cours des années 1960 et 1970, on a développé, dans le cadre de l'approche cognitivo-comportementale, des protocoles de traitement pour la plupart des pathologies de l'Axe I : troubles de l'humeur, troubles anxieux, toxicomanies, symptômes psychotiques, etc. Ces protocoles, qui combinent des techniques cognitives et comportementales, décrivent méthodiquement les différentes étapes du traitement de la pathologie en cause. Ils sont généralement le résultat de recherches sérieuses, et on continue de les améliorer avec le temps. Ils servent d'inspiration aux « guides de pratique », préparés à l'intention des cliniciens, dont l'usage se répand rapidement. Il y a, par exemple, le volume de Leahy et Holland (2000), qui traite des Troubles anxieux et de la dépression, et celui de Chadwick, Birchwood et Trower (1996), qui concerne le traitement des délires et des hallucinations chez les psychotiques.

Lorsqu'un patient consulte pour une pathologie spécifique, on a tendance à suivre le protocole ou le guide d'assez près au début du traitement. On se limite généralement à une restructuration cognitive au niveau conscient combinée à des techniques comportementales. Dans un deuxième temps, on peut s'intéresser à des attitudes ou à des croyances plus inconscientes spécifiquement liées à la maladie en cause. Dans un cas d'Anxiété généralisée, par exemple, on se penchera plus particulièrement sur le faible niveau de tolérance à l'incertitude et, dans un cas d'Anxiété sociale, les efforts porteront sur le désir exagéré de vouloir être aimé et approuvé par autrui. Une fois cette partie du traitement terminée, on peut s'engager dans une psychothérapie globalement plus introspective, si c'est indiqué.

Si elle est inspirée de ces protocoles ou de ces guides, l'intervention en TCC est donc toujours plus ou moins systématisée, et elle se situe dans presque tous les cas à un niveau conscient, d'où le nom de « niveau conscient systématisé ».

Le tableau d'enregistrement des pensées dysfonctionnelles (TEPD)

L'utilisation du tableau d'enregistrement des pensées dysfonctionnelles, comme l'enseignent Ellis et Beck, demeure sans doute la façon la plus efficace d'encadrer le travail thérapeutique, c'est-à-dire de commencer une restructuration cognitive plus systématisée et d'amorcer le processus de modification des comportements qui en découlent. Les diverses étapes de cette démarche seront décrites de façon plus détaillée dans le prochain chapitre, mais disons tout de suite que le thérapeute commence par enseigner à son patient à bien reconnaître ses émotions dysfonctionnelles conscientes et préconscientes ainsi que les pensées dont elles résultent, puis à les relier aux événements qui les ont déclenchées. C'est ce qu'on appelle le « système événements, émotions, pensées ». Dans un deuxième temps, il lui apprend à remettre en question ses pensées et à les remplacer par d'autres, mieux adaptées. C'est l'étape de la restructuration cognitive en tant que telle. Il en résulte généralement une diminution de l'intensité des émotions dysfonctionnelles. Finalement, la personne est incitée à utiliser ce qu'elle vient d'apprendre pour remplacer, dans son quotidien, ses comportements dysfonctionnels par d'autres plus adéquats. C'est l'étape finale du passage à l'action.

Cette démarche est enseignée dans le cadre des rencontres avec le thérapeute, et son apprentissage se poursuit quotidiennement à domicile. Elle est donc, par définition, systématisée. Elle se situe parfois à un niveau uniquement conscient ou préconscient, et elle peut rester à ce niveau, mais elle peut aussi constituer le début d'un travail plus introspectif.

Deuxième niveau : le niveau des croyances intermédiaires

À cette étape, l'objet de l'intervention passe graduellement des croyances du niveau conscient aux croyances d'un niveau plus inconscient ou plus introspectif. Le thérapeute continue généralement d'utiliser le tableau d'enregistrement des pensées dysfonctionnelles, mais il s'intéresse surtout, cette fois, aux croyances intermédiaires ou conditionnelles. Il découvre leur nature chez son patient, puis il amène celui-ci à en devenir conscient à son tour et à prendre connaissance des règles et des attitudes dysfonctionnelles qui en découlent. Il l'aide ensuite à les modifier en utilisant, entre autres, la restructuration cognitive combinée au questionnement socratique. Certains s'inspirent des travaux d'Ellis pour intervenir sur ce que celui-ci appelle les attitudes dysfonctionnelles de base : exigences rigides, dramatisation, non-acceptation et jugements globaux sur la valeur personnelle. De nouveau, le passage à l'action est favorisé au moyen de stratégies comportementales, ou autrement.

Troisième niveau : le niveau des croyances fondamentales

Il arrive parfois que le thérapeute limite son travail aux croyances de niveau intermédiaire, mais lorsqu'il s'engage sur un terrain plus introspectif, il étend normalement son action à des croyances plus fondamentales. S'il traite une pathologie spécifique à l'Axe I, comme une dépression majeure ou un trouble anxieux, il peut restreindre son intervention à un petit nombre de croyances plus spécifiquement liées à cette pathologie, comme nous venons de le voir. S'il traite un trouble de la personnalité ou des traits de personnalité pathologiques, il peut s'intéresser à l'ensemble des croyances fondamentales dysfonctionnelles de la personne. Comme dans le cas des croyances de niveau intermédiaire, il s'applique à reconnaître et à modifier ces croyances chez son patient en prenant des moyens déjà utilisés à des niveaux superficiels ou en se servant d'autres moyens davantage associés à ce niveau, comme la technique de la « flèche verticale » ou les techniques « expérientielles » de Jeffrey Young (Young, Klosko & Weishaar, 2003). De plus, comme dans les niveaux précédents, il favorise le passage à l'action au moyen, notamment, de stratégies comportementales.

Nous venons de décrire brièvement les trois niveaux d'intervention auxquels on se réfère en thérapie cognitivo-comportementale. Rappelons que ces niveaux ne sont pas séparés par des cloisons étanches, mais qu'ils se chevauchent et s'entremêlent, ne constituant que des repères le long du continuum reliant la thérapie de soutien à la thérapie introspective. La plupart du temps, le thérapeute évolue le long de ce continuum en passant graduellement du conscient à l'inconscient. Cependant, il peut limiter son intervention à l'un de ces niveaux, selon les circonstances ou les besoins du patient. Il lui arrive même, durant la thérapie, d'être dans l'obligation de revenir à un niveau plus superficiel lorsque l'état de son patient le réclame, comme c'est le cas, lorsqu'il y a une rechute au cours du traitement d'une dépression majeure.

Notons que, lorsque le thérapeute évolue d'un niveau superficiel à des niveaux de plus en plus introspectifs, il dispose, pour chaque type d'intervention, des outils qu'il utilisait aux niveaux précédents, auxquels s'ajoutent les outils spécifiques au niveau abordé. Par exemple, quand c'est le moment d'intervenir sur le plan des croyances intermédiaires et fondamentales, il peut se servir des techniques cognitives et comportementales qu'il exploitait déjà au niveau superficiel, mais il dispose aussi de nouvelles techniques ou façons de faire propres aux niveaux plus introspectifs.

Les trois prochains chapitres sont consacrés à la description des principales étapes de cette démarche, qui va du conscient à l'inconscient. Nous ne reviendrons pas sur le niveau superficiel non systématisé, qui consiste, pour l'essentiel, sur le plan du traitement, à combiner sans préparation particulière une thérapie de soutien à diverses techniques cognitives ou comportementales. Nous ne reviendrons pas non plus sur l'utilisation des protocoles d'intervention conçus pour des pathologies spécifiques. Ces protocoles sont souvent très différents d'une pathologie à l'autre, et on en trouve d'excellentes descriptions dans les guides de pratique. Nous commencerons donc par le niveau superficiel systématisé en décrivant la démarche débutant par l'utilisation du tableau d'enregistrement des pensées dysfonctionnelles.

CHAPITRE

13

Premier niveau : le niveau conscient systématisé

par Louis Chaloult

C'est au niveau conscient systématisé que commence une démarche plus méthodique et plus structurée ayant pour but de reconnaître et de modifier les pensées conscientes à l'origine des émotions et des comportements dysfonctionnels du patient. Avant d'en arriver là, le thérapeute a soigneusement évalué son patient; il a posé un diagnostic, au moins temporaire, et il a prévu un plan de traitement détaillé qui pourra être modifié par la suite, au besoin.

Dans le présent chapitre, nous commencerons par définir ce que nous entendons par restructuration cognitive, puis nous donnerons une description d'ensemble du tableau d'enregistrement des pensées dysfonctionnelles (TEPD). C'est l'outil dont on se sert le plus fréquemment pour effectuer une restructuration cognitive de façon systématisée. Nous étudierons ensuite chacune des composantes de ce tableau, soit les événements, les émotions, les pensées automatiques, les pensées adaptées, le résultat puis le passage à l'action. Nous verrons, finalement, les différentes étapes à suivre en clinique lorsqu'on utilise le TEPD.

Qu'est-ce que la restructuration cognitive ?

On sait que les pensées automatiques responsables des émotions dysfonctionnelles sont elles-mêmes, en bonne partie, dysfonctionnelles dans la mesure où elles sont irréalistes et inadaptées : irréalistes[1] parce qu'elles ne correspondent pas à une réalité communément admise, et inadaptées parce qu'elles ne servent pas les intérêts de la personne concernée. Exemples :

1. Comme nous le disions dans le chapitre 6 (*Les principes fondamentaux de la thérapie cognitive*), il est impossible d'évaluer précisément jusqu'à quel point une pensée est réaliste ou irréaliste. Tout dépend de la perception de la personne qui évalue, comme nous l'enseigne le premier principe de base de la thérapie cognitive. Par commodité, nous continuerons toutefois à utiliser, parfois, les qualificatifs « réaliste » et « irréaliste » en tenant pour acquis qu'une pensée plus réaliste est plus rationnelle puisque, pour la plupart des gens, elle est plus évidente et qu'il est plus aisé d'en faire la démonstration.

- *L'agoraphobe* « Je cours un grand danger si je subis une attaque de panique dans cet ascenseur ». IRRÉALISTE ! Les attaques de panique sont souffrantes et désagréables, mais ne constituent pas un danger important. INADAPTÉ! Une pensée de ce genre conduit à une augmentation de l'anxiété et peut inciter l'agoraphobe à éviter les ascenseurs, ce qui n'est évidemment pas dans son intérêt.
- *L'hypocondriaque* « Une fois de plus, je digère difficilement. Je suis certainement atteint d'un cancer ». IRRÉALISTE ! Cette personne a vu plusieurs médecins et passé plusieurs examens. Il est possible qu'elle souffre d'un cancer ; il ne s'agit toutefois pas d'une certitude, mais plutôt d'une hypothèse extrêmement improbable. INADAPTÉ ! Comme dans le cas de l'agoraphobe, ce type de pensée conduit à une augmentation de l'anxiété et peut inciter l'hypocondriaque à consulter à répétition, ce qui n'est généralement pas non plus dans son intérêt.

On peut donc définir la restructuration cognitive comme une démarche consistant à remplacer les pensées dysfonctionnelles par d'autres, plus fonctionnelles, c'est-à-dire plus réalistes et mieux adaptées. Le patient commence par reconnaître les pensées qui sont à l'origine de ses émotions, il vérifie si elles sont dysfonctionnelles ou non et, dans l'affirmative, il les remplace par des pensées plus fonctionnelles. Il en résulte presque toujours une diminution et parfois même une disparition des émotions dysfonctionnelles.

La difficulté, ici, est de savoir distinguer les pensées fonctionnelles des pensées dysfonctionnelles. Voici cinq critères pouvant nous faciliter la tâche (Walen, DiGiuseppe & Wessler, 1980 ; Auger, 1986) :

- Une pensée fonctionnelle est *plus évidente, plus logique et plus facilement vérifiable ou démontrable.* Exemples : « Il existe au Québec une ville nommée Montréal. » Vérifiable. « Si ma conjointe me quitte, je perds beaucoup. » Démontrable si cette femme a été une bonne et agréable compagne aux yeux de son conjoint.
- Par opposition, une pensée dysfonctionnelle est *moins évidente, moins logique et plus difficilement vérifiable ou démontrable.* Exemple : « Ma conjointe m'a quitté il y a un mois, c'est horrible et insupportable. » Peu démontrable ! La perte d'un être très cher est certes pénible, mais supportable puisque la plupart des gens à qui la chose arrive la supportent. Elle ne devient insupportable que si elle est accompagnée d'une croyance irrationnelle : « Sans ma conjointe, il m'est impossible de profiter de la vie et, par conséquent, je ne pourrai plus jamais être heureux. »
- Une pensée fonctionnelle ne s'exprime pas en *termes absolus,* mais plutôt en *termes relatifs, conditionnels et nuancés,* par opposition à une pensée dysfonctionnelle qui est exprimée sous la forme *d'une exigence rigide.* Exemple : « J'aurais préféré que ma conjointe demeure avec moi. » par opposition à « Ma conjointe n'avait pas le droit de me quitter après tout ce que j'ai fait pour elle. Elle doit rester avec moi parce que j'ai absolument besoin de sa présence pour être heureux. » On retrouve donc ici la notion d'exigence rigide, exigence qui est faite de lois ou de besoins absolus et qui s'oppose à la notion de préférence le long du continuum qui mène de l'exigence à la préférence (*voir le chapitre 8*).
- Une pensée fonctionnelle *est suivie d'émotions modérées et non dommageables,* contrairement à une pensée dysfonctionnelle qui résulte souvent en des émotions dysfonctionnelles qui, par définition, sont toujours perturbatrices et fréquemment dommageables.

« Il est regrettable que ma conjointe m'ait quitté. » produira comme émotion une tristesse appropriée; mais une pensée comme « Ma conjointe n'a pas le droit de me quitter, et je ne peux le supporter parce que j'ai absolument besoin de sa présence pour être heureux. » produira de l'anxiété, de l'hostilité et de la tristesse, toutes trois probablement dysfonctionnelles parce que trop intenses et de trop longue durée.

- Une pensée fonctionnelle *aide une personne à atteindre ses objectifs,* alors qu'une pensée dysfonctionnelle *nuit à leur réalisation.* Dans notre exemple, l'individu dont la pensée est fonctionnelle sera moins perturbé et parviendra plus facilement à se réconcilier avec sa compagne ou à s'en trouver une autre que celui qui est hostile, jaloux ou désespéré.

La restructuration cognitive consiste donc, comme nous venons de le voir, à remplacer les pensées dysfonctionnelles par d'autres, plus fonctionnelles. La façon la plus efficace pour y arriver consiste à procéder par écrit. Un texte écrit oblige la personne à prendre de la distance par rapport à ses pensées, à les exprimer plus clairement, à les systématiser et à les ordonner dans une séquence logique. Il permet à la personne de se relire, de se corriger, et il peut ultérieurement être consulté pour une nouvelle réflexion que le patient mènera seul ou avec le thérapeute. Bien sûr, l'écriture exige temps et effort, ce qui déplaît à plusieurs. Mais on ne peut s'attendre à modifier rapidement et facilement des croyances dysfonctionnelles apprises et profondément ancrées en soi depuis l'enfance, croyances que l'individu a ressassées des milliers de fois. Comme le dit Auger (1986, p. 76) : « La confrontation d'une idée fondamentale demande ordinairement une somme considérable d'énergie de la part de l'aidant et de l'aidé, et il vaut mieux s'attendre à ce qu'une idée erronée ne cède la place qu'à la suite de confrontations nombreuses et prolongées. »

Maintenant que nous avons brièvement défini ce qu'est la restructuration cognitive, voyons ce qu'elle n'est pas. La restructuration cognitive est différente :

- *du petit discours moralisateur.* Lorsque nous faisons la morale à une personne, nous l'incitons à suivre notre propre code moral ou celui de notre groupe, de notre religion ou de notre société : « Tu n'as pas le droit d'abandonner ton conjoint, de consommer de la drogue, de rouler si vite en voiture. Tu devrais économiser, travailler davantage, mieux t'occuper de tes enfants. »
- *de l'autosuggestion ou de l'hétéro-suggestion.* La suggestion consiste à se convaincre ou à convaincre les autres de l'existence d'un état ou d'un objectif qui peut être souhaitable mais qui ne correspond pas nécessairement à la réalité. Il peut s'agir, par exemple, de l'anxieux qui se répète, pendant une crise de panique : « Je suis détendu, calme et bien. »
- *de l'exhortation.* Lorsqu'on utilise l'exhortation, on fait souvent appel à la volonté ou à la détermination d'un individu pour l'encourager à atteindre un but considéré comme bienfaisant pour lui ou pour les autres : « Sois stoïque, fais des efforts, fais courageusement face, c'est dans ton intérêt ! »
- *de la pensée positive.* Lorsqu'on utilise la pensée positive, on s'applique uniquement à voir ou à montrer le bon côté des choses, en ignorant les aspects négatifs qu'elles recèlent, s'il y en a : « Votre conjoint vous a quitté ! Ce n'est pas grave ! Vous voilà plus libre avec moins d'obligations et de responsabilités; vous pouvez même vous choisir un autre conjoint qui vous convient mieux. »

Tout ceci ne veut pas dire que les petits discours moralisateurs, la suggestion, l'exhortation et la pensée positive doivent être considérés, globalement, comme mauvais et à éviter. S'ils sont employés avec discernement, ils sont parfois utiles dans la vie quotidienne ou en psychothérapie. Mais la restructuration cognitive leur est généralement supérieure lorsqu'on peut y recourir parce qu'elle conduit à tenir compte des situations, des événements et des êtres humains tels qu'ils sont, intrinsèquement, avec leurs bons et leurs mauvais côtés. Elle incite également à trouver en soi les ressources pour affronter les difficultés et les surmonter, en les acceptant ou en s'y adaptant.

Le tableau d'enregistrement des pensées dysfonctionnelles (TEPD)

On peut s'y prendre de mille façons pour effectuer une restructuration cognitive mais, comme nous le disions dans le chapitre précédent, la méthode la plus souvent utilisée consiste à se servir du tableau à cinq colonnes nommé « Tableau d'enregistrement des pensées dysfonctionnelles », ou TEPD.

Albert Ellis est à l'origine du TEPD (Ellis, 1962; 1973; Ellis & Greiger, 1977). Fidèle à sa théorie « événements, émotions, pensées », il suggère à ses patients de suivre une séquence en cinq étapes lorsque survient une émotion dysfonctionnelle. Il a donné à chaque étape un nom commençant par une des cinq premières lettres de l'alphabet : A B C D E. Le A correspond à la première étape, le B à la deuxième, et ainsi de suite.

Première étape Quel est l'événement, la situation ou ce qu'on pourrait appeler l'occasion, en langage cognitif, qui génère l'émotion ? Ellis la nomme, en anglais, *activating event.*

Deuxième étape Quelles sont les pensées qui ont jailli spontanément à la suite de cet événement ? Ellis les nomme *belief* (c'est-à-dire pensées et croyances) et Beck, *pensées automatiques.*

Troisième étape Quelle émotion résulte de ces pensées ? Ellis appelle cette étape, en anglais, *consequence.* Il suggère d'évaluer l'intensité de l'émotion à l'aide d'une échelle allant de 0 à 100.

Notons ici que ces trois premières composantes du TEPD sont indissociables et qu'elles forment un système qui est à la base de toute restructuration cognitive un peu structurée. Ellis l'a baptisé « système événements, pensées, émotions ».

Quatrième étape Ces pensées sont-elles réalistes et adaptées ? Si elles ne le sont pas, par quelles autres pensées plus réalistes et mieux adaptées pourrait-on les remplacer ? C'est cette opération qui constitue la restructuration cognitive. Ellis la nomme *disputing* (c'est-à-dire « restructuration » ou confrontation).

Cinquième étape L'intensité de l'émotion dysfonctionnelle de la troisième étape est-elle la même ou a-t-elle diminué ? Plus elle se sera atténuée, plus la restructuration cognitive aura été efficace. C'est l'étape de l'« évaluation », comme le dit Ellis.

Le tableau 13.1 à la page suivante, intitulé « Tableau d'enregistrement des pensées dysfonctionnelles selon Ellis », résume et schématise ce que nous venons de dire.

TABLEAU 13.1 Tableau d'enregistrement des pensées dysfonctionnelles (TEPD) selon Ellis

A	B	C	D	E
Activating event	***Belief***	***Consequence***	***Disputing***	***Evaluation***
Événement ou occasion	Cause = pensées et croyances	Conséquence = émotion (nommer et évaluer l'intensité de l'émotion sur une échelle allant de 0 à 100)	Restructuration ou confrontation	Résultat (réévaluer l'intensité de l'émotion sur une échelle allant de 0 à 100)

Beck a repris, et légèrement modifié, le tableau d'Ellis (Beck, A. T., *et al.*,1979, p. 403; Greenberger & Padesky, 1995). Il a inversé les étapes B et C parce que, pour la plupart des gens, l'émotion est plus spontanément associée à l'événement et aussi parce qu'en psychothérapie, il est plus pratique de comparer les pensées automatiques et les pensées adaptées lorsqu'elles sont voisines. Comme Ellis, Beck demande également au patient d'évaluer l'intensité de l'émotion avant et après la restructuration sur une échelle allant de 0 à 100. Il suggère de faire de même avec le degré de croyance dans la pensée automatique, puis dans la pensée rationnelle ou adaptée. En observant la différence entre les résultats des diverses étapes, on peut apprécier l'efficacité de la restructuration. Le tableau 13.2, inspiré partiellement de I. M. Blackburn (Blackburn & Cottraux, 1988), illustre cette façon de procéder.

Cette seconde version du TEPD a été adoptée par la majeure partie des cliniciens. C'est celle que nous utiliserons tout le long de ce chapitre pour expliquer les différentes étapes de la restructuration cognitive.

Lorsque nous cherchons, en psychothérapie, à reconnaître les pensées responsables des émotions dysfonctionnelles, les patients évoquent deux types de pensées : les pensées contrôlées et les pensées automatiques (*voir le chapitre 7*). Les pensées contrôlées sont conscientes et sous le contrôle de la volonté, tandis que les pensées automatiques sont préconscientes ou, parfois, inconscientes et en bonne partie hors du contrôle de la volonté. Ce sont les pensées automatiques qui sont les principales responsables des émotions dysfonctionnelles, et c'est sans doute la raison pour laquelle Beck donne leur nom à l'ensemble des pensées mentionnées par les patients, c'est-à-dire les pensées contrôlées et les pensées automatiques.

TABLEAU 13.2 Tableau d'enregistrement des pensées dysfonctionnelles (TEPD) selon Beck

Situation	Émotions	Pensées automatiques	Pensées adaptées	Résultat
Événement ou situation ou fil des pensées	Nommer l'émotion et évaluer son intensité (0-100)	Écrire spontanément les pensées automatiques et évaluer le niveau de croyance (0-100)	Écrire les pensées adaptées et évaluer le niveau de croyance (0-100)	Réévaluer l'intensité de l'émotion (0-100)

Lorsqu'on commence la restructuration cognitive en s'inspirant du TEPD, on demande au patient, dans un premier temps, de décrire les émotions dysfonctionnelles au moment où elles surviennent, de les associer à l'événement qui les génère et, surtout, de noter les pensées automatiques qui les provoquent. C'est l'étape du travail sur le système événements, émotions, pensées. Dans un deuxième temps, thérapeute et patient s'emploient à remplacer les pensées automatiques par des pensées mieux adaptées. C'est l'étape de la restructuration cognitive en tant que telle, du *disputing,* comme le dit Ellis ou, encore, de la « confrontation », comme la nomme Lucien Auger.

Dans le but de mieux les comprendre et d'apprendre à s'en servir, examinons de plus près chacune des composantes du TEPD, soit :

- l'événement ou la situation ;
- les émotions ;
- les pensées automatiques ;
- les pensées adaptées ;
- le résultat.

L'événement ou la situation

Jusqu'ici, nous avons donné au mot « événement » une signification large englobant toutes les occasions pouvant mettre en branle le système événement, émotions, pensées. Cependant, si on y regarde de plus près, on constate que l'événement (ou la situation, ou l'occasion) peut avoir trois aspects.

Un événement explicite est l'événement

Le plus souvent, on a affaire à un événement spécifique survenu dans la vie de l'individu, événement duquel découlent immédiatement les pensées et les émotions dysfonctionnelles. Ce genre d'événement est facile à reconnaître parce qu'il correspond aux faits tels qu'ils se sont produits dans la réalité et tels qu'ils peuvent être confirmés par d'autres personnes présentes ou témoins. C'est pourquoi, généralement, les gens l'associent assez facilement à leurs émotions : « Lorsque les enfants font trop de bruit, je me fâche. » ; « Devoir parler en public me donne un trac fou. »

Des pensées dysfonctionnelles deviennent l'événement

Il arrive aussi que les pensées automatiques ne soient pas générées par un événement venant tout juste de se produire, mais proviennent plutôt d'une situation passée ou hypothétique comme un échec ancien ou la crainte de perdre éventuellement un emploi pourtant stable dans le présent. Ces pensées automatiques peuvent surgir n'importe quand dans le discours intérieur de l'individu, surtout s'il est au repos ou s'il accomplit une tâche qui n'exige pas toute son attention. Si elles sont influencées et déformées par des attitudes et des croyances irrationnelles, il en résultera automatiquement des émotions dysfonctionnelles. Celui qui se dévalorise exagérément à la suite d'un échec passé se sentira déprimé, et celui qui dramatise la possibilité de perdre son emploi deviendra anxieux.

Lorsque des pensées de ce type se glissent imperceptiblement dans le discours intérieur de la personne sans que celle-ci en prenne pleinement conscience, elle se sentira anxieuse, hostile, coupable ou déprimée, sans trop savoir pourquoi. En fait, même si elle est familière avec le système « événement, émotions, pensées », elle ne parviendra pas à établir clairement un lien entre l'événement passé et les pensées et émotions qui en découlent. Il s'agit là d'un phénomène qui peut survenir chez n'importe qui, mais qu'on observe beaucoup plus fréquemment chez les personnes souffrant de pathologies comme l'anxiété généralisée ou la dysthymie. La solution consiste évidemment à aider la personne à bien reconnaître les pensées automatiques qui tiennent lieu, ici, d'événements. Nous verrons, plus loin, comment on peut s'y prendre.

Une émotion dysfonctionnelle devient l'événement

Parfois, l'événement peut prendre la forme d'une émotion dysfonctionnelle qui génère des pensées irréalistes dont découlera une autre émotion dysfonctionnelle. C'est ce qu'on appelle une « émotion seconde », qui est une émotion engendrée par une autre émotion qui, elle, est l'émotion première. Il peut même y avoir une émotion troisième ou quatrième. Par exemple, une personne qui a peur d'affronter un danger mineur, comme rester seule dans l'obscurité, peut éprouver de la gêne ou de la honte si quelqu'un se rend compte de sa peur. L'émotion première, dans ce cas, est la peur, et l'émotion seconde, la gêne ou la honte. Si cette même personne s'attriste par la suite devant ce qu'elle considère comme un manque de courage, il s'agira d'une émotion troisième.

En clinique, lorsque le patient se familiarise avec le TEPD, on lui explique en quoi consiste l'événement et quelle forme il peut prendre. L'utilisation des questions *qui ? quoi ? quand ?* et *où ?* peut aider à reconnaître cet événement. Qui était impliqué dans la conversation ? De quoi s'agissait-il ? Quand cette conversation est-elle survenue ? À quel endroit ? Puis on demande à la personne d'inscrire dans la première colonne du TEPD, aussi succinctement et précisément que possible, cet événement et les circonstances où il s'est produit.

Les émotions

Nous savons qu'il existe des émotions agréables et désagréables, et qu'elles peuvent toutes deux être parfois fonctionnelles, parfois dysfonctionnelles. Une émotion est dysfonctionnelle lorsque sa présence, sa fréquence, sa durée et son intensité ne sont pas justifiées dans le contexte ou elle survient (*voir le chapitre* 6).

L'apparition d'une émotion dysfonctionnelle chez une personne est le premier indice de la présence de pensées également dysfonctionnelles. Une restructuration cognitive efficace débute donc, généralement, par la reconnaissance exacte de l'émotion en cause puis, dans un deuxième temps, on cherche les pensées d'où cette émotion provient. Et si on y regarde de plus près, on se rend compte qu'une même émotion ressentie par différentes personnes peut être provoquée par le même type de pensées. Ceci est important en psychothérapie, car si on connaît bien le genre de pensées correspondant à une émotion donnée, on aura tout de suite une bonne idée de ce que pense la personne qui la ressent ; à l'inverse, si cette personne fait part de ses pensées, on peut rapidement déterminer les émotions qui en résultent. De plus, si le thérapeute enseigne ces notions à son patient, ce dernier en arrivera plus facilement au même résultat.

Une des premières étapes en TCC consiste donc à enseigner au patient à reconnaître les principaux groupes d'émotions fonctionnelles ou dysfonctionnelles ainsi que les pensées auxquelles ces émotions correspondent. Ainsi, le thérapeute et le patient disposent d'un vocabulaire commun qui leur permet de mieux communiquer et qui constitue une base solide sur laquelle édifier la démarche thérapeutique.

Les principaux groupes d'émotions

Pour faciliter l'enseignement au patient et l'établissement d'un vocabulaire commun, nous avons divisé les émotions en cinq principaux groupes rassemblant la majorité des émotions dysfonctionnelles observées en clinique, soient les émotions liées à l'anxiété, celles liées à l'hostilité, celles liées à la culpabilité, celles liées à l'autodévalorisation et à la honte et, enfin, celles liées à la tristesse. Dans les pages qui suivent, nous verrons qu'à l'intérieur d'un groupe, un même type d'émotion peut prendre différentes appellations ; nous verrons aussi les idées ou les pensées qui sont le plus souvent à l'origine de ce type d'émotion.

Le groupe des émotions liées à l'anxiété

L'anxiété est probablement l'émotion la plus fréquente chez les êtres humains. Plusieurs termes servent à désigner les différents formes qu'elle peut prendre : angoisse, crainte, appréhension, peur, stress, nervosité, inquiétude, frayeur, phobie, effroi, épouvante, affolement, panique[2], etc.

---

2. Pour des précisions sur la signification de ces termes, voir Barlow, 1988.

Qu'elle soit fonctionnelle ou dysfonctionnelle, l'anxiété provient de deux idées principales :

- «*Un danger me menace.*» Ce danger concerne un avenir immédiat ou éloigné; il peut s'agir d'une perte matérielle, d'une souffrance physique ou psychique, d'un rejet ou d'une dévalorisation, ou d'autres formes de danger;
- «*Je ne pourrai éviter ce danger.*» Si on pense pouvoir éviter ou maîtriser facilement un danger, il n'y aura pas d'anxiété. Cette émotion apparaît à partir du moment où on commence à croire à l'éventualité du danger, et plus cette éventualité devient une probabilité ou une certitude, plus l'anxiété augmente. Par exemple, une personne regarde avec curiosité et intérêt un énorme tigre qui arpente sa cage. Même si elle sait qu'un tigre peut être un animal dangereux, elle ne s'inquiète pas parce qu'elle se sent protégée par la cage. Soudain, elle se rend compte qu'un gardien, par inadvertance, a laissé la porte de la cage entrouverte. Immédiatement, la personne devient anxieuse parce qu'elle se sent alors menacée, et son anxiété s'accroîtra rapidement si elle voit le tigre se diriger vers la porte de la cage et si elle ne trouve pas d'endroit où se réfugier.

Dans cet exemple, l'anxiété est une réaction normale face à un danger imminent. Elle est donc fonctionnelle, comme c'est souvent le cas dans notre vie quotidienne, parce qu'elle sert de signal d'alarme et nous permet d'éviter les conséquences néfastes d'une situation réellement dangereuse. Cependant, elle peut devenir dysfonctionnelle ou inappropriée sous l'effet de divers facteurs comme de mauvaises informations, des erreurs logiques ou des croyances intermédiaires et fondamentales dysfonctionnelles. Ces facteurs ne sont pas exclusifs à l'anxiété, car on les trouve dans toutes les émotions dysfonctionnelles. Nous verrons, dans les chapitres suivants, pourquoi, quand et comment ils exercent leur action.

Le groupe des émotions liées à l'hostilité

Les différents termes utilisés pour nommer l'hostilité appartiennent à deux catégories. Dans la première, on trouve une forme d'hostilité survenant surtout «à chaud», à la suite d'un événement spécifique dont les manifestations sont, le plus souvent, transitoires. Si on classe par ordre d'intensité les termes servant à la nommer, en commençant par le terme désignant l'hostilité la plus légère, on aura la gradation suivante : impatience, légère irritation, forte irritation, colère et rage. La seconde catégorie renvoie à un type d'hostilité qui se manifeste «à froid» et s'inscrit dans la durée. C'est le cas de la haine et de la rancune, accompagnées ou non d'un désir de vengeance.

Comme l'anxiété, l'hostilité est basée sur deux idées principales :

- «*Cette personne commet ou a commis une erreur.*» Lorsqu'un individu est hostile, il croit à peu près toujours qu'une faute est commise ou a été commise, et il s'emporte contre la personne ou la chose qui, à ses yeux, est responsable de cette faute. Le plus souvent, il s'agit d'une personne : «Quel grossier personnage ! Je vais lui montrer de quel bois je me chauffe !» Parfois, il s'agit d'un objet : «J'ai donné un coup de pied à cette tondeuse qui, malgré tous mes efforts, refuse de démarrer.» Parfois, encore, c'est Dieu, le destin ou la providence, et l'hostilité s'exprime alors sous forme de révolte : «Qu'est-ce que j'ai fait au bon Dieu pour qu'il m'afflige d'une telle maladie ?» Ce sont là les trois cibles les plus fréquentes de l'hostilité, mais il peut y en avoir d'autres, comme des animaux, des institutions, des concepts, etc.;
- «*Cette personne ne devrait pas ou n'aurait pas dû faire ce qu'elle a fait.*» Il s'agit ici d'une exigence ou d'une loi, dans le vocabulaire d'Ellis, et d'une règle, dans le vocabulaire

de Beck. Bien des personnes, en effet, ont affaire à un grossier personnage ou à une tondeuse défectueuse, ou sont atteintes d'une maladie grave sans pour autant se fâcher ou se révolter. L'exigence est donc un facteur s'ajoutant à ce que la personne croit être la faute de l'autre, sans laquelle il ne saurait y avoir d'hostilité. Si l'intensité de l'exigence est appropriée, l'intensité de l'hostilité sera également appropriée. Plus l'intensité de l'exigence devient exagérée et, par conséquent, dysfonctionnelle, plus l'intensité de l'hostilité deviendra aussi exagérée et dysfonctionnelle.

Prenons l'exemple d'un patron dont la secrétaire est en retard. Le retard constitue la faute de la secrétaire, et le désir d'avoir une secrétaire ponctuelle devient l'exigence du patron. Si ce dernier s'impatiente légèrement après de nombreux retards, on peut qualifier son impatience (hostilité légère) de fonctionnelle. Si, par contre, il pique une grosse colère après le premier retard et refuse d'entendre les explications de sa secrétaire, sa colère, cette fois, est très probablement dysfonctionnelle.

Dans cet exemple, il est facile de qualifier de « fonctionnelle » et de « dysfonctionnelle » ces deux formes d'hostilité. Mais quelle est la frontière exacte entre ce qui est fonctionnel et ce qui est dysfonctionnel ? À compter de quel nombre de retards le patron est-il justifié de se fâcher ? Il n'y a pas de réponses à ces questions. Tout est affaire de perception, comme nous le rappelle le premier principe de base de la TCC.

Le groupe des émotions liées à la culpabilité

Regret, remords et autoaccusation sont des termes dont les significations sont bien différentes, mais qui peuvent être regroupés sous le thème de la culpabilité. Les pensées dont découle la culpabilité sont identiques à celles dont découle l'hostilité, mais leurs conséquences sont différentes : lorsqu'il y a culpabilité, l'hostilité est tournée contre soi, non contre autrui.

On trouve, à l'origine de la culpabilité, les deux pensées suivantes :

- «*J'ai commis une faute.*» Cette notion est toujours présente dans la culpabilité ;
- «*Je n'aurais pas dû faire ce que j'ai fait.*» Comme dans le cas de l'hostilité, on constate ici la présence d'une exigence ou d'une loi (ou d'une règle), mais qui s'applique à l'individu qui se sent coupable plutôt qu'à autrui. La personne qui ressent de la culpabilité après avoir causé un accident alors qu'elle conduisait en état d'ébriété se dit nécessairement : « Je n'aurais pas dû faire cela. »

La culpabilité est parfois utile parce qu'elle nous permet de prendre conscience de nos fautes ou de nos erreurs et de les corriger. Mais, comme toutes les autres émotions, elle devient fréquemment dysfonctionnelle, et c'est alors qu'il est nécessaire de l'atténuer ou même, parfois, de la faire disparaître en intervenant sur les facteurs qui la causent.

Le groupe des émotions liées à l'autodévalorisation et à la honte

Les pensées à l'origine de l'autodévalorisation et de la honte sont souvent assez semblables à celles présentes dans la culpabilité : « J'ai commis une faute que je n'aurais pas du faire. » C'est la raison pour laquelle on les associe fréquemment aux pensées du groupe des émotions liées à la culpabilité. Ce qui distingue l'autodévalorisation de la culpabilité, c'est l'ajout d'un jugement que l'individu porte sur sa valeur personnelle : « Puisque j'ai commis cette faute, ma valeur personnelle baisse ou est nulle. »

La honte est voisine de l'autodévalorisation, à l'exception du fait que, dans le cas de l'autodévalorisation, la personne se juge elle-même sévèrement, tandis que, dans le cas de la honte, elle se sent sévèrement jugée par autrui : « Puisque j'ai commis cette faute, les autres vont penser que je suis une mauvaise personne; par conséquent, ma valeur personnelle baisse ou est nulle à leurs yeux. » Cette pensée se traduit par une autre pensée : « J'ai l'air d'un incompétent, je me ridiculise et, par conséquent, j'ai honte. »

Il va de soi que l'intensité de la honte est proportionnelle à l'importance que l'individu accorde à l'évaluation d'autrui. Plus cette importance grandit, plus la pensée devient dysfonctionnelle et plus la personne est susceptible d'éprouver de la honte.

Le groupe des émotions liées à la tristesse

Déception, désappointement, affliction, abattement, accablement, découragement et désespoir sont quelques-uns des termes associés au groupe de la tristesse.

Qu'elle soit fonctionnelle ou dysfonctionnelle, la pensée à l'origine de la tristesse est toujours la même : « Ce qui arrive, est arrivé ou arrivera est mauvais pour moi. » On peut ajouter ici : « Si ce qui arrive, est arrivé ou arrivera est mauvais pour une personne que j'aime et à laquelle je veux du bien, c'est également mauvais pour moi. » Évidemment, l'élément à l'origine de la tristesse n'est pas nécessairement une personne; il peut s'agir, par exemple, d'un objet, d'un animal, d'une organisation ou d'une idéologie.

Le tableau 13.3 présente ces cinq principaux groupes d'émotions et les pensées qui leur sont associées.

TABLEAU 13.3 Les principaux groupes d'émotions et les pensées à l'origine de ces émotions

PRINCIPAUX GROUPES D'ÉMOTIONS	PENSÉES À L'ORIGINE DE CES ÉMOTIONS
ANXIÉTÉ Angoisse, inquiétude, crainte, appréhension, peur, stress, stresseur, nervosité, frayeur, phobie, effroi, épouvante, affolement, panique, etc.	• Un danger me menace… • … que je ne pourrai pas éviter.
HOSTILITÉ Impatience, irritation, colère, rage, haine, rancune, révolte, désir de vengeance, agressivité, etc.	• Cette personne commet ou a commis une faute. • Elle ne devrait pas faire ce qu'elle fait ou n'aurait pas dû faire ce qu'elle a fait.
CULPABILITÉ Regret, remords, autoaccusation, etc.	• J'ai commis une faute. • Je n'aurais pas dû faire ce que j'ai fait.
AUTODÉVALORISATION	• J'ai commis une faute. • Je n'aurais pas dû commettre cette faute… • … par conséquent, ma valeur personnelle baisse ou est nulle.
HONTE	• J'ai commis une faute. • Je n'aurais pas dû commettre cette faute… • … par conséquent, ma valeur personnelle baisse ou est nulle aux yeux d'autrui.
TRISTESSE Déception, désappointement, affliction, abattement, accablement, découragement, désespoir, etc.	• Ce qui arrive, est arrivé ou arrivera est mauvais pour moi ou pour des personnes que j'aime.

Les autres émotions fonctionnelles et dysfonctionnelles

Les émotions ressenties par les êtres humains ne se limitent évidemment pas à celles que nous venons de voir. Il existe une très large gamme d'émotions agréables et désagréables, fonctionnelles ou dysfonctionnelles, que l'on peut observer en clinique ou dans la vie courante. Le tableau 13.4, inspiré des travaux de Lucien Auger (1986), en présente quelques-unes, ainsi que les pensées d'où elles proviennent.

TABLEAU 13.4 D'autres émotions et les pensées à l'origine de ces émotions[3]

ÉMOTIONS	PENSÉES À L'ORIGINE DE CES ÉMOTIONS
DÉSIR Souhait, attirance, attrait, convoitise, ambition, envie, préférence, etc.	Cette chose serait bonne pour moi si je parvenais à l'obtenir.
JOIE Gaieté, ravissement, exultation, allégresse, etc.	Cette chose est bonne pour moi.
AMOUR Amitié, affection, attachement, tendresse, etc.	Cette chose (ou cette personne) est bonne pour moi.
AVERSION Dédain, dégoût, horreur, répugnance, etc.	Cette chose est mauvaise pour moi.
REGRET	Cette chose aurait été bonne pour moi.
DÉSESPOIR	Je n'obtiendrai jamais cette chose dont j'ai absolument besoin.
ORGUEIL	Ma valeur personnelle augmente, elle est plus grande que celle d'autrui.
FIERTÉ	La valeur de mon action est grande.
MÉPRIS	La valeur de cette chose (ou de cette personne) est négligeable.
JALOUSIE Combinaison de trois émotions : désir, anxiété, hostilité	1. Désir : Cette chose (ou cette personne) est très importante pour moi et je souhaite l'obtenir ou la garder. 2. Anxiété : J'ai peur de perdre cette chose (ou cette personne). 3. Hostilité : Cette personne ne devrait pas m'empêcher d'obtenir cette chose (ou cette personne) que je désire.

3. Il ne s'agit ici que d'indications générales et nécessairement imprécises sur les pensées à l'origine de ces émotions.

La séquence naturelle des émotions

Lorsque plusieurs émotions surviennent presque simultanément ou en succession à l'occasion de certains événements, elles suivent souvent, d'une fois à l'autre, une séquence presque identique correspondant au déroulement naturel ou logique des pensées. Il y a d'abord l'anxiété, puis l'hostilité, puis la culpabilité et, finalement, la tristesse.

On peut prendre comme exemple un père dont le petit garçon traverse la rue sans regarder et qui se fait presque heurter par une voiture. Au moment où l'enfant traverse la rue, le père est anxieux: «Un danger menace mon fils, qui ne réussira peut-être pas à l'éviter.» Une fois la rue traversée et le danger passé, le père peut se fâcher (hostilité). «Mon fils s'est mal conduit. Il n'aurait pas dû courir un pareil risque et m'inquiéter de la sorte.» La punition qui suit peut être une réprimande plus ou moins sévère. Si la réprimande est trop sévère, le père peut se sentir coupable s'il se dit: «J'ai exagéré. Je n'aurais pas dû punir mon fils de la sorte. Je suis un mauvais père.» Un peu plus tard, il peut ressentir de la tristesse s'il pense ainsi: «Ce qui est arrivé est malheureux parce que la relation entre mon fils et moi se détériore. »

Les émotions ne se présentent évidemment pas toujours de cette façon dans la vie courante ou en clinique, mais on observe assez fréquemment cette séquence, en particulier pour ce qui est de l'anxiété, qui précède les autres émotions, et de la tristesse, qui les suit. Un clinicien qui en tient compte aura plus de facilité à démêler les émotions et, surtout, à cibler les pensées correspondant à chacune d'elles.

L'approche utilisée en clinique pour aborder les émotions

En théorie, on peut dissocier les émotions et les étudier l'une après l'autre comme nous venons de le faire. En pratique, ce n'est pas aussi simple, car les émotions surviennent rarement à l'état pur. Elles surgissent parfois brusquement, plusieurs à la fois, elles s'entremêlent, elles interagissent les unes avec les autres et elles fluctuent rapidement dans le temps.

Il s'ensuit que, dans la vie courante comme en clinique, les patients ont souvent tendance à confondre les émotions, à prendre des pensées pour des émotions ou des émotions pour des pensées, à mal reconnaître les pensées adéquates à l'origine de chaque émotion et à aborder plusieurs émotions à la fois en sautant trop rapidement de l'une à l'autre. C'est pourquoi le thérapeute a intérêt à enseigner, dès le début de la thérapie, ce que sont les principaux groupes d'émotions et les divers types de pensées qui correspondent à ces groupes. Il est ensuite beaucoup plus facile pour le patient de démêler ses émotions, de bien reconnaître chacune d'elles et de les associer clairement aux pensées qui sont à leur origine. Plus cet enseignement est fait de façon socratique, c'est-à-dire sur la base de questions plutôt que d'affirmations, plus il devient efficace. Exemple:

T.: On peut diviser les émotions en cinq principaux groupes. Pourriez-vous m'en nommer un?

P.: L'anxiété.

T.: Très bien. Plusieurs termes servent aussi à désigner des émotions faisant partie du même groupe que l'anxiété. Par exemple, la peur, l'effroi et l'épouvante. Est-ce que d'autres termes vous viennent à l'esprit?

P. : L'angoisse et l'inquiétude.

T. : Excellent. On pourrait aussi ajouter la crainte, l'appréhension, la nervosité, la panique ou autres. De quelles pensées, croyez-vous, pourrait provenir ce type d'émotions ?

Et ainsi de suite.

Le thérapeute peut se servir du tableau 13.3 présenté précédemment pour illustrer son propos et, s'il en remet une copie à son patient, celui-ci pourra s'en servir par la suite pour se rafraîchir la mémoire s'il éprouve de la difficulté à reconnaître une émotion donnée.

Ajoutons deux considérations pouvant aider une personne à mieux reconnaître ses émotions et à mieux les distinguer de ses pensées.

Un seul mot suffit généralement pour désigner une émotion, alors que plusieurs mots ou une courte phrase servent le plus souvent à énoncer une pensée. Ainsi, « J'enrage. » traduit une émotion et « Je n'accepte pas sa façon de donner des ordres. » décrit une pensée.

Plusieurs émotions peuvent survenir dans une même situation. Il importe alors de bien les distinguer les unes des autres avant de s'en servir comme point de départ d'une restructuration ; on commence par celle qui est la plus intense.

L'évaluation de l'intensité de l'émotion

Lorsqu'un patient choisit une émotion pour commencer un travail de restructuration, on lui demande de mesurer soigneusement l'intensité de cette émotion (*voir la figure 13.1*). Cette mesure permet, tout d'abord, de connaître les émotions les plus dysfonctionnelles, qui sont généralement celles par lesquelles il est préférable de commencer. En second lieu, grâce à cette évaluation, il est possible d'évaluer le résultat de toute la démarche. Plus l'intensité de l'émotion diminue, plus la restructuration est efficace.

Pour mesurer l'intensité de l'émotion, on se sert d'une échelle allant de 0 à 100, comme celle illustrée ci-dessous ; 0 représente l'absence d'émotion, et 100, l'émotion la plus intense.

FIGURE 13.1 L'évaluation de l'intensité de l'émotion

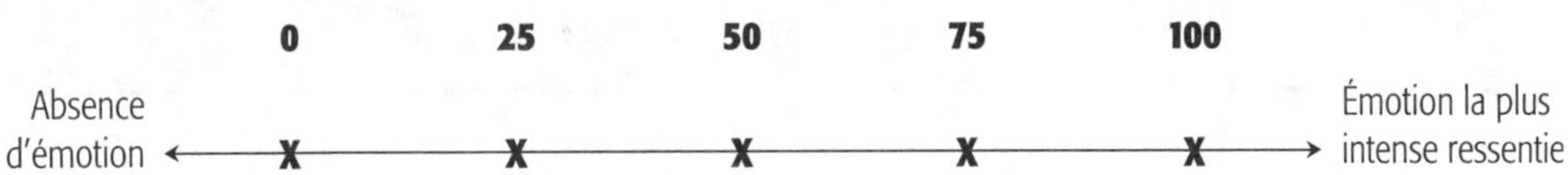

On demande donc au patient de situer l'intensité de son émotion sur cette échelle, puis d'inscrire le résultat dans la deuxième colonne du TEPD, celle de l'émotion. Lorsque la restructuration est terminée, il mesure à nouveau l'intensité de son émotion et il inscrit, cette fois, le résultat dans la cinquième colonne du TEPD, celle du résultat. C'est la différence entre ces deux intensités qui renseigne tant le patient que le thérapeute sur l'efficacité de la restructuration.

Les pensées automatiques

Un bref rappel concernant les pensées automatiques

Comme l'enseigne Beck (*voir le chapitre 7*), les pensées des être humains se présentent sous la forme d'idées (autoverbalisation, monologue ou discours intérieur) ou d'images mentales (« Quand je pense à ma mère, je revois son visage. »). Les pensées se divisent en deux catégories : les pensées contrôlées et les pensées automatiques. Les pensées contrôlées forment un premier discours intérieur généralement conscient et sous le contrôle de la volonté. Les pensées automatiques constituent un second discours intérieur inscrit dans le premier. Elles sont plus ou moins conscientes, le plus souvent involontaires ; elles apparaissent spontanément et sont exprimées sous la forme de petites phrases courtes très chargées affectivement (*hot cognitions*). Elles sont le produit des schémas et elles précèdent et influencent les émotions dysfonctionnelles. En général, plus les schémas sont dysfonctionnels, plus les pensées automatiques le sont également. L'objectif, en psychothérapie, consiste donc, dans un premier temps, à rendre le patient conscient de ses pensées automatiques de façon qu'il puisse les verbaliser et les modifier, au besoin.

Comment reconnaître les pensées automatiques

Lorsqu'il arrive à l'étape de la reconnaissance des pensées automatiques, le thérapeute procède d'abord à cette reconnaissance dans le cadre des entrevues avec son patient. Il dispose de plusieurs moyens pour y arriver. En voici quelques-uns.

Comment reconnaître les pensées automatiques

- Utiliser la question directe
- Être attentif à l'expression des émotions ressenties durant l'entrevue
- Reconstituer la situation
- Utiliser l'imagerie mentale ou le jeu de rôle
- Observer et comparer les pensées dans des situations identiques

Utiliser la question directe

La question directe constitue un moyen à la fois simple et généralement efficace pour connaître les pensées du patient. Elle consiste à demander à celui-ci, lorsqu'il fait part d'une émotion dysfonctionnelle ressentie au cours d'une situation vécue récemment : «À quoi pensiez-vous lorsque vous avez ressenti cette émotion ?» Plusieurs patients décrivent rapidement et sans trop de difficultés une bonne partie des pensées associées à cette émotion.

P : Le dimanche soir, je me sens presque toujours terriblement anxieux et triste, et j'arrive difficilement à dormir.

T : À quoi pensez-vous lorsque vous vous sentez ainsi ?

P : Je pense que je suis mal à l'aise à l'idée de reprendre le travail le lendemain matin.

T : Et qu'est-ce qui vous rend mal à l'aise ?

P : Je n'aime pas ce travail parce que mon patron est trop exigeant. Il me harcèle et j'ai l'impression qu'il veut me mettre à la porte.

T : Qu'est-ce que cela signifie pour vous, de vous faire mettre à la porte ?

P : J'ai déjà été mis à la porte d'un autre emploi, il y a trois ans. Si cela se reproduit, c'est sans doute parce que je suis une personne incompétente qui n'arrive pas à se débrouiller dans la vie.

Les questions du thérapeute peuvent prendre de multiples formes, selon les situations. Plus son répertoire est varié, plus il lui devient facile de connaître les pensées automatiques de son patient. De plus, lorsque ce dernier devient familier avec ce type de questionnement, il peut ensuite l'utiliser pour repérer par lui-même ses pensées automatiques.

Voici quelques exemples de questions pouvant être posées par le thérapeute :

- À quoi pensiez-vous tout de suite avant de ressentir cette émotion ?
- Qu'est-ce qui vous inquiète dans cette situation ? De quoi avez-vous peur ?
- Qu'est-ce que cette situation signifie pour vous ? Qu'est-ce qu'elle signifie pour les personnes que vous aimez ou qui sont importantes pour vous ?
- Est-ce que des images ou des souvenirs vous sont venus à l'esprit dans cette situation ?
- Pensez-vous que vous auriez pu penser à ceci ou à cela ? (Ici, le thérapeute avance des hypothèses plausibles.)

Être attentif à l'expression des émotions ressenties durant l'entrevue

Les situations les plus souvent utilisées pour commencer l'apprentissage de la restructuration cognitive sont celles au cours desquelles le patient a récemment vécu des émotions intenses. Si de telles émotions se manifestent pendant les entrevues, elles constituent des occasions encore meilleures d'entreprendre ce travail parce qu'il est évidemment plus facile, tant pour le patient que pour le thérapeute, d'établir un lien entre une pensée et une émotion au moment où l'émotion se produit. D'où l'importance, pour le thérapeute, d'être à l'affût des signes indiquant l'expression d'émotions chez son patient et de profiter de l'occasion pour connaître ses pensées automatiques.

T : Vous avez les larmes aux yeux lorsque vous me dites que vous pourriez perdre votre emploi. À quoi pensez-vous actuellement ?

P : Ma conjointe a menacé de me quitter si cela arrivait.

T : Et si elle vous quittait, qu'est-ce que cela signifierait pour vous ?

P : Ce serait catastrophique parce que je ne peux vivre sans elle. Je n'ai pas ce qu'il faut pour me débrouiller seul dans la vie.

Reconstituer la situation

Certains patients ont plus de difficulté que d'autres à reconnaître leurs pensées automatiques, en particulier si elles sont associées à des situations vécues il y a un certain temps. Le thérapeute peut alors leur faciliter la tâche en leur suggérant de raconter avec précision les différentes étapes de la situation au cours de laquelle est apparue l'émotion et de mentionner, à chaque étape, les pensées dont ils se souviennent : « Racontez-moi en détail ce qui se passait avant et pendant que vous ressentiez de l'anxiété, et décrivez les pensées qui surgissaient alors dans votre esprit. »

Utiliser l'imagerie mentale ou le jeu de rôle

L'imagerie mentale et le jeu de rôle permettent de reconstituer une situation afin de faciliter la reconnaissance des pensées automatiques.

Lorsqu'il utilise l'imagerie mentale, le thérapeute demande au patient de revivre la situation en cause, comme nous venons de le voir, mais en s'inspirant, cette fois, de la démarche propre à cette technique (*voir le chapitre 16*). Il lui enseigne d'abord à se détendre, puis il lui suggère d'imaginer aussi clairement que possible l'endroit et le contexte dans lesquels la situation s'est déroulée : le lieu, les personnes, les sons, les odeurs ou d'autres éléments. Quand la scène est bien reconstituée, il demande alors au patient de la revivre en imagination, étape par étape, et aussi intensément que possible. Lorsque les émotions liées à cette situation surviennent, il devient alors beaucoup plus facile de repérer les pensées automatiques qui les ont générées.

Le jeu de rôle permet, lui aussi, de recréer un épisode de la vie du patient, mais au moyen, cette fois, d'une brève mise en scène dans laquelle le thérapeute et le patient interprètent les personnages impliqués dans la situation (*voir le chapitre 16*). Le patient joue son propre rôle et le thérapeute celui d'une autre personne, ou vice-versa. Les rôles sont interchangeables, et ce, à plusieurs reprises, selon les besoins. Généralement, les mêmes émotions apparaissent au cours de cette reconstitution, et il devient alors plus facile de reconnaître les pensées automatiques qui leur sont associées.

Observer et comparer les pensées dans des situations identiques

Si un patient ne parvient pas à se souvenir des pensées automatiques qui lui sont venues au cours d'une situation vécue récemment, le thérapeute peut lui demander de prêter attention à ses pensées et de les noter lorsque survient une situation semblable. S'il le juge opportun, le thérapeute peut même suggérer au patient de s'exposer volontairement à une situation du même type pour arriver à reconnaître plus facilement ses pensées automatiques : « Vous vous sentez timide et anxieux chaque fois que vous rencontrez ce groupe d'amis, mais vous ne parvenez pas à vous rappeler clairement ce à quoi vous pensez en ces occasions. Si vous rencontrez ces amis de nouveau, vous serait-il possible d'être attentif à vos pensées et de les noter tout de suite après ? Par ailleurs, vous me dites que vos amis se tiennent souvent au même endroit. Que diriez-vous de vous y rendre ? »

Lorsque le patient parvient à bien cibler ses pensées automatiques au cours des entrevues avec le thérapeute, on lui demande de commencer à le faire par lui-même, à domicile. Les suggestions suivantes, inspirées de Blackburn et Cottraux (1988), peuvent lui faciliter la tâche.

- Il est généralement plus facile de reconnaître une émotion qu'une pensée. L'apparition d'une émotion intense constitue donc, la plupart du temps, le signal de départ d'une restructuration cognitive. La reconnaissance des pensées automatiques ne vient qu'en deuxième lieu.

- Noter ses pensées automatiques et ses images mentales ne revient pas à écrire une œuvre littéraire. Il est donc préférable de le faire simplement et, littéralement, de les décrire telles qu'elles se présentent à l'esprit.
- Écrire ses pensées et en discuter, comme nous le verrons plus loin, ne sont pas des activités habituelles. Il faut donc beaucoup de répétitions et d'efforts pour y arriver.
- Il n'est pas nécessaire d'écrire toutes ses pensées automatiques puisqu'elles sont souvent répétitives. Il suffit, le plus souvent, d'en noter quelques-unes chaque jour.
- Il n'est pas toujours possible d'écrire ses pensées automatiques au moment même où elles surviennent. Il est donc bon de prendre de 15 à 20 minutes chaque soir pour revoir et noter les principales pensées automatiques de la journée.
- Si une pensée automatique est formulée sous la forme d'une question, il est préférable d'écrire la réponse à cette question, parce que c'est dans cette réponse que se trouve le sens précis de cette pensée. Ainsi, on remplacera « Est-ce que j'ai bien fait de refuser sa demande ? » par « J'ai bien peur d'avoir commis une erreur en refusant sa demande. »

Les pensées adaptées

Nous arrivons maintenant à la quatrième colonne du TEPD, qui est celle des pensées adaptées. Ici, l'objectif est de remplacer les pensées automatiques dysfonctionnelles par d'autres, plus fonctionnelles, c'est-à-dire plus réalistes et mieux adaptées. La véritable restructuration cognitive s'effectue donc entre le moment où l'on remplit la troisième colonne et celui où l'on remplit la quatrième colonne, là où sont inscrits les résultats de l'évaluation des pensées adaptées.

Les facteurs rendant les pensées adaptées dysfonctionnelles

À cette étape, on peut s'intéresser aux facteurs qui sont à l'origine des pensées automatiques dysfonctionnelles que l'on trouve si souvent dans le discours intérieur de tous les êtres humains. Trois d'entre eux nous semblent particulièrement importants : les erreurs logiques, l'absence d'information ou les informations fausses, et les croyances intermédiaires ou fondamentales dysfonctionnelles.

Les erreurs logiques

Les erreurs logiques constituent la cause la plus fréquente des pensées automatiques dysfonctionnelles. On sait qu'il s'agit d'erreurs de raisonnement ou de processus cognitifs biaisés associés, le plus souvent, à des croyances intermédiaires et fondamentales également dysfonctionnelles. Dans le chapitre 7, nous avons décrit sept erreurs logiques parmi les plus fréquentes : le raisonnement émotif, la personnalisation, la lecture de la pensée d'autrui (*mind reading*), la dramatisation, la disqualification du positif, la pensée tout ou rien (ou la pensée « tout blanc, tout noir », dichotomique, absolue ou bipolaire) et le jugement global sur la valeur personnelle. Au lecteur qui désire revoir les notions sur les erreurs logiques, nous conseillons de relire la partie de ce chapitre où il en était question[4].

Grâce à un travail sur les erreurs logiques, le thérapeute peut entreprendre une restructuration cognitive de son patient, travail qui constitue un de ses principaux objectifs. Le thérapeute commence par expliquer à son patient ce que sont les erreurs logiques et, ensuite, il lui apprend à les reconnaître dans son discours intérieur, puis à les modifier. Nous verrons, plus loin, de quelle façon il peut s'y prendre pour y arriver.

L'absence d'information ou les informations fausses

En plus des erreurs logiques, l'absence d'information ou les informations fausses contribuent souvent à générer ou à entretenir des pensées automatiques dysfonctionnelles. Par exemple, une personne se sent tendue et oppressée peu de temps après être montée dans un ascenseur, et elle se rend compte que sa fréquence cardiaque s'accélère brusquement. Si elle croit faire une crise cardiaque, elle peut devenir très anxieuse, ce qui provoquera une accentuation de ses symptômes. Si on lui apprend qu'il s'agit plutôt d'une attaque de panique, souffrante mais inoffensive et passagère, son anxiété diminuera très probablement, de même que ses autres symptômes. Autre exemple : un individu reçoit un coup dans le dos en entrant dans un autobus. Il se retourne, irrité, mais se rend vite compte qu'il a affaire à un aveugle qui l'a heurté par inadvertance. Il se radoucit aussitôt.

Dans ces exemples, les émotions dysfonctionnelles de ces deux personnes sont dues, au moins partiellement, à l'absence d'information ou à des informations fausses. Aussitôt que ces informations sont remplacées par d'autres informations plus pertinentes, les émotions dysfonctionnelles disparaissent ou, du moins, diminuent. Fournir des informations adéquates et rectifier de fausses informations constituent donc une part importante du travail du thérapeute tout le long d'une restructuration cognitive, en particulier au début du traitement.

Les croyances intermédiaires et fondamentales dysfonctionnelles

Les croyances intermédiaires et fondamentales dysfonctionnelles sont généralement inconscientes, et ce n'est qu'après un certain cheminement au cours de la thérapie que le thérapeute et le patient peuvent en devenir conscients. Cependant, il arrive souvent qu'elles soient exprimées spontanément et de façon évidente dans les paroles ou le discours intérieur du patient. Si, par exemple, celui-ci utilise à répétition des expressions comme « il faut », « je dois », « tu dois », « j'aurais dû » ou « il aurait dû », il s'agit probablement de la manifestation d'exigences ou de règles rigides. De plus, si l'on entend souvent des paroles telles que « je ne vaux rien », « j'ai tout raté » ou « personne ne m'aime », souvent employées par une personne déprimée, on est devant l'expression de croyances fondamentales dysfonctionnelles se manifestant spontanément sans qu'il soit nécessaire de faire un effort pour les mettre en évidence. Lorsqu'il constate la présence de croyances de ce genre, le thérapeute peut choisir de les aborder immédiatement, au cours de l'entrevue, ou de remettre son intervention à plus tard, c'est-à-dire après avoir travaillé d'abord sur d'autres aspects, comme les erreurs logiques ou le manque d'information.

---

4. Le volume de David Burns intitulé *Être bien dans sa peau* (1985) contient également une excellente description des erreurs logiques.

Comment remplacer les pensées dysfonctionnelles par des pensées mieux adaptées

Quand vient le temps d'effectuer une restructuration cognitive, la tâche du thérapeute consiste à départager les pensées fonctionnelles des pensées dysfonctionnelles, puis à remplacer les pensées dysfonctionnelles par des pensées mieux adaptées. Plusieurs moyens ou techniques sont à sa disposition pour y arriver. Voyons-en quelques-uns parmi les plus fréquemment utilisés en TCC.

Comment remplacer les pensées dysfonctionnelles par des pensées mieux adaptées

Sonder les pensées automatiques ou le « questionnement socratique »

1. Sur quelles preuves cette pensée est-elle basée ?
2. Serait-il possible de voir les choses autrement?
   - Utiliser la réattribution
   - Chercher d'autres options ou d'autres solutions
   - Se décentrer de la situation
3. Et si cela arrivait, quelles en seraient les conséquences?

Relever les indices qui appuient ou vont à l'encontre des pensées automatiques

Utiliser le jeu de rôle

Utiliser les expériences comportementales ou l'épreuve de la réalité

Sonder les pensées automatiques ou le «questionnement socratique»

La meilleure façon de remplacer les pensées dysfonctionnelles par des pensées mieux adaptées consiste à poser des questions pour amener la personne à s'interroger sur le bien-fondé de ses pensées. Pour y arriver, le thérapeute peut se servir de questions simples, comme lorsqu'il cherche à connaître les pensées automatiques de son patient ou, encore, il peut utiliser un questionnement plus élaboré appelé « questionnement socratique ».

Comme son nom l'indique, le questionnement socratique est inspiré de Socrate, un philosophe grec qui a vécu quatre siècles avant Jésus-Christ. Plutôt que d'affirmer, d'expliquer, de suggérer ou de persuader, Socrate posait une série de questions à son interlocuteur pour l'amener à tracer son propre chemin vers une version plus exacte de la réalité. Cette façon de procéder est de loin la plus efficace, car elle permet à une personne de se rendre compte par elle-même que ses pensées sont dysfonctionnelles, de comprendre pourquoi elles le sont et de s'entraîner à les remplacer par d'autres, plus fonctionnelles.

Or, qu'il s'agisse de questions simples ou de questions posées dans le cadre d'un questionnement socratique, la majorité des questions utilisées pour évaluer les pensées automatiques peuvent être regroupées autour des trois thèmes suivants (Beck, Emery & Greenberg, 1985) : Sur quelles preuves cette idée est-elle basée ? Serait-il possible de voir les choses autrement ? Si cela arrivait, quelles en seraient les conséquences ? Voyons les un à un.

1. *Sur quelle preuve cette idée est-elle basée*?

   Dans cette catégorie, on regroupe les questions permettant de vérifier la justesse de l'affirmation du sujet :

   - Est-ce bien vrai ?
   - Cette idée est-elle aussi évidente qu'elle le semble ?
   - En êtes-vous bien sûr ?
   - Pourquoi êtes-vous obligé d'agir ainsi ?
   - Les choses se sont-elles vraiment passées comme cela ?
   - Y a-t-il une loi qui exige cela ?
   - Ne seriez-vous pas porté à exagérer ?
   - Vos sources d'information sont-elles bonnes ?
   - Ne remplacez-vous pas des probabilités par des certitudes ?
   - Quels arguments précis appuient ou invalident votre idée ?

   Cette catégorie de questions permet au thérapeute d'obtenir de l'information sur la façon dont le patient perçoit et déforme la réalité. Il peut rapidement se rendre compte des erreurs logiques de ce dernier, des fausses hypothèses qu'il émet et des informations erronées sur lesquelles il appuie son raisonnement. Sur cette base, en lui fournissant une information plus exacte ou, de préférence, en continuant son questionnement, le thérapeute peut amener le patient à s'apercevoir de ses erreurs et à remplacer ses fausses interprétations par d'autres interprétations, plus conformes à la réalité. Exemples :

   - Le patient hypocondriaque (P) : « Je digère mal, je suis certain de souffrir d'un cancer. » Le thérapeute (T) : « Sur quoi vous basez-vous pour dire cela ? » P : « Un de mes amis a commencé à se plaindre d'un mal de ventre l'an dernier, et il est mort d'un cancer six mois plus tard. » T : « Est-ce là une preuve suffisante pour vous permettre d'affirmer avec certitude que vous souffrez d'un cancer ? »
   - Le patient déprimé : « J'ai perdu mon emploi et je suis incapable d'en trouver un autre. Je ne vaux rien et c'est ce que tout le monde pense. » Le thérapeute : « Est-il bien vrai que vous êtes un individu misérable parce que vous avez perdu votre emploi ? Sur quoi vous basez-vous pour dire cela ? Les gens qui perdent leur emploi sont-ils tous des incapables ? Est-il exact de dire que tous les membres de votre entourage vont vous juger sévèrement ? »

2. *Serait-il possible de voir les choses autrement ?*

   - Pourrait-il y avoir d'autres explications ?
   - Pourrait-on imaginer d'autres solutions ?
   - Ce que vous dites là est une hypothèse valable. Y en aurait-il d'autres ?
   - Si votre meilleur ami pensait de la sorte, que lui diriez-vous ?
   - Que ferait votre meilleur ami à votre place ?
   - Si vous pensez à nouveau à cette situation dans cinq ans, croyez-vous que vous l'évaluerez différemment ?
   - Y a-t-il des aspects positifs dans cette situation que vous négligez ?
   - Mettez-vous à la place de votre conjoint : quel pourrait être son point de vue ?
   - Négligez-vous votre capacité de faire face à cette situation ?

Lorsqu'ils sont anxieux et déprimés, les être humains ont souvent un point de vue très étroit et très limité sur la réalité, point de vue qui se compare davantage à la vision d'un ver de terre qu'à celle d'un oiseau, comme le mentionne Emery (Beck, Emery & Greenberg, 1985). Cette catégorie de questions a donc pour but d'aider le patient à changer sa façon de voir les choses et elle l'incite à aborder sous des angles différents ce qu'il considère comme des situations sans issue ou des problèmes insolubles.

Voici quelques façons de s'y prendre pour modifier la perception qu'a le patient de sa situation.

- *Utiliser la réattribution*. Lorsqu'ils se sentent coupables, bien des gens s'attribuent une trop grande part de responsabilité à la suite d'un échec ou face à un échec éventuel. La réattribution les aide à comprendre que plusieurs éléments dans la situation en question sont hors de leur contrôle, et que leur responsabilité est moins grande qu'ils ne le croient (et qu'elle est parfois même secondaire si on la compare à celle d'autres personnes). Si, par exemple, une mère se sent horriblement coupable parce que son enfant est toxicomane et qu'elle s'accuse d'avoir mal élevé celui-ci, on peut l'amener à se rendre compte qu'elle n'est pas la seule responsable de cette éducation. En plus des influences biologiques sur lesquelles elle n'a pas de contrôle, elle partage la responsabilité de l'éducation de son enfant avec son conjoint, le milieu scolaire, l'entourage et la société en général. D'ailleurs, la plus importante part de responsabilité n'incombe-t-elle pas à la personne elle-même, en l'occurrence son fils toxicomane ? Cette distribution plus équitable des responsabilités peut contribuer à soulager sensiblement la culpabilité de cette mère. Nous reviendrons sur cette technique dans le chapitre 16.
- *Chercher d'autres options ou d'autres solutions*. Exemple : une vieille dame encore alerte se désespère parce qu'elle ne pense pas être capable de se débrouiller seule maintenant que son mari est décédé. Un inventaire systématique de ses ressources et de celles de son entourage peut l'amener à modifier son point de vue et à se sentir moins déprimée. « Sur quoi vous basez-vous pour dire que vous ne pourrez jamais vous débrouiller sans votre mari ? Pendant sa longue maladie, n'avez-vous pas réussi avec succès à vous occuper de la maison et du budget, et à le visiter régulièrement ? Il est vrai que son décès constitue une perte importante pour vous, mais voyons maintenant ce qu'il vous reste : trois enfants qui vous aiment et vous sont dévoués, plusieurs autres membres de votre famille et plusieurs amis. Êtes-vous vraiment seule au monde ? »
- *Se décentrer de la situation.* Les êtres humains ont fréquemment tendance à personnaliser les situations. Nous savons que la personnalisation est une erreur logique qui consiste à se sentir impliqué dans des événements fortuits n'ayant pourtant rien à voir avec soi, ou à attribuer une importance exagérée à son rôle dans une situation donnée. Se décentrer consiste donc, pour une personne, à se rendre compte qu'elle n'est pas impliquée dans la situation ou que, si elle l'est, son implication est moindre qu'elle ne le croit. Le phobique social, par exemple, s'imagine que son entourage remarque infailliblement qu'il tremble, rougit ou transpire. Si le thérapeute s'efforce de rétablir des critères objectifs avec son patient pour déterminer jusqu'à quel point il est observé par autrui et, lorsqu'il l'est, jusqu'à quel point ses symptômes sont visibles, il réussira sans doute à soulager, au moins partiellement, son anxiété.

3. *Et si cela arrivait, quelles en seraient les conséquences ?*
   – En mettant les choses au pire, qu'arriverait-il ?
   – Admettons que vous ayez fait une erreur, est-ce si terrible ?
   – Pourriez-vous quand même être heureux ?
   – Votre avenir serait-il compromis à jamais ?
   – Supposons que ce soit un échec, n'y aurait-il que des inconvénients à cette situation ?
   – Y aurait-il moyen de vous adapter ?
   – Comment pourriez-vous faire face à la situation ?

   Le but de ce groupe de questions est de dédramatiser une difficulté, un péril ou une catastrophe présumés en démontrant que leurs conséquences ne sont pas aussi terribles qu'on peut d'abord le penser. Exemple : « Qu'arriveraitil si votre conjoint vous quittait ? Serait-ce si terrible ? Votre avenir serait-il compromis à jamais ? Ne pourriez vous pas être heureuse quand même ? Bien sûr, il y aurait des inconvénients, mais cette situation ne présente-t-elle que des inconvénients ? Examinons ensemble cette éventualité. »

Comme le souligne Emery (Beck, Emery & Greenberg,1985), les questions concernant les conséquences permettent d'explorer quatre aspects précis : la probabilité du malheur anticipé ; son véritable potentiel de dangerosité ; la capacité du patient de le prévenir ; la capacité du patient d'accepter ou de faire face à la pire des éventualités.

Notons ici que même s'il est éminemment utile pour évaluer et modifier les pensées automatiques, le questionnement socratique a aussi d'autres usages. Au cours d'une TCC, le thérapeute doit enseigner beaucoup de notions nouvelles à ses patients : certains principes fondamentaux, les liens entre les événements, les pensées et les émotions, les groupes d'émotions, le type des pensées qui les causent, etc. Il peut le faire au moyen d'explications, mais le questionnement socratique est nettement préférable parce qu'il favorise, chez le patient, une meilleure compréhension de même qu'une meilleure rétention, desquelles résulte une plus grande facilité à se servir de ces notions par la suite.

Malgré son apparente simplicité, l'utilisation du questionnement socratique n'est pas aussi facile qu'il n'y paraît, et le thérapeute débutant n'est pas à l'abri de maladresses parfois coûteuses. Voici quelques suggestions permettant de les éviter (Beck, Emery & Greenberg,1985) :

- *Se limiter, au début, à un petit nombre de questions.* Un thérapeute peu expérimenté a intérêt à se limiter, au début, à un petit nombre de questions, quitte à compléter ses interventions par des explications, des suggestions ou autres. Lorsqu'il se sentira plus à l'aise, il pourra pousser plus loin son questionnement ;
- *Poser des questions spécifiques et concrètes.* Les questions floues et abstraites génèrent souvent des réponses du même style qui entraînent des détours et des pertes de temps inutiles. Plutôt que de demander au début d'une entrevue « Comment vous êtes-vous senti depuis notre dernière rencontre ? » ou « Comment s'est passée la semaine ? », il est parfois préférable de poser une question plus précise : « Sur quoi avez-vous travaillé depuis que nous nous sommes vus la dernière fois ? » ;

- *Éviter de répondre à la place du patient.* Si la personne ne répond pas véritablement à la question, si elle semble hésitante ou avoir mal compris, il est préférable de reformuler la question plutôt que d'adopter la solution facile qui consiste à répondre à sa place;
- *Éviter les questions rapides en rafales (series of rapid-fire questions).* Cette façon d'agir peut mettre le patient sur la défensive. De brefs silences sont souvent utiles parce qu'ils laissent à la personne le temps de réfléchir et permettent au thérapeute de bien prêter attention à ce que celle-ci vient de dire plutôt que de penser uniquement à préparer sa prochaine question.

Nous pouvons maintenant revenir aux autres techniques et moyens utilisés pour remplacer les pensées dysfonctionnelles par des pensées mieux adaptées.

Relever les indices qui appuient ou vont à l'encontre des pensées automatiques

Certains thérapeutes (Greenberger & Padesky, 1995) ajoutent deux colonnes au TEPD. Dans la première colonne ajoutée, le patient note les indices objectifs se présentant sous forme de preuves, de faits ou d'arguments qui, selon lui, appuient ses pensées automatiques. Il écarte autant que possible les présomptions, hypothèses ou interprétations subjectives. Dans la deuxième colonne ajoutée, il note les indices qui, selon lui, vont à l'encontre de ses pensées automatiques. En comparant les deux colonnes, il lui devient plus facile d'en arriver à des pensées plus équilibrées et mieux adaptées, qu'il inscrit cette fois dans la colonne des pensées adaptées.

Cette méthode demande plus de temps que la méthode avec le TEPD original, mais elle est souvent plus efficace, en particulier avec les patients moins à l'aise sur le plan cognitif et qui, par conséquent, ont plus de difficulté à se servir du TEPD. Le tableau 13.5 illustre cette façon de procéder.

TABLEAU 13.5 Tableau d'enregistrement des pensées dysfonctionnelles selon Greenberger et Padesky[5]

Situation	Émotions	Pensées (ou images automatiques)	Indices ou preuves appuyant des pensées automatiques	Indices (ou preuves) qui vont à l'encontre des pensées automatiques.	Pensées adaptées	Résultat
Qui ? Quoi ? Quand ? Où ?	a) Quelles émotions avez-vous ressenties ? b) Évaluez chacune des émotions sur une échelle allant de 0 à 100, selon leur importance.					Réévaluez l'intensité de l'émotion (0 à 100)

5. Adapté de Greenberger et Padesky, (1995).

Utiliser le jeu de rôle

Le jeu de rôle est particulièrement utile pour faciliter l'évaluation et la modification des pensées automatiques. Après avoir questionné son patient pendant un certain temps, le thérapeute lui demande de reprendre ce même questionnement en jouant, cette fois, le rôle d'une autre personne : celui du thérapeute, de son meilleur ami, de quelqu'un en qui il a confiance, ou de lui-même dix ans plus tard, par exemple. Le thérapeute interprète le rôle du patient et met dans la bouche de ce dernier les réponses ou les objections qu'il juge les plus probables compte tenu de la situation. Si le patient éprouve trop de difficulté, le thérapeute intervertit les rôles, quitte à les inverser de nouveau lorsque le patient se sentira plus à l'aise.

Cette utilisation du jeu de rôle constitue une façon à la fois dynamique et efficace d'évaluer les pensées automatiques et de les modifier si elles sont dysfonctionnelles.

Utiliser les expériences comportementales ou l'épreuve de la réalité

Les pensées automatiques des patients contiennent souvent des affirmations qui sont, en réalité, des hypothèses ou des présomptions contribuant à créer ou à accentuer des émotions et des comportements dysfonctionnels : « Si je fais part de mes craintes, je passerai pour un faible. » ; « Si je n'accepte pas toujours de rendre service à ceux qui me le demandent, je perdrai tous mes amis. » ; « Si je me présente pour cette offre d'emploi, je ne serai pas à la hauteur et on me refusera certainement le poste. » Une excellente façon d'évaluer ce type de pensées consiste à demander au patient d'en faire l'expérience dans la réalité, c'est-à-dire dans la vie quotidienne. Le plus souvent, ces prédictions pessimistes ne se réalisent pas, et ces expériences deviennent le meilleur moyen d'amener la personne à modifier son point de vue à leur sujet. Par contre, si elles se réalisent, le thérapeute et le patient se trouvent devant une situation bien définie qu'ils peuvent s'employer à modifier ou à accepter, s'il est impossible de la modifier.

La mise en application des pensées adaptées

En questionnant le patient pour connaître ses pensées automatiques, le thérapeute en vient à cibler ses pensées dysfonctionnelles et à mettre en évidence les facteurs les rendant dysfonctionnelles, comme les fausses informations et les erreurs logiques. Il peut alors fournir des informations plus adéquates ou corriger les erreurs logiques, permettant ainsi au patient d'en arriver à des pensées mieux adaptées. Ce faisant, il se trouve à lui enseigner cette démarche ; le patient devient alors graduellement plus habile à s'interroger sur ses propres pensées dysfonctionnelles et à les remplacer par d'autres, mieux adaptées.

Lorsque le patient est suffisamment à l'aise pour effectuer ce travail avec facilité pendant les entrevues, le thérapeute lui demande de le faire par lui-même entre les entrevues. Il lui suggère d'utiliser à cette fin le TEPD et d'inscrire les pensées adaptées dans la quatrième colonne. Au cours des entrevues qui suivent, il revoit ce qui a été fait et apporte des corrections ou d'autres modifications, au besoin. Il continue tant que le patient n'est pas à l'aise dans cette démarche.

Le résultat

La cinquième colonne du TEPD est celle du résultat. Rappelons que, lorsque nous avons parlé des émotions qui devaient être inscrites dans la deuxième colonne, nous avons recommandé d'en évaluer l'intensité en se servant d'une échelle allant de 0 à 100 et de noter les résultats. La cinquième colonne sert à évaluer de nouveau l'intensité des émotions, toujours à l'aide de la même échelle. C'est la différence entre la première et la deuxième mesure qui nous indique le degré d'efficacité de la restructuration. Il peut alors être utile d'expliquer au patient que le but n'est pas d'atteindre une cote de 0 (c'est-à-dire l'absence d'émotion), mais plutôt d'atténuer l'intensité de l'émotion afin de se sentir plus serein et, par la suite, d'agir davantage selon ses intérêts.

Par ailleurs, certains thérapeutes demandent à leurs patients de mesurer également les variations dans le degré de conviction par rapport aux pensées automatiques en se servant d'une échelle identique à celle utilisée pour évaluer les émotions (Beck, J. S., 1995). Le résultat de l'évaluation avant la restructuration est inscrit dans la troisième colonne, celle des pensées automatiques, et celui de l'évaluation après la restructuration est noté dans la quatrième colonne, celle des pensées adaptées. Thérapeute et patient disposent ainsi d'une seconde façon de vérifier si la restructuration a été efficace.

Le tableau 13.2, présenté à la page 185, illustre la façon de mesurer les variations dans l'intensité de l'émotion et dans le degré de conviction par rapport aux pensées automatiques avant et après la restructuration.

Le passage à l'action

Pour qu'une restructuration cognitive puisse vraiment être qualifiée de « thérapeutique », elle doit entraîner des modifications non seulement dans la façon de penser, mais aussi dans la façon d'agir du patient. C'est l'étape du passage à l'action, dont l'importance est au moins aussi grande que celle de la restructuration cognitive.

Lorsqu'on utilise le TEPD en clinique, le passage à l'action se présente tout d'abord sous la forme de prescriptions de travaux à faire à domicile. Pour être vraiment efficace, la restructuration cognitive doit se faire de façon systématisée, ce qui nécessite beaucoup de travail entre les séances de thérapie. Il faut acquérir des notions nouvelles, intégrer différents apprentissages, lire de nombreux textes, écrire au quotidien, et plus encore. Tout ceci demande temps, effort et patience, ce qui peut en décourager certains. Le rôle du thérapeute, ici, consiste donc à guider le patient dans sa démarche et à soutenir sa motivation. Pour lui faciliter la tâche, quelques indications sur la façon de rendre plus efficace l'accomplissement des travaux à domicile sont données dans le chapitre 17.

Une autre façon d'assurer le passage à l'action lorsqu'on se sert du TEPD est d'utiliser les différentes techniques dont on dispose dans l'approche cognitivo-comportementale pour favoriser les changements tant dans les façons de penser que dans les façons d'agir. On peut penser, par exemple, à la technique de résolution de problèmes, à l'apprentissage de l'affirmation de soi, aux différentes techniques d'exposition en imagination ou in vivo, à la mise en place d'un cadre thérapeutique et aux expériences comportementales. Plus un thérapeute est familier avec plusieurs de ces techniques ou façons d'intervenir, plus il est en mesure d'aider son patient à passer à l'action au cours de la thérapie. La description de ces différentes techniques se trouve dans les chapitres 3, 4 et 16.

Les étapes à suivre en clinique relativement à l'utilisation du TEPD

Pour terminer le présent chapitre, nous pouvons résumer brièvement les principales étapes de l'utilisation du TEPD que nous venons de décrire. Comme c'est souvent le cas en psychothérapie, il n'y a pas ici de recette précise ou de règle obligatoire. Il s'agit d'une démarche qui peut prendre les formes les plus diverses, mais dont les grandes lignes sont généralement suivies par les thérapeutes d'orientation cognitivo-comportementale.

1. Faire soigneusement l'évaluation du patient avant d'utiliser le TEPD, bien comprendre sa dynamique, poser un diagnostic, au moins temporaire, et prévoir un plan de soins aussi précis que possible.
2. Commencer par voir avec le patient les principes de base de la TCC, en insistant sur le premier principe : les émotions des êtres humains sont influencées par leurs pensées et leur façon d'interpréter les événements.
3. Enseigner ensuite au patient les principaux groupes d'émotions et les pensées à l'origine de ces émotions. On peut se servir, à cette fin, du tableau 13.3 intitulé « Les principaux groupes d'émotions et les pensées à l'origine de ces émotions » et présenté à la page 190. Utiliser le plus possible le questionnement socratique et se servir, comme exemples, d'émotions dysfonctionnelles récemment éprouvées par le patient.
4. Expliquer en quoi consiste le TEPD. Aider le patient à se familiariser avec les trois premières colonnes en continuant d'utiliser comme exemples des émotions dysfonctionnelles ressenties récemment.
5. Demander ensuite au patient, dans le cadre des travaux à domicile, de surveiller l'apparition de nouvelles émotions dysfonctionnelles au cours de la semaine qui suit, de les décrire, de les distinguer les unes des autres et de les relier aux pensées dont elles résultent. Dire au patient d'utiliser les trois premières colonnes du tableau pour noter par écrit ses émotions dysfonctionnelles, les pensées qui leur sont associées et les événements qui les ont déclenchées. De plus, lui demander d'évaluer l'intensité des émotions ressenties et d'inscrire le résultat dans la deuxième colonne du TEPD.
6. Revoir, au cours de l'entrevue suivante, ce tableau avec le patient et effectuer les corrections nécessaires. Continuer ce travail tant qu'il n'est pas fait avec précision et facilité.
7. Initier ensuite le patient à la restructuration cognitive. Lui apprendre à se questionner sur ses pensées, à reconnaître les pensées automatiques dysfonctionnelles, à mettre en évidence les facteurs contribuant à les rendre dysfonctionnelles, en particulier les erreurs logiques, puis à les remplacer par d'autres pensées, mieux adaptées. Ne restructurer qu'une seule émotion à la fois avec les pensées correspondantes.

8. Demander au patient de recourir lui-même à la restructuration cognitive entre les entrevues, si l'on juge qu'il maîtrise bien la méthode. L'inciter à bien circonscrire ses pensées automatiques dysfonctionnelles, de façon à les modifier. Inscrire les pensées adaptées dans la quatrième colonne. Réévaluer l'intensité de l'émotion dysfonctionnelle à la suite de la restructuration cognitive et noter le résultat dans la cinquième colonne.
9. Revoir, au cours des entrevues qui suivent, les restructurations effectuées par le patient au moyen du TEPD et les corriger ou les compléter, au besoin. Continuer jusqu'à ce que le patient puisse effectuer ce travail par lui-même avec aisance.
10. Évaluer avec le patient, à mesure que progresse l'entraînement à la restructuration cognitive, les diverses façons de passer à l'action, c'est-à-dire d'en arriver à des modifications des attitudes et des comportements résultant du travail sur les pensées et les émotions dysfonctionnelles. Insister sur l'importance d'entreprendre le plus rapidement possible ces changements.

Lorsque le patient maîtrise bien le TEPD, il est prêt à commencer une démarche plus introspective, s'il y a lieu, pour en arriver à reconnaître et à modifier ses croyances intermédiaires et fondamentales dysfonctionnelles. C'est ce sujet qui sera abordé dans le chapitre qui suit.

CHAPITRE
14

Le deuxième et le troisième niveau : les niveaux introspectifs

par Louis Chaloult

La restructuration cognitive aux niveaux introspectifs

Lorsqu'une personne apprend à utiliser la restructuration cognitive au premier niveau d'intervention, elle acquiert la maîtrise de nouveaux outils pour en arriver à reconnaître puis à modifier ses pensées, ses émotions et ses comportements inappropriés. Cependant, si elle en reste là et ne change pas ses croyances dysfonctionnelles sous-jacentes, ces pensées, émotions et comportements inappropriés réapparaîtront rapidement et continueront à se manifester par la suite. Pour reprendre une comparaison de Greenberger et Padesky (1995), on peut dire que la restructuration cognitive au premier niveau d'intervention s'apparente au travail du jardinier qui enlève les mauvaises herbes de son potager : s'il se contente d'en couper les feuilles, elles repousseront rapidement, mais s'il en arrache les racines, il obtiendra des résultats plus durables et, éventuellement, s'épargnera bien des efforts.

Dans une perspective cognitivo-comportementale, pensées, émotions et comportements inappropriés ne constituent que la partie facilement observable des problèmes de la personne qui consulte. C'est déjà bien de les modifier, mais c'est encore mieux de s'attaquer à leurs racines, formées de croyances intermédiaires et fondamentales dysfonctionnelles.

C'est de ce travail dont traite le présent chapitre. Il est divisé en trois parties.

- Nous reverrons d'abord brièvement les notions relatives aux croyances intermédiaires et fondamentales.
- Nous nous intéresserons ensuite à la façon de reconnaître les croyances intermédiaires et fondamentales dysfonctionnelles.
- Enfin, nous verrons comment modifier les croyances intermédiaires et fondamentales dysfonctionnelles.

Un bref rappel concernant les croyances fondamentales et intermédiaires

Avant d'aborder les différentes façons de reconnaître et de modifier les croyances intermédiaires et fondamentales, revoyons brièvement quelques notions élémentaires à leur sujet. Au lecteur qui désirerait procéder à une révision plus approfondie, nous suggérons de relire les chapitres 7 et 8.

Les croyances fondamentales

Les croyances fondamentales forment le groupe des croyances les plus centrales et les plus importantes chez un individu. Leurs principales caractéristiques sont les suivantes :

- elles sont inconscientes et relativement stables ;
- elles concernent la façon dont l'individu perçoit sa personne (« Je suis incompétent, indésirable. »), les autres (« Les gens cherchent à me faire du mal. »), le monde en général (« Le monde est dangereux. ») ou l'avenir (« Je ne m'en sortirai jamais. ») ;
- elles sont contenues dans les schémas auxquels elles donnent un sens ou, autrement dit, dont elles sont les thèmes ;
- elles sont à l'origine des croyances intermédiaires ;
- elles se développent à la faveur des influences combinées de la biologie, de l'éducation et du contexte social ;
- elles peuvent demeurer inactives pendant un certain temps, puis être réactivées par des expériences spécifiques ;
- si elles sont dysfonctionnelles, elles sont, à divers degrés, globales, rigides, trop générales, trop absolues et, par conséquent, difficiles à modifier ;
- plus elles sont dysfonctionnelles, plus elles déforment la réalité et déclenchent des émotions et des comportements inappropriés.

Les croyances intermédiaires

Les croyances intermédiaires sont ainsi appelées parce qu'elles se situent entre les croyances fondamentales et les pensées automatiques. Elles proviennent des croyances fondamentales, dont elles constituent les conséquences implicites. Elles se divisent en trois catégories :

- *Les présomptions* Une *présomption* ou une *croyance conditionnelle* est une croyance formulée sous la forme d'une hypothèse ou d'une condition découlant directement d'une croyance fondamentale (si ceci est vrai, il en résulte cela). Exemple : «Être aimé de tous et approuvé par tous est absolument indispensable au bonheur de l'être humain (croyance fondamentale); si cette prémisse est vraie, cela signifie que je ne peux être heureux sans être aimé de tous et approuvé par tous (présomption ou croyance conditionnelle).» Les présomptions sont souvent plus ou moins conscientes, parfois complètement inconscientes, et le sujet les perçoit généralement comme des certitudes plutôt que comme des hypothèses. Plus les croyances fondamentales sont dysfonctionnelles, plus les présomptions risquent d'être, elles-mêmes, dysfonctionnelles;
- *Les règles* Elles découlent des présomptions ou des croyances conditionnelles. Elles se présentent sous la forme d'instructions plus ou moins impératives dictant à la personne son comportement ou celui de son entourage : « S'il m'est impossible d'être heureux sans l'amour et l'approbation d'autrui (présomption), je dois tout faire pour obtenir cet amour et cette approbation (règle).» Les règles constituent les critères de base auxquels se réfère l'individu pour évaluer la signification et surtout le bien-fondé de ses actions et de celles des autres : bien ou mal, bon ou mauvais, bienveillant ou malveillant, etc. Chaque pathologie possède un ensemble de règles qui lui est propre et qui est assez semblable chez tous les individus qui en souffrent;
- *Les attitudes* Ce sont des façons plus ou moins stéréotypées de réagir à certaines situations ou à certains événements de la vie courante. Elles sont le résultat prévisible et répétitif des présomptions ou des règles provenant des croyances fondamentales d'une personne. Elles peuvent se manifester de diverses façons dans le discours intérieur de cette personne et provoquer, à leur tour, l'apparition d'émotions et de comportements dysfonctionnels, eux-mêmes prévisibles et répétitifs. Dans l'exemple ci-dessus, la règle disant que « je dois tout faire pour obtenir l'amour et l'approbation d'autrui » peut amener une attitude de soumission qui sera d'autant plus marquée que la règle sera plus rigide. Donc, à nouveau, plus les croyances fondamentales, les présomptions et les règles sont dysfonctionnelles, plus les attitudes risquent de l'être également.

Ellis a décrit quatre attitudes qui sont particulièrement fréquentes et nuisibles dans notre société contemporaine : les exigences rigides, la non-acceptation, la dramatisation et les jugements sur la valeur personnelle. Il les nomme « attitudes dysfonctionnelles de base ». C'est la répétition fréquente de ces façons de penser ou d'agir qui en fait des attitudes. La dramatisation, par exemple, est une erreur logique qui devient une attitude lorsqu'elle se reproduit sans cesse chez une personne. Les attitudes dysfonctionnelles de base sont constamment observables chez tous les patients en clinique, et elles constituent un excellent point de départ pour commencer une thérapie cognitive introspective.

La reconnaissance et la modification des croyances dysfonctionnelles

Comment reconnaître les croyances dysfonctionnelles

Les façons de reconnaître les croyances d'une personne sont innombrables. Elles relèvent des connaissances du thérapeute, mais surtout de son expérience et de son habileté. Nous verrons ici quelques-unes des stratégies souvent utilisées en TCC pour détecter ces croyances.

Comment reconnaître les croyances dysfonctionnelles

- Se servir des indices provenant du travail fait antérieurement
- Utiliser l'interprétation simple basée sur des indices spécifiques ou des thèmes communs
- Utiliser l'interprétation consécutive à un questionnement socratique
- Employer la technique de la flèche verticale ou descendante
- Se servir de questionnaires permettant de reconnaître les croyances dysfonctionnelles du patient
- Recourir à la bibliothérapie

Se servir des indices provenant du travail fait antérieurement

Ces indices sont nombreux et, une fois rassemblés, ils constituent sans doute le moyen le plus simple et le plus efficace pour reconnaître les croyances d'une personne.

- *Les indices provenant de l'évaluation* Les antécédents, l'histoire de la maladie actuelle, l'histoire personnelle et les différents aspects du diagnostic fournissent au thérapeute des informations lui permettant de s'orienter dans la bonne direction pour explorer les croyances de son patient. Le diagnostic posé à la fin de l'évaluation en est un exemple. Le thérapeute peut s'en servir comme d'une information utile pour déterminer la nature des croyances dysfonctionnelles parce que, comme nous venons de le voir, les mêmes croyances correspondent souvent au même type de pathologie. Ainsi, l'obsessionnel n'accepte pas l'incertitude ou le doute relativement à l'avenir, le phobique social pense qu'il doit absolument être aimé de tous et approuvé par tous pour être heureux, tandis que le narcissique cherche plutôt à être admiré. Un thérapeute expérimenté connaît les croyances caractéristiques de chaque pathologie et s'en sert comme d'un point de départ pour en arriver à une reconnaissance plus précise et plus personnalisée des croyances de son patient.
- *Les indices provenant du travail déjà fait au premier niveau d'intervention* Les différentes étapes du travail déjà effectué au début de la thérapie peuvent également fournir des indices permettant de reconnaître les croyances d'un patient. On les rencontre à différents endroits en cours de route, mais plus particulièrement sur le plan des pensées automatiques. L'utilisation à répétition, par exemple, des verbes « devoir » et « falloir »

(« il faut », « je dois », « il devrait ») est souvent le signe de règles ou d'exigences trop rigides; l'utilisation à outrance de qualificatifs comme « imbécile » ou « stupide » peut aussi révéler la présence de jugements globaux sévères sur la valeur personnelle; parfois, on peut constater la présence, à travers les pensées automatiques, de croyances fondamentales exprimées consciemment et sans détour, comme dans le cas de la personne déprimée qui dit être « incompétente et méprisable ».

- *Les indices provenant de la relation thérapeutique* La façon dont une personne entre en relation avec son thérapeute pendant l'évaluation et au cours de la thérapie constitue une autre bonne source d'indices permettant de connaître ses croyances. Une demande exagérée de conseils ou d'instructions peut faire penser à de la dépendance, ou une attitude de méfiance peut conduire à un schéma *Méfiance/Abus*[1]. Des critiques répétitives et injustifiées à l'endroit du thérapeute peuvent découler d'exigences ou de règles rigides au regard d'autrui.

Utiliser l'interprétation simple basée sur des indices spécifiques ou des thèmes communs

En TCC comme dans la plupart des formes de psychothérapie, on se sert de l'interprétation simple pour connaître avec le plus possible de précision les croyances d'une personne. Lorsqu'un thérapeute soupçonne la présence d'une croyance dysfonctionnelle chez son patient, il peut simplement lui en faire part de manière interrogative tout en lui expliquant sur quoi il se base pour formuler son hypothèse, c'est-à-dire les indices recueillis jusque-là ou les thèmes fréquemment abordés qui l'amènent dans cette direction. Ensuite, il interroge son patient pour vérifier si celui-ci partage ou non son point de vue. De ce point de vue, s'amorce la discussion pour confirmer la présence de la croyance en question et, si elle existe, pour la préciser et la personnaliser, dans la mesure du possible. L'exemple suivant illustre notre propos.

T : Malgré votre travail acharné, vous êtes rarement satisfait de votre performance. Vous exigez également beaucoup de votre famille et de vos employés. Ici, en entrevue, je vous sens mal à l'aise si vos travaux à domicile ne sont pas entièrement faits ou si vous ne comprenez pas immédiatement une explication. Si vous désirez tant la perfection, serait-ce parce que vous croyez devoir être presque toujours parfait et réussir tout ce que vous entreprenez pour vous considérer comme une personne valable dans cette vie ?

P : C'est vrai, en bonne partie.

T : Voyons plus en profondeur comment cette façon de voir les choses se manifeste concrètement chez vous, au quotidien.

Utiliser l'interprétation consécutive à un questionnement socratique

L'interprétation simple, telle que nous venons de la décrire, est valable et fréquemment utilisée. Par ailleurs, une démarche plus socratique employant un type de questionnement identique à celui dont nous avons parlé dans le chapitre précédent (« Est-ce bien vrai ? » ; « Pourrait-on le voir autrement ? » ; « Quelles en seraient les conséquences ? ») est plus efficace parce qu'ici encore, elle oblige le patient à effectuer lui-même son propre

1. Le mot « schéma » est utilisé ici et dans les chapitres qui suivent dans le sens que lui donne Jeffrey Young (*voir le chapitre 9*). Les noms des schémas donnés en exemples sont inspirés de sa nomenclature.

cheminement pour découvrir ses croyances dysfonctionnelles. Il en résultera de nouveau, chez lui, une prise de conscience plus éclairante et plus susceptible d'entraîner des changements durables. Revenons à avec l'exemple précédent.

T : Malgré votre travail acharné, vous êtes rarement satisfait de votre performance. Vous exigez également beaucoup de votre famille et de vos employés. Ici, en entrevue, je vous sens mal à l'aise si vos travaux à domicile ne sont pas entièrement faits ou si vous ne comprenez pas immédiatement une explication. Pensez-vous qu'il y a une attitude commune à l'origine de ces différentes situations ?

P : Peut-être suis-je trop perfectionniste ?

T : Il me semble que ce soit en bonne partie exact. Mais pourquoi est-ce si important pour vous de tout faire à la perfection ?

Cet exemple nous mène à la technique suivante, qui est celle de la flèche verticale ou descendante.

Employer la technique de la flèche verticale ou descendante

On doit cette technique à David Burns (1980), qui fut un collaborateur de Beck à la fin des années 1970. Elle est devenue de plus en plus populaire au fil des ans, et c'est probablement celle dont se servent davantage les thérapeutes d'orientation cognitivo-comportementale pour reconnaître les croyances dysfonctionnelles de leurs patients.

On l'utilise généralement en combinaison avec le tableau d'enregistrement des pensées dysfonctionnelles. On commence par inscrire dans la colonne des pensées automatiques les pensées découlant de faits, d'événements, d'interprétations ou d'hypothèses qualifiés d'importants, de graves, de terribles ou d'inacceptables par le patient. Sans chercher à en discuter dans l'immédiat, on pose la question : « En admettant que cela soit vrai, qu'est-ce que cela signifie pour vous ? Pourquoi est-ce si important, si grave, si terrible ou si inacceptable ? » La réponse est généralement une autre hypothèse, une autre interprétation ou un autre fait au sujet duquel le thérapeute pose la même question : « En admettant que cela soit vrai, pourquoi est-ce si important, si grave, si terrible ou si inacceptable ? » Et de question en question, on en arrive à connaître les croyances intermédiaires et fondamentales du patient, les croyances intermédiaires se présentant généralement en premier lieu.

Chaque fois qu'est utilisée la question « Pourquoi est-ce si important, si grave, si terrible ou si inacceptable ? », on la fait suivre par une flèche verticale dirigée vers la réponse du patient. D'où l'appellation « technique de la flèche verticale ou descendante ». Donnons deux exemples montrant l'utilisation de cette technique.

Premier exemple

La situation : Isabelle souffre d'un *Trouble Anxiété sociale* (phobie sociale) et elle devient très anxieuse lorsqu'elle doit participer à des rencontres de groupe.

Pensées automatiques : « Je vais rougir, trembler, transpirer et avoir l'air ridicule aux yeux de tous. »

T : Et si cela arrive, pourquoi est-ce si terrible ?

↓

P : Parce que tout le monde va s'en rendre compte, j'en suis certaine.

T : En supposant que cela soit vrai, pourquoi est-ce si grave ?

↓

P : Parce qu'on va me juger sévèrement.

T : Et si on vous juge sévèrement, qu'est-ce que cela signifie pour vous ?

↓

P : Cela signifie que ces personnes ne m'aiment pas et ne me respectent pas.

T : Votre affirmation évoque un fait qui me semble peu probable, pour ne pas dire impossible. Or, même si c'était vrai, pourquoi est-ce si important pour vous d'être aimée et respectée par toutes ces personnes ?

↓

P : Comment peut-on vivre heureux si toutes les personnes que l'on rencontre ne nous aiment pas et ne nous respectent pas ?

Grâce à ce questionnement, on peut repérer une croyance fondamentale et plusieurs croyances intermédiaires.

- « L'estime et l'approbation de toutes les personnes de mon entourage sont indispensables à mon bonheur. » (Croyance fondamentale)
- « Si cela est vrai, je ne peux être heureuse lorsque certaines personnes ne m'aiment pas. » (Présomption)
- « Je dois donc tout faire pour éviter d'être mal jugée. » (Règle ou exigence rigide à l'origine de l'anxiété et, éventuellement, d'un futur comportement d'évitement)
- « C'est dramatique et inacceptable d'être mal jugée. » (Attitudes de dramatisation et de non-acceptation qui accentuent l'anxiété et la possibilité d'un comportement d'évitement.)

Deuxième exemple

La situation : André est anxieux parce qu'il a peur de perdre son emploi.

Pensées automatiques : « Mon patron ne me parle presque plus depuis quelques jours. C'est probablement parce qu'il n'est pas satisfait de moi. Il va peut-être me congédier. Quelle horreur ! »

P : Mon patron ne semble pas satisfait de moi. J'ai l'impression qu'il veut me congédier.

T : Cela reste à prouver, mais supposons qu'il décide de vous congédier, pourquoi est-ce si grave ?

↓

P : Je n'ai jamais perdu un emploi de ma vie et je n'accepte pas ce genre d'échec. J'aurais dû prendre les mesures nécessaires pour l'éviter.

T : Il est rare que quelqu'un soit heureux de perdre son emploi, bien sûr, mais pourquoi est-ce si terrible et inacceptable pour vous ?

À cette étape, le questionnement peut prendre des directions complètement différentes, selon les croyances activées par l'éventualité de la perte de l'emploi. Voyons-en quatre.

1. « C'est terrible et inacceptable parce qu'un individu qui se respecte est capable de conserver son emploi et de voir à ce que sa famille ne manque de rien. Comment puis-je m'estimer et me respecter après un tel échec ? »

   Croyance sous-jacente: « Mon labeur est égale à ma valeur. » ou, encore : « Pour se considérer comme valable, un être humain doit être parfaitement qualifié, agir adéquatement et accomplir son travail à la perfection en tout temps. » (Exigences élevées)
2. « C'est terrible parce que ma compagne risque de me quitter si je ne gagne pas d'argent. Sans elle, je me sens absolument démuni et incapable de faire face aux difficultés de la vie. »

   Croyance sous-jacente: « Il m'est impossible de vivre sans une personne à laquelle je peux me fier en tout temps pour faire face aux difficultés de la vie. » (Dépendance)
3. « C'est terrible parce que je devrai me donner beaucoup de mal pour me trouver un autre emploi. Je serai dans l'obligation de m'adapter à un nouveau contexte de travail et, aussi, de me priver pendant quelque temps à la suite de la baisse de mon revenu. »

   Croyance sous-jacente : « Je devrais pouvoir vivre confortablement sans effort et sans souffrance tout le temps. » (Faible niveau de tolérance aux frustrations)
4. « C'est terrible parce que, si je perds mon emploi, mon entourage risque de ne plus m'aimer, de ne plus me respecter ou de ne plus m'admirer. »

   Croyance sous-jacente: « Pour être heureux, je dois absolument être aimé de tous et approuvé par tous. » (Importance trop grande accordée à l'estime et l'approbation d'autrui)

La technique de la flèche verticale est d'autant plus efficace qu'elle permet souvent d'en arriver aux croyances fondamentales après avoir pris conscience, dans les étapes antérieures, des croyances intermédiaires qui les précèdent. Par la suite, lorsqu'on en vient à la restructuration cognitive, les croyances peuvent être traitées à tour de rôle, ce qui facilite leur modification.

Après s'être entraîné pendant quelque temps avec le thérapeute, le patient peut se servir seul de cette technique.

Se servir de questionnaires permettant de reconnaître les croyances dysfonctionnelles du patient

Les questionnaires ne remplacent pas une histoire personnelle bien faite, mais ils peuvent la compléter de façon significative. Certains ne portent que sur les croyances les plus fréquemment rencontrées dans une pathologie spécifique, comme c'est le cas de celui d'Edna B. Foa (2000), qui concerne l'état de stress post-traumatique. D'autres couvrent l'ensemble des croyances, comme le registre des attitudes dysfonctionnelles de Weissman et Beck (1978) et les différents questionnaires des schémas de Young (Young, Klosko & Weishaar, 2003).

Recourir à la bibliothérapie

Des lectures entre les rencontres peuvent être utiles à certains patients parce qu'elles favorisent une exploration plus complète de leurs croyances dysfonctionnelles. À titre d'exemple, les volumes *Je réinvente ma vie* de Young et Klosko (1993) et *A New Guide to a Rational Living* de Ellis et Harper (1975) nous semblent particulièrement indiqués.

Comment modifier les croyances dysfonctionnelles

Le simple fait, pour une personne, d'observer la présence d'une croyance dysfonctionnelle amène souvent cette personne à se rendre spontanément compte de son caractère nuisible et inadapté. Cette prise de conscience peut s'accompagner de changements significatifs, non seulement au niveau cognitif, mais aussi aux niveaux affectif, comportemental et relationnel. Par exemple, cette dernière peut avoir été abusée au cours de son enfance et être devenue trop méfiante parce qu'elle a l'impression que son entourage cherche constamment à l'exploiter et à la maltraiter. Si on l'amène à réexaminer sa croyance, c'est-à-dire sa façon d'évaluer les autres et d'entrer en relation avec eux, elle peut admettre sans trop de difficulté que les gens ne lui sont pas si hostiles, que les abus passés ne sont plus vraiment présents et que, par conséquent, sa méfiance est exagérée. Elle peut ensuite prendre divers moyens pour diminuer sa méfiance, si bien qu'elle deviendra moins hostile et moins anxieuse, et ses relations interpersonnelles s'en trouveront améliorées.

Cependant, une prise de conscience aussi rapide est loin d'être la norme, car la plupart des gens demeurent attachés à leurs croyances nuisibles, et ce, même si elles les desservent. Plusieurs raisons expliquent ce phénomène. Parfois, une croyance dysfonctionnelle est véhiculée par l'entourage ou la société en général, de telle sorte qu'il devient difficile pour la personne de la remettre en question. L'importance démesurée, par exemple, accordée à la réussite ou à l'approbation d'autrui dans nos sociétés occidentales peut être responsable de la formation de croyances dont résultent des exigences trop élevées ou une trop grande recherche d'approbation. De plus, malgré les conséquences néfastes de telles croyances, il arrive que la personne ne se résigne pas si facilement à s'en défaire parce qu'elle-même et son entourage croient en leur bien-fondé et en leur nécessité. Il peut arriver aussi qu'un proche contribue à entretenir chez la personne des croyances dont il tire plus ou moins consciemment des bénéfices secondaires importants, comme cela arrive souvent dans le cas des croyances qui sont à l'origine des schémas *Assujettissement et Sacrifice de soi*. Parfois, c'est la personne elle-même qui a de la difficulté à renoncer aux bénéfices secondaires de ses propres croyances erronées, comme on le constate, par exemple, chez certains colériques, narcissiques et antisociaux.

Or, même si une personne devient parfaitement consciente de l'aspect irrationnel et inadapté d'une croyance et de tous les inconvénients que celle-ci comporte, et même si elle souhaite s'en défaire, cette croyance ne s'en trouvera pas instantanément modifiée pour autant. Généralement, les croyances sont difficiles à changer, et ceci est particulièrement vrai chez les patients présentant un trouble de la personnalité ou des traits de personnalité pathologiques. Trois raisons, entre autres, expliquent cela : premièrement, les croyances s'accompagnent toujours de nombreux conditionnements, tant de nature cognitive qu'affective et comportementale; ces conditionnements sont souvent profondément incrustés et, par définition, difficiles à modifier; deuxièmement, elles sont souvent entretenues par des influences environnementales et des bénéfices secondaires immédiats, comme nous l'avons vu ci-dessus; troisièmement, elles sont parfois la conséquence d'influences biologiques qui ne disparaîtront jamais complètement. C'est pourquoi, de simples prises de conscience accompagnées ou non de brefs efforts sont plus ou moins efficaces pour changer une croyance. Il faut, le plus souvent, travailler avec constance et utiliser une méthode éprouvée pour obtenir des résultats qui deviendront significatifs et durables.

Toutefois, encore faut-il s'attendre à ce que ces résultats soient graduels et partiels plutôt que rapides et complets.

En TCC, le thérapeute amène donc son patient à prendre conscience de ses croyances et à comprendre ce qui les rend nuisibles, le moment où elles sont nuisibles et la façon dont elles lui nuisent. Il l'encourage à chercher à les modifier avec assiduité jusqu'à ce qu'elles soient suffisamment atténuées. Pour y arriver, il lui propose diverses méthodes, dont quelques-unes sont décrites ci-dessous.

Comment modifier des croyances fondamentales

- Utiliser le questionnement socratique
- Comparer les avantages et les désavantages d'une croyance
- Employer la technique de la flèche verticale
- Se servir d'un continuum cognitif pour évaluer et modifier une croyance
- Reconnaître et modifier d'abord les croyances intermédiaires, puis les croyances plus fondamentales
- Recourir à l'imagerie mentale et au jeu de rôle pour connaître ou modifier les croyances dysfonctionnelles
- Utiliser les expériences comportementales ou le passage à l'action
- Se servir de la relation thérapeutique pour connaître et modifier une croyance

Utiliser le questionnement socratique

Comme dans les étapes précédentes de la restructuration cognitive, le questionnement socratique est un excellent outil pour modifier les croyances inadaptées. On peut l'utiliser en se basant sur les trois principaux groupes de questions que nous connaissons bien maintenant : « Cette croyance est-elle bien vraie ? » ; « Pourrait-on la voir autrement ? » ; « Si elle était vraie, quelles seraient ses conséquences ? »

- *« Cette croyance est-elle bien vraie ? Sur quelles preuves repose-t-elle ? »* Il s'agit ici de questionner le patient sur sa croyance pour étudier celle-ci sous tous ses angles et, ainsi, mettre en évidence ses aspects dysfonctionnels. Citons, à ce propos, Blackburn et Cottraux (1988, p. 101), qui donnent l'exemple d'un patient ayant de la difficulté à s'affirmer parce qu'il veut absolument être aimé de tous et approuvé par tous : « Quelle est l'évidence que si le patient ne plaît pas à quelqu'un, tout le monde le trouvera déplaisant ? Où est l'évidence que le respect des autres dépend du niveau de performance d'un individu ? Est-ce que le patient lui-même juge les autres de cette façon ? S'il prend comme exemple une personne qu'il estime, est-ce que cette personne n'a aucun défaut, est-ce qu'elle dit toujours oui si on lui demande quelque chose, est-ce que tout le monde la trouve sympathique ? De même pour une personne très respectée, est-ce que cette personne fait tout parfaitement ? Est-ce que cette personne est nécessairement respectée par tout le monde ? Si cette personne n'est pas estimée ou respectée par A ou B, est-ce que sa vie ne vaut pas quand même la peine d'être vécue ? »

- *«Pourrait-on voir cette croyance autrement?»* Par cette question, le thérapeute essaie, encore une fois, d'élargir les perspectives, et il incite son patient à aborder une croyance sous un angle différent. Par exemple, une dame est constamment épuisée parce qu'elle n'arrive pas à refuser les demandes, souvent abusives, de son entourage. Elle se croit obligée d'être disponible pour les autres en tout temps, sinon elle craint d'être jugée sévèrement, de perdre ses amis et de se retrouver seule dans la vie : « Il est vrai que des personnes seront peut-être mécontentes si vous n'êtes plus autant à leur service qu'auparavant, mais croyez-vous que vos vrais amis n'accepteront pas quelques refus si vous leur en expliquez les raisons ? Vous abandonneront-ils pour autant ? Considérez également le fait que vous serez moins surmenée et que vous pourrez vous consacrer à des activités qui vous plairont davantage; votre vie s'en trouvera ainsi facilitée. Avez-vous intérêt à vous dévouer au delà de vos forces uniquement pour être davantage appréciée par autrui ? »
- *« Si cette croyance était vraie, quelles en seraient les conséquences ?»* Il s'agit ici d'évaluer les conséquences d'une croyance. Cette façon de faire est particulièrement appropriée lorsqu'une croyance dysfonctionnelle présente certains bénéfices à court terme. Considérons la croyance suivante, qui est presque toujours inadéquate : « Le bonheur peut être atteint par l'inertie et l'inaction; on n'a qu'à se laisser vivre passivement. » Il est évident qu'à court terme, il est plus facile de négliger son travail, ses études ou son hygiène de vie. Cependant, quelles sont les répercussions à long terme d'un tel choix ? On peut s'arrêter ici sur chacun de ces aspects et dresser la liste des conséquences que ces choix sont susceptibles d'entraîner à court, à moyen et à long terme. La plupart du temps, il en résulte une modification au moins partielle de la croyance, et cette modification est plus substantielle si le patient prend vraiment conscience du fait qu'il est influencé par une croyance qui, à long terme, le fragilise et le mine.

Comparer les avantages et les désavantages d'une croyance

Cette technique est toute simple, mais elle s'avère fort pertinente à l'usage, et la plupart des gens l'accueillent bien parce qu'ils se rendent rapidement compte de son efficacité pour évaluer leurs croyances de façon plus nuancée. On s'en sert, notamment, avec les personnes qui sont réticentes à renoncer à une croyance dysfonctionnelle qui leur semble utile.

On commence par dresser avec le patient une liste des avantages et désavantages de la croyance en les disposant par écrit, sur deux colonnes. On détermine ensuite le degré de véracité de chacun d'eux en les cotant au moyen d'un nombre allant de 0 à 100. On additionne finalement les résultats de chaque colonne et on en arrive à une évaluation plus juste de la croyance. Voyons l'exemple suivant.

Croyance à évaluer : « Pour se considérer comme valable, un être humain doit être parfaitement qualifié, agir adéquatement et accomplir son travail à la perfection en tout temps. »

TABLEAU 14.1 L'évaluation d'une croyance

Avantages	Désavantages
1. Je tente de faire de mon mieux et j'en arrive à de meilleurs résultats. (80) 2. Lorsque j'obtiens du succès, j'en éprouve une grande satisfaction. (90) 3. Mon entourage me félicite et j'en suis flatté. (60) 4. Je suis exigeant avec mes proches et j'obtiens ainsi un meilleur rendement. (40)	1. Je travaille presque sans arrêt et je me prive de beaucoup de choses agréables. (100) 2. Lorsque je fais face à des difficultés, je deviens anxieux, et ma performance en souffre. (50) 3. Lorsque je subis un échec, je me dévalorise exagérément, ce qui me gâte la vie. (75) 4. J'accepte mal les critiques, ce qui m'empêche de m'améliorer. (50) 5. Plusieurs personnes me fuient parce qu'elles me trouvent trop sévère et trop exigeant. (90) 6. Je suis constamment préoccupé et inquiet, ce qui est pénible tant pour moi que pour les autres. (100)
Total : 270	Total : 465

Résultat : mon niveau d'adhésion à cette croyance est trop élevé. Si je parviens à le diminuer, ma vie deviendra plus agréable et j'améliorerai mes relations avec autrui.

Employer la technique de la flèche verticale

La technique de la flèche verticale ou descendante a pour objectif premier de connaître les croyances dysfonctionnelles (*voir la figure 14.1 à la page suivante*). Par la suite, elle peut également servir, qu'elle soit combinée ou non au tableau d'enregistrement des pensées dysfonctionnelles, à modifier les croyances mises en évidence. Les croyances intermédiaires puis les croyances fondamentales sont alors analysées à tour de rôle, dans l'ordre de leur apparition.

Revenons à l'exemple d'Isabelle, qui souffre d'une phobie sociale et qui devient anxieuse au plus haut point lorsqu'elle doit participer à une rencontre de groupe.

FIGURE 14.1 L'analyse d'une situation de phobie sociale

P : Je vais rougir, trembler, transpirer et avoir l'air ridicule aux yeux de tous.

→ Est-ce bien vrai ? Même s'il vous arrive souvent de rougir, de trembler et de transpirer, y a-t-il des occasions où cela ne se produit pas ? Et si cela arrive, est-ce qu'une personne qui rougit, tremble et transpire est nécessairement ridicule ?

↓

T : Et si cela arrive, pourquoi est-ce si grave ?

↓

P : Parce que tous les gens vont s'en apercevoir, j'en suis certaine.

→ Vraiment ? Est-ce que l'attention de toutes les personnes dans ce groupe est centrée sur vous ? Est-ce qu'une bonne partie d'entre elles ne se préoccuperont pas davantage des autres ou d'elles-mêmes plutôt que de vous ?

↓

T : En supposant que cela soit vrai, pourquoi est-ce si terrible ?

↓

P : Parce qu'ils vont me juger sévèrement.

→ Vous croyez ? Certaines personnes peuvent juger sévèrement les autres, bien sûr, mais est-ce le cas de toutes ? Certaines ne sont-elles pas indulgentes avec les gens timides, ne serait-ce que parce qu'elles sont elles-mêmes timides ? Vous-même, êtes-vous portée à juger sévèrement les gens qui semblent mal à l'aise en société ?

↓

T : S'ils vous jugent sévèrement, qu'est-ce que cela signifie pour vous ? Pourquoi est-ce si catastrophique ?

↓

P : Parce que cela signifie que les gens de mon entourage ne m'aiment pas et ne me respectent pas.

→ Nous venons de voir que certains ne jugent pas sévèrement les personnes timides. Toutefois même si quelqu'un juge sévèrement votre malaise, n'y a-t-il pas d'autres aspects de votre personne qu'il pourrait aimer et respecter ?

↓

T : Cela me semble extrêmement improbable pour ne pas dire impossible, mais même si c'était vrai, pourquoi est-ce si grave ?

↓

P : Comment peut-on vivre heureux si tous les gens qui nous entourent ne nous aiment pas et ne nous respectent pas ?

→ Il y a sans doute des personnes qui ne vous aiment pas dans votre entourage, comme il y en a certaines qui vous aiment et vous respectent. Cependant, peut-on être aimé de tous et approuvé par tous ? Vous-même, aimez-vous et respectez-vous tout le monde ? Ne peut-on pas vivre heureux même si certaines personnes nous aiment moins ou ne nous aiment pas ?

Se servir d'un continuum cognitif pour évaluer et modifier une croyance

Lorsqu'une croyance est ciblée au cours d'une thérapie, on constate fréquemment que ce n'est pas le thème ou le sujet de la croyance qui est dysfonctionnel, mais surtout, et parfois uniquement, le degré de l'exigence que cette croyance contient. En d'autres mots, le désir exprimé par la croyance est légitime au départ, mais il devient dysfonctionnel à cause des exigences ou des attentes très fortes qu'il génère. Exemple : « J'ai absolument besoin de l'estime et de l'approbation de toutes les personnes de mon entourage pour être heureux. » Le désir exprimé par cette croyance (obtenir l'estime et l'approbation d'autrui) est légitime ; par contre, c'est le trop haut degré de l'exigence (« J'ai *absolument besoin* de l'estime et de l'approbation de *toutes* les personnes de mon entourage. ») qui le rend dysfonctionnel.

Un continuum cognitif est très utile ici pour mettre en lumière la fluctuation de l'exigence dans le cadre de la croyance. À l'extrémité droite, on inscrit la croyance dans des termes traduisant une exigence aussi rigide et absolue que possible et, à l'extrémité gauche, on la traduit dans des termes ne présentant aucune forme d'exigence. On demande ensuite à la personne de situer sa propre croyance sur ce continuum en fonction du degré actuel d'exigence qu'elle recèle (*voir la figure 14.2*).

FIGURE 14.2 Le continuum cognitif

Ce type d'exercice se fait généralement par écrit : le thérapeute trace lui-même le continuum sur une feuille de papier, puis aide le patient à y situer sa croyance selon son degré d'exigence. Le schéma facilite la discussion tout en permettant une meilleure compréhension des enjeux de la situation.

C'est lorsque la croyance est clairement connue et son degré d'exigence bien précisé que commence le travail de restructuration cognitive. L'objectif de ce travail est d'abord de déterminer jusqu'à quel point le degré d'exigence est trop rigide et, par conséquent, nuisible et, ensuite, de voir comment il pourrait être ramené à un niveau plus souple et mieux adapté. Pour ce faire, le thérapeute peut utiliser tous les moyens que comprend son arsenal cognitif : questionnement socratique, distanciation, liste des avantages et des inconvénients, conséquences à court, à moyen et à long terme ou autres. Par la suite, il détermine, avec son patient, la manière dont cette nouvelle façon d'envisager les choses peut se traduire dans l'action, c'est-à-dire dans les attitudes et les comportements de la vie quotidienne : « Nous comprenons tous les deux que votre désir d'obtenir à tout prix l'estime et l'approbation des autres comporte beaucoup d'inconvénients, en particulier celui de vous épuiser à force d'accepter toutes leurs demandes. Voyons maintenant comment vous pourriez refuser certaines de ces demandes sans vous faire d'ennemis. »

Comme nous le disions précédemment, le continuum cognitif fait par écrit est précieux à cause de son aspect visuel et, surtout, parce qu'il permet de valider le désir légitime de la personne tout en mettant en évidence le trop grand degré d'exigence qui le rend dysfonctionnel. C'est donc la capacité qu'il donne à la personne de pouvoir dissocier clairement l'aspect légitime du désir de son trop grand degré d'exigence qui fait son utilité. Des continuums cognitifs de ce genre peuvent d'ailleurs être utilisés à d'autres fins, comme la reconnaissance et la modification des erreurs logiques, des attitudes dysfonctionnelles et des comportements dysfonctionnels.

Reconnaître et modifier les croyances intermédiaires, puis les croyances plus fondamentales

Bon nombre de thérapeutes, lorsqu'ils arrivent aux deuxième et troisième niveaux d'intervention, s'attardent assez longuement sur les croyances intermédiaires dysfonctionnelles, afin de les connaître avec précision et de les modifier au moins partiellement avant de passer aux croyances plus fondamentales sous-jacentes. C'est notamment le cas des thérapeutes s'inspirant d'Ellis et de la RET, qui s'arrêtent longuement aux attitudes dysfonctionnelles de base (exigences rigides, dramatisation, non-acceptation et jugement globaux sur la valeur personnelle) avant d'en arriver aux croyances irréalistes majeures. Au lecteur intéressé par ce sujet, nous conseillons de relire le chapitre 8 (Le modèle émotivo-rationnel selon Ellis), qui traite de cette approche.

Recourir à l'imagerie mentale et au jeu de rôle pour connaître ou modifier les croyances dysfonctionnelles

On peut utiliser l'imagerie mentale pour reconnaître les croyances dysfonctionnelles comme on le fait pour reconnaître les pensées automatiques. Comme nous le disions dans le chapitre précédent, le thérapeute part d'une situation présente ou passée au cours de laquelle une importante émotion dysfonctionnelle s'est manifestée ; il enseigne ensuite au patient à se détendre, puis à reconstituer aussi précisément que possible, en imagination, la situation en cause. Lorsque refont surface les émotions liées à cette situation, le thérapeute amène graduellement le patient à reconnaître ses pensées automatiques, puis les croyances dysfonctionnelles sous-jacentes. L'utilisation de la technique de la flèche verticale est particulièrement indiquée dans ce type d'exploration.

Une fois la croyance clairement connue, le thérapeute peut la modifier dans le sens désiré en utilisant la même situation. À l'aide de jeux de rôles, de suggestions ou autrement, il entraîne le patient à changer sa perception au cours de cette situation et à y vivre des émotions, des attitudes et des comportements plus adéquats, si bien qu'il en résulte une modification de la croyance en cause. Une personne, par exemple, a été fréquemment dévalorisée par un parent au cours de son enfance et présente les caractéristiques du schéma « Imperfection ». Avec l'aide du thérapeute, elle revit en imagination des situations identiques, mais au cours desquelles elle arrive à se faire respecter par ce parent. À la suite de la répétition, en imagination, d'expériences de ce genre, sa croyance (ou son schéma) s'atténue graduellement.

Ce type d'intervention n'est pas facile et exige du thérapeute beaucoup d'expérience et d'habileté; il demeure toutefois très rentable, car il en découle des changements plus rapides et, surtout, plus durables des croyances ou des schémas.

On se sert de plus en plus de l'imagerie mentale et du jeu de rôle pour connaître et modifier les croyances, en particulier dans le groupe de Jeffrey Young (Young, Klosko & Weisharr, 2003) et dans celui de Beck (Beck, J. S., 1995). On trouve des descriptions détaillées de ces techniques et de la façon de s'en servir dans les volumes de ces auteurs ainsi que dans les chapitres 15 et 16 du présent ouvrage.

Utiliser les expériences comportementales

Une fois terminée la restructuration cognitive d'une croyance dysfonctionnelle, il importe d'appliquer dans la vie quotidienne les résultats positifs obtenus. Ce faisant, on renforce la confiance du patient en sa « nouvelle croyance » et on l'aide à comprendre jusqu'à quel point cette dernière est plus appropriée et mieux adaptée à la réalité. C'est ce que l'on nomme les « expériences comportementales » ou le « passage à l'action ». Le thérapeute suggère au patient de remplacer les attitudes et les comportements découlant de l'ancienne croyance par ceux issus de la nouvelle croyance. Ainsi, dans un scénario idéal, la personne soumise commencera à défendre fermement ses droits, tout en respectant ceux d'autrui; le dépendant, quant à lui, prendra de plus en plus d'initiatives et de décisions sans consulter inutilement son entourage, et la personne trop méfiante s'efforcera de faire davantage confiance aux autres.

Lorsqu'elles sont bien menées, des expériences de ce genre s'avèrent plus efficaces qu'une simple restructuration cognitive parce qu'en plus de s'attaquer à la dimension cognitive, elles tendent à modifier les autres aspects de la croyance dysfonctionnelle : comportemental, affectif, relationnel et même, parfois, physiologique. Le timide qui apprend à s'affirmer, par exemple, deviendra graduellement plus habile à refuser des demandes sans blesser personne; il constatera que l'anxiété et la culpabilité qui accompagnaient ses refus au début diminuent avec le temps, de même que les réactions physiologiques qui en résultaient parfois. Sur le plan cognitif, la conviction que la nouvelle croyance est préférable à l'ancienne s'accentuera puisque les hypothèses émises au cours de la restructuration se confirmeront dans la réalité.

Le lecteur intéressé trouvera dans le chapitre 5 une description plus élaborée de ce que sont les expériences comportementales et de la façon de les mettre en application.

Se servir de la relation thérapeutique pour connaître et modifier une croyance

La façon dont une personne se comporte pendant l'évaluation ou, plus tard, au cours de la thérapie fournit généralement de nombreux indices permettant de connaître ses croyances et ses schémas dysfonctionnels. Des demandes exagérées de privilèges peuvent faire penser au schéma *Droits personnels exagérés*, une dévalorisation excessive peut provenir d'un schéma *Imperfection* et des critiques trop nombreuses et injustifiées à l'endroit du thérapeute peuvent être des indices d'un schéma *Exigences élevées/Critiques excessives.*

Cependant c'est surtout pour modifier les croyances que la relation thérapeutique s'avère utile. Elle permet au thérapeute de donner à son patient ce dont il n'a pas bénéficié au cours de sa vie : soutien, compréhension, constance, absence de jugement, expression des émotions, limites réalistes, etc. C'est ce qu'on appelle l'« expérience émotionnelle correctrice » chez les psychanalystes et le « re-maternage » dans le langage de Jeffrey Young (Young, Klosko & Weishaar, 2003).

Nous ne nous attarderons pas davantage sur le rôle de la relation thérapeutique en psychothérapie, car on en traite dans le chapitre 15. Aux personnes intéressées, nous suggérons la lecture de la section intitulée « L'intervention relationnelle ».

Terminons en soulignant que les différentes techniques dont nous venons de parler pour en arriver à connaître et à modifier les croyances dysfonctionnelles sont majoritairement inspirées des travaux de Aaron T. Beck et de son groupe. Dans le chapitre qui suit, nous verrons cette fois comment Jeffrey Young s'y prend pour atteindre des objectifs relativement semblables, mais en recourant à des moyens souvent fort différents.

CHAPITRE

15

Les aspects pratiques de la thérapie des schémas selon Jeffrey Young

par Pierre Cousineau

Nous avons vu, dans le chapitre 9 (Les aspects théoriques de la thérapie des schémas selon Jeffrey Young), ce qu'étaient les schémas précoces d'inadaptation, les styles d'adaptation dysfonctionnels et les modes. Il sera maintenant question de l'utilisation de ces concepts en thérapie.

Nous traiterons d'abord, dans le présent chapitre, de l'évaluation, puis nous aborderons deux points relatifs aux opérations sur les schémas, soit la prise de conscience par la personne de ses schémas, puis la question de leur gestion ou de leur modification. Les différents types d'interventions (cognitive, comportementale, expérientielle et relationnelle) seront ensuite analysés. Enfin, nous verrons les questions relatives au déroulement et à la durée de la thérapie.

L'évaluation

Le début de l'évaluation correspond à la façon de procéder décrite dans le chapitre 11. Elle permet de repérer la présence de troubles de l'Axe I ou de l'Axe II du DSM-IV et, aussi, d'évaluer avec précision les comportements à modifier (analyse fonctionnelle). Dans le cas de troubles de l'Axe I, le traitement reposera sur l'approche cognitivo-comportementale classique de Beck et d'Ellis, telle qu'elle est décrite dans ce volume[1].

1. Des thérapeutes des schémas expérimentés observent, par ailleurs, que certains troubles de l'Axe I (troubles anxieux, par exemple) peuvent être modifiés indirectement par une intervention sur les schémas.

La thérapie des schémas, quant à elle, est utilisée dans les cas de troubles de l'Axe II et de syndromes résistants de l'Axe I.

La première tâche du thérapeute utilisant la thérapie des schémas est d'établir un lien entre les raisons de la consultation et le modèle des schémas et des modes. Pour se servir de ce type de thérapie, il est essentiel d'arriver à une formulation des problèmes reposant sur ce modèle. De plus, cette formulation doit être signifiante pour le patient.

L'évaluation se fait généralement en quatre rencontres; elle peut être plus longue, rarement plus courte. Young, de son côté, parle d'un minimum de cinq rencontres, car il utilise l'imagerie mentale au cours de l'évaluation; nous y reviendrons. Décrire l'histoire de l'individu à l'aide du modèle des schémas est, en quelque sorte, une nouvelle façon de raconter l'histoire de cet individu, et puisque *certaines histoires sont plus vraies que d'autres*, même si elles ne sont jamais totalement vraies, comme le rappelle Wilma Bucci (1997), il est important de recueillir l'information de la façon la plus large possible. Les indicateurs sont alors comportementaux, affectifs, cognitifs, mnésiques, relationnels, associatifs, narratifs, etc.

Au cours de la première rencontre, les raisons de la consultation sont examinées. Comme nous le mentionnions précédemment, en général, deux catégories majeures de troubles amènent une personne à consulter : celle-ci se plaint d'un ou de plusieurs symptômes (Axe I) ou elle se sent prisonnière de caractéristiques caractérologiques (Axe II) qui la font souffrir ou lui nuisent. La thérapie des schémas vise plus spécifiquement les caractéristiques caractérologiques. D'ailleurs, on doit chercher à définir ces caractéristiques de la façon la plus opérationnelle possible : par quel comportement ces caractéristiques se manifestent-elles ? Dans quelles circonstances ce comportement apparaît-il ? En compagnie de quelles personnes ? Quelles sont les pensées qui l'accompagnent ? Quels sont les souvenirs les plus lointains associés à ces caractéristiques ? Est-il possible de contrôler ces caractéristiques ? À la fin de la première rencontre, le questionnaire des schémas est remis au patient[2].

Les deuxième et troisième rencontres sont consacrées à l'histoire du patient, de son enfance à aujourd'hui. Il s'agit, bien sûr, d'informations explicites puisqu'elles reposent sur la narration du patient. Les informations implicites proviendront plutôt de la tonalité affective, du style narratif ou de la relation avec le thérapeute. La deuxième rencontre est utilisée pour faire un examen approfondi de l'histoire du patient dans la perspective de ses relations avec ses parents ou avec toute autre personne ayant joué un rôle équivalent. Le plus souvent, on en tire une information privilégiée pour la formulation des hypothèses sur les schémas. On demande d'abord une description spontanée de chaque parent : « Décrivez-moi votre mère. », « Décrivez-moi votre père. » Dans cette phase, lorsque le thérapeute questionne son patient, c'est pour obtenir des précisions, des clarifications. Une fois cette description terminée, on pose au patient des questions qui portent directement sur les champs schématiques qu'il n'a pas spontanément couverts. Une importance particulière est accordée à des schémas centraux (*Carence affective, Abandon, Méfiance/Abus, Imperfection, Punition*, etc.). Par exemple, si la description spontanée du patient n'a donné aucune indication sur l'empathie d'un parent (schéma *Carence affective*), on peut lui demander : « Votre père prenait-il le temps d'essayer de comprendre ce qu'il vous arrivait ? » Par la suite, on vérifie si un ou des membres de la fratrie ont eu une importance significative (positive ou

2. Nous utilisons la traduction de Cousineau et Pascal (2005) du YSQ-L3 de Young (2005). On trouvera le questionnaire des schémas dans l'annexe 3 du présent chapitre.

négative) dans l'histoire du patient. À la fin de cette deuxième rencontre, on remet le questionnaire sur les parents; nous utilisons ici la traduction faite par De Courcy et Cousineau du YPQ-1 de Young (1994).

La troisième rencontre porte d'abord sur le développement de l'individu lorsqu'il était enfant; on utilise les étapes scolaires comme points de repère. Ainsi, on s'intéresse à la façon dont les choses se passaient à l'école: rendement scolaire, comportement, socialisation avec l'entourage (comprenant les amis à l'extérieur de l'école). Si la personne a peu fréquenté l'école, on peut la questionner sur son travail ou sur tout autre élément associé à son développement. Puis on aborde l'histoire de ses relations amoureuses significatives, avec l'objectif d'y déceler des modèles (*patterns*). Par rapport à chaque relation, le thérapeute demande une description du partenaire et du déroulement de la relation et, le cas échéant, il demande au patient de donner les raisons de la rupture. Cette troisième rencontre d'évaluation se termine par une question: «Y a-t-il quelque chose d'autre dans votre histoire de vie que vous considérez important et qui n'a pas été abordé dans nos rencontres?» Il se peut que l'on doive planifier des rencontres supplémentaires si l'histoire personnelle est complexe, si les nuances apportées par le patient sont multiples ou s'il est nécessaire de couvrir plus en détail une zone de vie liée aux raisons de la consultation (par exemple, des thérapies antérieures ou des problèmes récurrents dans différents emplois).

Durant la phase d'évaluation, c'est la préparation de la quatrième rencontre, celle où est dressé le bilan, qui est la plus exigeante sur le plan des habiletés cliniques du thérapeute. Il s'agit, pour celui-ci, d'arriver à faire une synthèse des observations notées dans le cadre du modèle des schémas. En plus d'être fondée, cette synthèse doit être signifiante pour le patient, qui doit en percevoir la pertinence. Il est impossible de décrire parfaitement et de manière explicite ce que les thérapeutes font en grande partie implicitement; il s'agit d'une habileté dont le développement repose surtout sur l'expérience[3]. Mais il faut bien commencer quelque part. Le modèle étant celui de la thérapie des schémas, il est évidemment important d'arriver à reconnaître ces schémas. L'information vient des questionnaires, du contenu des entrevues et de leur déroulement. Il est bien de commencer la synthèse en classant les données selon les schémas auxquels on peut les associer et, idéalement, selon les modes auxquels elles se rapportent.

Illustrons, au moyen d'un exemple clinique, ce qui vient d'être dit sur l'évaluation des schémas. Charles est un homme dans la mi-quarantaine, marié et père de deux enfants. Malgré un fonctionnement évalué par plusieurs comme étant adéquat, il est insatisfait de sa vie. Travailler lui pèse de plus en plus. Sur le plan relationnel, même s'il est entouré, il se sent seul. Il vient consulter après avoir fait des lectures sur la crise du mi-temps de la vie qui ont créé chez lui un malaise au regard de la perspective de mourir sans s'être pleinement épanoui. Son cas illustre le fait que la thérapie des schémas peut être utilisée pour traiter des problèmes autres que les troubles de la personnalité.

Charles rapporte que son père s'est peu intéressé à lui et qu'il l'a rarement aidé à relever des défis scolaires ou sportifs (absence d'empathie et de supervision associée au schéma *Carence affective*). De plus, les rares fois où son père lui a prêté attention, son attitude était sévère et critique, et il l'a traité d'incapable et même d'imbécile (schéma *Imperfection*). Cette critique a renforcé un processus d'auto-attribution qui a amené Charles, compte tenu

3. La supervision demeure, à notre avis, la meilleure façon d'apprendre à utiliser un modèle thérapeutique.

du faible investissement de son père, à conclure qu'il ne pouvait présenter que peu d'intérêt pour quelqu'un d'autre.

Charles raconte aussi que, récemment, lorsqu'il voyait son père, ses réactions étaient de deux ordres : à certains moments, il ressentait intensément le manque d'attention paternel, ce qui l'attristait (mode *Enfant Vulnérable*), et, à d'autres, il en voulait à son père de n'avoir jamais été là pour lui (mode *Enfant en Colère*).

Il s'agit donc ici de colliger tous les renseignements obtenus durant les rencontres d'évaluation dans le but de dresser un tableau des différents schémas et modes de Charles. Dans ce modèle, les modes témoignent de la façon dont les schémas sont réactivés (vulnérabilité ou colère, par exemple) ; ils permettent également de mettre en évidence les stratégies employées pour composer avec la souffrance provoquée par ces mêmes schémas (l'évitement du *Protecteur Détaché,* par exemple) ; ils favorisent, finalement, la reconnaissance des attitudes parentales reprises par le patient (le mode *Parent Punitif,* par exemple).

Il a été souligné, dans le chapitre 9, qui porte sur les aspects théoriques, que les schémas possèdent souvent un lien dynamique entre eux; ce lien doit être reconnu. Par exemple, Charles a conservé son besoin de reconnaissance, et il a cherché à le satisfaire en devenant un homme d'affaires prospère et reconnu. Pour y arriver, il a travaillé avec acharnement, s'imposant de lourdes tâches et de nombreuses heures de travail (schéma *Exigences élevées,* mode *Compensateur*). De plus, son besoin impérieux d'exister dans le regard de l'autre l'amène à s'ajuster aux attentes de personnes significatives et à leur faire la démonstration de sa réussite en vue d'être reconnu et admiré (schéma *Recherche d'approbation et de reconnaissance,* modes *Conciliant* et *Compensateur*). Ces deux schémas ont pour fonction, d'une part, de combler autant que faire se peut le manque associé au schéma *Carence affective* et, d'autre part, d'apaiser la douleur issue du schéma *Imperfection,* états développés dans la relation avec le père. C'est une histoire de cette nature que le thérapeute doit arriver à saisir s'il veut pouvoir l'expliquer au patient. Pour reprendre l'image de Bucci, il faut que l'histoire soit *suffisamment vraie* pour qu'on puisse constituer un point de départ au travail thérapeutique. On vérifie sa véracité en essayant de voir si elle est ou non signifiante pour le patient : l'expression faciale entendue ou perplexe de ce dernier au moment du bilan constitue souvent un très bon indice. Lorsque l'histoire fait sens, la motivation à travailler en découle en bonne partie spontanément. L'obligation de devoir travailler comme un forcené pour répondre à son besoin de reconnaissance apparaîtra plus lourde à Charles; il deviendra aussi sensible à la possibilité d'avoir une réponse plus directe à ce besoin en s'entourant de gens qui l'apprécient pour lui-même, par exemple, plutôt que par des personnes qui le côtoient à des fins purement utilitaires.

L'utilisation des questionnaires au moment de l'évaluation

Les questionnaires constituent d'excellents outils pour compléter le matériel recueilli au cours des entrevues d'évaluation. La première préoccupation est naturellement celle de la concordance entre les deux sources d'information. Dans certains cas, chacune est le reflet fidèle de l'autre. La confirmation par deux sources de données différentes constitue généralement une bonne nouvelle en ce qui a trait à la pertinence des hypothèses du thérapeute.

Cependant, elle indique aussi que le sujet a une perception assez juste de lui-même et qu'il a de bonnes capacités sur le plan de la conscience réflexive. Très souvent, et ce, sans surprise, il n'y a pas cette parfaite correspondance entre le contenu des questionnaires et celui des entrevues. Ainsi, on pourrait très bien voir les schémas *Exigences élevées* et *Recherche d'approbation* de Charles cotés dans le questionnaire, mais sans la présence du schéma *Carence affective*. Les néophytes en matière de thérapie des schémas demeurent souvent perplexes devant ce phénomène : ils comprennent difficilement qu'un schéma puisse être significatif sans que le questionnaire le fasse apparaître. Or, plusieurs raisons peuvent expliquer cette situation. Charles peut avoir fait le choix d'une conjointe qui a permis une certaine réparation ; il peut ne pas être pleinement conscient de son besoin d'être reconnu même s'il agit constamment en fonction de ce besoin ; il peut avoir un très bon réseau d'amis proches qui s'intéressent à lui et le soutiennent, diminuant ainsi la prégnance[4] de son schéma. Si, par ailleurs, dans le questionnaire portant sur les parents, ces derniers sont décrits comme ayant été peu à l'écoute et ayant fourni un faible soutien, cela renforcerait l'hypothèse du schéma *Carence affective* dont Charles est peu conscient. On peut voir, dans cet exemple, que la reconnaissance des schémas est un travail qui demande perspicacité et nuance.

Si le patient se présente parce qu'il ressent un quelconque symptôme, le lien sera à faire entre les schémas et le symptôme. Ainsi, Charles pourrait se présenter avec une anxiété liée à la performance parce que son besoin d'être reconnu lui fait craindre la catastrophe subjective de ne pas l'être ; ou, encore, il pourrait être dépressif parce que, à cause d'une restructuration de l'entreprise où il travaille, il vient de perdre son poste de cadre supérieur. Le symptôme serait alors traité, dans un premier temps, dans le cadre d'une démarche cognitivo-comportementale ciblée, puis à l'aide d'un travail sur les schémas.

Young utilise l'imagerie mentale à l'intérieur même de l'évaluation. Cela permet au patient de ressentir les schémas, de saisir que leurs origines se trouvent dans son enfance et de les relier aux problèmes actuels. Par exemple, Charles, revivant une scène de son enfance en imagerie, pourrait ressentir l'effet de l'absence d'intérêt de son père à son endroit et, ainsi, associer ce sentiment à des situations actuelles.

La prise de conscience[5]

Nous avons souvent observé que le seul fait, pour des patients, de connaître leurs schémas et d'en expliquer le fonctionnement au regard de leur situation particulière avait, en soi, un effet thérapeutique. Avec quelques personnes, cela a même pu constituer l'essentiel de la thérapie. L'observation ou « se regarder aller », en langage de tous les jours, la mentalisation ou la conscience réflexive, en langage psychologique, le traitement de l'information par les lobes frontaux et préfrontaux, en langage neuropsychologique et, dans une certaine mesure, la position de témoin ou la désidentification de l'ego, en langage bouddhiste sont des façons différentes de faire référence à cette facette de la connaissance

4. Force, et par suite, stabilité et fréquence d'une organisation psychologique privilégiée, parmi toutes celles qui sont possibles, *Le nouveau Petit Robert de la langue française 2.1 (2001)*, version CD-ROM.
5. Fonagy dirait « mentalisation » (Fonagy *et al.*, 2002).

de soi. Mais en quoi une meilleure connaissance de soi peut-elle aider à fonctionner de manière plus satisfaisante ? Mentionnons brièvement trois hypothèses :

- La prise de conscience permet de mieux gérer ses schémas. Elle amène l'individu à comprendre la raison pour laquelle ils sont dysfonctionnels et, ainsi, devient un certain frein à la répétition aveugle ;
- Lorsque le soi n'est pas gravement atrophié, le rendre conscient des limites que les schémas imposent à son développement peut devenir, en tant que tel, un moteur du changement (besoin d'auto-expansion décrit dans Grawe, 2004) ;
- Mieux comprendre son fonctionnement personnel est une réponse directe au besoin de comprendre et de maîtriser (besoin d'orientation et de maîtrise décrit dans Grawe, 2004).

Dans chacune de ces trois hypothèses, le patient est moins à la merci de ses schémas, qui perdent de leur prégnance. Évidemment, cette démarche exige du thérapeute qu'il saisisse adéquatement tant les schémas que les modes de son patient pour que celui-ci se reconnaisse véritablement dans leur description.

Charles pourrait déjà voir sous un autre angle ses besoins de performance et d'approbation s'il comprend que leur objectif principal est de susciter l'intérêt et l'admiration de personnes significatives, et s'il se rend compte que son choix de personnes significatives se porte souvent sur celles qui sont peu enclines à manifester de l'intérêt ou de l'admiration pour autrui. En contrepartie, Charles pourrait devenir plus sensible au fait que sa conjointe n'est pas opposée à un investissement affectif plus profond et qu'elle tient compte de ses commentaires lorsqu'il se sent injustement critiqué par elle. Des changements de cet ordre se produisent le plus souvent à l'intérieur d'un processus thérapeutique, mais il arrive parfois qu'ils apparaissent en mode accéléré grâce à une formulation de cas qui devient, d'emblée, un événement significatif pour le patient. Dans notre formulation, nous dirions que ce patient possédait déjà plusieurs schémas adaptés qui ont été rapidement mis à contribution.

Un excellent outil pour aider les personnes à bien comprendre le fonctionnement de leurs schémas est l'ouvrage *Je réinvente ma vie* (Young & Klosko, 1993). Les schémas les plus courants y sont présentés d'une façon simple et claire. Plusieurs encadrés permettent d'en connaître les origines et d'en comprendre les manifestations. De plus, des suggestions concrètes y sont faites pour aider les lecteurs à travailler sur leurs schémas.

La gestion ou la modification des schémas

Une fois l'évaluation terminée, le bilan discuté et le processus de prise de conscience engagé, on passe à la phase du traitement. Quatre grandes familles d'interventions sont utilisées : cognitives, comportementales, expérientielles et relationnelles. L'impact de chacune d'elles sur les schémas est différent de celui des autres. Idéalement, les quatre types d'interventions sont utilisés de la façon la plus harmonieuse possible. Dans les faits, plusieurs facteurs influencent la façon de faire du thérapeute. D'abord, ses préférences, ses habiletés spécifiques et ses limites, sans oublier sa théorie du changement. Puis, il y a la nature des besoins du patient, les zones de confort et d'inconfort de ce dernier par rapport à un type d'intervention donné ainsi que sa théorie personnelle du fonctionnement psychologique et du changement[6]. Finalement, il y a la nature des objectifs thérapeutiques visés : cherche-t-on à aider la personne à mieux connaître et à gérer ses schémas ou cherche-t-on à modifier l'expérience même du schéma (ce qui est éprouvé, ressenti ; l'automatisme comportemental ; les pensées qui l'accompagnent ; etc.)?

Dans le cas de Charles, ses schémas *Carence affective* et *Imperfection* lui font ressentir l'urgence d'obtenir l'attention et, ultimement, l'admiration de supérieurs et de collègues peu portés à s'intéresser aux autres et qui le critiquent souvent. **Gérer :** il peut apprendre à reconnaître son penchant à vouloir plaire à tout prix, puis *volontairement bloquer* le comportement axé sur un perfectionnisme excessif qui s'ensuit en se fixant des objectifs plus respectueux de son équilibre personnel et de sa vie familiale. Il peut aussi repérer les gens qui risquent peu de le féliciter et *volontairement cesser* de rechercher leur attention ou leur admiration. **Modifier :** mais si Charles demandait de *ne plus ressentir* ce besoin pressant d'être « validé » par les autres (« Je veux, de manière spontanée, être le juge ultime de ce qui est valable pour moi. »), l'objectif thérapeutique serait d'un autre ordre. Dans le premier cas (gérer), l'expérience du schéma ne change pas (les besoins de plaire et d'impressionner sont toujours présents), mais le style d'adaptation est *volontairement changé;* par ailleurs, gérer un schéma peut en diminuer la prégnance, son emprise sur le patient, avec le temps. Dans le deuxième cas (modifier), c'est la modification de l'expérience même ou de la structure du schéma qui devient le but de la thérapie. Si, un jour, Charles *ne ressentait plus cette nécessité impérieuse* de plaire à ses supérieurs ou à ses collègues, son expérience même serait modifiée, et l'absence de pression intérieure ferait qu'il n'aurait plus à recourir à une action volontaire, *cela irait de soi.* Gérer un schéma fait d'abord appel aux interventions cognitives et comportementales ; modifier un schéma repose surtout sur des interventions expérientielles et relationnelles.

Nous verrons, dans les pages qui suivent, les différentes interventions que l'on peut mener dans le cadre d'une thérapie des schémas. Il s'agit de l'intervention cognitive, de l'intervention comportementale, de l'intervention expérientielle et de l'intervention relationnelle. On en trouvera les descriptions exhaustives dans Young *et al.* (2003).

L'intervention cognitive

Dans la thérapie des schémas, l'intervention cognitive a pour fonction principale de créer une distance entre le patient et le schéma. Plus un schéma est prégnant, plus il paraît vrai, l'exemple extrême étant le délire psychotique. Donc, pour travailler sur un schéma, il faut d'abord arriver à créer un espace entre celui-ci et la partie plus saine de l'individu (mode *Adulte Sain*). L'aspect cognitif (la raison) est l'aspect sur lequel on peut agir pour créer cet espace puisque, sur le plan affectif (les émotions), une personne ne peut prendre de distance par rapport à elle-même. En effet, le niveau affectif est viscéral. Le niveau cognitif, au contraire, permet de comprendre qu'un schéma peut être perçu comme vrai sans être

6. Ainsi, certains patients ont la ferme conviction qu'une thérapie digne de ce nom demande que l'on travaille sur le passé ; inversement, d'autres sont tout aussi convaincus que parler du passé est carrément inutile ou, pire, nuisible.

fondé sur des faits. Cet écart entre la perception et la compréhension est l'ouverture que cherche à créer le thérapeute pour pouvoir contester la « vérité » du schéma.

De façon générale, toutes les techniques cognitives décrites dans les chapitres précédents ou suivants peuvent être utilisées; leur fonction sera de réduire la prégnance du schéma. Ainsi, lorsque le schéma *Imperfection* de Charles est activé, on pourra facilement repérer chez lui des erreurs logiques, comme le raisonnement émotif (« Je me sens nul, donc je le suis. »), la généralisation excessive (« Toutes les tensions avec ma femme sont de ma faute. »), la pensée « tout ou rien » (« Je suis un génie. » lorsqu'il a le sentiment de répondre à ses exigences élevées ou « Je suis médiocre. » lorsqu'il n'y arrive pas, etc.). On pourrait ici utiliser le questionnement socratique et le tableau d'enregistrement des pensées dysfonctionnelles.

Quels que soient les problèmes vécus par une personne, il existe en chacun un noyau minimal du mode *Adulte Sain* qui favorise la résolution de ces derniers. Ce noyau est issu des habiletés naturelles de la personne (schémas préprogrammés) et de ses schémas adaptés (appris dans les interactions constructives avec l'environnement). Dans les cas les plus sévères de troubles de la personnalité découlant d'un environnement précoce très dysfonctionnel, le noyau de cet *Adulte Sain* peut être très limité.

Une des formes d'intervention consiste, dans le cadre d'un jeu de rôles auquel participent le thérapeute et le patient, à mener un dialogue fondé sur le point de vue émanant du schéma dysfonctionnel et sur celui de *l'Adulte Sain*. L'objectif est de susciter une contestation du schéma dysfonctionnel par l'*Adulte Sain*. Au départ, lorsqu'un schéma est fortement ancré, c'est souvent le thérapeute lui-même qui devra contester le point de vue qu'il représente. Concrètement, cela prend l'allure d'un véritable débat opposant deux points de vue. Le thérapeute sert ici de modèle pour inciter le patient à s'ouvrir à une autre perspective que celle qu'il a toujours entretenue. Par la suite, les rôles sont inversés : c'est le patient qui doit contester le schéma maintenant défendu par le thérapeute. Ultimement, le patient assume lui-même les deux rôles. Dans ce cas, il change de chaise selon la position qu'il défend (technique des deux chaises empruntée au gestaltisme). Le thérapeute est généralement très actif au départ, mais se fait de plus en plus discret à mesure que le patient devient plus habile à contester son schéma. Cette contestation est de nature cognitive, et le thérapeute informe le patient qu'à ce stade, le schéma peut toujours sembler vrai sur le plan affectif même s'il est maintenant reconnu comme non fondé sur le plan rationnel. Cette conclusion de nature rationnelle est extrêmement utile puisqu'elle permet au patient de ne pas s'accrocher aveuglément au schéma.

Dans l'exemple de Charles, la partie *Adulte Sain* peut contester son schéma *Recherche d'approbation*, lui rappelant qu'il est impossible de plaire à tout le monde; que chaque individu a des priorités qui ne vont pas nécessairement dans le sens de son mieux-être à lui; qu'il est le mieux placé pour évaluer ses besoins, ses intentions et ses actions; que les attentes des autres personnes peuvent être contradictoires les unes par rapport aux autres, ce qui l'oblige, s'il en tient compte, à devenir un caméléon.

Dans la thérapie des schémas, la confrontation est toujours empathique : le thérapeute reconnaît que le schéma a été créé, au départ, pour répondre à un besoin et qu'il a été fonctionnel à un moment donné de l'histoire de l'individu. Il reconnaît aussi que le schéma peut sembler vrai pour le patient. C'est donc à cause de son inefficacité actuelle que le schéma est contesté. Par exemple, il a pu être indiqué, dans le passé, de garder secrètes certaines zones de vulnérabilité (mode *Protecteur Détaché*) en présence de parents peu intéressés ou menacés par ces vulnérabilités (schéma *Carence affective*). Cette attitude ne favorise toutefois pas, dans le présent, une réponse au besoin d'être compris et soutenu par ses proches; elle peut même produire l'effet contraire si, par exemple, Charles choisit de ne jamais parler de ses peurs ou de ses doutes à sa conjointe. Une fois que l'origine de ses stratégies et schémas est connue, l'éducation du patient relativement à ces aspects s'avère une intervention cognitive importante. En effet, le patient peut comprendre que le choix de ces stratégies et schémas a été plus réactionnel et automatique que réfléchi : il n'était, à l'époque, qu'un enfant; il n'a donc pas à se le reprocher. Par contre, comme adulte, il peut maintenant constater que ces stratégies vont à l'encontre de ses objectifs (être compris et soutenu) et choisir alors de travailler à les changer.

La fiche thérapeutique présentée dans l'annexe 4 (*Fiche pour confronter mon schéma*) constitue un excellent instrument pour concrétiser l'équilibre recherché entre l'acceptation de ce qui est ressenti et la compréhension qui mène au changement.

Si Charles utilise cette fiche dans le cadre de sa thérapie, il indiquera, au numéro 1, qu'il **ressent** un sentiment de solitude et de la tristesse **parce qu'il** ne peut parler de ce qui l'inquiète avec sa conjointe. Au numéro 2, il **identifiera son schéma** *Carence affective*, schéma qui **l'amène à exagérer** sa croyance dans le fait supposé que personne ne peut s'intéresser à ce qu'il est vraiment. L'**origine du schéma** est le peu d'intérêt de ses parents à l'égard de son besoin de soutien et des sentiments qu'il pouvait ressentir (ou leur incapacité à en tenir compte), alors qu'ils se sont très bien occupés de ses besoins matériels et de son éducation. Au numéro 3, **même s'il pense** que sa conjointe ne s'intéressera pas à sa partie plus vulnérable, ou pourrait même la mépriser, il constate, après y avoir réfléchi, **qu'en réalité,** elle l'a déjà questionné lorsqu'il semblait mal à l'aise; par ailleurs, Charles l'a souvent vue faire preuve d'empathie et se montrer compatissante à l'endroit d'amis en difficulté. Finalement, au numéro 4, **même s'il est porté** à garder pour lui les inquiétudes générées par ses zones personnelles les plus vulnérables, **il pourrait** prendre le risque de se confier à sa conjointe. Cette fiche est remplie en séance de thérapie avec le patient et lui sert de canevas pour confronter son schéma à sa vie de tous les jours. Pour certains patients, elle devient une façon de maintenir un contact symbolique avec le thérapeute et le mode *Adulte Sain* en dehors des rencontres en thérapie.

L'intervention comportementale

Plusieurs techniques comportementales décrites dans d'autres chapitres peuvent être utilisées dans le cadre de la thérapie des schémas. On peut penser, par exemple, à l'exposition in vivo pour contrer l'évitement produit par le schéma *Peur du danger ou de la maladie* ou, encore, à l'affirmation de soi pour diminuer la soumission découlant du schéma *Assujettissement*.

De façon générale, Young associe la dimension comportementale au moment où l'on modifie, dans les faits, un style d'adaptation dysfonctionnel afin de rendre possible une réponse aux besoins de base. C'est le moment où l'on passe à l'action. La section 4 de la *Fiche pour confronter mon schéma* est justement un plan d'action qui amène la personne à adopter un comportement qui ne lui est pas habituel; dans le cas de Charles, par exemple, il s'agit d'accepter de prendre le risque de se confier à sa conjointe. Comme nous l'avons vu dans le chapitre sur les aspects théoriques, les styles d'adaptation dysfonctionnels concourent au maintien du schéma; il devient donc essentiel de les modifier lorsque l'on cherche à réduire leur emprise sur le patient.

Il faut évidemment découvrir ce qui bloque le changement. Souvent, les personnes sont pleines de bonnes intentions et ont le sentiment d'avoir vainement fait des efforts pour changer les choses. Toutefois, il faut plus que des bonnes intentions : il est avant tout essentiel de comprendre ce qui favorise le maintien des modèles (*patterns*) dysfonctionnels. Pour y parvenir, on doit procéder à une description minutieuse des situations et des interactions. Souvent, les patients font plutôt part de leur conclusion (« Il m'est impossible de réagir autrement. »), de leur attribution (« C'est de sa faute. » ou « C'est de ma faute. ») ou, encore, de la dernière réponse de l'autre (en omettant de rapporter ce qu'ils ont dit ou fait auparavant). On demande ici au patient de décrire point par point tous les événements ou interactions survenus dans la situation, à la manière d'un observateur externe non impliqué dans le problème : « Vous avez dit ou fait… » ; « Il a dit ou fait… » ; « Vous avez dit ou fait… », et ainsi de suite.

Par exemple, Charles tente de confier à sa conjointe qu'il ressent une peur irraisonnable (il sait que sa peur est irrationnelle, mais celle-ci demeure tout de même prégnante sur le plan affectif). Elle lui répond qu'il n'a pas à s'inquiéter (elle cherche sans doute à le rassurer). Charles a l'impression qu'elle minimise ce qu'il vit, se fâche et met fin à la conversation en concluant qu'elle ne le comprendra jamais. Cette colère (mode *Enfant en Colère*) et cet évitement (mode *Protecteur Détaché*) se combinent pour former un modèle dysfonctionnel répétitif, puisque le besoin d'être compris (schéma *Carence affective*) ne disparaîtra pas. Il s'agit d'une histoire inachevée (*unfinished business*) en quête de son dénouement.

Il est possible de rejouer la situation précédente entre Charles et sa conjointe en se servant de l'imagerie mentale ou du jeu de rôles. Charles aurait ainsi l'occasion d'apprendre à moduler ou à inhiber l'expression de sa colère à l'aide de techniques comportementales ou, encore, à composer avec les conséquences de cette colère si le contrôle n'a pas été suffisant. Il pourrait aussi apprendre à remplacer son évitement par un comportement plus constructif ayant pour objectif de maintenir l'échange avec sa conjointe et de favoriser ainsi l'expression la plus complète possible de la perspective de chacun.

Ce qui caractérise l'intervention comportementale dans la thérapie des schémas est l'aide souvent concrète apportée à la personne pour modifier un style de fonctionnement inapproprié. Le thérapeute peut aussi servir de modèle lorsque les réponses n'existent pas dans le répertoire de la personne. Pour un nombre significatif de patients, il est peu probable qu'un modèle (*pattern*) puisse être modifié en dehors des séances si des options nouvelles n'ont pu être trouvées et essayées au cours de ces séances. Les nouvelles acquisitions peuvent aussi faire l'objet de travaux à domicile entre les séances, travaux qui seront revus avec le thérapeute à la rencontre suivante.

Dans certaines situations, le patient change significativement son style de fonctionnement et en vient à exprimer ses besoins légitimes de façon adéquate et raisonnable, mais sans qu'il y ait, en retour, des réponses du conjoint, des amis, des collègues ou des supérieurs; il arrive aussi que des déficits importants persistent et que la situation demeure douloureuse ou destructrice. La personne peut alors envisager des changements importants dans sa vie, comme une séparation, un changement d'emploi ou la fin d'une relation avec un ami. Après s'être bien assurée que ces changements sont effectués sous l'influence de l'*Adulte Sain,* elle peut en explorer les avantages et les inconvénients. S'il opte pour le changement, il est important que le thérapeute lui apporte son soutien pendant la phase de transition.

L'intervention expérientielle

Au contraire des interventions cognitives, qui visent à créer une distance entre l'individu et le schéma, les interventions expérientielles encouragent plutôt une réactivation de l'expérience affective associée au schéma. On table sur une transformation la plus spontanée possible de cette expérience qui, le cas échéant, ne découlera pas d'une réflexion (niveau explicite), mais émanera plutôt d'une réaction nouvelle (niveau implicite). Pour ce faire, on favorise l'activation d'émotions primaires qui vont permettre l'adaptation (Greenberg & Paivio, 1997). Par exemple, la tristesse, la peur, la colère, la joie sont des émotions primaires faisant partie du bagage phylogénétique de toute personne (schémas préprogrammés : circuits neuronaux déjà inscrits dans le cerveau. (*Voir Panksepp, 1998*). Ces émotions servent à l'adaptation des êtres humains depuis des millénaires ainsi qu'à celle de plusieurs groupes d'animaux (les chiens, les chevaux, les singes, etc.). Dans l'intervention expérientielle, on s'appuie sur le pouvoir mobilisateur de ces émotions primaires pour modifier des réponses inadéquates. Par exemple, on peut chercher à amener une personne à éprouver de la colère plutôt que de la honte au souvenir d'un abus ; la réactivation de ce souvenir au cours d'un exercice d'imagerie mentale l'aidera à modifier son schéma *Méfiance/Abus.* Il n'est pas rare, dans de telles conditions, d'assister à un renversement brutal de l'expérience affective, qui entraîne dans son sillon la correction immédiate de croyances dysfonctionnelles.

Il est important de souligner, au départ, que favoriser la réactivation d'un schéma exige du thérapeute qu'il puisse tolérer l'intensité affective de la situation sans recourir de façon excessive à la conciliation, à l'évitement ou à la contre-attaque.

Comment sait-on qu'un schéma est réactivé ? C'est la présence d'une tonalité affective accompagnant un thème schématique qui en est l'indice. Ainsi, si Charles raconte qu'il trouve difficile de ne pouvoir se confier et si on note, au même moment, la présence de tristesse (yeux larmoyants, pleurs et sanglots), il s'agit probablement d'un indice de la réactivation du schéma *Carence affective.* Notons, par contre, qu'une expression affective ne constitue pas nécessairement l'expression d'un schéma précoce inadapté. Par exemple, une personne qui ne possède pas le schéma *Abandon* ressent aussi de la peine lorsqu'elle perd une personne significative ; il s'agit ici d'une émotion primaire adaptée. Mais s'il y a présence du schéma *Abandon,* on trouve en plus, chez le patient, la mémoire (le plus souvent implicite) d'une perte traumatique antérieure qui provoque un effet d'amplification sur la peine actuelle. Cette amplification entraîne une sensation très douloureuse et le sentiment d'être incapable de s'en remettre. Dans ce cas, la douleur extrême est de nouveau ressentie comme un traumatisme plutôt que comme une simple tristesse adaptée qui favoriserait le deuil.

Comment réactiver un schéma en thérapie? Rappelons d'abord qu'il n'est pas rare que le schéma se manifeste spontanément au cours d'un échange avec le thérapeute; il appartient à ce dernier de le noter[7]. Les patients rapportent continuellement des événements de leur vie courante et, dans plusieurs de ces événements, des schémas sont réactivés. Par ailleurs, en thérapie des schémas, il existe des techniques ciblées qui facilitent le travail de réactivation. Young recommande particulièrement l'utilisation de l'imagerie mentale.

L'imagerie mentale possède ce grand avantage de ne pas provenir, pour l'essentiel, du discours intérieur du patient (mémoire explicite), mais d'émaner plutôt de ses images mentales, comme son nom l'indique. Les images sont proches du corps, des sensations, des émotions (mémoire implicite) et laissent peu de place à l'organisation rationnelle. Nous allons illustrer l'utilisation spécifique de l'imagerie mentale en thérapie des schémas en nous basant sur les recommandations de Young, qui s'en sert une première fois durant la phase de l'évaluation.

Les étapes dans les consignes données au patient

Dans cet exercice, le patient va revivre une scène de son enfance liée à la création ou à la répétition d'un schéma. L'exercice débute par la description d'un lieu sécuritaire qui servira de refuge si l'intensité des sentiments ressentis dépasse les capacités de tolérance émotionnelle du patient. Puis, diverses étapes favoriseront une interaction entre le patient et un personnage significatif de son enfance, le plus souvent un parent. Le but de ces interactions est d'amener le patient à reconnaître et à ressentir ses besoins fondamentaux, à identifier la personne qui en a empêché la satisfaction et, finalement, à les assumer et à les défendre.

1. *Choisir un endroit sécuritaire.* Le patient se voit dans un endroit sécuritaire où il peut retourner si les émotions activées au cours de la séance d'imagerie mentale deviennent trop intenses par rapport à ce qu'il peut tolérer. Charles choisit le souvenir agréable d'un moment de détente au bord d'une rivière. Il s'imagine dans cette situation.
2. *Travailler en se basant sur une situation d'enfance pénible vécue avec un parent.* Le patient choisit ensuite la situation à revivre en imagerie. Charles se souvient d'une scène où son père lisait: « Je veux lui dire que je viens de compter deux buts au cours d'un match de hockey. Il semble irrité d'avoir été dérangé dans sa lecture. Il me répond un bref "c'est bien" pas vraiment convaincant et il retourne tout de suite à son livre d'une façon qui exprime clairement son désir de ne plus être dérangé. »
3. *Faire le point* sur ce qui est ressenti et pensé par le patient et sur ce que le parent ressent et pense:

   Charles: « Je me sens terriblement seul, ça me fait de la peine. J'aurais tellement voulu qu'il me félicite, qu'il soit fier de moi. Je pense n'avoir aucune importance pour lui; je pense qu'il ne m'aime pas. »

   Son père, selon Charles: « Il n'apprécie pas que je l'aie dérangé; il me trouve ennuyeux, peu intéressant. »

7. Un des buts de la supervision est d'amener les thérapeutes à prendre conscience de l'expression spontanée de schémas en thérapie.

4. *Dialoguer avec le parent.*

   Charles : « Papa, ça me fait de la peine que tu ne m'écoutes pas, que tu ne t'intéresses pas à ce que je fais. »

   Son père, selon Charles : « J'ai des choses très importantes à faire et je n'ai pas vraiment de temps à consacrer à des histoires de hockey amateur. »

5. *Formuler les changements que le patient aimerait voir chez son parent, et en faire part à ce parent.*

   Charles : « J'aimerais que tu prennes le temps de m'écouter quand j'ai quelque chose à te dire ; j'aimerais que tu t'intéresses à ce que je fais et que tu sois fier de moi quand je réussis quelque chose. J'ai tellement besoin que tu me trouves intéressant, important. »

6. *Imaginer la réaction du parent à sa demande.*

   Son Père, selon Charles : « Moi, j'ai dû apprendre à me débrouiller seul dans la vie ; tu devrais en faire autant. C'est comme ça qu'on s'habitue à prendre sa vie en main et à ne pas trop compter sur les autres. La vie n'est pas un film de Walt Disney. »

7. *Trouver,* en se basant sur le sentiment éprouvé, *une situation de la vie courante* qui suscite un sentiment identique. Si une personne est présente dans l'image, le patient lui fait part des changements souhaités.

   Charles : « Je ressens la même chose avec mon épouse et je n'ose pas trop lui parler de ce qui me tient à cœur. J'ai peur que ça ne l'intéresse pas ou qu'elle trouve cela peu important. Mais, dans son cas, je me trompe probablement, elle n'est pas comme mon père. Je vais prendre le risque de lui en parler et, aussi, de lui raconter ce qui s'est passé avec mon père. »

8. *Terminer l'exercice en retournant à l'endroit sécuritaire.*

Les objectifs de la technique expérientielle

L'important lorsqu'on utilise une technique expérientielle, c'est qu'un sentiment de légitimité se développe par rapport aux besoins fondamentaux. Il importe donc peu que les souvenirs évoqués soient rigoureusement exacts. Ils traduisent, au minimum, une impression qui demeure et qui, de ce fait, influence toujours le comportement actuel. Ajoutons que l'imagerie mentale, dans ce contexte, n'est pas utilisée comme technique de restructuration cognitive, d'exposition ou de préparation à l'action, même si, très souvent, elle sert d'élan à une action éventuelle. Elle vise plutôt à modifier les sentiments du patient, à amener celui-ci à ne plus se sentir impuissant, honteux ou coupable par rapport à des besoins légitimes.

Percevoir ses besoins de base comme des besoins légitimes permet à la personne de passer du niveau cognitif (reconnaître rationnellement que les schémas ne sont pas fondés) au niveau affectif (ne plus ressentir les schémas comme vrais). Pour plusieurs patients, c'est cette démarche qui provoque les changements les plus importants ; dans certains cas, ils peuvent être fulgurants.

La tristesse et la colère sont les deux émotions adaptatives primaires qui sont le plus fréquemment activées durant les séances d'imagerie mentale (rappelons que l'imagerie mentale sert, dans ce texte, à illustrer les techniques expérientielles). Les émotions adaptives primaires sont des schémas préprogrammés issus de la phylogenèse qui, comme leur nom l'indique, favorisent l'adaptation (Greenberg & Paivio, 1997; Elliott, Watson, Goldman & Greenberg, 2004). Elles poussent l'individu à agir en fonction de sa survie physique et psychologique. Elles sont universelles et présentes chez plusieurs animaux. La peur, la colère, la tristesse, la joie sont des émotions primaires adaptées. Elles incitent l'individu à faire ce qu'il faut pour modifier une situation non désirée ou maintenir une situation satisfaisante. Cependant, ces mêmes émotions peuvent être inadaptées dans certaines circonstances; c'est le cas lorsque des schémas précoces inadaptés apparaissent quand la personne réagit aux agissements d'une autre personne ou à une situation comme si rien n'avait changé depuis l'enfance. L'objectif du travail expérientiel est alors de réactiver des émotions adaptatives primaires (elles l'étaient au départ) pour permettre à l'individu de retrouver le chemin de l'adaptation.

Les schémas précoces d'inadaptation sont issus d'expériences traumatiques ou nocives. C'est pourquoi le travail expérientiel sur les souvenirs débouche régulièrement sur la tristesse et la colère. Ces émotions sont comme les deux faces d'une même médaille, en ce sens qu'elles se manifestent régulièrement en concomitance ou en alternance dans les situations de manque, de perte, de rejet, de blâme, d'humiliation, d'abus, etc., situations qui, on l'a déjà vu, amènent la création des schémas précoces inadaptés. Les fonctions de ces émotions sont différentes.

La colère sert à la défense du territoire, en grande partie symbolique chez l'humain; elle fournit l'énergie pour se protéger, pour repousser l'agresseur. Dans le travail expérientiel sur les schémas, c'est la colère qui donne à l'individu la force de changer les choses qu'il juge incorrectes ou inacceptables[8]. La colère est, en quelque sorte, la gardienne psychobiologique de la valeur personnelle, de l'estime de soi (« Si je défends mon territoire, c'est qu'il en vaut la peine. »). Ainsi, elle est essentielle pour les personnes qui ont été abusées sexuellement qui veulent s'arracher au sentiment de honte et d'impuissance qu'elles ressentent (d'où le terme *empowerment* employé par Young).

Il est frappant, dans l'exemple de l'imagerie mentale mettant en scène Charles, de constater que ce dernier n'exprime jamais de colère. Dans cet exemple, l'interaction avec le père ne reflète pas une situation d'abus, mais réactive tout de même le souvenir de la frustration associée à un besoin psychologique primaire, celui de l'attachement à une figure parentale manifestant de l'acceptation, du soutien et de l'empathie (schéma *Carence affective*). Il est impossible que la frustration suscitée par la non-satisfaction d'un besoin aussi fondamental ne génère pas un minimum de colère. Pourquoi, alors, Charles n'en manifeste-t-il pas? Parce qu'il a aussi le schéma *Imperfection* et, par conséquent, il est plus porté à se remettre en question (attribution à soi: « Je ne suis pas à la hauteur. ») qu'à

8. « Nous éprouvons donc de la colère envers ce qui fait obstacle à notre satisfaction. C'est sur ce dernier point que la colère se différencie fondamentalement de la tristesse (qui traduit aussi une frustration). Dans la tristesse, nous sommes en contact direct avec le manque, alors que dans la colère nous réagissons à ce qui cause la frustration. » (Larivey, 2002, p. 55)

accuser l'autre (attribution à l'autre : « Mon père est insensible à mes besoins d'enfant. »). Dans le cas de Charles, modifier son schéma exigera qu'il en arrive à ressentir une colère franche et authentique contre son père[9]. Il est à noter qu'au stade des souvenirs de la petite enfance, les expériences sont vécues en mode « tout ou rien ». Il est nécessaire, dans un premier temps, de respecter cet état de fait. Charles a besoin d'éprouver la satisfaction de savoir qu'il était en droit d'espérer plus d'empathie et que son besoin était légitime Une fois le travail expérientiel terminé (comprenant l'expression de la tristesse), les nuances dans les sentiments suscités par le parent apparaissent le plus souvent spontanément. Les cas d'abus sévères font toutefois exception, car le sentiment de colère perdure souvent, même s'il devient moins intense et moins envahissant au fil des ans.

La tristesse est l'autre volet de l'absence de réponse à des besoins, et ce n'est qu'à travers son expression que le deuil pourra vraiment s'accomplir. La tristesse est, en quelque sorte, le marqueur psychobiologique qui nous informe que nos attentes ne sont pas comblées[10]. Il est important que nous le sachions dans le cas des besoins psychologiques fondamentaux, car cela nous incitera à nous en occuper. Hahusseau (2006, p. 120), à ce sujet, propose une métaphore intéressante :

> Lorsque nous nous blessons, l'inflammation (rougeur, douleur, chaleur) permet une mobilisation de cellules compétentes pour la cicatrisation et la résorption de la plaie. De la même façon, faire l'expérience de la tristesse peut permettre une réorganisation plus adaptée de nos pensées, de nos habitudes, voire de notre vision du monde.
>
> De plus, une tristesse authentique suscite souvent la sympathie d'autrui, ce qui favorise le soutien dans les moments difficiles.

Charles exprime clairement sa peine dans l'exemple relatif à l'imagerie mentale. Il souffre du fait que son exploit sportif n'a pas suscité l'intérêt de son père et n'a pas fait éprouver de fierté à ce dernier. Il n'est pas rare de voir des patients pleurer dans de tels moments ; c'est un indice de la réactivation du schéma qui permet au processus de changement de s'actualiser. L'émotion entraîne une tendance à l'action (Frijda, 1986), et la tristesse amène la personne à chercher une réponse au manque. C'est ici que l'expérientiel devient comportemental, en ce sens qu'il incite l'individu à trouver des moyens pour aller chercher la réponse espérée. Dans le cas de Charles, son besoin d'être entendu et reconnu pourrait être comblé par des personnes significatives de son entourage actuel[11] ; il pourrait même, s'il le désire, tenter un rapprochement avec son père (il est maintenant mieux « équipé » qu'un jeune enfant). Si la réponse à ses attentes est positive, cela constituera une expérience émotionnelle correctrice qui aura un impact sur la structure du schéma.

---

9. Young n'encourage pas la manifestation directe de cette colère au parent dans la vraie vie, à moins d'en avoir bien évalué le pour et le contre. Comme le souligne Greenberg (Greenberg & Paivio, 1997), c'est plus le soi que l'environnement que l'on chercher à changer.
10. Il est ici question de besoins fondamentaux. La tristesse peut aussi être générée par l'absence de réponses à des besoins secondaires, voire superficiels. Cela pourrait être le cas lorsqu'il y a présence du schéma « droits personnels exagérés », par exemple ; ainsi, on pourrait être triste de ne pas posséder une Ferrari. Les objectifs thérapeutiques seraient évidemment différents dans un tel cas.
11. Nous évitons ici, volontairement, le débat sur la question du travail sur l'objet introjecté primaire (le père, dans cet exemple), parce qu'il dépasse les objectifs du présent chapitre.

Par ailleurs, il peut arriver que la réponse soit négative. Supposons que Charles ait tenté un rapprochement avec son père et que ce dernier ait gardé la même attitude peu intéressée, voire dénigrante. Nous savons que les schémas tendent à se répéter; c'est la raison pour laquelle il n'est pas rare de voir des individus revenir constamment à la charge pour obtenir de certaines personnes des choses que celles-ci ne leur donneront pas ou ne leur donneront qu'imparfaitement. Quant à Charles, il pourrait persister dans ses tentatives d'accomplir l'« exploit » (schéma *Exigences élevées*) qui finira enfin par toucher son père. C'est dans une situation de ce genre que le travail expérientiel sur la tristesse fournit l'occasion de modifier le schéma et de mettre éventuellement fin à une action compulsive. Il y a trois étapes dans ce travail.

- *Faire face à l'évitement (mode* Protecteur Détaché*) de la tristesse de façon empathique.* L'évitement se manifeste le plus souvent sous la forme de minimisation (« Ce n'est pas si important que ça. »), de blâme personnel (« Je ne suis plus un enfant, je devrais avoir dépassé ça. ») ou de justification de l'autre (« Ce n'est pas sa faute, il ne connaissait pas ça. »). L'idée ici est de se sensibiliser de nouveau au manque, ce qui conduit inévitablement à la tristesse (souvent après un épisode de colère, dans un premier temps);
- *Faire face à l'absence de réponse : c'est la réalité et c'est douloureux.* S'exposer à la tristesse sans évitement et de la façon la plus consciente possible favorise la tendance naturelle à ne pas répéter ce qui est douloureux;
- *S'exposer de façon consciente à la douleur suscitée par l'absence répétée de réponse conduira éventuellement au renoncement.* Le deuil est alors terminé.

  Lorsqu'il y a un renoncement, un deuil, les émotions associées aux personnes concernées perdent de leur intensité et, dans certains cas, elles disparaissent presque entièrement. Il en va de même pour les interactions avec des personnes agissant selon un modèle similaires à celui du parent concerné. Charles pourrait cesser d'espérer que son père le reconnaisse comme un individu valable, attitude qui influencera son besoin de plaire à d'autres personnes prestigieuses à ses yeux.

La technique du dialogue entre les modes

La thérapie vise aussi une modification du rapport entre les modes : accorder plus d'espace à l'*Enfant Vulnérable* afin de mieux connaître et valider les besoins de la personne, de réduire l'importance des modes dysfonctionnels qui nuisent à son adaptation et d'accroître l'influence de l'*Adulte Sain,* qui permet d'atteindre un juste équilibre entre les besoins et la réalité. Dans la technique du dialogue entre les modes, ces derniers sont directement mis en rapport sous la forme de personnages qui interagissent les uns avec les autres. Dans ce contexte, le thérapeute soutient l'émergence et la croissance de la partie saine.

Le dialogue entre les modes est une technique qui a d'abord été utilisée dans les interventions auprès des personnes souffrant de troubles sévères de la personnalité, comme le trouble de la personnalité narcissique et le trouble de la personnalité limite. Cependant, à cause de son efficacité, cette technique est maintenant utilisée pour traiter un éventail beaucoup plus large de problèmes, ce qui comprend le travail sur les schémas. En fait, Charles, qui nous sert ici d'exemple, ne présente pas de trouble de la personnalité, mais il serait quand même possible d'utiliser le dialogue entre les modes dans son cas.

Le dialogue entre les modes est une technique expérientielle parce qu'on demande au patient d'endosser affectivement chacun de ses modes, de la même manière qu'il le fait dans la vie de tous les jours. Cette technique est, en fait, un prolongement complexe du travail en imagerie mentale, précédemment décrit et dans lequel Charles s'entretenait avec son père. Par exemple, Charles demandait à son père de prendre du temps pour l'écouter et s'intéresser à lui; dans cette situation, il est en mode *Enfant Vulnérable* (absence de réponses à des besoins fondamentaux). On suggère au patient de donner un nom à cet enfant vulnérable, ce qui l'incitera à plonger davantage dans ce qu'il éprouve; dans le présent cas, ce nom pourrait être *petit Charles.* Le père de Charles ne répond pas aux besoins légitimes de *petit Charles* parce qu'il ne se conduit pas en *Adulte Sain.* C'est pourquoi *petit Charles* développe le schéma *Exigences élevées,* qui devient ici une stratégie de contre-attaque (le mode *Compensateur*); son objectif est de devenir excellent dans ses performances afin d'attirer l'attention de son père. Cet autre mode de Charles pourrait s'appeler *Charles performant.* Un troisième mode est celui du *Protecteur Détaché,* qui permet à Charles de ne pas manifester la colère qu'il devrait éprouver contre son père, colère qui pourrait être une entrave à ses tentatives de l'impressionner. Un quatrième personnage doit participer à cet échange entre les modes, celui de l'*Adulte Sain.* Il arrive souvent que ce soit le thérapeute qui incarne ce personnage, dans un premier temps, parce que le patient n'a pas bénéficié d'un modèle adéquat pour interpréter ce mode. Les trois autres modes sont incarnés par le patient. Cependant, s'il est capable d'assumer une partie de l'*Adulte Sain,* le thérapeute le conseillera et le soutiendra. L'objectif est d'amener le patient à devenir un *Adulte Sain* pouvant nourrir *petit Charles* et contester l'attitude de *Charles performant* ou du *Protecteur Détaché.* Le dialogue peut être établi entre *petit Charles* et le *Protecteur Détaché,* entre *petit Charles* et *Charles performant,* entre l'*Adulte Sain* et *petit Charles,* entre l'*Adulte Sain* et *Charles performant,* et ainsi de suite.

Le dialogue entre les modes est un véritable échange. Les différents modes deviennent des personnages qui se questionnent et se répondent, comme c'était le cas dans le dialogue entre Charles et son père dans l'exercice d'imagerie mentale. La technique du dialogue entre les modes peut être exploitée au moyen de l'imagerie mentale ou, encore, à l'aide de la technique gestaltiste des deux chaises, où le patient change de chaise selon le mode qu'il adopte.

Avec le temps, l'*Adulte Sain* occupe de plus en plus de place. Il répond aux besoins de l'*Enfant Vulnérable* et se substitue aux modes *Compensateur* et *Protecteur Détaché.*

L'intervention relationnelle

Comme son nom l'indique, dans ce type d'intervention, c'est la relation entre le thérapeute et le patient qui devient l'outil thérapeutique. C'est maintenant un fait établi : la personne même du thérapeute joue un rôle déterminant dans le processus thérapeutique (Lecomte *et al.*, 2004). Comment le thérapeute des schémas utilise-t-il sa personne dans le cadre de la thérapie ? Young insiste sur le fait qu'il doit être le plus authentique et le plus chaleureux possible. C'est pourquoi il ne se présente pas comme un être exemplaire et irréprochable, et qu'il admet ses erreurs ou ses incompréhensions lorsqu'elles se manifestent. Il ne cache pas au patient sa conceptualisation de son fonctionnement. Il peut même parler de lui-même s'il juge que cela peut aider son patient. Il fait alliance avec lui contre ses schémas.

Principalement, Young utilise la relation thérapeutique de deux façons : comme une possibilité de re-maternage circonscrit et comme une occasion de réactiver un schéma in vivo et d'agir directement sur lui.

La relation thérapeutique comme possibilité de re-maternage circonscrit

Le re-maternage circonscrit consiste à offrir au patient, dans le cadre de la relation thérapeutique, une partie de l'investissement parental de base qu'il n'a pas reçu. Cette façon de procéder est particulièrement pertinente dans le cas des schémas du domaine de la séparation et du rejet, comme les schémas *Carence affective* et *Abandon*. Revenons à l'exemple de Charles : il est d'abord étonné par l'intérêt que le thérapeute manifeste pour ses propos, ses projets, ses peines, ses regrets et ses espoirs. Même si, dans un premier temps, il pense que le thérapeute n'agit ainsi que pour des raisons professionnelles (« C'est son travail d'écouter les gens. »), il en vient à croire, au fil des rencontres et de l'évolution de la relation, que son intérêt est authentique. Il s'agit là d'une expérience émotionnelle correctrice qui amène Charles à modifier des perceptions, des anticipations ou des attentes liées au schéma *Carence affective*. Après avoir vécu cette expérience avec le thérapeute, il pourra chercher à la reproduire dans d'autres relations, exiger des améliorations dans des relations déjà existantes ou simplement mettre fin à certaines relations. Il peut aussi se rendre compte que des personnes de son entourage étaient déjà intéressées par lui sans qu'il l'ait vraiment remarqué, ou sans qu'il ait accordé de l'importance aux manifestations de cet intérêt.

Plus les manques ou les traumas de l'enfance sont importants, plus le re-maternage joue un rôle essentiel. Évidemment, il est circonscrit, limité. Il est impossible de refaire la vie de quelqu'un ; l'heure ou, plus rarement, les heures consacrées à la thérapie chaque semaine, le contexte professionnel dans lequel la relation se déroule, les honoraires et la vie personnelle du thérapeute rappellent constamment les limites d'une telle entreprise. Il n'en reste pas moins qu'un équilibre optimal entre les besoins du patient et ce qu'est capable d'offrir le thérapeute, compte tenu de ses forces et de ses faiblesses, permet de vivre des expériences émotionnelles correctrices qui sont autant d'occasions de modifier les mémoires que sont les schémas.

La relation thérapeutique comme une occasion de réactiver un schéma in vivo et d'agir sur lui

Tout schéma ou mode important dans le fonctionnement d'une personne se manifestera inévitablement à un moment ou à un autre dans la relation avec le thérapeute. Plutôt que de percevoir cet aspect comme un obstacle à la thérapie, on peut le concevoir comme une opportunité d'intervention in vivo[12]. Par exemple, un patient dépendant dans la vie de tous les jours le sera également dans la thérapie (à moins qu'il ne soit en mode *Protecteur Détaché* ou *Compensateur*). Aline, même après avoir quitté la maison familiale, n'arrivait jamais à prendre une décision importante sans demander à ses parents ce qu'elle devait faire (schéma *Dépendance/Incompétence*). Depuis le début de sa thérapie, elle a transféré la toute-puissance qu'elle reconnaissait à ses parents au thérapeute; c'est donc à lui, maintenant, qu'elle demande conseil lorsqu'elle doit prendre une décision. Voilà une occasion d'utiliser ce que Young nomme la « confrontation empathique ». Ce type d'intervention vise à établir un équilibre optimal entre l'empathie et la confrontation et, par conséquent, repose sur l'existence d'un lien émotionnel authentique entre le patient et le thérapeute. Dans le présent exemple, le thérapeute manifestera de l'empathie au regard de l'anxiété qui *envahit* Aline lorsqu'elle a une décision à prendre. Il pourra reconnaître que cette anxiété trouve son origine dans des expériences passées réelles au cours desquelles ses parents réglaient les problèmes à sa place, lui signifiant ainsi qu'elle n'y arriverait jamais par elle-même. Aujourd'hui, en cohérence avec son histoire passée, elle continue de croire en son incompétence et confère du pouvoir au thérapeute. Celui-ci contestera cette attitude, attribuant plutôt son incompétence à un sentiment d'impuissance acquis. Il la soutiendra dans l'apprentissage graduel d'une vie plus autonome, avec les succès et les échecs qui en résulteront. Il l'aidera à ne pas dramatiser les échecs. Il lui apprendra à faire la différence entre les moments où elle a besoin de nouvelles stratégies ou de nouvelles connaissances et ceux où ses craintes n'ont pas de fondements objectifs. Il ne lui reprochera pas ses tentatives de s'en remettre à lui, mais il l'aidera plutôt à comprendre sa situation et à prendre de nouveaux risques pour changer. Si Aline lui attribue des attitudes ou des émotions qu'il n'a pas (par exemple, son refus de prendre des décisions à sa place signifie qu'il ne l'aime pas), il peut choisir de lui expliquer clairement que ce n'est pas le cas, après avoir évalué les indices sur lesquels elle se base.

Les thérapeutes eux-mêmes sont susceptibles d'avoir développé des schémas précoces inadaptés. Ces schémas peuvent évidemment nuire de plusieurs façons à l'action thérapeutique. En voici quelques manifestations.

- Une interaction où une réaction de la patiente réactive un schéma du thérapeute, qui devient alors moins sensible au problème qui lui est présenté, accentuant ainsi l'écart entre le besoin et la réponse. Exemple : une patiente sous l'influence du schéma *Carence affective* et un thérapeute sous celle du schéma *Inhibition émotionnelle*; plus la patiente exprime son besoin avec force, plus le thérapeute se ferme, amplifiant par le fait même la détresse de sa cliente.
- La répétition d'un modèle (*pattern*) dans le cadre d'une thérapie. Exemple : un patient dont le schéma *Punition* réactive le mode *Parent Punitif* du thérapeute, qui devient par la suite trop sévère avec son client.

12. La manifestation in vivo d'un schéma a un net avantage sur un événement rapporté, et ceci pour deux raisons : le schéma risque moins d'être transformé par la narration ou par les besoins immédiats du narrateur au moment de sa formulation; la reconstitution d'un événement n'assure pas d'emblée la réactivation d'un schéma au moment de sa formulation.

- La réactivation du mode *Enfant Vulnérable* chez un thérapeute, qui s'en trouve paralysé. Exemple : un patient très critique (mode *Compensateur* du schéma *Imperfection*) attaque constamment la compétence d'un thérapeute présentant un schéma *Imperfection*, ce qui amène ce dernier à être constamment sur la défensive et à s'excuser. Dans ce contexte, le patient ne sera jamais en contact avec le côté *Enfant Vulnérable* de son schéma *Imperfection* et ne pourra donc rien y changer.
- L'incapacité de mettre des limites. Exemple : un patient dont le schéma *Droits personnels exagérés* interagit avec le schéma *Assujettissement* du thérapeute, si bien que ce dernier arrive difficilement à ne pas céder aux demandes démesurées de son patient. Ce genre d'interaction renforcera le schéma du patient.

Comment ne pas tomber dans ces pièges ? Il importe d'abord que le thérapeute prenne conscience du rôle nocif de ses schémas dans l'interaction. Il peut y arriver par lui-même[13] en analysant des extraits de sessions au cours desquelles il a senti que se créait une obstruction ou une impasse. Après avoir ciblé son schéma, il utilise les techniques qu'il connaît pour le gérer. Ainsi, un thérapeute dont le patient présente un schéma *Droits personnels exagérés* pourrait utiliser des stratégies d'affirmation de soi dans son travail (en demeurant empathique). Dans le cas où un thérapeute n'arrive pas à reconnaître ou à gérer le schéma à l'origine du problème, une discussion avec des pairs ou une supervision est indiquée. Finalement, si, pour toutes sortes de raisons, le thérapeute n'arrive pas à modifier les schémas de son patient ou ses propres schémas, il devra considérer la possibilité de recommander son patient à un autre thérapeute.

Le déroulement et la durée de la thérapie

Dans sa première publication sur la thérapie des schémas, Young (1990) présentait un modèle d'intervention de base. Il n'y était question que de schémas et de styles d'adaptation. Le concept des modes est apparu plus tard et vient de l'intérêt particulier de Young pour le traitement des personnes présentant un trouble de la personnalité limite (Young, Klosko & Weishaar, 2003 ; Cousineau & Young, 1997 ; Mehran, 2006). Il a, par la suite, appliqué ce concept à d'autres phénomènes cliniques. Même si la frontière entre le travail sur les schémas et celui sur les modes tend actuellement à s'amenuiser, le travail sur les schémas est plus souvent associé aux thérapies des personnes qui sont fonctionnelles malgré leurs difficultés d'adaptation, et celui sur les modes est davantage associé aux personnes présentant des dysfonctionnements plus importants, comme c'est le cas dans les troubles de la personnalité.

Dans l'intervention axée sur les schémas, le protocole d'intervention est plus facile à systématiser parce que la stabilité des enjeux permet de fixer des objectifs constants. La phase d'évaluation, par exemple, permet de connaître les schémas et les styles d'adaptation, de les lier à leurs origines dans l'histoire personnelle du patient, puis de les réactiver grâce à l'imagerie mentale. Tous ces éléments seront ensuite organisés dans la conceptualisation

13. Si sa capacité d'introspection est suffisante. Une thérapie personnelle n'est pas une condition pour pratiquer la thérapie des schémas, mais elle ne saurait nuire.

du cas, établie en collaboration avec le patient. Cette première phase se conclut par le choix et l'ordre des schémas sur lesquels le travail portera. Le traitement suit en général l'ordre suivant : restructuration cognitive des schémas, établissement d'une légitimité des besoins au moyen du travail expérientiel et, finalement, modification des modèles comportementaux maintenant les schémas.

Même s'il n'y a pas de règles établies, la majorité des thérapeutes utilisant les schémas ne fixent pas de limite à la durée de la thérapie. Pour sa part, Young (communication personnelle) croit qu'elle dure, en général, entre un an ou deux. C'est ce que nous avons constaté dans notre expérience personnelle avec des patients socialement fonctionnels malgré les problèmes les amenant à consulter (par exemple, dépression légère à modérée, anxiété, troubles de l'adaptation, etc.).

Le travail avec les modes était, au départ, réservé aux personnes souffrant de troubles de la personnalité plus importants (trouble de la personnalité limite et trouble de la personnalité narcissique, notamment). Même si l'approche incorpore plusieurs des éléments utilisés dans l'intervention sur les schémas, elle est beaucoup plus flexible puisqu'elle suit l'expression des modes du patient, au gré des entrevues. C'est pourquoi le contenu d'une entrevue est souvent déterminé par le mode ou les modes dans lesquels le patient se trouve au moment où il se présente. Dans le cas d'une personne présentant un trouble de la personnalité limite, on ne peut prévoir avant le début de l'entrevue si elle sera en mode *Enfant Vulnérable, Enfant en Colère, Protecteur Détaché* ou *Parent Punitif* et, dans l'intervention, on doit ponctuellement en tenir compte. En somme, le travail sur les modes vise à établir d'abord le contact puis à manifester de la compassion pour l'*Enfant Vulnérable,* par l'entremise duquel s'expriment les besoins psychologiques fondamentaux d'une personne. Pour ce faire, les modes dysfonctionnels, comme ceux du *Protecteur Détaché* et du *Parent Punitif,* devront être confrontés ou combattus. Idéalement, c'est le mode *Adulte Sain* qui prendra un jour en charge des besoins de l'*Enfant Vulnérable* et qui permettra leur actualisation dans la réalité. Dans le cas de personnes venant de familles dysfonctionnelles, ce travail peut demander énormément de temps puisque l'*Enfant Vulnérable* a été carencé, abandonné et abusé. Par conséquent, peu d'expériences peuvent servir de base à la construction d'un *Adulte Sain.* C'est pourquoi la relation thérapeutique correctrice (re-maternage circonscrit) jouera un rôle fondamental dans ce type d'intervention.

Les thérapies des troubles de la personnalité axées sur les modes nécessitent plus de temps que celles axées sur les schémas. Les problèmes plus sérieux survenus au cours de la petite enfance font que les schémas sont solidement ancrés chez les personnes souffrant de troubles de la personnalité, ce qui les amène à adopter des styles d'adaptation plus rigides; elles offrent donc beaucoup plus de résistance aux changements. C'est la raison pour laquelle le tableau clinique des troubles sévères de la personnalité présente plusieurs facettes dysfonctionnelles requérant chacune une attention particulière. L'impact de ce type d'intervention a été mesuré dans l'étude de Giesen-Bloo *et al.* (2006) menée en Hollande. Dans le cadre de cette étude, des patients ont été traités pendant trois ans à raison de deux séances par semaine; les résultants ont été probants. Par ailleurs, une quatrième année de traitement a davantage amélioré les résultats (Arntz, communication)[14]. L'étude de

14. Communication au premier congrès de l'International Society for Schema Therapy, à Stockholm, en avril 2006.

Giesen-Bloo *et al.* fournit donc de sérieuses indications sur le type d'investissement en temps que nécessite le traitement des troubles graves de la personnalité par la thérapie des schémas.

En guise de conclusion, nous pouvons résumer brièvement ce que nous avons exposé dans le présent chapitre. Il a d'abord été question des différents volets de l'intervention fondée sur la thérapie des schémas. L'évaluation vise à comprendre les raisons de la consultation (considérées sur le plan des schémas et, éventuellement, des modes), puis à fixer les objectifs de traitement. L'histoire personnelle du patient génère des hypothèses sur l'origine, le développement et le maintien des schémas. Les habiletés cliniques du thérapeute sont sollicitées dans la conceptualisation du cas, basée sur les raisons de la consultation, l'histoire de vie du patient et ses réponses dans les différents questionnaires. La rencontre bilan permet de comprendre la situation dans la perspective des schémas et se conclut par la détermination des objectifs du traitement, établis grâce à la collaboration entre le thérapeute et le patient.

La simple reformulation de leur histoire à l'aide du modèle des schémas (nouvelle narration) produit chez plusieurs patients un effet thérapeutique bénéfique s'expliquant par l'élévation du niveau de conscience.

La fonction principale des interventions cognitives est de créer une distance entre la personne et son schéma. Même si, par la suite, ce schéma peut encore être ressenti comme vrai, les faits le contestent et il perd ainsi de sa prégnance. On explique ensuite au patient le fonctionnement de son schéma, ce qui lui permet de mieux objectiver les situations au cours desquelles le schéma est réactivé. Les techniques cognitives sont similaires à celles décrites dans les autres chapitres de ce livre, mais Young propose des techniques plus spécifiques aux schémas, comme le dialogue entre le schéma dysfonctionnel et le côté sain, et la technique de la fiche thérapeutique.

De façon générale, Young associe la dimension comportementale au moment où le thérapeute favorise, chez son patient, la modification des comportements inappropriés ou des styles d'adaptation dysfonctionnels dans la vie courante; c'est le moment du passage à l'action. Il s'agit de remplacer une réponse dysfonctionnelle par une réponse adaptée qui permettra de répondre aux besoins fondamentaux de l'individu. Si le changement est bloqué, il est important de découvrir ce qui maintient le modèle dysfonctionnel et de travailler à le changer. Il arrive aussi que l'individu doive acquérir des habiletés qu'il ne possède pas déjà dans son répertoire. À cette fin, les techniques comportementales décrites ailleurs dans ce livre peuvent être utilisées.

Les interventions expérientielles, elles, ne visent pas à créer une distance entre le schéma et le patient, mais plutôt à réactiver l'expérience affective qui est liée au schéma. Leur objectif est de rendre le patient conscient de ses besoins primaires sous-jacents et de lui permettre de les ressentir comme légitimes. C'est à travers l'expression d'émotions primaires adaptatives, comme la colère et la tristesse, que cela devient possible. Un schéma peut être réactivé spontanément en thérapie, mais des techniques ciblées, comme l'imagerie mentale et le dialogue entre les modes facilitent son expression.

La relation thérapeutique offre aux patients l'occasion de connaître une expérience émotionnelle correctrice dont l'importance devient plus grande si ces patients ont vécu des carences ou des abus importants. Young désigne par « re-maternage circonscrit » le fait que le thérapeute peut répondre, en partie, aux besoins du patient. La relation thérapeutique offre aussi l'opportunité d'intervenir directement sur le schéma lorsque celui-ci est réactivé in vivo au cours d'une séance. Par ailleurs, il est essentiel que les schémas du thérapeute ne nuisent pas à la relation thérapeutique. Ce dernier doit donc pouvoir les reconnaître et les gérer.

Globalement, la thérapie des schémas peut être pratiquée de deux façons : au moyen d'une intervention axée sur les schémas et au moyen d'une intervention axée sur les modes. La frontière entre les deux tend à s'amenuiser. Le travail avec les modes est né de la nécessité de rendre l'approche plus flexible pour traiter les troubles de la personnalité plus sévères. Dans ce dernier cas, les thérapies tendent à être plus longues.

Annexe 3

www.cheneliere.ca/chaloult

QUESTIONNAIRE DES SCHÉMAS DE YOUNG (YSQ – L3)

Jeffrey Young, Ph.D.

Nom ______________________________ Date: ______________

Instructions

Vous allez trouver ci-dessous des affirmations pouvant être utilisées par une personne pour se décrire elle-même. Nous vous prions de lire chaque affirmation et d'évaluer dans quelle mesure elle constitue une bonne description de vous-même. Lorsque vous hésitez, basez votre réponse sur ce que vous ressentez **émotionnellement,** et non pas sur ce que vous pensez **rationnellement** être vrai pour vous.

Si vous le désirez, reformulez l'affirmation de telle sorte qu'elle vous corresponde encore mieux. Choisissez ensuite entre 1 et 6 la cote la plus élevée vous décrivant le mieux et inscrivez-la dans l'espace précédant chaque affirmation.

Échelle de cotation:

1. Cela est complètement faux pour moi.
2. Le plus souvent faux pour moi.
3. Plutôt vrai que faux pour moi.
4. Assez vrai pour moi.
5. Le plus souvent vrai pour moi.
6. Me décrit parfaitement.

1. _______ Les autres n'ont pas satisfait mes besoins affectifs.
2. _______ Je n'ai pas reçu suffisamment d'amour et d'attention.
3. _______ Dans l'ensemble, je n'ai eu personne sur qui compter pour recevoir des conseils ou du soutien affectif.
4. _______ La plupart du temps, je n'ai eu personne pour m'aider à grandir, pour partager son univers intérieur avec moi, ou qui se soucie profondément de tout ce qui m'arrive.
5. _______ Pour la plus grande partie de ma vie, je n'ai eu personne qui veuille être près de moi et passer beaucoup de temps avec moi.
6. _______ En général, les autres n'ont pas été présents pour me prendre dans leurs bras, pour me donner de la chaleur et de l'affection.
7. _______ Pour la plus grande partie de ma vie, je n'ai jamais eu le sentiment que je représentais quelqu'un d'important pour quelqu'un d'autre.
8. _______ En grande partie, je n'ai eu personne qui m'écoute réellement, me comprenne et soit sensible à mes besoins et mes sentiments véritables.
9. _______ J'ai rarement eu une personne forte pour me donner de bons conseils ou pour me guider lorsque je ne savais pas quoi faire.

*(ed)

10. ______ Je suis préoccupé(e) par le fait que les gens que j'aime vont mourir bientôt même s'il y a peu de raisons médicales à ma préoccupation
11. ______ Je m'accroche aux gens dont je suis proche par peur qu'ils ne me quittent.
12. ______ Je crains que les gens dont je me sens proche ne me quittent ou ne m'abandonnent.
13. ______ J'ai le sentiment de manquer d'une base stable qui me soutienne affectivement.
14. ______ Je n'ai pas l'impression que les relations importantes dureront : je m'attends à ce qu'elles finissent.
15. ______ Je me sens « accro » aux partenaires qui ne peuvent pas s'engager avec moi de façon stable.
16. ______ Je finirai seul(e).
17. ______ Quand je sens que quelqu'un à qui je tiens s'éloigne de moi, je deviens désespéré(e).
18. ______ Quelquefois j'ai tellement peur que les gens m'abandonnent que je les repousse.
19. ______ Je deviens bouleversé(e) quand quelqu'un me laisse seul(e) même pour une courte période.
20. ______ Je ne peux compter sur la présence régulière de ceux qui me soutiennent.
21. ______ Je ne peux me permettre d'être vraiment proche des autres car je ne peux être sûr(e) qu'ils seront toujours là.
22. ______ Il me semble que les personnes importantes dans ma vie sont toujours en train de venir et de repartir.
23. ______ J'ai très peur que les personnes que j'aime ne trouvent quelqu'un d'autre qu'elles préfèrent et qu'elles m'abandonnent.
24. ______ Les gens qui me sont proches ont toujours été très imprévisibles : un moment ils sont disponibles et gentils, puis, ils sont fâchés, contrariés, querelleurs, préoccupés par eux-mêmes…
25. ______ J'ai tellement besoin des autres que j'ai peur de les perdre.
26. ______ Je ne peux être moi-même ou exprimer ce que je ressens véritablement, sinon les autres vont me quitter.

*(ab)

27. ______ J'ai l'impression que les autres vont profiter de moi.
28. ______ J'ai souvent l'impression que je dois me protéger des autres.
29. ______ J'ai l'impression que je dois être sur mes gardes en présence des autres sinon ils me blesseront intentionnellement.
30. ______ Si une personne est aimable avec moi, je suppose qu'elle cherche à obtenir quelque chose.
31. ______ Ce n'est qu'une question de temps avant que quelqu'un me trahisse.
32. ______ La plupart des gens pensent uniquement à eux.
33. ______ J'ai la plus grande difficulté à faire confiance aux autres.
34. ______ Je suis très méfiant(e) quant aux motivations des autres.
35. ______ Les autres sont rarement honnêtes, ils ne sont pas en général ce qu'ils paraissent.

36. ______ Je m'interroge habituellement sur les véritables intentions des autres.
37. ______ Si je pense que quelqu'un cherche à me blesser, je cherche à le blesser en premier.
38. ______ Les autres habituellement doivent faire leurs preuves avant que je leur accorde ma confiance.
39. ______ Je teste les autres pour voir s'ils me disent la vérité ou s'ils sont bien intentionnés.
40. ______ Je souscris à la croyance : « Contrôle ou tu seras contrôlé(e). »
41. ______ Je me mets en colère quand je pense aux façons dont j'ai été maltraité(e) par les autres tout au long de ma vie.
42. ______ Tout au long de ma vie, mes proches ont profité de moi et m'ont utilisé(e) à leurs propres desseins.
43. ______ J'ai été physiquement, émotionnellement, ou sexuellement abusé(e) par des personnes importantes de ma vie.

*(ma)

44. ______ Je ne suis pas adapté(e).
45. ______ Je suis fondamentalement différent(e) des autres.
46. ______ Je suis à part; je suis un(e) solitaire.
47. ______ Je me sens étranger(ère) aux autres.
48. ______ Je me sens isolé(e) et seul(e).
49. ______ Je me sens toujours à l'extérieur des groupes.
50. ______ Personne ne me comprend vraiment.
51. ______ Ma famille a toujours été différente des autres familles.
52. ______ J'ai parfois le sentiment d'être un étranger.
53. ______ Si je disparaissais demain, personne ne le remarquerait.

*(si)

54. ______ Aucun homme ou femme que je désire ne pourrait m'aimer une fois qu'il(elle) aurait vu mes défauts.
55. ______ Aucune personne que je désire ne pourrait rester proche de moi si elle savait qui je suis réellement.
56. ______ Je suis fondamentalement imparfait(e) et marqué(e) par un défaut.
57. ______ Même si je me donne le plus grand mal, je sens qu'il ne me sera pas possible d'obtenir le respect d'un homme ou d'une femme important(e) et de sentir que j'ai de la valeur.
58. ______ Je ne mérite pas l'amour, l'attention et le respect des autres.
59. ______ J'ai le sentiment d'être quelqu'un que l'on ne peut pas aimer.
60. ______ Je suis trop fondamentalement inacceptable pour me révéler aux autres.
61. ______ Je ne pourrais pas affronter les gens, s'ils découvraient mes défauts fondamentaux.
62. ______ Lorsque les gens m'apprécient, j'ai l'impression de les duper.
63. ______ Je suis souvent attiré(e) par les gens qui sont très critiques envers moi ou qui me rejettent.
64. ______ J'ai des secrets que je ne veux pas que mes proches découvrent.
65. ______ C'est de ma faute si mes parents n'ont pas pu m'aimer suffisamment.
66. ______ Je ne laisse pas les gens connaître ce que je suis réellement.

67. ______ Une de mes plus grandes peurs est que mes défauts deviennent publics.
68. ______ Je ne puis comprendre comment qui que ce soit pourrait m'aimer.

*(ds)

69. ______ Presque rien de ce que je fais au travail (ou à l'école) n'est aussi bon que ce que font les autres.
70. ______ Je suis incompétent(e) quand il s'agit de réussir.
71. ______ La plupart des gens sont plus doués que moi en ce qui concerne le travail (ou l'école) et la réussite.
72. ______ Je suis un(e) raté(e).
73. ______ Je n'ai pas autant de talent que les autres au travail (ou à l'école).
74. ______ Je ne suis pas aussi intelligent(e) que la plupart des gens quand il s'agit du travail (ou de l'école).
75. ______ Je suis humilié(e) par mes échecs ou mes insuffisances dans le monde du travail (ou de l'école).
76. ______ Je suis souvent mal à l'aise avec les autres, car je ne les vaux pas en termes de réussites.
77. ______ Je compare souvent mes réalisations à celles des autres et je trouve qu'ils réussissent beaucoup mieux.

*(fa)

78. ______ Je ne me sens pas capable de me débrouiller par moi-même dans la vie de tous les jours.
79. ______ J'ai besoin des autres pour m'aider à m'en sortir.
80. ______ Je n'ai pas le sentiment que je puisse bien m'adapter par moi-même.
81. ______ Je crois que les autres peuvent prendre soin de moi mieux que je ne le peux moi-même.
82. ______ J'ai des difficultés à prendre en charge de nouvelles tâches en dehors du travail à moins que quelqu'un ne me guide.
83. ______ Je me considère comme une personne dépendante en ce qui concerne la vie de tous les jours.
84. ______ Je bousille tout ce que j'entreprends, même à l'extérieur du travail (ou de l'école).
85. ______ Je suis stupide dans la plupart des domaines de la vie.
86. ______ Si je me fie à mon jugement dans la vie de tous les jours, je vais prendre la mauvaise décision.
87. ______ Je manque de bon sens.
88. ______ On ne peut se fier à mon jugement dans les situations quotidiennes.
89. ______ Je n'ai pas confiance dans ma capacité à résoudre les problèmes qui se posent tous les jours.
90. _____ Je pense avoir besoin de quelqu'un sur qui je puisse compter pour me donner des conseils sur les questions pratiques.
91. _____ Je me sens plus un(e) enfant qu'un(e) adulte quand il s'agit de prendre en main les responsabilités quotidiennes.
92. _____ Je me sens dépassé(e) par les responsabilités de tous les jours.

*(di)

93. _____ Il ne me semble pas possible d'échapper au sentiment que quelque chose de mauvais va bientôt se passer.
94. _____ J'ai l'impression qu'un désastre naturel, criminel, financier ou médical pourrait frapper à tout moment.
95. _____ J'ai peur de devenir un(e) sans domicile fixe ou un(e) mendiant(e).
96. _____ J'ai peur d'être attaqué(e).
97. _____ Je prends de grandes précautions pour éviter de tomber malade ou d'être blessé(e).
98. _____ J'ai peur d'avoir une maladie grave, même si rien de sérieux n'a été diagnostiqué par un médecin.
99. _____ Je suis quelqu'un de peureux(se).
100. _____ Je me soucie beaucoup de ce qui va mal dans le monde : le crime, la pollution, etc.
101. _____ J'ai souvent le sentiment que je pourrais devenir fou (folle).
102. _____ J'ai souvent l'impression que je vais avoir une crise d'angoisse.
103. _____ J'ai souvent peur d'avoir une crise cardiaque ou un cancer, même s'il y a peu de raisons médicales de s'en soucier.
104. _____ Je pense que le monde est un endroit dangereux.

*(vu)

105. _____ Je n'ai pas pu me séparer de ma mère ou de mon père comme semblent le faire les gens de mon âge.
106. _____ Mes parents et moi avons tendance à être sur-impliqués dans nos vies et nos problèmes réciproques.
107. _____ Il est très difficile, pour mes parents et moi-même, de garder secrets, chacun pour soi, certains détails intimes, sans nous sentir trahis ou coupables.
108. _____ Mes parents et moi devons nous parler presque tous les jours, sinon l'un de nous se sent coupable, blessé(e), déçu(e), ou seul(e).
109. _____ J'ai souvent l'impression de ne pas avoir une identité distincte de celle de mes parents ou de mon partenaire.
110. _____ J'ai souvent l'impression que mes parents vivent à travers moi — je n'ai pas une vie qui me soit propre.
111. _____ Il m'est vraiment ardu de maintenir une distance vis-à-vis des gens dont je suis intime; il m'est difficile de me sentir une personne séparée.
112. _____ Je suis tellement lié(e) à mon partenaire ou à mes parents que je ne sais pas vraiment qui je suis ou ce que je veux.
113. _____ J'éprouve des difficultés à distinguer mon point de vue ou mon opinion de ceux de mes parents ou de mon partenaire.
114. _____ J'ai souvent l'impression de ne pas avoir d'intimité par rapport à mes parents ou mon partenaire.
115. _____ Je sens que mes parents seraient vraiment peinés si je vivais seul(e), loin d'eux.

*(eu)

116. _____ Je laisse les autres faire ce qu'ils veulent, car j'ai peur des conséquences.
117. _____ Je pense que si je fais ce que je veux, je cours après les problèmes.
118. _____ Je sens que je n'ai pas d'autre choix que de me soumettre aux souhaits des autres, sinon ils exerceront des représailles ou me rejetteront d'une façon ou d'une autre.
119. _____ Dans mes relations, je laisse l'autre avoir le dessus sur moi.
120. _____ Je laisse toujours les autres choisir à ma place, si bien que je ne sais pas vraiment ce que je veux moi-même.
121. _____ J'ai le sentiment que les décisions importantes de ma vie n'étaient pas vraiment les miennes.
122. _____ Je me soucie beaucoup de plaire aux autres, pour qu'ils ne me rejettent pas.
123. _____ J'ai beaucoup de difficultés à exiger que mes droits soient respectés et que mes sentiments soient pris en compte.
124. _____ Plutôt que manifester ouvertement ma colère, je me venge dans des petites choses.
125. _____ Je vais tolérer beaucoup plus de choses que la plupart des gens afin d'éviter une confrontation.

*(sb)

126. _____ Je fais passer les besoins des autres avant les miens, sinon je me sens coupable.
127. _____ Je me sens coupable si je laisse tomber les autres ou si je les déçois.
128. _____ Je donne davantage aux autres que je ne reçois en retour.
129. _____ Je suis celui (celle) qui finit généralement par prendre soin des gens dont je suis proche.
130. _____ Il n'y a presque rien que je ne puisse supporter lorsque j'aime quelqu'un.
131. _____ Je suis quelqu'un de bon car je pense aux autres plus qu'à moi-même.
132. _____ Au travail, je suis habituellement celui (celle) qui est volontaire pour faire des heures ou des tâches supplémentaires.
133. _____ Même si je suis très occupé(e), je trouve toujours du temps pour les autres.
134. _____ Je peux m'en sortir avec vraiment très peu car mes besoins sont minimes.
135. _____ Je ne suis heureux(se) que si les gens qui m'entourent le sont aussi.
136. _____ Je suis tellement occupé(e) à me dévouer pour les gens qui m'importent que j'ai très peu de temps pour moi.
137. _____ J'ai toujours été celui (celle) qui écoute les problèmes des autres.
138. _____ Je me sens plus à l'aise pour donner un cadeau que pour en recevoir un.
139. _____ On me voit comme quelqu'un qui en fait trop pour les autres et pas assez pour lui-même.
140. _____ Peu importe combien je donne, ce n'est jamais assez.
141. _____ Si je fais ce que je veux, je me sens vraiment mal à l'aise.
142. _____ Il m'est vraiment difficile de demander aux autres de se soucier de mes besoins.

*(ss)
143. _____ J'ai peur de perdre le contrôle de mes actes.
144. _____ J'ai peur de faire du mal à quelqu'un, physiquement ou affectivement, si je perds tout contrôle sur ma colère.
145. _____ Je sens que je dois contrôler mes émotions et mes impulsions, sinon quelque chose de déplorable risque de se produire.
146. _____ J'en arrive à accumuler en moi beaucoup de colère et de ressentiment que je n'exprime pas.
147. _____ Je suis trop gêné(e) pour exprimer des sentiments positifs aux autres (par ex. de l'affection, de l'intérêt).
148. _____ Je trouve embarrassant d'exprimer mes sentiments aux autres.
149. _____ Il m'est difficile d'être chaleureux (se) et spontané(e).
150. _____ Je me contrôle tellement bien que les autres croient que je n'ai pas d'émotions.
151. _____ Les gens me trouvent coincé(e) sur le plan émotionnel.
*(ei)
152. _____ Je dois être le (la) meilleur(e) dans presque tout ce que je fais, je ne peux pas accepter d'être le (la) deuxième.
153. _____ Je m'efforce de tout maintenir parfaitement en ordre.
154. _____ Je dois apparaître sous mon meilleur aspect la plupart du temps.
155. _____ Je m'efforce de faire de mon mieux; je ne peux pas me contenter d'être « assez bien ».
156. _____ J'ai tant de choses à faire qu'il ne me reste presque pas de temps pour me détendre vraiment.
157. _____ Presque rien de ce que je fais n'est assez bien, je pourrais toujours faire mieux.
158. _____ Je dois faire face à toutes mes responsabilités.
159. _____ Je ressens une pression constante qui me force à faire les choses et à les réussir.
160. _____ Mes relations souffrent de ce que je m'impose trop de choses.
161. _____ Je m'impose une telle pression pour bien faire que ma santé en souffre.
162. _____ Souvent je sacrifie plaisir et bonheur pour atteindre mes idéaux.
163. _____ Lorsque je fais une erreur, je mérite une critique sévère.
164. _____ Je ne peux pas accepter de me dégager aisément d'une situation difficile ou de présenter des excuses pour mes erreurs.
165. _____ Je suis quelqu'un de très compétitif.
166. _____ J'attache beaucoup d'importance à l'argent ou au statut social.
167. _____ Je tiens toujours à être le (la) meilleur(e) dans ce que j'accomplis.
*(us)
168. _____ Lorsque j'attends quelque chose des autres, j'ai beaucoup de difficulté à accepter un refus.
169. _____ Je me mets souvent en colère ou je m'irrite quand je ne peux pas avoir ce que je veux.
170. _____ Je suis quelqu'un de spécial et je ne devrais pas avoir à accepter les restrictions auxquelles les autres doivent se soumettre.

171. _____ Je déteste être contraint(e) ou qu'on m'empêche de faire ce que je veux.
172. _____ Je crois que je n'ai pas à suivre les règles et les conventions comme les autres.
173. _____ J'ai le sentiment que j'ai beaucoup plus à offrir que les autres.
174. _____ Habituellement, je fais passer mes besoins avant ceux des autres.
175. _____ Je remarque souvent que l'importance accordée à mes priorités personnelles ne me laisse plus de temps pour les amis ou la famille.
176. _____ Les autres me disent souvent que je contrôle trop la façon dont les choses sont faites.
177. _____ Je suis très irrité(e) lorsque les autres ne font pas ce que je leur demande.
178. _____ Je ne supporte pas que les autres me disent ce que je dois faire.
*(et)
179. _____ J'ai beaucoup de difficultés à m'arrêter de boire, de fumer, de trop manger ou à cesser d'autres comportements problématiques.
180. _____ Il ne me semble pas possible de me discipliner pour terminer des tâches routinières ou ennuyeuses.
181. _____ Souvent, je me laisse aller à mes impulsions ou à exprimer des émotions qui me créent des difficultés ou blessent les autres.
182. _____ Si je ne peux pas atteindre un but, je suis facilement frustré(e) et j'abandonne.
183. _____ Il m'est très difficile de sacrifier une gratification immédiate pour mener à bien un projet à long terme.
184. _____ Quand je me mets en colère, il est fréquent que je ne puisse pas du tout me contrôler.
185. _____ J'ai tendance à abuser de certaines choses, même si je sais que c'est mauvais pour moi.
186. _____ Je m'ennuie très facilement.
187. _____ Quand les tâches deviennent difficiles, je ne peux souvent pas persévérer pour les terminer.
188. _____ Je ne peux pas me concentrer longtemps sur quoi que ce soit.
189. _____ Je ne peux pas me forcer à faire des choses qui ne me plaisent pas même quand je sais que c'est pour mon bien.
190. _____ Je me mets en colère à la moindre offense.
191. _____ J'ai rarement été capable de tenir mes engagements.
192. _____ Je ne peux presque jamais m'empêcher de montrer aux gens mes véritables sentiments, même si cela doit me coûter cher.
193. _____ J'agis souvent impulsivement et je le regrette plus tard.
*(is)
194. _____ Il m'est important d'être aimé(e) par presque tous ceux que je connais.
195. _____ Je modifie mon comportement en fonction des gens avec qui je me trouve, afin qu'ils puissent m'aimer davantage.
196. _____ Je fais tout mon possible pour m'adapter.
197. _____ Mon estime personnelle est principalement fondée sur la façon dont les autres me voient.

198. _____ Posséder de l'argent et connaître des gens importants sont des choses qui me donnent de la valeur.
199. _____ Je consacre beaucoup de temps à soigner mon apparence afin de gagner l'estime des autres.
200. _____ Mes réussites ont plus de valeur à mes yeux si les autres les remarquent.
201. _____ Je suis à ce point soucieux(e) de m'adapter aux autres qu'il m'arrive de ne plus savoir qui je suis.
202. _____ Je trouve difficile de me fixer des objectifs propres, sans prendre en compte ce que les autres vont penser de mes choix.
203. _____ Lorsque je considère les décisions que j'ai prises dans ma vie, je réalise que la plupart d'entre elles reposaient sur le désir d'obtenir l'approbation des autres.
204. _____ Même si je n'aime pas une personne, je tiens malgré tout à ce qu'elle m'aime.
205. _____ À moins d'obtenir beaucoup d'attention des autres, je me sens peu important(e).
206. _____ Si j'interviens lors d'une réunion ou si on me présente dans un groupe, je cherche à être reconnu(e) et admiré(e).
207. _____ Lorsqu'on me fait beaucoup de compliments et d'éloges, je me sens une personne de valeur.

*(as)

208. _____ Même lorsque tout va bien, j'ai l'impression que ce ne sera que temporaire.
209. _____ S'il se produit quelque chose de bien, j'ai peur qu'il n'arrive ensuite quelque chose de mauvais.
210. _____ On n'est jamais assez prudent; il peut toujours se produire quelque chose de mauvais.
211. _____ Même si je travaille beaucoup, j'ai peur de me retrouver un jour sans le sou.
212. _____ J'ai peur qu'une mauvaise décision ne puisse conduire à un désastre.
213. _____ Je me tourmente souvent pour des décisions mineures, car les conséquences d'une erreur m'apparaissent tellement graves.
214. _____ Je préfère considérer que les choses ne vont pas aller comme je le veux, car ainsi je ne serai pas déçu(e) si ça se passe mal.
215. _____ Je pense plutôt aux aspects négatifs de la vie et des évènements qu'aux côtés positifs.
216. _____ J'ai tendance à être pessimiste.
217. _____ Mes proches considèrent que je me fais trop de soucis.
218. _____ Si les gens s'enthousiasment trop, je me sens mal et j'éprouve le besoin de les prévenir de ce qui pourrait mal se passer.

*(np)

219. _____ Si je fais une erreur, je mérite d'être puni(e).
220. _____ Si je ne donne pas le meilleur de moi-même, je dois m'attendre à échouer.
221. _____ Je n'ai aucune excuse si je fais une erreur.

222. _____ Les gens qui ne font pas leur part de travail à fond devraient être punis d'une manière ou d'une autre.
223. _____ La plupart du temps, je n'accepte pas les excuses des autres : ils n'ont pas pris leurs responsabilités et ils en paient les conséquences.
225. _____ Je pense souvent à mes erreurs passées et je me mets en colère contre moi-même.
226. _____ Lorsque les gens font quelque chose de mal, j'ai du mal à appliquer la phrase : « Pardonnez et oubliez. »
227. _____ Je garde de la rancune envers les gens, même s'ils se sont excusés.
228. _____ Je me sens énervé(e) à l'idée que quelqu'un s'est tiré trop facilement d'un mauvais pas.
229. _____ Je me mets en colère lorsque des gens se trouvent des excuses, ou lorsqu'ils accusent les autres pour des problèmes dont ils sont eux-mêmes responsables.
230. _____ Peu importe les raisons, quand je fais une erreur, je devrais en payer le prix.
231. _____ Je m'en veux énormément lorsque je bousille quelque chose.
232. _____ Je suis quelqu'un de mauvais qui mérite d'être puni.

*(pu)

Traduction par Pierre Cousineau (Québec) et Bernard Pascal (France), 2005.
Traduction officielle autorisée par Jeffrey Young, Ph.D.

Annexe 4

www.cheneliere.ca/chaloult

FICHE POUR CONFRONTER MON SCHÉMA

1. **Reconnaître le sentiment présent**

   En ce moment je ressens ______________________________

   (Sentiment, émotion)

   parce que ______________________________

   (Événement qui a déclenché le sentiment, l'émotion.)

2. **Identification du schéma**

   Cependant, je sais que c'est probablement mon schéma ______________

   qui m'amène à exagérer ______________________________

   ____

   Origine du schéma ______________________________

3. **Évaluation plus objective de la réalité**

   Même si je pense ______________________________

   La réalité est ______________________________

   ____

   (Interprétation alternative)

4. **Consigne comportementale**

   Aussi, même si je suis porté ou portée à ______________________________

   ____

   Je pourrais ______________________________

   ____

   (Comportement alternatif)

Traduction : P. Cousineau, Ph.D.

CHAPITRE

16

D'autres techniques ou modes d'intervention

par Jean Goulet, Thanh-Lan Ngo et Louis Chaloult

Dans les chapitres précédents, nous avons évoqué certaines techniques utilisées aux différents niveaux d'intervention de l'approche cognitivo-comportementale. Mais bien d'autres techniques sont disponibles. Le présent chapitre a pour but d'en décrire sommairement quelques-unes parmi celles les plus fréquemment employées en clinique.

Techniques ou modes d'intervention utilisés en TCC

Techniques ou modes d'intervention utilisés en TCC

- Les fiches thérapeutiques
- Le jeu de rôle
- La résolution de problèmes
- L'affirmation de soi
- L'entrainement aux habiletés sociales
- L'imagerie mentale
- La rééducation respiratoire
- La gestion de la colère
- La réattribution

Les fiches thérapeutiques (*coping cards*)

Description

La fiche thérapeutique est un outil à la fois simple et polyvalent. Il s'agit d'une petite fiche de carton que la personne peut garder dans sa poche ou mettre dans son sac à main. Elle peut aussi l'épingler sur un babillard, la coller sur la porte du réfrigérateur ou la laisser bien en vue sur une table de chevet ou un pupitre. L'en-tête ou le titre de la fiche indique l'usage auquel celle-ci est destinée (par exemple, « Ce qu'il faut faire en cas d'attaque de panique ») et son contenu sert d'aide-mémoire puisqu'il permet à la personne de revoir et d'appliquer ce qui a été appris au cours de la thérapie, sans omettre d'étapes importantes.

Indications

L'usage des fiches thérapeutiques est particulièrement indiqué lorsque le thérapeute se sert de procédures ou de techniques complexes, comme la conduite à suivre dans un processus d'affirmation de soi ou lorsque survient une attaque de panique. En plus de permettre de revoir et d'appliquer ce qui a été appris durant la thérapie, les fiches rassurent le patient, qui peut rapidement compter sur elles dans les moments d'urgence. Elles favorisent également une meilleure intégration des acquis lorsqu'elles sont relues fréquemment.

Procédure

- Utiliser la bonne la fiche en décrivant l'usage à laquelle elle est destinée de façon précise et personnalisée. Voici quelques exemples :
  - Quoi faire en cas d'attaque de panique ?
  - Comment mieux m'affirmer avec mon fils ?
  - S'agit-il d'une rechute ?
  - Comment agir en présence d'idées suicidaires ?
  - Quelle est la conduite à suivre si je sens monter la colère ?
- Relever avec le patient les techniques qui l'ont aidé dans le passé et les inscrire sur la fiche.
- Inviter le patient à garder la fiche à portée de la main et à la relire lorsque survient une situation problématique.
- Évaluer les résultats et effectuer des modifications, au besoin (par exemple, ajouter des étapes sur la fiche).
- Lorsque les étapes sont bien intégrées, le patient peut ranger la fiche et la réutiliser si le besoin s'en fait sentir. Certains patients aiment la relire périodiquement (par exemple, à chaque saison ou une fois l'an) pour favoriser le maintien des acquis à plus long terme.

Exemple

Julie est âgée de 24 ans. Elle a souffert d'une dépression majeure après une première grossesse. Elle a été traitée au moyen d'un antidépresseur et d'une thérapie cognitivo-comportementale. Le traitement s'est avéré efficace, puisque Julie était complètement rétablie après trois mois.

Sa thérapeute aborde avec elle la phase de maintien et lui propose de remplir une fiche thérapeutique qui lui permettra de reconnaître les symptômes précurseurs et de revoir la conduite à suivre en cas de rechute. Julie réplique qu'elle se sent très bien et qu'elle compte bien ne jamais faire de rechute. La thérapeute lui explique que les risques qu'elle devienne de nouveau déprimée sont élevés après un premier épisode de dépression majeure et que la fiche n'est pas seulement utile pour prévenir une rechute, mais aussi, parfois, pour la contrer si elle se manifeste. Julie admet qu'elle s'inquiète souvent. Dès qu'elle se sent triste ou fatiguée, elle se demande si « le monstre de la dépression réapparait », d'autant plus qu'elle craint de devenir comme sa mère, qui a connu plusieurs épisodes dépressifs.

Julie et sa thérapeute conviennent donc de rédiger une fiche s'intitulant « Est-ce que je commence une rechute ? ». Elle sera divisée en trois sections : situations à risque, symptômes précurseurs et démarches à suivre en cas de rechute (*voir le modèle de l'Annexe 5: Fiche de prévention des rechutes*). Cette fiche sera d'autant plus utile que la nature et l'ordre d'apparition des symptômes des troubles de l'humeur (Trouble dépressif majeur ou bipolaire) sont très semblables d'un épisode à l'autre chez une même personne, d'où l'importance de bien les décrire tout de suite après un épisode, lorsqu'ils sont encore frais à la mémoire.

La thérapeute demande à Julie de rédiger une première version de la fiche dans le cadre de ses travaux à domicile. Au cours de la séance suivante, elle l'aide à préciser certains aspects et à en compléter d'autres. Par exemple, elle fait remarquer à Julie, qui avait inscrit « Je dors très mal. » dans la section des symptômes, qu'il s'agit bien là d'un symptôme précurseur, mais qu'elle aurait intérêt à le décrire de façon plus détaillée : « Je ne dors pas plus de quatre heures par nuit, je m'éveille très tôt le matin et mon problème de sommeil dure depuis près de deux semaines. »

On peut voir le résultat de leur travail dans l'Annexe 5: Fiche de prévention des rechutes (exemple de Julie).

Le jeu de rôle

Description

Le jeu de rôle permet de recréer ou de concevoir un épisode de la vie d'un patient au moyen d'une brève mise en scène dans laquelle le thérapeute et le patient interprètent les personnages impliqués dans cette situation. Habituellement, le patient tient son propre rôle, tandis que le thérapeute joue celui d'une autre personne, mais ce peut être l'inverse. Les rôles peuvent être modifiés si des difficultés surgissent. Les échanges sont généralement brefs et durent rarement plus de quelques minutes.

Indications

Il existe diverses indications relativement à l'emploi du jeu de rôle. En voici quelques-unes :

1. Vérifier ce que comprend le patient des explications données par le thérapeute : « Pourriez-vous répéter ce que je viens de dire pour me permettre de vérifier si mes explications ont été claires. » Le patient joue alors le rôle du thérapeute, et le thérapeute, celui du patient. À certains moments, le thérapeute pose des questions et formule des objections.
2. Mieux comprendre une situation vécue par le patient : « Je vais jouer votre rôle, et vous, celui de votre fils aîné lorsqu'il se dispute avec vous. Reprenez-moi si je me trompe. »
3. Favoriser la résolution d'un problème : « Je vais jouer le rôle du patron que vous rencontrerez demain. Tentez de me convaincre de vous donner un emploi. »
4. Favoriser la reconnaissance des pensées à l'origine d'une émotion dysfonctionnelle. Ici, on recrée, au moyen du jeu de rôle, la situation à l'origine de l'émotion et, lorsque surviennent les pensées, le thérapeute demande au patient de lui en faire part.
5. Favoriser l'expression des affects. Par exemple, le thérapeute et le patient recréent une situation émotionnellement chargée de l'enfance du patient pour favoriser la prise de conscience et l'expression des émotions et des pensées liées à cette situation.
6. Démontrer concrètement, grâce à l'exemple du thérapeute, la façon d'utiliser une technique nouvellement apprise (habiletés sociales, affirmation de soi, etc.) pour permettre au patient de la mettre immédiatement en pratique (apprentissage par imitation, ou *modeling*).
7. Permettre au patient de se préparer à affronter une situation difficile (par exemple, lorsqu'il doit rencontrer son supérieur pour résoudre un différend).

Procédure

- Expliquer en quoi consiste le jeu de rôle ainsi que son utilité.
- Bien définir, en collaboration avec le patient, les objectifs poursuivis.
- Expliquer la façon de procéder.

- S'entendre sur un scénario bref et assez précis. Ne pas laisser trop de place à l'improvisation.
- Répéter, au besoin, différentes variantes de la même situation.
- Noter les résultats et encourager le patient à évoquer ce qu'il a pensé et ressenti pendant le jeu de rôle.
- Commenter le jeu de rôle en utilisant des renforcements positifs.
- Reprendre, si cela est indiqué, le même jeu de rôle selon les principes du façonnement (*shaping*), c'est-à-dire en se rapprochant graduellement du comportement désiré.
- Renverser les rôles, au besoin, pour illustrer certains comportements (apprentissage par imitation, ou *modeling*).

Exemple

Julien souffre d'une Phobie sociale type généralisée et participe à une thérapie cognitivo-comportementale de groupe conçue pour traiter ce genre de problème. Après un certain nombre de séances, le thérapeute lui propose un jeu de rôle ayant pour but de lui faire acquérir certaines habiletés sociales, en particulier celle d'employer un ton de voix et un contact visuel appropriés au moment d'amorcer une conversation avec un nouveau collègue de travail.

Au début de l'exercice, Julien maintient un bon contact visuel, et le thérapeute, de même que les autres participants, l'en félicitent. Encouragé, il accepte de reprendre le jeu de rôle afin d'améliorer le ton de sa voix. Pour lui faciliter la tâche, le thérapeute prend plusieurs tons de voix possibles et demande aux participants d'observer leurs propres réactions à ces différents tons. Julien choisit un ton, recommence le jeu de rôle, puis reçoit les commentaires des autres participants. Il devient ainsi de plus en plus habile à entreprendre une conversation avec un nouveau collègue de travail ou quelqu'un d'autre.

Difficultés

Le jeu de rôle est un outil de travail efficace, mais qui comporte certaines difficultés. Par exemple, un thérapeute peu expérimenté peut facilement s'embourber dans un jeu de rôle trop complexe. Celui qui utilise l'apprentissage par imitation peut proposer un modèle trop parfait et intimider le patient ou, encore, si le jeu de rôle est employé dans des situations à forte charge émotionnelle, la survenue d'affects trop intenses peut paralyser ou déstabiliser le patient.

La résolution de problèmes

Description

Souvent, les problèmes décrits par le patient en thérapie sont bien réels et ne résultent que partiellement de facteurs cognitifs ou n'en résultent pas du tout. Or, beaucoup de gens sont plus ou moins habiles à surmonter les obstacles qui surgissent au quotidien. La technique de résolution de problèmes a pour but de leur apprendre une méthode qui leur permet de faire face à ces problèmes de façon plus rationnelle et plus systématique.

Indications

La technique de résolution de problèmes est indiquée lorsque le patient est aux prises avec des problèmes réels qui lui semblent insolubles. Ce sont souvent des problèmes particulièrement complexes ou lourds de conséquences ou, encore, qui provoquent des émotions intenses, parfois à la suite de l'activation de croyances dysfonctionnelles sous-jacentes.

On se sert, notamment, de cette technique dans le traitement du Trouble d'Anxiété généralisée (TAG), dont la principale caractéristique est la présence de multiples inquiétudes génératrices d'anxiété. Le thérapeute aide d'abord le patient à distinguer les inquiétudes concernant des problèmes éventuels (par exemple, l'apparition d'une maladie très hypothétique) de celles concernant des problèmes réels et actuels (par exemple, l'incapacité de payer ses factures). Il lui suggère ensuite d'utiliser la restructuration cognitive et l'exposition en imagination pour faire face aux premières et la résolution de problèmes pour affronter les secondes.

Procédure

Voyons brièvement les principales étapes généralement suivies pour faciliter la résolution de problèmes. On trouvera à la fin du présent chapitre un formulaire destiné au patient, qui est inspiré de ces étapes (*voir l'Annexe 6: Technique de résolution de problèmes*).

- *Prendre conscience du problème et le définir.* Le thérapeute doit d'abord inciter le patient à reconnaître la présence d'un problème assez important pour que celui-ci prenne le temps de s'y arrêter et d'y réfléchir. Trop souvent, on oublie d'utiliser la technique de résolution de problèmes. Puis il l'aide à décrire le problème de façon précise et concrète. Il est, en effet, très difficile de résoudre un problème vague ou de vouloir régler plusieurs problèmes en même temps. S'il existe effectivement plusieurs problèmes, on en dresse la liste et on les classe par ordre d'importance en fonction de leur gravité et de leur urgence. On commence par le plus important.
- *Adopter une attitude constructive.* Démontrer que le problème peut être vu sous un autre angle. Il est normal d'avoir des problèmes dans la vie, et, plutôt que de les voir comme des menaces, on peut les considérer comme des défis à relever et, ainsi, en faire des occasions de croissance.
- *Fixer des objectifs.* Fixer des objectifs clairs, réalistes et limités (par exemple, retour au travail dans un mois).

- *Chercher des solutions possibles.* Dresser spontanément la liste de toutes les solutions, bonnes ou moins bonnes, sans tenter de les analyser immédiatement. L'imagination est souvent bloquée lorsque l'on cherche la solution parfaite. S'il manque des informations pour compléter cette étape ou la suivante, encourager le patient à entreprendre des recherches actives auprès de personnes pouvant l'aider dans sa démarche.
- *Considérer les avantages et les inconvénients de chacune des solutions.* Dresser cette fois une liste des avantages et des inconvénients de chacune des solutions les plus plausibles. Considérer les conséquences à court, à moyen et à long terme de ces solutions.
- *Choisir une solution.* Choisir une solution ou un ensemble de solutions. La combinaison de plusieurs solutions peut parfois s'avérer un heureux compromis. Souligner qu'il n'existe pas toujours une solution facile et parfaite. Si c'était le cas, le patient aurait déjà résolu son problème. Il est parfois préférable de choisir la solution qui semble « la moins pire », même si elle paraît critiquable ou approximative, car, dans certaines situations, il vaut mieux agir imparfaitement plutôt que de ne rien faire.
- *Connaître les obstacles et les ressources.* Dresser la liste des obstacles et chercher les ressources disponibles pour les surmonter, ce qui est le but souhaité.
- *Déterminer un plan d'action.* Faire la liste des étapes à suivre pour en arriver à la solution choisie. Produire un plan détaillé comprenant un échéancier réaliste et précis. Planifier une première étape assez facile pour permettre au patient de passer rapidement à l'action.
- *Passer à l'action et évaluer les résultats.* Aussitôt le plan d'action terminé, le mettre sans tarder à exécution. Un premier pas, même tout petit, encourage le patient et lui donne l'impression d'avoir « brisé la glace ». Une fois les premières étapes franchies, évaluer régulièrement les résultats. S'ils sont insatisfaisants, réévaluer la situation et reprendre ou modifier une ou plusieurs étapes en tenant compte des difficultés observées et des nouvelles informations disponibles.

Exemple

Louis, 42 ans, est marié et père de deux filles âgées de 13 et 10 ans. Depuis 15 ans, il est employé comme soudeur spécialisé par une firme multinationale. Il est en arrêt de travail depuis trois mois parce qu'il souffre d'une dépression majeure. La cause de sa dépression semble être une difficulté de plus en plus grande à satisfaire aux exigences de son travail, ce qui n'avait jamais été le cas auparavant. Ajoutons que ses relations familiales et sociales ont toujours été satisfaisantes, mais qu'il est plutôt timide, réservé, et qu'il a souvent de la difficulté à s'affirmer et à faire valoir ses droits.

Depuis le début du traitement de la dépression de Louis, les symptômes dépressifs se sont grandement atténués, mais ils ont tendance à réapparaître aussitôt qu'on aborde la question du retour au travail. Louis se sent piégé et ne voit pas comment il pourra faire face à des difficultés identiques à celles qui ont causé sa dépression dans le passé.

Le thérapeute explore d'abord les raisons pour lesquelles Louis se sent incapable de reprendre le travail (*prendre conscience du problème*). Il apparaît rapidement qu'une

▶▶▶

relation problématique avec son nouveau contremaître est le facteur déclenchant. Ce contremaître se comporte de façon agressive et méprisante, et donne à tous ses employés l'impression qu'ils sont inefficaces. Louis se rend donc compte que le problème ne réside pas dans l'exercice de son métier, qu'il apprécie toujours malgré ce qu'il vient de lui arriver, mais qu'il se trouve plutôt dans la difficulté qu'il éprouve à travailler sous les ordres d'une personne comme son contremaître. Il craint son jugement et, pour ne pas lui déplaire, il adopte une attitude soumise et effacée dont il se sent honteux, mais qu'il ne parvient pas à modifier malgré tous ses efforts (*définir le problème*).

En discutant avec le thérapeute, Louis se rend également compte qu'en devenant plus affirmatif, il lui sera non seulement plus facile d'affronter son nouveau contremaître, mais il en résultera aussi une amélioration de ses relations interpersonnelles, ce qui lui permettra sans doute d'accroître son estime personnelle et d'obtenir un plus grand respect de son entourage (*adopter une attitude constructive*).

Avec l'assentiment de son thérapeute, Louis se fixe comme objectif de reprendre le travail le plus rapidement possible (*fixer un objectif*). De prime abord, il lui semble que la meilleure façon d'y arriver consiste à retourner à son ancien emploi tout en faisant l'apprentissage de l'affirmation de soi pour réussir à adopter une attitude plus adéquate face à son contremaître. Il explore quand même d'autres solutions et en retient trois : demander une mutation dans un autre service de son entreprise, se chercher un autre emploi qui lui conviendrait mieux ou démarrer sa propre entreprise (*chercher des solutions possibles*).

Louis explore ensuite ces diverses solutions en établissant la liste des avantages et des inconvénients de chacune d'elles (*considérer les avantages et les inconvénients*). Il décide de choisir la première, c'est-à-dire de retourner à son ancien emploi tout en faisant l'apprentissage de l'affirmation de soi (*choisir une solution*). Évidemment, cette démarche ne se fera pas sans obstacles, le plus important étant de devoir s'adapter à un contremaître qui ne lui convient pas. Cependant, Louis n'est pas dépourvu de ressources pour les affronter puisqu'il peut compter, entre autres, sur la présence de plusieurs amis fidèles, à son travail, ainsi que sur les entrevues hebdomadaires avec son thérapeute (*connaître les obstacles et les ressources*). Après avoir considéré les obstacles et les ressources, Louis, assisté de son thérapeute, prévoit un plan d'action réaliste comprenant un échéancier précis : la date où il recommencera à travailler à temps partiel, puis à temps plein, le moment où il rencontrera son thérapeute, ce qu'il doit faire en cas de difficultés avec son contremaître, etc. (*déterminer un plan d'action*).

Louis passe donc à l'action. Les premières étapes étant franchies, il évalue régulièrement les résultats avec son thérapeute : la façon dont il vit son retour graduel au travail, la façon dont il réussit à modifier peu à peu son comportement de soumission, la façon dont il s'y prend pour mieux communiquer, la nature de ses craintes avant de s'affirmer, ce qu'il pense quand il réussit à s'affirmer et quand il ne le réussit pas, etc. Les résultats étant satisfaisants, Louis continue de franchir les étapes une à une pour enfin en arriver à réintégrer le travail tout en étant respecté par son contremaître, mais sans s'en faire un ennemi. S'il avait éprouvé des problèmes en cours de route, il aurait alors réévalué la situation et repris une ou plusieurs étapes en tenant compte des difficultés éprouvées (*passer à l'action et évaluer les résultats*).

Difficultés

L'activation de croyances rigides sous-jacentes constitue sans doute une des difficultés les plus fréquemment rencontrées lorsqu'on recourt à la technique de la résolution de problèmes. Le perfectionniste recherche vainement une solution parfaite et sans inconvénients, le narcissique refuse d'envisager une issue où il pourrait avoir tort, et celui dont le niveau de tolérance aux frustrations est bas ne se résigne pas à opter pour une démarche exigeant des efforts soutenus. Il devient alors nécessaire de repérer et de modifier au moins partiellement la croyance, l'attitude ou les traits de personnalité en cause pour pouvoir utiliser avec efficacité la résolution de problèmes.

L'affirmation de soi

Description

L'affirmation de soi (ou un comportement affirmatif) consiste en la capacité d'exprimer ses émotions, ses désirs et ses opinions, et de défendre ses droits tout en respectant ceux des autres, et ceci, de façon directe, honnête et appropriée. L'affirmation de soi comporte donc trois aspects essentiels : la reconnaissance de ses émotions, de ses désirs, de ses opinions et de ses droits ; leur mise en perspective en fonction de ceux des autres ; la capacité de les communiquer adéquatement.

Un comportement affirmatif se distingue de trois autres types de comportements :

1. *Le comportement soumis ou passif*, qui se caractérise par l'incapacité d'exprimer ses émotions, ses désirs et ses opinions, ou par leur expression de façon indirecte, inappropriée et au détriment de ses propres droits ;
2. *Le comportement agressif*, qui se manifeste par l'expression de ses émotions, de ses désirs et de ses opinions ainsi que par la défense de ses droits, mais, parfois, au détriment des droits des autres, et ceci, de façon le plus souvent directe et honnête mais presque toujours inappropriée ;
3. *Le comportement manipulateur*, qui se caractérise par l'expression de ses émotions, de ses désirs et de ses opinions, dans le but de défendre ses droits et de satisfaire ses besoins, mais de façon toujours indirecte et souvent malhonnête, et ceci, fréquemment, au détriment des droits de autres.

On doit la notion d'affirmation de soi à Joseph Wolpe et Arnold Lazarus (Wolpe & Lazarus, 1966), qui furent les premiers à établir une distinction claire entre les comportements affirmatif, soumis, agressif et manipulateur, et à enseigner des moyens concrets de mieux s'affirmer dans la vie quotidienne. Par la suite, l'apprentissage de l'affirmation de soi fut abondamment utilisé par les thérapeutes d'orientation cognitivo-comportementale, qui contribuèrent à en préciser et à en élaborer la dimension théorique tout en améliorant ses modes d'application en clinique. Cette popularité ne s'est jamais démentie, de telle sorte qu'à l'heure actuelle, on utilise plus que jamais l'affirmation de soi en TCC. S'il est, en effet, essentiel, dans un premier temps, d'amener les patients à raisonner de façon plus rigoureuse et à diminuer leurs émotions dysfonctionnelles (démarche cognitive), il demeure tout aussi important, par la suite, de leur apprendre à bien exploiter leurs nouvelles façons d'aborder leur entourage et de s'ajuster à ses réactions (apprentissage de l'affirmation de soi).

Indications

L'affirmation de soi est surtout enseignée aux personnes soumises qui ont de la difficulté à exprimer leurs désirs ou à défendre leurs droits. C'est presque toujours le cas chez les personnes qui présentent un Trouble de l'Anxiété sociale ou des traits de la Personnalité évitante. La soumission accompagne aussi fréquemment un schéma *Sacrifice de soi* (Young *et al.*, 2003), car les personnes qui ont développé ce schéma se sentent rapidement coupables si elles ne se précipitent pas au devant des besoins d'autrui, parfois au détriment de leurs propres besoins. La soumission est également présente chez des patients souffrant de troubles mentaux sévères et dont l'estime de soi est faible, comme c'est parfois le cas chez certains schizophrènes.

L'apprentissage de l'affirmation de soi peut aussi être utile pour traiter des personnes agressives ou manipulatrices qui, souvent, ne savent pas comment s'y prendre pour se défendre ou se valoriser et qui évaluent mal les dommages causés au fil du temps par l'agression ou la manipulation.

Procédure

Il y a plusieurs façons d'entreprendre une thérapie d'affirmation de soi. La démarche peut varier énormément d'un thérapeute, d'un patient ou d'une situation à l'autre. Les étapes suivantes sont simplement proposées à titre d'exemple.

- *Reconnaître la présence d'un problème d'affirmation de soi et en explorer les causes.* Pendant l'entrevue d'évaluation ou au début de la thérapie, le thérapeute perçoit et note les comportements soumis, agressifs ou manipulateurs de son patient. Il lui en fait part et parsème son propos de plusieurs exemples. Il en explore au moins sommairement les causes.
- *Enseigner ce qu'est l'affirmation de soi.* Suit une phase psychoéducative. Le thérapeute définit ce qu'est un comportement affirmatif et le compare aux comportements soumis, agressifs et manipulateurs. Il décrit les aspects verbaux et non verbaux de ces comportements (*voir l'Annexe 7: L'affirmation de soi*). Il aide le patient à prendre conscience de ses droits et de ceux d'autrui. Il l'encourage à reconnaître ses émotions, de même que ses désirs, pensées ou opinions. Il peut se servir, à cette fin, du Tableau d'enregistrement des pensées dysfonctionnelles (*voir le chapitre 13*). Il recommande des lectures sur ce sujet.
- *Dresser la liste des situations où la personne a de la difficulté à s'affirmer.* Avec l'aide du thérapeute, le patient dresse une liste des principales situations où il lui est difficile de s'affirmer. La liste prend la forme d'une hiérarchie, en ce sens qu'elle commence par les situations les plus faciles et se termine par les plus difficiles.
- *Se préparer à l'action.* Le thérapeute et le patient choisissent ensuite la situation la plus facile pouvant survenir dans les prochains jours. Ils explorent les peurs du patient au regard de cette situation et les restructurent, au besoin. Puis, le thérapeute prépare

soigneusement le patient à affronter cette situation : il doit bien planifier ses arguments à l'avance, savoir se mettre à la place de l'autre, ne pas attaquer la personne mais seulement son comportement, rester calme, être prêt à prendre des risques et à faire des compromis, etc. (*voir l'Annexe 7 à la fin du chapitre*). Ici, l'utilisation de jeux de rôles et de fiches thérapeutiques est souvent très efficace.

- *Passer à l'action et évaluer les résultats.* Cette préparation étant terminée, le patient passe à l'action aussitôt que l'occasion se présente. À l'entrevue suivante, il parle avec le thérapeute des résultats obtenus et prévoit la façon de régler, à l'avenir, les difficultés pouvant se présenter. Lorsque cette première situation est bien maîtrisée, il passe à une seconde, plus difficile.

Exemple

Madame Latendresse est une personne entièrement dévouée qui ne refuse jamais un service à qui que ce soit. Dire « non » ne fait pas partie de son vocabulaire, car elle a toujours peur de déplaire. Elle offre constamment son aide aux personnes de son entourage et se précipite au devant de leurs demandes. Elle passe ses soirées au téléphone avec ses amies qui l'appellent pour se confier ou lui demander conseil. Sa vie est entièrement consacrée à autrui.

Depuis quelque temps, madame Latendresse est souvent anxieuse et triste; elle a de la difficulté à dormir, elle manque d'entrain et elle se sent épuisée. Elle trouve que les gens abusent d'elle; elle a souvent envie de les envoyer promener, mais elle ne le fait pas par crainte d'être mal jugée. Aujourd'hui, elle consulte une psychologue pour comprendre d'où viennent ses symptômes et pour qu'on l'aide à s'en débarrasser.

Sa thérapeute tente d'abord de connaître les raisons pour lesquelles elle commence à être déprimée. Elle constate rapidement que la disponibilité et le dévouement excessifs de sa patiente sont à l'origine de ses problèmes. Madame Latendresse lui explique qu'elle a été élevée par des parents sévères et exigeants qu'elle craignait beaucoup, qu'elle n'osait rien leur refuser de peur d'être rejetée et qu'elle se précipitait au-devant de leurs désirs. Son attitude lui valait beaucoup d'estime et d'éloges de la part non seulement de ses parents, mais aussi de tout l'entourage. Il en résultait une situation exigeante, bien sûr, mais également gratifiante, ce qui explique qu'elle a continué de se comporter de la même façon jusqu'à l'âge adulte.

Sa thérapeute détermine rapidement que son problème découle, en bonne partie, d'un manque d'affirmation provoqué par son éducation, problème qui s'est accentué avec le temps, au point de causer son épuisement actuel (*reconnaître la présence d'un problème d'affirmation et en explorer les causes*). Elle lui enseigne alors les principes de base de l'affirmation de soi en lui expliquant ce qu'est un comportement affirmatif et ce qui le distingue des comportements soumis, agressif et manipulateur. Elle attire son attention sur les avantages à court terme d'une attitude soumise, mais aussi sur ses inconvénients à moyen et à long terme. Elle l'amène à prendre conscience de ses droits et lui démontre l'importance de les exercer tout en respectant ceux d'autrui. Elle l'aide

▶▶▶

à reconnaître et à modifier ses émotions et ses pensées lorsque vient le temps de s'affirmer et se sert, à cette fin, du Tableau d'enregistrement des pensées dysfonctionnelles (*enseigner ce qu'est l'affirmation de soi*). Une fois cette étape franchie, madame Latendresse dresse, avec sa thérapeute, la liste des situations où elle a de la difficulté à s'affirmer. Parmi celles-ci, il y a les demandes excessives de sa mère, qui profite outrageusement de la situation et la culpabilise à la moindre tentative de refus; l'attitude de sa meilleure amie, qui l'accapare à n'en plus finir avec ses problèmes de couple; et les exigences de son employeur, qui profite d'elle en la sollicitant exagérément pour qu'elle fasse de nouvelles tâches. Elle donne à sa liste la forme d'une hiérarchie en commençant par la situation la plus facile à modifier et en terminant par la plus difficile (*dresser la liste des situations où la personne a de la difficulté à s'affirmer*).

Madame Latendresse se prépare ensuite à passer à l'action. Elle choisit, en premier lieu, sa difficulté à écourter les interminables confidences de sa meilleure amie, pensant que cette dernière serait celle qui comprendrait le mieux ses tentatives d'affirmation de soi et qui y collaborerait. Avec sa thérapeute, elle prépare la façon d'expliquer à son amie qu'elle n'a pas toujours le temps de l'écouter. Elle revoit ses arguments en tenant compte des réactions de l'amie, elle évalue les risques liés à son comportement affirmatif, elle décrit les pensées et les peurs que cette situation suscite et elle explore d'autres options au cas où sa première tentative ne serait pas immédiatement fructueuse. La thérapeute utilise le jeu de rôle et les fiches thérapeutiques pour préparer sa patiente à entreprendre sa démarche (*se préparer à l'action*). Lorsqu'elle se sent prête, madame Latendresse passe à l'action avec son amie. À la rencontre suivante, elle raconte ce qui s'est passé à sa thérapeute, qui l'encourage en mettant en lumière les aspects positifs de sa tentative tout en l'aidant à corriger les aspects négatifs. Madame Latendresse continue aussi longtemps que la situation n'est pas suffisamment maîtrisée (*passer à l'action et évaluer les résultats*).

Lorsque cette première situation est sous contrôle, madame Latendresse passe à la situation suivante. Elle continue de la sorte jusqu'à ce qu'elle réussisse, la plupart du temps, à mieux s'affirmer. Graduellement, son anxiété diminue et sa qualité de vie s'améliore. Elle constate que ses relations avec les personnes de son entourage deviennent plus satisfaisantes, et ce, sans qu'elle perde leur respect ou leur affection.

L'entraînement aux habiletés sociales

Description

On regroupe sous le nom d'*habiletés sociales* l'ensemble des comportements composant les interactions sociales d'un individu. Il s'agit donc d'un concept plus large que celui de l'affirmation de soi, qui en fait partie.

L'entraînement aux habiletés sociales vise l'amélioration des habiletés relationnelles, grâce à l'utilisation de techniques comportementales et cognitives. Ces techniques découlent, en majeure partie, de la théorie de l'apprentissage social de Bandura (Bandura, 1969). On trouve, parmi celles-ci, l'apprentissage par imitation ou apprentissage vicariant (*modeling*), les renforcements, le façonnement, la répétition (*overlearning*) ainsi que le phénomène de la généralisation (Bellack *et al.*, 2004). On utilise également la restructuration cognitive, le jeu de rôle et la résolution de problèmes, et on prescrit des travaux à domicile. On recourt à ces différents moyens d'intervention pour que le patient améliore son comportement dans des situations telles que les rencontres familiales ou amicales, les loisirs en groupe, la recherche d'emploi, les relations amoureuses, la gestion des médicaments et l'hygiène personnelle.

Indications

L'entraînement aux habiletés sociales peut être utilisé pour des indications relativement semblables à celles de l'affirmation de soi, mais il a été créé plus spécifiquement pour faciliter la réadaptation de patients dont les déficits sont plus sévères. La schizophrénie est sans doute l'indication la mieux documentée (Bustillo *et al.*, 2001; Bellack, 2004; Bellack *et al.*, 2004; Lehman *et al.*, 2004; Pfammatter *et al.*, 2006) (*voir le chapitre 10*). On constate une amélioration significative des habiletés sociales chez les schizophrènes traités à l'aide de cette technique, mais on n'a pas pu démontrer avec certitude des progrès dans l'ensemble de la symptomatologie ou une diminution des rechutes. On utilise également diverses adaptations de cette approche pour d'autres indications. À l'intention d'une population adulte, par exemple, on trouve des protocoles spécialement conçus pour traiter le Trouble de la personnalité antisociale, de même que le Trouble de l'Anxiété sociale (Van Dam-Baggen & Kraaimaat, 2000). Pour les plus jeunes, il existe des versions pour traiter les Troubles envahissants du développement (Baker, 2003), le Trouble des conduites et le Trouble du déficit de l'attention et de l'hyperactivité (Antshel & Remer, 2003).

Procédure

L'entraînement aux habiletés sociales prend généralement la forme de programmes de réadaptation modulaires, détaillés et adaptés pour l'indication choisie. Un exposé détaillé de tels programmes dépasse les objectifs de cet ouvrage, mais on peut se référer, au besoin, à divers guides de pratique qui en font une excellente description (Baker, 2003; Bellack *et al.*, 2004; Liberman, 2005).

Les tableaux ci-dessous illustrent concrètement un programme d'entraînement aux habiletés sociales décrit par Liberman (Liberman *et al.*, 2005). Ils sont composés de trois grands domaines de compétences qui comprennent chacun cinq modules. Chaque module permet de développer plusieurs habiletés spécifiques si on travaille sur les composantes comportementales nécessaires.

TABLEAU 16.1 **Les domaines de compétence**

Interpersonnel	Gestion personnelle	Gestion de la maladie
• Conversation	• Hygiène	• **Gestion des médicaments***
• Loisirs	• Habillement et présentation	• Drogues
• Affirmation de soi	• Gestion financière	• Gestion des symptômes
• Résolution de problèmes	• Nutrition	• Relaxation
• Approches amoureuses et amitiés	• Recherche d'emploi	• Prévention des rechutes

Source : adapté de Liberman *et coll.* (2005).

TABLEAU 16.2 **Les champs d'intervention du module Gestion des médicaments**

Champs d'intervention :
Obtenir de l'information sur les médicaments antipsychotiques
Bien prendre ses médicaments
Reconnaître les effets secondaires
Négocier avec son médecin au sujet de la prise des médicaments*
Comprendre les effets des antipsychotiques injectables à longue durée d'action

Source : adapté de Liberman *et coll.* (2005).

TABLEAU 16.3 **Le détail des comportements visés dans le champ d'intervention : la négociation avec son médecin au sujet de la prise des médicaments**

Comportements requis :
Saluer poliment
Décrire le problème de manière spécifique
Préciser le moment marquant le début du problème
Exprimer le degré d'inconfort
Demander un conseil
Répéter ou clarifier le conseil reçu
Demander de préciser le délai d'action ou l'efficacité prévisible
Remercier pour l'aide reçue
Bon contact visuel
Bonne posture
Langage clair et audible

Source : adapté de Liberman *et coll.* (2005).

* Les points en caractères gras sont détaillés, à titre d'exemple, dans le tableau suivant.

Ces programmes sont généralement disponibles sous forme de thérapies de groupe pour patients homogènes, c'est-à-dire ayant le même diagnostic ou le même genre de problème. Les séances durent généralement de quarante-cinq minutes à deux heures, et leur rythme peut varier d'une à cinq rencontres par semaine.

Chaque champ d'intervention comprend les étapes suivantes :

1. Le thérapeute (ou les thérapeutes) expliquent l'utilité du nouveau champ d'intervention et sa pertinence en fonction des objectifs spécifiques des patients;
2. Il en fait la démonstration au moyen d'un jeu de rôle ou d'un extrait vidéo. Il invite alors les patients à se concentrer sur un ou deux comportements spécifiques à ce champ d'intervention. Cette consigne devient cruciale lorsque les participants souffrent de symptômes déficitaires importants;
3. Les patients se familiarisent avec ce nouveau champ d'intervention au moyen de jeux de rôles et en se limitant à un ou deux comportements à la fois;
4. Le thérapeute donne beaucoup de renforcements positifs et propose des suggestions concrètes pour favoriser l'amélioration des comportements en cause;
5. Il prescrit des travaux à domicile pour permettre aux patients d'intégrer, dans leur milieu de vie, les différents aspects de ce nouveau champ d'intervention et pour favoriser la généralisation des comportements dont ils viennent de faire l'apprentissage.

Exemple

René est un jeune homme de 25 ans qui souffre de schizophrénie. Lorsque sa maladie a débuté, il consommait des quantités importantes de cannabis et vivait à la limite de l'itinérance. Ses hospitalisations se soldaient souvent par un *Départ contre avis médical.* Après deux années de ce régime, il a pu établir une meilleure relation avec un intervenant qui l'a inscrit à un programme de suivi intensif dans la communauté. Grâce à ce suivi, l'observance au traitement pharmacologique s'est améliorée, et ses délires de même que ses hallucinations ont considérablement diminué. René demeurait toutefois très isolé et présentait encore des symptômes négatifs importants. Après un long travail de persuasion et d'accompagnement, l'équipe traitante a pu finalement le convaincre de participer à un groupe d'entraînement aux habiletés sociales. Au début, l'objectif du groupe dont il faisait partie consistait à améliorer les habiletés sociales de base : conversation, hygiène, gestion de la maladie, etc. René ne s'est pas senti à la hauteur et a rapidement abandonné. Peu après, il a tenté un retour sur le marché du travail, qui s'est soldé par un échec suivi d'une rechute. Après une période de traitement, René a accepté de réintégrer le groupe. Cette fois, il a terminé le programme et il a même réussi à se faire quelques amis parmi les participants. Ses habiletés sociales se sont significativement améliorées et il a décidé, par la suite, de faire partie d'un groupe d'entraide au sein duquel il a pu exercer un certain leadership.

Difficultés

Comme on vient de le voir, l'entraînement aux habiletés sociales doit être utilisé dans le cadre d'un programme de réadaptation détaillé et structuré pour être efficace. Un tel programme exige des ressources humaines et financières considérables, ce qui constitue sans doute le principal obstacle à son application.

Certains schizophrènes présentent des problèmes cognitifs et perceptuels qui rendent plus difficile, pour eux, l'apprentissage des habiletés sociales. Il existe des programmes conçus spécifiquement pour ce type de patients, comme celui du groupe de Brenner, en Suisse (Brenner *et al.*, 1994).

La généralisation dans le milieu de vie des nouveaux comportements appris en thérapie est souvent difficile; c'est la raison pour laquelle les travaux à domicile sont si importants en ce qui a trait à leur apprentissage. La plupart du temps, il est utile, pour ne pas dire obligatoire, de travailler en collaboration avec les proches des patients. Si le thérapeute est présent au moment de l'exécution de certains exercices, la généralisation de ceux-ci s'en trouve favorisée, mais une telle attitude exige une grande disponibilité de la part du thérapeute.

L'imagerie mentale

Description

L'imagerie mentale consiste à reproduire aussi fidèlement que possible, en la visualisant en imagination, une scène qui sera utilisée par la suite à des fins thérapeutiques.

Indications

On se sert de l'imagerie mentale pour effectuer, notamment, une exposition en imagination, pour repérer les pensées automatiques, pour modifier les pensées ou les croyances dysfonctionnelles ou pour favoriser l'apprentissage de nouveaux comportements.

- *Effectuer une exposition en imagination.* L'imagerie mentale constitue un élément essentiel de l'exposition en imagination, utilisée pour traiter les patients aux prises avec des phobies (TPA et phobies spécifiques), des obsessions (TOC), des inquiétudes (TAG) ou la reviviscence d'un événement traumatique (ESPT). Dans l'exposition en imagination, on utilise des scénarios dramatisants pour plonger, en imagination, le sujet dans diverses situations à l'origine de son anxiété. Cette technique a pour but d'amener la personne à se familiariser, au moins mentalement, avec ces situations et de lui apprendre à tolérer l'anxiété qui en résulte. À la suite de cette exposition, l'anxiété tend à diminuer graduellement.

  Les principes s'appliquant à l'exposition en imagination sont les mêmes que ceux qui sous-tendent l'exposition in vivo (*voir le chapitre 3*). Elle remplace l'exposition in vivo lorsque celle-ci est impraticable ou potentiellement nuisible; c'est le cas, par exemple, s'il y a évitement des avions dans le TPA, si les inquiétudes concernent des situations improbables, comme un attentat terroriste, dans le TAG, ou si la personne anticipe un événement traumatique, comme cela arrive dans l'ESPT.

- *Repérer les pensées automatiques ou modifier les pensées dysfonctionnelles.* L'imagerie mentale peut servir à reconnaître les pensées automatiques et à modifier les pensées dysfonctionnelles de même que les émotions qui en découlent. Ce type de démarche comporte l'avantage de permettre au thérapeute d'effectuer, au cours de la thérapie, une restructuration cognitive au moment où survient l'émotion. Nous verrons bientôt la façon de s'y prendre concrètement pour y arriver.
- *Modifier les croyances dysfonctionnelles.* On utilise également l'imagerie mentale pour modifier les croyances (ou schémas) dysfonctionnelles. Il s'agit là d'un travail cognitif « à chaud » (ou expérientiel) qui permet au thérapeute de passer d'un niveau de compréhension purement rationnel à un niveau plus affectif ou émotif. On peut s'en servir, par exemple, avec des patients qui se sont rendu compte que leurs croyances ne sont pas adaptées, mais qui disent « ne pas ressentir » l'utilité des nouvelles croyances résultant d'un raisonnement ou d'une restructuration menés au cours de la thérapie, ou qui ne sont pas intimement convaincus de leur bien-fondé. Jeffrey Young accorde une grande importance à cette forme de démarche, qu'il considère comme la plus efficace pour modifier une croyance à long terme (Young *et al.*, 2003).
- *Favoriser l'apprentissage de nouveaux comportements.* L'imagerie mentale permet de répéter en imagination des situations anxiogènes ou autrement problématiques afin de mettre en pratique de nouveaux comportements; par exemple, s'affirmer adéquatement devant une personne en colère, parler en public avec maîtrise ou être plus efficace au cours d'une entrevue pour obtenir un emploi.

Procédure

Voici la façon de procéder concrètement, en clinique, pour utiliser l'imagerie mentale en fonction de ses trois principales indications.

L'utilisation de l'imagerie mentale pour effectuer une exposition en imagination

Les principales étapes à suivre pour effectuer une exposition en imagination sont les suivantes :

- Le thérapeute demande au patient de préparer un scénario dramatisant d'une à trois minutes portant sur une situation à l'origine d'une de ses principales peurs. Le scénario peut être rédigé pendant la séance de thérapie, avec la collaboration du thérapeute, ou entre les séances, dans le cadre de travaux à domicile. Il doit respecter les conditions suivantes (*voir l'Annexe 8: Scénario pour l'exposition en imagination*):
  - Il doit être rédigé au présent;
  - Sa lecture doit prendre d'une à trois minutes;
  - Il doit provoquer une anxiété élevée mais tolérable;
  - Il doit être effrayant tout en restant crédible;
  - Il doit éviter les introductions trop longues ou les temps morts inutiles;
  - Le patient doit décrire la situation de façon détaillée en incluant ce qui se passe au moment présent, ce qu'il fait, ce qu'il voit, ce qu'il entend et ce qu'il pense, de même que les émotions et les sensations physiques qu'il éprouve. L'objectif est qu'il se sente comme s'il était sur place;

- On doit éviter toute forme de neutralisation. Celle-ci consiste à utiliser des formules apaisantes pour diminuer l'anxiété, alors que le but de l'exercice est de rendre la situation la plus anxiogène possible. Il faut éviter la neutralisation tant dans la rédaction du scénario («ce n'est pas grave», «ça va bien aller», «peut-être», «pas si pire», etc.) que dans sa lecture (lecture très rapide ou ton monotone);
- La lecture doit se faire lentement et comprendre des pauses aux moments stratégiques pour permettre aux images mentales et aux émotions de se manifester.

- Le thérapeute propose au patient de lire en sa présence le scénario qui a été rédigé, revu et corrigé. La lecture est précédée d'un bref moment de détente, puis le patient imagine aussi clairement que possible la scène : le lieu où il se trouve; le moment de la journée; les sons ambiants; les couleurs et les odeurs; la façon dont il est habillé; ce qu'il fait exactement; les gens qui sont autour de lui, qui ils sont, ce qu'ils font; ses relations avec ces gens, etc. La scène étant clairement reconstituée, le patient lit le scénario lentement et en exprimant le plus possible les émotions qu'il ressent. Puis, la lecture est répétée jusqu'à ce qu'elle soit suffisamment maîtrisée. Le thérapeute note le niveau d'anxiété avant, pendant (anxiété maximale) et après chaque lecture. Il s'assure également que le patient est prêt à passer à l'étape suivante.
- Le thérapeute demande au patient de lire le scénario à répétition tous les jours à domicile et de noter lui-même, cette fois, son niveau d'anxiété avant, pendant et après chaque lecture. Il écrit les résultats sur une fiche conçue à cette fin (*voir l'Annexe 9: Fiche pour l'exposition en imagination*). La lecture se poursuit jusqu'à ce que l'anxiété diminue d'au moins 50 %, comparativement à l'évaluation précédente la plus élevée. Un exercice de 10 à 45 minutes par jour est généralement suffisant.

Plusieurs thérapeutes procèdent différemment. Lorsque leurs patients maîtrisent bien la lecture du scénario, ils leur demandent de l'enregistrer sur une cassette pendant la séance. L'enregistrement est ensuite remis aux patients, qui peuvent ainsi simplement écouter le scénario plutôt que le lire. Cette façon de procéder facilite l'imagerie mentale, la rendant ainsi plus efficace.

L'utilisation de l'imagerie mentale pour reconnaître les pensées automatiques et pour modifier les pensées dysfonctionnelles

- *Reconnaître les pensées automatiques.* Si le thérapeute désire simplement reconnaître les pensées automatiques qui sont à l'origine d'une émotion dysfonctionnelle, il commence par la mise en situation habituelle : après un bref moment de détente, il suggère au patient de reconstituer puis de revivre aussi fidèlement que possible la situation au cours de laquelle est survenue cette émotion. Aussitôt la situation pleinement imaginée et l'émotion pleinement ressentie, il demande à la personne de bien décrire les pensées qui surgissent au même moment. Un hypocondriaque, par exemple, peut imaginer une scène survenue fréquemment dans le passé, au cours de laquelle il éprouvait une vague douleur abdominale. Une fois la scène reconstituée et l'anxiété bien présente, il se rendra plus facilement compte que ses pensées sont du genre : «Je suis presque certain d'être atteint d'une maladie grave, probablement d'un cancer. Mon médecin m'a examiné le mois dernier et n'a rien trouvé, mais il s'est peut-être trompé. Ce doute est intolérable. Je vais lui demander de prescrire d'autres examens pour me rassurer.»

Grâce à l'imagerie mentale, il devient beaucoup plus facile pour l'hypocondriaque de prendre pleinement conscience des pensées qui sont à l'origine de son anxiété et d'en faire part au thérapeute.

- *Modifier les pensées dysfonctionnelles.* Si le thérapeute désire, par la suite, modifier les pensées automatiques dysfonctionnelles, il demande de nouveau au patient de se plonger en imagination dans la situation en cause et, lorsque l'émotion parvient à un niveau suffisamment intense, il lui suggère de remplacer le discours intérieur qui a provoqué la situation par un autre mieux adapté. Pour reprendre l'exemple de l'hypocondriaque, celui-ci pourrait se dire, cette fois : « Je ressens cette douleur depuis plusieurs années et elle n'a jamais été le signal avant-coureur d'une maladie grave. Mon médecin est compétent et il n'a rien trouvé. La possibilité d'être atteint d'une maladie grave est très faible et j'accepte ce risque. » Une restructuration cognitive de ce genre effectuée au moyen d'une situation vécue en imagination est généralement plus efficace qu'une autre simplement engendrée par une discussion ou un raisonnement.

L'utilisation de l'imagerie mentale pour modifier des croyances dysfonctionnelles

On utilise de plus en plus l'imagerie mentale pour modifier des croyances (ou schémas) dysfonctionnelles parce que, comme nous le disions plus tôt, il s'agit d'un type d'intervention qui permet d'agir à la fois sur un plan affectif et sur un plan cognitif ou rationnel. Une fois qu'il connaît bien la croyance en cause, le thérapeute débute, comme d'habitude, en demandant au patient de se détendre et d'imaginer le plus fidèlement possible une situation dans laquelle cette croyance est réactivée. Une personne, par exemple, présentant un schéma *Imperfection,* revit une situation de son enfance au cours de laquelle elle est dévalorisée et punie par un père trop sévère. Si la situation est bien reconstituée, il en résulte des émotions souvent très intenses, comme de la crainte, de la culpabilité ou de la dévalorisation. À ce moment-là, le thérapeute intervient de différentes façons pour modifier le schéma. Par exemple, il peut valider les émotions de la personne dans cette situation : « Il est normal qu'à cet âge vous vous soyez sentie craintive et dévalorisée devant la colère de votre père » ; ou, encore, il peut utiliser un jeu de rôle au cours duquel la personne adopte une attitude différente face à son père : « Je vais tenir le rôle de votre père dans cette situation et vous allez jouer votre propre rôle. Que pourriez-vous lui dire pour l'empêcher de vous dévaloriser ? » Grâce à l'imagerie mentale, la personne vit tout le long de la situation des émotions mieux adaptées et se comporte de façon plus appropriée, ce qui contribue à atténuer graduellement son schéma *Imperfection.*

Au lecteur intéressé, nous conseillons de lire, dans le chapitre précédent (*voir le chapitre 15*), le passage sur l'intervention expérientielle, dans lequel on décrit de façon plus détaillée la façon d'utiliser l'imagerie mentale pour modifier les croyances.

L'utilisation de l'imagerie mentale pour favoriser l'apprentissage de nouveaux comportements

Lorsqu'il utilise l'imagerie mentale pour favoriser l'apprentissage de nouveaux comportements, le thérapeute procède sensiblement de la même façon que dans le cas de l'exposition en imagination, c'est-à-dire :

- Il demande au patient de préparer un scénario représentant le plus fidèlement possible la scène qu'il désire maîtriser en imagination. La scène, cette fois, n'est pas dramatisante et suscite une impression de calme, de contrôle et de réussite. Le scénario peut durer plus de trois minutes ;

- Le patient répète la scène en imagination entre les séances, tant que la sensation de maîtrise et de réussite n'est pas complète.

  Notons que cette forme d'imagerie est fréquemment utilisée en psychologie sportive pour favoriser la maîtrise de comportements moteurs complexes.

Quelle que soit l'indication, lorsqu'une séance d'imagerie mentale est terminée, le thérapeute recueille les impressions du patient : Comment s'est-t-il senti au cours de la séance ? Des aspects de la scène sont-ils trop pénibles ? Trouve-t-il l'exercice utile ? Il note les suggestions du patient et en tient compte, s'il y a lieu. Sa conduite dépendra ensuite de l'objectif qu'il poursuit en utilisant cette technique.

Lorsqu'un thérapeute se sert de l'imagerie mentale, en particulier pour effectuer une exposition en imagination ou pour modifier une croyance dysfonctionnelle, il importe qu'il prévoie un certain temps après la séance pour permettre au patient de bien se ressaisir et de retrouver son calme avant de repartir.

Exemple

Robert est traité depuis quelques semaines pour une dépression majeure d'intensité modérée. Grâce à une médication combinée à une thérapie comportementale, il est devenu plus actif, et toute sa symptomatologie s'est sensiblement améliorée. Cependant, il demeure souvent triste et abattu, ce qui amène son thérapeute à utiliser un tableau d'enregistrement des pensées dysfonctionnelles pour connaître et modifier les pensées automatiques à l'origine de sa tristesse. Malgré tous ses efforts, Robert n'arrive toutefois pas à reconnaître clairement les pensées qui déclenchent ses émotions. Il a l'impression que sa tristesse apparaît subitement et sans raison précise lorsqu'il se trouve seul à la maison.

Son thérapeute décide alors d'utiliser l'imagerie mentale pour faciliter la reconnaissance des pensées automatiques. Il enseigne d'abord à Robert à se détendre au moyen d'un bref exercice respiratoire et lui demande de fermer les yeux. Il lui suggère ensuite d'évoquer un moment au cours duquel il s'est senti particulièrement triste. Robert se rappelle d'un matin où il s'est trouvé seul à la maison après le départ de sa conjointe pour le travail. Le thérapeute l'invite à se représenter fidèlement la scène en imagination : dans quel endroit de la maison se trouve-t-il ? Quel est le décor ? Quels sont les sons et les odeurs ? Que fait-il exactement ? Y a-t-il d'autres personnes avec lui ? Robert revit alors le départ de son épouse : il revoit celle-ci qui quitte la maison après l'avoir embrassé, il entend la porte claquer, il tourne en rond dans la maison silencieuse et déserte, il se sent de plus en plus triste, il s'écrase dans un fauteuil et se met à pleurer. Le thérapeute constate que Robert est au bord des larmes lorsqu'il revit cette scène. Il lui demande d'évoquer les pensées qui lui traversent l'esprit. Robert répond qu'il se demande si sa femme l'aime encore ou si elle ne va pas finir par se lasser de le voir déprimé. Peut-être se détache-t-elle de lui… Il a également l'impression qu'il

▶▶▶

ne sera plus jamais capable de travailler normalement, et il craint d'être sur le point de perdre tout ce qu'il a accumulé au fil des ans.

Le thérapeute met alors un terme à l'exercice. Il demande de nouveau à Robert de se détendre au moyen d'un bref exercice respiratoire et il attend quelques instants pour lui permettre de se ressaisir. Il recueille ses commentaires et le félicite pour avoir atteint l'objectif. Maintenant que les pensées automatiques de Robert sont clairement connues, il est possible de les restructurer pour diminuer ses épisodes de tristesse.

À cette étape, le thérapeute peut se servir de l'imagerie mentale pour modifier les pensées automatiques. Lorsque celles-ci sont clairement ciblées, il prolonge l'exercice en demandant au patient de les remplacer par d'autres, mieux adaptées : « Mon épouse m'a apporté tout le soutien dont elle est capable, et il est normal qu'elle quitte la maison pour aller au travail. Ce qui m'arrive n'est pas facile à vivre, mais je commence à m'en sortir. J'ai plus d'énergie qu'avant et je reprends goût à la vie. » La diminution de la tristesse indique que l'utilisation de l'imagerie mentale pour favoriser la restructuration cognitive est efficace.

Difficultés

Certains patients éprouvent de la difficulté à revivre en imagination des situations pénibles ou traumatisantes, et refusent de se livrer à ce type d'exercice. Il est parfois préférable de respecter leur réticence, surtout si on peut utiliser d'autres techniques. Cependant, si un thérapeute tient malgré tout à se servir de l'imagerie mentale parce qu'il la trouve particulièrement utile dans une situation donnée, il peut utiliser une démarche se déroulant d'une façon plus progressive en tenant compte des recommandations suivantes :

- S'assurer d'abord de l'existence d'une saine alliance thérapeutique dans le cadre de laquelle le patient se sent en confiance;
- Vérifier régulièrement si le patient est à l'aise et être attentif aux signes indiquant la présence d'émotions trop intenses, de symptômes dissociatifs ou d'une impression de perte de contrôle;
- Être particulièrement prudent avec les patients ayant vécu des traumatismes récents ou anciens;
- Exposer d'abord le patient à des scènes neutres, puis passer graduellement à des situations de plus en plus anxiogènes. Lui demander, par exemple, de bien observer la pièce dans laquelle il se trouve, de fermer les yeux, de se la représenter de façon très précise et de la décrire à voix haute. Le patient peut ensuite passer à un endroit agréable et sécuritaire, comme un fauteuil confortable à domicile ou un lieu paisible dans la nature. Puis, il se représente progressivement des scènes de plus en plus chargées affectivement;
- Tenir compte du fait que les patients dont la pensée est plus concrète ont parfois davantage de facilité à imaginer des scènes tirées de leur expérience vécue plutôt que des scènes purement imaginaires.

La rééducation respiratoire

Description

La rééducation respiratoire favorise l'apprentissage d'un meilleur contrôle de la fonction respiratoire. Le thérapeute a pour objectif d'amener le patient à respirer lentement et à utiliser davantage son diaphragme. Il en résulte une intervention accrue du système nerveux autonome parasympathique, duquel découlent d'importantes modifications physiologiques favorisant une plus grande détente.

Disons d'abord quelques mots sur le système nerveux autonome. Celui-ci est divisé en deux parties : le système nerveux autonome sympathique et le système nerveux autonome parasympathique (Goetz, 2003). La partie sympathique est associée à l'anticipation du danger et à l'action ; elle prépare l'organisme à se défendre ou à fuir, ce qui a pour effet de provoquer une accélération des rythmes cardiaque et respiratoire, une élévation de la tension artérielle, une augmentation de la tension musculaire et de la transpiration, une dilatation des pupilles, une diminution de la sécrétion des glandes salivaires et un ralentissement de l'ensemble du système digestif. On reconnaît ici plusieurs manifestations de l'anxiété : tachypnée, tachycardie, palpitations, sudation, xérostomie, dyspepsie, etc. Si, dans une situation légèrement anxiogène, l'anticipation de la personne est trop grande compte tenu de l'importance du danger, le système sympathique produit le même effet, mais sans que la personne ne passe à l'action. Il s'ensuit une accélération du rythme respiratoire qui entraîne une trop grande élimination de dioxyde de carbone (CO_2), ce qui provoque une alcalose respiratoire. L'individu peut alors ressentir divers symptômes, comme des étourdissements, des problèmes visuels, des engourdissements des extrémités et un fourmillement péribuccal. C'est ce qu'on appelle l'hyperventilation. Ceux qui souffrent d'un Trouble panique sont d'ailleurs plus sujets à l'alcalose respiratoire, même en l'absence d'attaques de panique.

Le système sympathique est en constant équilibre avec le système parasympathique. La principale voie afférente de ce dernier est le nerf vague, d'où les expressions « tonus vagal » et « réaction vagale ». Par son action, le système parasympathique augmente la sécrétion des glandes salivaires et l'activité du système digestif, mais ralentit le rythme respiratoire et le rythme cardiaque en même temps qu'il diminue la tension artérielle.

Une respiration lente et d'origine diaphragmatique provoque une augmentation du tonus au niveau du système parasympathique. Or, la respiration étant partiellement sous le contrôle de la volonté, une rééducation respiratoire permet de corriger l'équilibre du système nerveux autonome en augmentant l'action du système parasympathique. La rééducation respiratoire peut également prévenir l'hyperventilation en favorisant un état de relaxation propice à une plus grande détente musculaire.

Indications

Les indications de la rééducation respiratoire sont relativement semblables à celles de la relaxation. On l'utilise surtout dans le traitement de l'anxiété en général et des troubles anxieux en particulier. Dans les cas de troubles anxieux, on s'en sert généralement avant d'exploiter les techniques d'exposition. Elle peut s'avérer utile dans le traitement d'autres maladies où l'anxiété joue un rôle important, comme la dépression anxieuse, le Trouble de l'adaptation et les Troubles somatoformes, et même dans le traitement de certaines pathologies du système cardiorespiratoire.

Procédure

Les étapes suivantes peuvent servir de points de repère lorsqu'on utilise la rééducation respiratoire.

- *Commencer par la psychoéducation.* On explique au patient ce qu'est la technique, les raisons pour lesquelles on l'emploie et ses principales étapes.
- *Préciser l'objectif.* L'objectif de la rééducation est d'amener le patient à exercer un meilleur contrôle sur sa respiration en respirant plus lentement et en se servant davantage de son diaphragme, pour qu'il devienne plus détendu et exerce un meilleur contrôle sur les symptômes physiologiques de l'anxiété.
- *Enseigner la respiration diaphragmatique*[1]. Pour favoriser une respiration diaphragmatique, le thérapeute invite le patient à s'installer confortablement, dans un contexte propice à la détente. Il lui demande de poser une main sur l'abdomen et l'autre sur le thorax, et de respirer calmement par le nez (certains favorisent plutôt l'inspiration par le nez et l'expiration par la bouche). Il lui enseigne ensuite à limiter l'expansion du haut du thorax au début de l'inspiration tout en laissant l'abdomen se distendre lentement (on ne peut y parvenir qu'en abaissant le diaphragme, d'où le nom de « respiration diaphragmatique »). Dans un deuxième temps, tout le thorax est gonflé à pleine capacité et l'abdomen reste distendu ; il en résulte une meilleure ventilation de la partie inférieure des poumons. Les mains posées sur l'abdomen et sur le thorax permettent au patient et au thérapeute de mieux évaluer jusqu'à quel point l'exercice est réussi.

  La respiration diaphragmatique peut être facilitée par l'induction d'une image de détente au moment de l'expiration. Le thérapeute peut, par exemple, inviter le patient à imaginer une ligne horizontale qui descend de la tête jusqu'aux pieds lorsqu'il expire. Celui-ci détend alors chaque groupe musculaire à mesure que descend la ligne ; il cherche à accentuer cette détente à chaque nouvelle expiration. Le thérapeute peut aussi suggérer l'image d'un ballon qui se dégonfle, celle d'une vague qui roule sur la plage ou toute autre image favorisant la relaxation. Plus simplement encore, il peut suggérer au patient de prononcer à voix basse le mot « relaxe », lentement, au moment de l'expiration.

  Après avoir effectué une démonstration devant le patient et l'avoir observé lorsqu'il répète l'exercice en sa présence, le thérapeute lui demande s'il a des questions ou si certains aspects de la technique lui semblent difficiles. Il l'invite ensuite à faire cet exercice à domicile de 5 à 10 minutes par jour, dans un contexte favorable à la détente.
- *Favoriser le ralentissement du rythme respiratoire.* Une fois que le patient maîtrise la technique de la respiration diaphragmatique, le thérapeute l'invite à ralentir son rythme respiratoire. Il lui suggère alors de faire une courte pause à la fin de l'inspiration, puis

1. Les étapes 3 et 4 peuvent être combinées. Nous suggérons cependant de les séparer si la personne présente une importante angoisse avec suffocation, si elle a tendance à somatiser ou si elle a de la difficulté à maitriser la technique.

de compter lentement, mentalement, au moment de l'expiration. La phase expiratoire est alors prolongée progressivement, jusqu'à ce que le patient en arrive à environ dix respirations complètes par minute (Marchand & Letarte, 2004). Cet apprentissage peut être facilité par un blocage partiel de la glotte au moment de l'expiration[2] (Jacob & Pelhman, 2005). On peut obtenir un résultat semblable en expirant par la bouche tout en pinçant les lèvres, ou en laissant passer un mince filet d'air entre la langue et le palais. Toutes ces techniques qui provoquent une résistance accrue au moment de l'expiration élèvent la pression intrathoracique, ralentissent le rythme respiratoire et augmentent le tonus vagal, comme cela se produit avec la manœuvre de Valsalva[3].

Comme dans le cas des autres aspects de la rééducation respiratoire, le thérapeute fait la démonstration devant son patient des diverses façons de ralentir le rythme respiratoire, puis il lui demande de les répéter en sa présence et, finalement, de les pratiquer quotidiennement à domicile.

- *Terminer par la généralisation.* Lorsque le patient maîtrise les exercices respiratoires de façon satisfaisante, il commence à les utiliser quotidiennement dans des endroits neutres d'abord et ensuite, progressivement, dans des lieux de plus en plus associés à l'anxiété. Il peut finalement, si nécessaire, les utiliser lorsque des attaques de panique surviennent. Cependant, dans ce dernier cas, il est parfois utile d'associer la rééducation respiratoire à des auto-instructions inscrites sur une fiche thérapeutique pouvant ressembler à celle qui suit.

En cas d'attaque de panique

- J'inspire lentement en utilisant la respiration diaphragmatique.
- J'expire lentement en détendant les muscles du visage, des épaules et de l'abdomen et en me répétant le mot « relaxe ».
- Je me dis mentalement : « Je sais ce qu'il m'arrive... c'est une attaque de panique… c'est très désagréable mais non dangereux… je peux garder le contrôle sur mes pensées et mes actions… »
- Je me concentre sur l'activité en cours.
- Je recommence les étapes précédentes aussi souvent que nécessaire.

Exemple

Adélaïde est âgée de 20 ans et souffre depuis quelques mois d'un Trouble panique avec agoraphobie occasionnant de multiples attaques de panique chaque semaine ainsi qu'une agoraphobie sévère. Elle a consulté un thérapeute et elle en est rendue, dans son traitement, à la technique de l'exposition graduée in vivo. Avant de commencer,

▶▶▶

2. Il s'agit d'une technique utilisée en yoga ; elle provoque un léger bruit qui accompagne l'expiration.
3. La manœuvre de Valsalva consiste à pousser contre la glotte fermée, comme dans un effort de défécation.

son thérapeute propose de lui enseigner la rééducation respiratoire. Adélaïde éprouve de la difficulté au début parce qu'elle constate que son anxiété augmente lorsqu'elle se concentre sur sa respiration. Elle a également de la difficulté à contrôler la respiration diaphragmatique. Le thérapeute lui en fait la démonstration et lui demande de répéter la technique après lui tant qu'elle n'arrive pas à la maîtriser complètement. Il lui conseille ensuite de la répéter deux fois par jour à domicile pendant dix minutes. À mesure qu'elle progresse, Adélaïde devient moins anxieuse et elle parvient sans trop de difficulté à ralentir son rythme respiratoire. Elle rédige ensuite une fiche thérapeutique comme celle que nous venons de voir. Cette combinaison de techniques simples lui procure rapidement un sentiment de contrôle au moment des attaques de panique, ce qui facilite la suite de la thérapie.

Difficultés

Parfois, certains patients voient leur anxiété s'accentuer lorsqu'on les invite à se concentrer sur leur respiration. On peut alors les aider en utilisant la restructuration cognitive ou en reprenant les exercices respiratoires avec eux, comme on vient de le voir dans l'exemple d'Adélaïde. On peut aussi scinder la rééducation respiratoire en étapes plus progressives. L'association d'images évoquant la détente devient alors particulièrement utile parce qu'elle permet un contre-conditionnement associé à une légère distraction.

Bien des gens éprouvent beaucoup de difficulté à ralentir leur rythme respiratoire. Lorsque cela se produit, il faut d'abord vérifier leur rythme respiratoire, car il est possible que ce ne soit qu'une impression subjective et que celui-ci soit déjà suffisamment lent. Dans le cas contraire, on utilise les différentes techniques décrites ci-dessus pour augmenter la résistance au moment de l'expiration jusqu'à ce qu'on en arrive à un résultat satisfaisant. Si ces moyens s'avèrent insuffisants, on peut utiliser des techniques de relaxation active, comme la relaxation progressive de Jacobson. On peut également faire précéder le ralentissement du rythme respiratoire d'une exposition aux sensations physiques en insistant tout particulièrement sur les exercices axés sur l'angoisse de suffocation.

La gestion de la colère

Description

Pour aider le patient à mieux maîtriser ses accès de colère, plusieurs techniques cognitivo-comportementales peuvent être utilisées, comme la relaxation, la restructuration cognitive, l'auto-instruction et la résolution de problèmes (Deffenbacher *et al.*, 2002). Ces techniques peuvent être employées seules ou en combinaison avec d'autres, selon les déficits observés chez le patient.

Indications

Il s'agit d'une cible thérapeutique qui peut être valable dans plusieurs pathologies psychiatriques dont les Troubles de la personnalité, les Troubles des impulsions, les maladies affectives, les Troubles anxieux et les psychoses. Si le patient ou son entourage perçoivent une difficulté sur le plan de la gestion de la colère et si le patient est motivé à régler ce problème, cet objectif peut alors être incorporé dans le protocole de traitement.

Procédure

Les étapes suivantes constituent des points de repère pouvant être utilisés en clinique pour aborder la gestion de la colère :

- *La validation* Si le patient est envahi par une émotion intense associée à des croyances sous-jacentes auxquelles il tient beaucoup même si elles lui causent des ennuis (par exemple, il existe une justice immanente et toute injustice est intolérable), il est préférable de valider cette émotion, c'est-à-dire d'assurer le patient de notre compréhension de ce qu'il ressent, sans pour autant sous-entendre qu'il s'agit d'une réaction bien adaptée. Sinon, il risque de se sentir incompris et de ne pas être en mesure de remettre en question ses croyances et ses comportements inadaptés.
- *La psychoéducation* Le thérapeute définit la colère et évoque ses origines ainsi que son utilité phylogénétique afin de normaliser la réaction du patient. Par exemple, il lui dit : « La colère est utile, car elle permet de signaler l'importance de défendre son territoire ou de s'opposer à des abus; par contre, elle peut avoir des conséquences nuisibles si elle est démesurée. »

  Il peut ensuite utiliser le modèle cognitif pour aider le patient à comprendre les raisons expliquant son comportement (Beck, A. T., 2002) :
  - *au niveau superficiel,* on note la présence de certaines erreurs logiques, comme l'inférence arbitraire, la lecture des pensées d'autrui (par exemple, les intentions de l'autre sont malveillantes et délibérées) et l'abstraction sélective (par exemple, se souvenir des offenses similaires et oublier les manifestations de bienveillance);
  - *au niveau intermédiaire,* on note la présence de règles, de lois et d'exigences rigides qu'il faudrait assouplir et nuancer. Par exemple, « Ma conjointe devrait absolument se comporter autrement. » pourrait être remplacé par « Il serait préférable que ma conjointe se comporte autrement, mais j'ai intérêt à accepter ses erreurs et ses imperfections comme elle a intérêt à accepter les miennes. » ;
  - *au niveau des croyances fondamentales,* on peut trouver une image de soi instable et vulnérable (par exemple, « Je suis vulnérable. », « Le monde est imprévisible. », « Les autres sont impitoyables. ») pouvant être attribuable au tempérament du patient et à certaines expériences de vie, comme le fait d'avoir eu des parents abusifs.

  Afin d'augmenter la motivation du patient à changer sa perception ainsi que les comportements qui s'ensuivent, on invite le patient à observer les conséquences de la colère sur le plan physiologique (par exemple, la présence de maux de tête ou de palpitations), comportemental (par exemple, les comportements agressifs exprimés de façon verbale ou non verbale, active ou passive) et interpersonnel à court et à moyen terme (par exemple, l'éloignement des gens, la solitude et la perte de son emploi).

- *La reconnaissance des signes précurseurs de la colère* Le patient apprend à détecter l'apparition de la colère, c'est-à-dire l'hostilité et les signes physiques qui la précèdent et l'accompagnent, ainsi que les événements types qui la déclenchent, comme la perception d'une erreur. Il peut alors intervenir plus rapidement au début d'une colère afin de se calmer, d'éviter une escalade et de mieux agir selon ses intérêts.
- *Les techniques comportementales* On encourage d'abord le patient à éviter les facteurs qui favorisent l'émergence des crises de colère, comme l'alcool, les drogues, les substances stimulantes, les milieux ou les jeux violents ainsi que les armes et la fréquentation de certaines personnes. Puis, si, malgré tout, la colère s'installe, on suggère à la personne de laisser le temps agir en quittant les lieux ou de s'intéresser à des activités ayant pour but de la distraire jusqu'à ce qu'elle se calme.

  On lui enseigne ensuite des techniques de résolution de conflits telles que l'affirmation de soi et la résolution de problèmes, afin d'éviter l'accumulation de frustrations ou de comportements soumis pouvant déboucher sur une explosion de colère. C'est le cas, par exemple, quand un voisin demande des services à répétition et que la personne accepte avec de plus en plus de rancœur jusqu'à ce qu'elle refuse brutalement.

  La tension de base peut être diminuée par l'utilisation de techniques de relaxation, car l'anxiété chronique peut se manifester par de l'irritabilité ainsi que par une diminution de la capacité de résoudre les problèmes interpersonnels.

  On a intérêt à se servir d'une fiche thérapeutique pour décrire les étapes les plus importantes à suivre lorsque s'annonce une crise de colère, car le patient a souvent tendance à tout oublier dans le feu de l'action.
- *Les techniques cognitives* En ce qui a trait à l'aspect cognitif de la gestion de la colère, on peut intervenir aux niveaux superficiel, intermédiaire et fondamental :
  - *au niveau superficiel*, on aide le patient à réévaluer la signification de l'événement en utilisant le questionnement socratique et le tableau d'enregistrement des pensées dysfonctionnelles. Par la même occasion, il peut repérer les erreurs logiques, s'il y en a. On lui suggère également de déplacer l'objet de son attention : par exemple, plutôt que de se concentrer sur sa propre frustration, il peut observer et questionner l'autre afin de comprendre ses intentions; il en arrive ainsi plus facilement à conclure que ce dernier est vulnérable ou contrarié plutôt que malveillant. On discute finalement du but visé et de la meilleure façon de l'atteindre Ainsi, il est souvent préférable de négocier calmement une solution qui conviendra aux deux parties plutôt que de chercher à avoir le dessus sur l'autre en le dominant;
  - *au niveau intermédiaire*, on réévalue les croyances conditionnelles dysfonctionnelles (par exemple, « Si je ne me fâche pas, je vais me faire avoir à tout coup. » ou encore, « Si on me critique, c'est parce qu'on croit que je ne vaux rien. ») en utilisant différentes techniques, dont les expériences comportementales. On décrit et on remet en question les attitudes dysfonctionnelles d'Ellis, c'est-à-dire les exigences rigides, la non-acceptation, la dramatisation et le jugement global sur la valeur personnelle (*voir les chapitres 8 et 14*);
  - *au niveau des croyances fondamentales*, on remet en question l'image de soi (« Je suis instable et vulnérable. ») ou l'image des autres (« Ils sont malveillants. ») en utilisant les modèles de Beck ou de Young (*voir les chapitres 14 et 15*).

Exemple

Gilles est âgé de 43 ans. Il souffre d'une dépression majeure associée à des traits de personnalité narcissique. Il a toujours été colérique, mais il le devient davantage depuis quelques années. Sa vie de couple s'en ressent : son épouse lui tient de plus en plus tête, elle le critique constamment et il a l'impression qu'elle ne l'aime plus et qu'elle le regarde avec froideur et mépris, ce qui le provoque. Plus il devient irritable, plus elle s'éloigne, et ils ne font presque plus d'activités ensemble. Elle passe de plus en plus de temps avec ses amies, ce qui attise sa jalousie. Il sent leur mariage menacé, lui qui s'était pourtant promis de ne pas répéter les erreurs de ses parents, qui ont divorcé.

Les symptômes dépressifs sont apparus de façon progressive. Grâce aux antidépresseurs, ils s'atténuent un peu, mais Gilles reste encore triste, irritable et pessimiste. Son thérapeute lui propose d'entreprendre une thérapie cognitivo-comportementale. Au début, l'utilisation du registre d'activités quotidiennes l'aide à surmonter son apathie et Gilles retrouve un certain plaisir à la vie. Par contre, il replonge dans la dépression dès qu'il rentre à la maison, à cause des conflits avec son épouse.

Lorsque Gilles commence à utiliser le tableau d'enregistrement des pensées dysfonctionnelles, il constate que son hostilité, qui se manifeste par de l'irritation et de la colère, est l'émotion prédominante et qu'elle est beaucoup plus problématique que la tristesse et la dépression. Suivant la suggestion de son thérapeute, il décide de s'entraîner à la gestion de la colère.

Dans un premier temps, la reconnaissance des situations à risque et l'utilisation des façons de laisser le temps agir l'aident déjà considérablement à contrôler ses accès de colère. Il devient ensuite conscient des pensées automatiques qui sous-tendent son hostilité à l'endroit de son épouse. Grâce au questionnement socratique, Gilles finit par mieux comprendre la rigidité de ses exigences envers cette dernière, ce qui diminue un peu plus le nombre et l'intensité de ses crises de colère.

Par ailleurs, Gilles constate la répétition d'une même situation : il n'ose pas dire ce qui le dérange dans la façon dont son épouse se comporte avec lui, et il a tendance à se taire jusqu'à ce que l'exaspération prenne le dessus. Il convient donc, avec son thérapeute, de s'initier à l'affirmation de soi. Cet apprentissage le rend anxieux, car il ne sait trop comment exprimer ses refus ou ses désirs lorsqu'ils surviennent. En prenant le risque de s'affirmer, il finit par constater que son épouse est plus compréhensive qu'il ne l'aurait cru quand il s'adresse à elle d'une manière affirmative et respectueuse. Tout n'est pas réglé, mais Gilles et son épouse commencent à se retrouver.

Difficultés

La colère est souvent associée à des exigences rigides envers autrui ou le monde en général (le destin, les gouvernements, les institutions, etc.). La personne se dit, par exemple : « Les autres devraient être dévoués et respectueux envers moi et, si ce n'est pas le cas, c'est terrible et inacceptable, et ils méritent de subir ma colère. » On constate ici la présence d'un lieu de contrôle externe, en ce sens que la personne considère que sa responsabilité à l'égard de ses colères incombe à autrui plutôt qu'à elle-même. Il en résulte un faible niveau de motivation parce que la personne croit qu'elle n'a pas à changer, mais que ce sont les autres qui doivent se remettre en question. Il est alors recommandé de commencer par une approche motivationnelle afin d'amener la personne à percevoir qu'elle a intérêt à modifier tant sa vision des choses que les comportements qui en résultent.

Dans l'approche cognitivo-comportementale, on met généralement l'accent sur la perception de l'individu qui consulte mais, dans le cas de la gestion de la colère, il est important de ne pas négliger les facteurs systémiques et interpersonnels. Si on est en présence d'un couple en crise, par exemple, il peut être avantageux d'intervenir au niveau du couple pour favoriser une meilleure communication plutôt que de se limiter à gérer la colère d'un seul des conjoints.

La réattribution

Description

Des dessins ou des graphiques simples sont souvent plus efficaces que des mots pour amener une personne à changer. La technique de la réattribution est une illustration de ce phénomène. On s'en sert avec les personnes qui ont tendance à trop se culpabiliser ou trop se responsabiliser à la suite d'un échec ou d'une difficulté. Elle consiste à demander à la personne de dresser la liste des différentes causes (ou des différentes personnes) à l'origine du problème. La personne dessine ensuite un cercle représentant une tarte (ou un fromage) et le divise en plusieurs pointes dont les dimensions correspondent à l'importance attribuée à chacune des causes ou des personnes. Après discussion avec le thérapeute, les pointes sont ramenées à des dimensions plus réalistes, ce qui atténue généralement la culpabilité ou la trop grande responsabilisation de la personne. Cette technique est simple, mais son aspect imagé contribue souvent de façon importante à produire ce résultat.

Indications

En plus de diminuer la culpabilité ou une trop grande responsabilisation, la réattribution peut servir à divers autres usages : diminuer la honte, diminuer les erreurs logiques, comme la généralisation excessive ou la pensée « tout ou rien », évaluer sa part de responsabilité dans le cas d'une décision difficile à prendre, etc.

Procédure

La réattribution peut se faire en suivant les étapes ci-dessous :

- Le thérapeute suggère au patient de dresser la liste des principaux facteurs qui ont influencé la situation dont il se sent exagérément coupable et d'attribuer à chacun d'eux un pourcentage de responsabilité, de manière à ce que le total arrive à 100 %.
- Le patient dessine un cercle (représentant une tarte ou un fromage) dans lequel il découpe des pointes dont les dimensions représentent la responsabilité qu'il attribue aux différents facteurs ainsi qu'à lui-même dans l'origine de cette situation.

- Le thérapeute et le patient discutent de l'importance de ces différents facteurs et les ajustent de façon à les adapter à la réalité.
- Un second cercle est dessiné; on y place les pointes dont les dimensions ont été modifiées en fonction du résultat de la discussion.

Exemple

André est propriétaire d'une petite entreprise qui vient de faire faillite. Il est déprimé et se sent très coupable parce qu'il s'attribue toute la responsabilité de cet échec. La faillite est survenue après une longue grève de ses employés et dans le cadre d'une conjoncture économique difficile. Son thérapeute lui suggère alors de dresser la liste des principaux facteurs ayant mené à cette faillite : lui-même, son gérant, ses employés, la conjoncture économique, un client important qui ne l'a pas payé, etc. Il lui demande ensuite de tracer un cercle et d'y découper des pointes correspondant, par leur dimension, au degré de responsabilité attribué à chaque facteur (*voir la figure 16.1*). Le thérapeute réévalue ensuite avec André le rôle des facteurs en attribuant à chacun une importance qui correspond mieux à la réalité. Un second cercle est alors tracé à l'intérieur duquel la dimension des pointes est ajustée selon les résultats de la discussion (*voir la figure 16.2*). Le résultat de cet exercice, c'est à dire la comparaison des pointes du premier et du deuxième cercle, peut être déterminante dans le traitement d'André et l'amener à se sentir moins responsable de la faillite (*voir l'Annexe 10: La réattribution*).

FIGURE 16.1 Le premier cercle

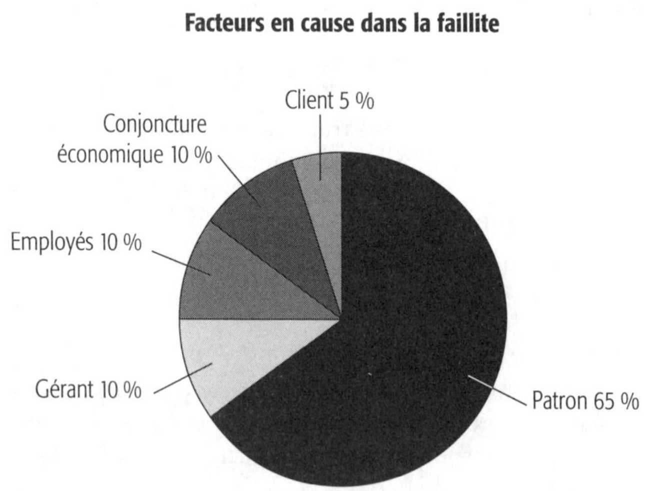

FIGURE 16.2 **Le deuxième cercle**

Facteurs en cause dans la faillite

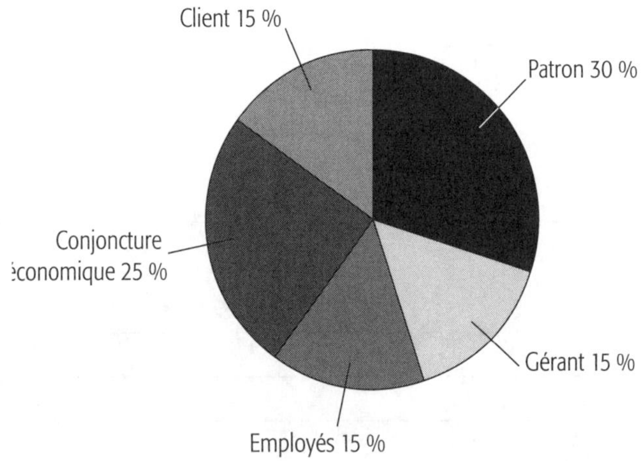

Comme nous le disions au début du présent chapitre, les techniques que nous venons de décrire ne constituent qu'une partie de l'ensemble des nombreuses techniques pouvant être utilisées dans le cadre de l'approche cognitivo-comportementale. Aux lecteurs qui seraient intéressés à se familiariser avec d'autres techniques ou d'autres modes d'intervention, nous suggérons la lecture des volumes de Leahy et Holland (2000) et de Leahy (2003), qui en décrivent un grand nombre de façon détaillée tout en donnant de nombreux exemples.

Annexe 5

www.cheneliere.ca/chaloult

FICHE DE PRÉVENTION DES RECHUTES

Est-ce que je commence une rechute ?

Situations à risque

____

____

____

____

Symptômes*

____

____

____

____

____

____

____

____

Que faire en cas de rechute ?

____

____

____

____

____

____

____

____

____

____

* Inscrivez ici les symptômes pouvant survenir si vous commencez une rechute. Prêtez une attention particulière à ceux qui se présentent en premier. Décrivez-les de façon détaillée en soulignant ce qui les distingue de votre état habituel.

FICHE DE PRÉVENTION DES RECHUTES (l'exemple de Julie)

Est-ce que je commence une rechute ?

Situations à risque

- *Surcharge de travail, voyages d'affaires.*
- *Disputes avec mon fils.*
- *Quand je n'ai plus le temps de m'entraîner.*
- *Parents malades.*

Symptômes*

- *Temps de sommeil diminué (4 heures par nuit) et insomnie matinale pendant plusieurs semaines consécutives.*
- *Larmes à l'œil sans raison.*
- *Je ne ris plus.*
- *Manque d'énergie même le matin alors qu'habituellement, c'est le moment où ma forme est la meilleure.*
- *Je n'ai plus le goût de m'entraîner.*
- *Perte de libido.*

Que faire en cas de rechute ?

- *Appeler mon thérapeute : Monsieur D., tél. :*
- *Appeler mon médecin : Docteur B., tél. :*
- *Après en avoir discuté avec eux, décider de reprendre ou non le médicament qui m'a aidée : tel médicament à telle dose pendant tant de temps.*
- *Relire le résumé de ma thérapie.*
- *Reprendre les exercices qui m'ont été utiles.*
- *Utiliser à nouveau le registre des activités.*
- *Faire de l'exercice physique trois fois par semaine.*
- *Utiliser la restructuration cognitive. Si nécessaire, reprendre le tableau à cinq colonnes.*
- *Poser mes limites au travail.*
- *Utiliser la résolution de problèmes, si nécessaire.*

Annexe 6

www.cheneliere.ca/chaloult

TECHNIQUE DE RÉSOLUTION DE PROBLÈME

Étapes	Marche à suivre
1. Prendre conscience du ou des problèmes.	a) Reconnaître la présence d'un ou de plusieurs problèmes importants et le ou les définir. b) Décrire le ou les problèmes de façon précise et concrète. c) S'il y a plusieurs problèmes, en dresser la liste en commençant **par le plus important en fonction de la gravité et de l'urgence.**
Liste des problèmes : 1. 2. 3. 4.	
2. Adopter une attitude constructive.	a) Le problème peut être considéré comme un défi plutôt que comme une menace. b) Le problème peut être une occasion de croissance.
3. Fixer des objectifs.	Se fixer des objectifs **clairs, réalistes et limités.**
Liste des objectifs : 1. 2. 3. 4.	
4. Chercher des solutions possibles.	Écrire spontanément toutes les solutions qui semblent **bonnes** ou **moins bonnes** sans les analyser immédiatement.
Liste des solutions : 1. 2. 3.	
5. Considérer les avantages et les inconvénients des solutions.	a) Énumérer les avantages, à court, à moyen et à long terme, des solutions trouvées au point 4. b) Énumérer les inconvénients, à court, à moyen et à long terme, des solutions trouvées au point 4.

Solution 1	**Avantages**	**Inconvénients**
À court terme		
À moyen terme		
À long terme		

▶▶▶

TECHNIQUE DE RÉSOLUTION DE PROBLÈME (*suite*)

Étapes (*suite*)	**Marche à suivre (*suite*)**	
Solution 2	**Avantages**	**Inconvénients**
À court terme		
À moyen terme		
À long terme		
6. Choisir une solution	Choisir une solution ou un ensemble de solutions.	
7. Connaître les obstacles et les ressources.	a) Reconnaître les obstacles à surmonter. b) Trouver les ressources disponibles.	
Obstacles	Ressources	
8. Déterminer un plan d'action.	a) Produire un plan détaillé. b) Établir un échéancier réaliste et précis. c) Commencer par une étape facile. d) Passer à l'action le plus rapidement possible.	
Liste des étapes 1. 2. 3. 4. 5.		
9. Passer à l'action et évaluer les résultats.		

Annexe 7

www.cheneliere.ca/chaloult

L'AFFIRMATION DE SOI

Définition du comportement affirmatif

L'affirmation de soi consiste en la capacité d'exprimer ses émotions, ses désirs et ses opinions, et de défendre ses droits tout en respectant ceux des autres, ceci de façon directe, honnête et appropriée.

Les trois aspects essentiels dont il faut tenir compte pour réussir à s'affirmer

- Connaître ses émotions, ses désirs, ses opinions et ses droits.
- Tenir compte des émotions, des désirs, des opinions et des droits d'autrui.
- Communiquer ses émotions, ses désirs, ses opinions et ses droits de façon adéquate.

Reconnaître les autres comportements et leurs caractéristiques

Soumis : Incapacité d'exprimer ses émotions, ses désirs et ses opinions, ou les exprimer de façon inapproprié au détriment de ses propres droits (peut-être, je ne sais pas, etc.).

Agressif : Être en mesure d'exprimer ses émotions, ses désirs et ses opinions ainsi que de défendre ses droits, mais souvent au détriment des droits des autres, et ceci de façon directe et souvent honnête, mais plutôt inappropriée (hausser le ton, manifester de la colère, etc.).

Manipulateur : Exprimer de façon indirecte et souvent malhonnête ses émotions, ses désirs et ses opinions dans le but de satisfaire ses besoins et de défendre ses droits au détriment des besoins et des droits des autres (si tu m'aimes vraiment, tu...).

Démarche recommandée

1. Cocher le comportement adopté*.	Soumis ☐ Agressif ☐ Manipulateur ☐ Affirmatif ☐
2. Chercher d'où vient ce comportement et quand il a commencé.	
3. Reconnaître les pensées se rattachant au comportement adopté.	
4. Distinguer les avantages des inconvénients à court et à long terme du comportement repéré. 5. Dresser la liste des avantages et des inconvénients apportés par une meilleure affirmation de soi.	
6. Apprendre à s'affirmer avant de passer à l'action.	• Définir ses émotions, ses désirs, ses pensées et ses droits. • Reconnaître ceux des autres personnes. • Voir les compromis envisageables dans une situation donnée. • Résumer la situation. • Verbaliser les émotions suscitées par la situation. • Élaborer les objectifs visés par la démarche. • Considérer les conséquences et les risques découlant de la démarche. • Répéter, si possible, l'affirmation au moyen de jeux de rôles ou autrement.
7. Passer à l'action.	• Dresser la liste des principales situations problématiques. • Suivre un ordre croissant, c'est-à-dire commencer par la situation la plus facile. • Dresser la liste de ses arguments en faveur d'un comportement affirmatif ou contre ce comportement en tenant compte des besoins et des droits de l'autre. • Connaître les risques liés au comportement affirmatif et reconnaître les peurs et les pensées qui s'y rattachent. • Se rappeler qu'il est préférable de juger l'acte et non la personne. • Garder son calme. • Accepter les compromis. • Choisir le moment le plus approprié pour passer à l'action. • Agir.
8. Évaluer les résultats.	

*Si plus d'un comportement est repéré, la personne a intérêt à aborder chaque comportement séparément.

Annexe 8

www.cheneliere.ca/chaloult

SCÉNARIO POUR L'EXPOSITION EN IMAGINATION

Titre du scénario : ______________________________

N°: ____________ Date : ______________________

- Rédigez un scénario qui représente une de vos principales craintes.
- Ce scénario doit être rédigé au présent.
- Sa lecture doit prendre d'une à trois minutes.
- Il doit provoquer une anxiété élevée mais tolérable.
- Il doit être effrayant tout en restant crédible.
- Évitez les introductions trop longues ou les temps morts inutiles.
- Décrivez la situation de façon détaillée en y incluant ce qui se passe au moment présent, ce que vous faites, ce que vous voyez, ce que vous entendez, ce que vous pensez, de même que les émotions et les sensations physiques que vous éprouvez. L'objectif consiste à vous sentir comme si vous étiez sur place.
- Évitez toute forme de neutralisation, tant dans la rédaction du scénario (« ce n'est pas grave », « ça va bien aller », « peut-être », « pas si pire », etc.) que dans sa lecture (lecture très rapide ou ton monotone).
- La lecture se fait lentement et comprend des pauses aux moments stratégiques pour permettre aux images mentales et aux émotions de se manifester.

____

____

____

____

____

____

____

____

____

____

____

____

____

____

____

Au besoin, continuer au verso.

Annexe 9

www.cheneliere.ca/chaloult

FICHE POUR L'EXPOSITION EN IMAGINATION

Date	**Scénario**	**Durée** (min)	**L'avez-vous neutralisé ? Si oui, comment ?**	**Anxiété 0 à 10/10** a. avant b. maximale c. après
				a. ___ b. ___ c. ___
				a. ___ b. ___ c. ___
				a. ___ b. ___ c. ___
				a. ___ b. ___ c. ___
				a. ___ b. ___ c. ___
				a. ___ b. ___ c. ___
				a. ___ b. ___ c. ___

Annexe 10

www.cheneliere.ca/chaloult

LA RÉATTRIBUTION

Cette technique a pour but de vous aider à déterminer votre part de responsabilité dans une situation problématique.

Étape 1

Définissez bien la situation problématique : ____________________

____

Étape 2

Dressez une liste de toutes les personnes ou de tous les facteurs ayant une part de responsabilité dans cette situation :

- ____________________
- ____________________
- ____________________
- ____________________
- ____________________
- ____________________
- ____________________
- ____________________
- ____________________
- ____________________

Étape 3

Disposez ensuite les facteurs de la liste en ordre décroissant, en débutant par celui auquel vous attribuez la responsabilité la plus importante. Accordez ensuite un pourcentage de responsabilité à chaque facteur, en vous assurant de ne pas dépasser un total de 100 %. Essayez d'être la ou le plus réaliste et objectif possible dans cette évaluation.

Personnes ou facteurs	%	Personnes ou facteurs	%
1er		*6e*	
2e		*7e*	
3e		*8e*	
4e		*9e*	
5e		*10e*	

Étape 4

Découpez des pointes à l'intérieur du cercle ci-contre, correspondant par leur dimension au degré de responsabilité de chacun de ces facteurs.

CHAPITRE
17

Les travaux à domicile

par Louis Chaloult et Jean Goulet

La restructuration cognitive permet avant tout de rendre la personne plus consciente de ses pensées et de ses croyances dysfonctionnelles, ce qui l'incitera à commencer à les modifier. Malgré toute son importance, cette démarche est souvent incomplète en elle-même, car, pour devenir vraiment efficace, elle doit être accompagnée du *passage à l'action.* Ce passage prend le plus souvent la forme de travaux à domicile qui favorisent et complètent le processus de changement. Ces travaux sont non seulement utiles, mais ils sont aussi indispensables au bon déroulement d'une thérapie efficace. Leurs avantages sont nombreux et variés. En voici quelques-uns (Beck, J. S., 1995):

- Ils permettent au patient d'apprendre, grâce à la bibliothérapie, à recueillir des informations sur ses pensées, ses émotions et ses comportements; à vérifier la véracité de ses pensées et de ses croyances, et à les modifier, au besoin; à se familiariser avec les techniques cognitives et comportementales qui lui sont enseignées; à expérimenter de nouveaux comportements;
- Ils rendent les buts de la thérapie moins abstraits et, par conséquent, plus concrets et adaptés à la réalité;
- Ils constituent un outil supplémentaire pour vérifier la compréhension du patient et pour mieux évaluer la motivation de celui-ci;
- Lorsqu'ils prennent la forme de modifications comportementales, ils provoquent presque toujours des changements cognitifs, parce que c'est en vivant de nouvelles expériences positives que le patient se rend compte jusqu'à quel point ces expériences vont dans le sens de son intérêt et qu'il en arrive à modifier son point de vue à leur sujet;
- Si le patient utilise au quotidien les techniques apprises et habiletés acquises au cours des entrevues, les changements tant cognitifs que comportementaux seront plus marqués; ils dureront plus longtemps et la thérapie progressera plus rapidement.

Comment prescrire les travaux à domicile

La façon de prescrire les travaux à domicile fait toute la différence entre le succès ou l'échec en ce qui a trait à leur utilisation. En nous inspirant des étapes de la démarche comportementale, décrite dans le chapitre 2, voyons les principaux aspects dont nous devons tenir compte pour rendre nos recommandations efficaces. Nous prendrons comme exemple un patient souffrant d'une dépression majeure sévère, qui est apathique, qui s'isole et que le thérapeute cherche à rendre plus actif et plus sociable.

Les étapes dans la prescription des travaux à domicile

Les étapes dans la prescription des travaux à domicile

- Choisir des travaux bien adaptés aux besoins, aux capacités et aux priorités du patient
- Bien expliquer la nature de la tâche, de même que ses objectifs
- S'assurer de l'accord et de la motivation du patient
- Fixer des buts précis et limités
- Faire en sorte que les tâches soient concrètes et mesurables
- Prendre l'attitude d'un expérimentateur qui cherche à régler des problèmes plutôt qu'à avoir raison
- Augmenter graduellement le nombre de tâches
- Impliquer l'entourage dans le traitement

Choisir des travaux bien adaptés aux besoins, aux capacités et aux priorités du patient

Chaque patient a ses caractéristiques propres dont on doit tenir compte au moment de prescrire une tâche : sa capacité de lire ou d'écrire, ses limites cognitives ou affectives, la nature et la gravité de sa pathologie, le soutien ou les réticences de l'entourage, etc.

Si le patient qui souffre d'une dépression majeure sévère présente des troubles marqués de l'attention et de la concentration, il aura de la difficulté à comprendre ce qu'on lui explique. S'il est très lent à agir, il lui sera impossible, malgré toute sa bonne volonté, d'augmenter rapidement son niveau d'activité. Par contre, si sa famille le supporte et l'encadre bien, on pourra demander au patient d'accomplir un plus grand nombre de tâches et de les diversifier.

Bien expliquer la nature de la tâche, de même que ses objectifs

Le style de Beck, ou l'« empirisme collaboratif », s'applique particulièrement bien ici. On explique soigneusement au patient en quoi consiste exactement la tâche, les raisons pour lesquelles on la prescrit, ses avantages, ses inconvénients ainsi que ses répercussions sur sa vie quotidienne et son entourage. On lui demande son opinion, ses préférences et ses réticences et on s'ajuste, au besoin. On vérifie sa compréhension en lui suggérant, entre autres, de répéter dans ses propres mots ce qui vient d'être dit.

Si on explique au patient de notre exemple que l'apathie et l'isolement accentuent la dépression, tandis que les activités et la socialisation la diminuent, il sera déjà plus intéressé à entendre les suggestions du thérapeute. Par la suite, le patient et le thérapeute s'entendent sur la nature et les modalités des activités ou des rencontres sociales prévues dans la semaine qui suit.

Au début, c'est surtout le thérapeute qui prend l'initiative et suggère des tâches. Par la suite, lorsque la thérapie progresse et que l'état de la personne s'améliore, cette dernière devient plus active et peut d'avantage décider par elle-même de ce qui est bon pour elle.

S'assurer de l'accord et de la motivation du patient

En même temps qu'on explique la nature et les objectifs de la tâche, on vérifie soigneusement jusqu'à quel point le patient approuve ce qui lui a été dit et le degré de sa motivation : « Pensez-vous qu'il est vraiment profitable de faire de l'exercice physique ou de rencontrer des amis ? Croyez-vous être capable, sans trop de difficulté, de parvenir à faire les travaux sur lesquels on vient de s'entendre ? Avez-vous autre chose à proposer ? »

Ici, la compréhension de la personne est indispensable, mais sa motivation l'est tout autant. Rappelons aussi que, de toutes façons, il est généralement préférable de prescrire une tâche plus légère que lourde.

Fixer des buts précis et limités

On incite le patient à débuter par des tâches simples, très clairement décrites, bien délimitées et qu'il pourra effectuer sans trop de difficulté ou de déplaisir.

On demande à la personne déprimée de nommer les activités qu'elle a pratiquées avec satisfaction dans le passé puis délaissées par la suite à cause de son apathie : sport, préparation des repas, sorties ou autres. Sur cette base, on développe avec elle un programme d'activités faciles à comprendre et à exécuter. La prescription est valable jusqu'à la rencontre suivante, c'est-à-dire, dans le cas du patient de l'exemple, pour les deux ou trois prochains jours ou pour la semaine à venir.

Faire en sorte que les tâches soient concrètes et mesurables

Plutôt que de conseiller au patient de faire de l'exercice, sans plus, on précise la durée et la fréquence de l'activité suggérée, ainsi que l'endroit où elle doit avoir lieu. Par exemple, on s'entend avec lui pour qu'il marche dix minutes, deux fois par jour, après les repas et à l'endroit de son choix. Ou, plutôt que de lui recommander de socialiser, on lui propose de visiter tel ami, tel soir précis de la semaine, et de rester en sa compagnie au moins une heure.

Prendre l'attitude d'un expérimentateur qui cherche à régler des problèmes plutôt qu'à avoir raison

Le thérapeute qui adopte ce type d'attitude demande d'abord au patient d'effectuer la tâche de son mieux et, en cas d'échec, réévalue les objectifs (trop difficiles ou trop complexes) puis les moyens (insuffisamment adaptés ou pas assez concrets). Il les ajuste, et la thérapie se poursuit.

Voici un exemple de cette attitude : « Vous croyez ne pas être capable de laver la vaisselle et, de mon côté, je pense le contraire. Votre opinion est aussi bonne que la mienne. L'unique façon de le savoir est d'essayer. Tentez de le faire, honnêtement. » Trois jours plus tard : «Ça n'a pas marché ? Vous n'avez essuyé que trois assiettes ? Ce n'est pas si mal ! Voyons comment vous pourriez vous y prendre pour en faire plus. Il est plus important d'essayer que de réussir. »

Cette façon de procéder est un autre bon exemple de la démarche empirique prônée par Beck. Le thérapeute ne prend pas une attitude autoritaire, mais plutôt celle d'un collaborateur qui travaille avec le patient pour l'aider à résoudre ses problèmes : « Vous avez des objectifs à atteindre et je peux vous suggérer des moyens pour y parvenir. Mettons-nous au travail et nous verrons bien ce qui en résultera. »

Augmenter graduellement le nombre de tâches

Si tout va bien, on augmente le nombre de tâches ou on les diversifie jusqu'à ce que l'objectif soit atteint. Dans le cas du patient déprimé, l'idéal serait de le voir s'occuper et socialiser normalement, comme il le faisait avant sa dépression. Ici aussi, il est essentiel de respecter les limites de chacun. Certains patients peuvent récupérer rapidement, tandis que d'autres prendront beaucoup plus de temps à se rétablir. Il importe de s'ajuster à leur rythme.

Impliquer l'entourage dans le traitement

Dans certaines circonstances, il est utile d'impliquer le conjoint, la famille ou les proches du patient pour l'assister dans le choix des tâches à faire et, surtout, pour l'aider à en respecter l'exécution. Ceci est tout particulièrement indiqué dans le cas d'une dépression majeure sévère, lorsque le malade possède peu d'énergie et peu de motivation. Le soutien constant de la famille et de l'entourage est alors nécessaire pendant quelques semaines, jusqu'à ce que l'antidépresseur prescrit produise son effet. Dans ce genre d'intervention, il est important de bien comprendre la dynamique familiale pour éviter d'exacerber certaines tensions ou de faire des proches des surveillants punitifs. Une rencontre avec la famille ou les personnes les plus significatives de l'entourage permet souvent de bien clarifier ces enjeux.

Comme nous le disions, cette façon de prescrire les travaux à domicile est essentiellement inspirée des principales étapes de la démarche comportementale. Cette démarche ne s'applique pas seulement aux travaux à domicile ; elle encadre l'ensemble du déroulement d'une thérapie d'inspiration cognitivo-comportementale. Quand il a été question de l'évaluation, nous parlions déjà de fixer des objectifs précis et limités et de les ajuster en cours de route. La démarche comportementale contribue donc à rendre la thérapie plus rigoureuse et, par le fait même, plus profitable.

Des suggestions pour rendre les travaux à domicile plus efficaces

Avant de terminer le présent chapitre, faisons quelques suggestions pour rendre les travaux à domicile plus efficaces.

1. *Tenir compte des travaux prescrits au cours des rencontres précédentes.* C'est là un aspect élémentaire, mais, malheureusement, il arrive souvent qu'on n'en tienne pas compte. Le moyen le plus infaillible pour amener un patient à négliger ses travaux à domicile consiste à les prescrire et à les oublier par la suite.

   Parfois, un thérapeute ignore les travaux recommandés au cours de l'entrevue précédente, parce qu'il décide d'aborder en priorité un autre problème survenu plus récemment. Même si un problème urgent nécessite une intervention immédiate, il importe, avant de le régler, de vérifier rapidement si les travaux prescrits au cours de la séance précédente ont été exécutés, d'exprimer sa satisfaction si c'est le cas, puis d'expliquer au patient qu'on y reviendra aussitôt que le problème plus prioritaire sera réglé.

2. *Commencer à exécuter les travaux à domicile pendant l'entrevue en cours, si possible.* Que les travaux à domicile soient liés à des exercices de restructuration cognitive, comme l'utilisation du TEPD, qu'ils découlent de techniques comportementales, comme l'exposition graduée in vivo, ou qu'ils soient prescrits dans d'autres contextes, il est presque toujours indiqué de commencer à les faire, dans la mesure du possible, pendant les entrevues avec le thérapeute. Cette forme d'apprentissage est extrêmement utile pour plusieurs raisons :
   - Le thérapeute peut vérifier si ses explications ont été claires et bien comprises ;
   - Il peut utiliser et enseigner des renforcements positifs ;
   - Il constate immédiatement les difficultés du patient et peut y remédier ;
   - Il peut donner l'exemple en utilisant l'apprentissage par imitation ;
   - Il lui est plus facile d'évaluer si les objectifs sont bien adaptés et de les modifier, au besoin ;
   - Le patient, de son coté, a l'occasion d'exprimer ses réserves et ses inquiétudes ;
   - S'il a exécuté avec succès la tâche une première fois au cours d'une entrevue, il devient plus habile et il est plus confiant de pouvoir la réussir de nouveau en dehors du cadre thérapeutique, et sa motivation s'en trouve renforcée. Ce dernier avantage est sans doute le plus important de tous.

   Supposons, par exemple, qu'un thérapeute s'entende avec une personne déprimée relativement à l'utilisation d'un registre des activités quotidiennes (*voir le chapitre 4*). Il commence par expliquer les buts du registre et la façon de s'en servir, puis il invite la personne à le remplir partiellement avec lui en inscrivant les activités accomplies depuis le matin.

3. *Suggérer l'utilisation de renforcements positifs.* Une personne qui utilise des renforcements positifs a plus de facilité à maintenir ses efforts, à progresser et à atteindre ses objectifs. Le thérapeute a donc intérêt à apprendre à son patient à se récompenser lorsqu'il accomplit sa tâche de façon satisfaisante. Souvenons-nous ici que les renforcements qui

surviennent immédiatement après le comportement sont les plus efficaces, même s'ils sont modestes.

4. *Noter les travaux prescrits.* Il est souvent utile, pour le thérapeute, de noter par écrit les travaux à domicile sur lesquels il s'est entendu avec le patient, et de demander à celui-ci d'en faire autant. Cette façon de procéder donne plus de sérieux à la prescription et permet de mieux suivre la bonne marche des travaux d'une séance à l'autre.

   Certains thérapeutes utilisent des calepins de prescription spécialement conçus à cette fin, qui permettent de faire une copie conforme. Le thérapeute garde la première copie et remet l'autre au patient. L'Annexe 11 en est une illustration.

Annexe 11

www.cheneliere.ca/chaloult

FEUILLE DE PRESCRIPTION DES TRAVAUX À DOMICILE

Nom du thérapeute

PRESCRIPTION DES TRAVAUX
À DOMICILE

Nom : ______________________________

Date : ______________________________

℞

CHAPITRE 18

Comment terminer la thérapie

par Louis Chaloult

Les aspects à considérer en terminant une thérapie cognitivo-comportementale

Lorsque vient le temps de terminer une TCC, le thérapeute peut contribuer de façon non négligeable à améliorer les résultats de la thérapie, à prévenir les rechutes et à sécuriser le patient. Pour y arriver, il doit considérer les quatre aspects suivants, qui nous paraissent particulièrement importants (Beck *et al.*, 1979; Beck, J. S., 1995):

- Tenir compte des craintes du patient relativement à l'arrêt de la thérapie;
- Dresser le bilan de la thérapie;
- Planifier le suivi à long terme;
- Prévoir les rechutes.

Tenir compte des craintes du patient relativement à l'arrêt de la thérapie

Après avoir souffert d'une maladie sévère ou chronique, certains patients, même s'ils se sentent mieux, s'inquiètent à la perspective de mettre un terme à une thérapie qui leur a permis de s'améliorer. Cette crainte est parfois très marquée chez les patients dépendants ou ayant tendance à faire de l'anxiété, et peut même aller jusqu'à provoquer la réapparition des symptômes pour lesquels ils ont consulté.

La démarche cognitivo-comportementale est particulièrement appropriée pour faire face à ce type de difficulté. Lorsque le thérapeute fixe des objectifs clairs, précis et limités, le patient n'est jamais complètement pris au dépourvu, car, normalement, il s'attend à ce que la thérapie se termine quand les objectifs sont atteints. Si, malgré tout, il demeure craintif, le thérapeute peut le réconforter en lui disant qu'il espacera graduellement les entrevues plutôt que d'y mettre brusquement fin. Il peut aussi le rassurer en lui faisant part de sa disponibilité ou en lui indiquant à qui s'adresser au cas où surviendraient une importante difficulté ou des signes de rechute.

Dans le cas d'un patient très dépendant, ces mesures sont souvent insuffisantes; il devient alors nécessaire de prolonger la thérapie en cherchant à repérer et à modifier les croyances sous-jacentes à la dépendance.

Dresser le bilan de la thérapie

La plupart du temps, un bref bilan est utile en fin de thérapie. Il permet d'obtenir une bonne perspective d'ensemble de la démarche thérapeutique tout en favorisant la prise de mesures pour prévenir les rechutes. On peut s'arrêter, entre autres, sur les points suivants:

- Évaluer à nouveau la symptomatologie en se servant de questionnaires ou d'inventaires identiques à ceux utilisés au début de la thérapie. Si les symptômes ne se sont pas sensiblement atténués, on peut s'interroger sur l'efficacité du traitement et le bien-fondé de la décision d'y mettre fin;
- Revoir les objectifs de la thérapie et se demander s'ils sont atteints. Quels sont les problèmes réglés et quels sont les problèmes résiduels? Se rappeler, à ce sujet, comme le suggère Judith Beck (1995), que le but d'une thérapie cognitive consiste à faciliter la guérison de la maladie du patient et à montrer à celui-ci à devenir son propre thérapeute, non pas à régler définitivement tous ses problèmes;
- Quels aspects de la thérapie ont été les plus utiles? La pharmacothérapie, la restructuration cognitive superficielle, la restructuration cognitive plus introspective, certaines techniques cognitives, comportementales ou autres? Ce sont ces éléments que le patient a intérêt à utiliser à long terme pour prévenir les rechutes, ou à reprendre si leur interruption a été suivie d'une rechute;
- Si la psychothérapie a pris une tournure introspective, quelles croyances ont été abordées et jusqu'à quel point ont-elles été modifiées?
- Quels travaux à domicile ont été les plus efficaces et pendant combien de temps est-il approprié de les continuer?

Planifier le suivi à long terme

La plupart des thérapeutes d'orientation cognitivo-comportementale prévoient quelques entrevues de suivi, appelées aussi «entrevues de consolidation» (*booster sessions*), lorsque la phase intensive de la thérapie est terminée (Beck, J. S., 1995). Ces rencontres sécurisent le patient et lui permettent, ainsi qu'au thérapeute, de faire le bilan des difficultés survenues depuis la fin du traitement et de voir comment il a réussi à les surmonter. Elles donnent aussi l'occasion de vérifier si les techniques ou les stratégies apprises au cours de la thérapie ont été utilisées et, dans l'affirmative, d'en mesurer l'efficacité. Sur cette base, on peut mieux prévoir les différents problèmes auxquels le patient devra faire face et mieux le préparer à les affronter.

Concrètement, certains thérapeutes demandent à leurs patients de revenir quelques fois, à intervalles fixes, pour favoriser la persistance d'un travail à domicile à long terme. Ils se limitent le plus souvent à une ou deux séances à des intervalles de trois ou quatre semaines. D'autres favorisent la reprise des séances hebdomadaires, cinq ou six, environ, si la personne connaît des difficultés ou si elle en sent simplement le besoin. Il s'agit là de deux bonnes façons de procéder. Beaucoup d'autres sont également appropriées. L'objectif est avant tout de bien répondre aux besoins du patient.

Prévoir les rechutes

Résumons et complétons brièvement ce que nous avons dit jusqu'ici sur la prévention des rechutes. Les mesures suivantes peuvent être utiles :

1. *La reconnaissance et la prévention des causes potentielles d'une rechute* Ces causes sont souvent identiques à celles qui ont provoqué l'apparition de la maladie, d'où l'importance, en fin de traitement, de revenir en arrière pour bien se rappeler des facteurs prédisposants, précipitants et entretenants responsables de la pathologie. Puis on doit se demander jusqu'à quel point ces facteurs sont encore menaçants et dans quelle mesure on peut les prévenir. Si, par exemple, on a affaire à un problème d'ordre plutôt biologique, comme dans le cas d'un Trouble bipolaire, une médication à long terme peut être indiquée. Si un facteur de stress chronique persiste, comme un conflit de couple ou un conflit familial, on peut recommander au patient de suivre une thérapie de couple ou une thérapie familiale. Si des croyances dysfonctionnelles nombreuses et importantes persistent, on peut lui suggérer d'entreprendre une thérapie introspective ;
2. *La reconnaissance des signes avant-coureurs d'une rechute* Le but ici est de mettre en évidence les symptômes avant-coureurs s'étant déjà manifestés chez le patient au cours de l'épisode qui se termine et de lui apprendre à être attentif à ces symptômes s'ils réapparaissent. Leur reconnaissance est utile, car, même s'ils diffèrent d'un patient à l'autre, ils sont souvent similaires d'un épisode à l'autre chez le même patient ;
3. *Les mesures à prendre si des signes avant-coureurs de rechute apparaissent* Généralement, la démarche thérapeutique ou les techniques utilisées avec succès dans le passé peuvent être efficaces pour prévenir une rechute. Dans un premier temps, on suggère au patient de reprendre lui-même cette démarche lorsque des symptômes de rechute surviennent. C'est ce qu'on appelle l'« autothérapie ». Si ce moyen s'avère insuffisant, il est souvent préférable que le patient consulte. Il reste à déterminer le juste milieu entre une consultation prématurée et une consultation trop tardive, et s'il est préférable que le patient voie, au préalable, un autre professionnel de la santé, comme son médecin de famille, avant de retourner chez son thérapeute ;
4. *La conduite à tenir en cas de rechute* Lorsqu'une personne consulte après une rechute, le thérapeute peut envisager les mesures suivantes :
   – Revoir les traitements antérieurs et documenter l'évolution de l'état du patient depuis la dernière visite. Insister sur la reconnaissance des facteurs qui sont apparus entre-temps. Bien évaluer la nouvelle symptomatologie ;

- S'interroger sur les raisons de la rechute. Les traitements antérieurs étaient-il adéquats ? Le patient a-t-il bien suivi les directives du thérapeute ? Les facteurs de stress ont-ils joué un rôle important ? ;
- Établir un nouveau plan de traitement en tenant compte des informations recueillies. Chercher à combler les lacunes du précédent traitement, si on en trouve, et à prévenir de nouvelles rechutes à l'avenir. Souvent, une psychothérapie plus introspective est indiquée dans de telles circonstances.

CHAPITRE

19

Quelques difficultés ou problèmes pouvant survenir au cours d'une TCC

par Louis Chaloult et Thanh-Lan Ngo

En théorie, la compréhension des principes fondamentaux et le déroulement d'une thérapie cognitivo-comportementale ne sont pas si compliqués, comme nous avons pu le constater tout le long de ce volume. Par contre, l'application de ces principes en clinique peut créer toutes sortes de difficultés ou de problèmes. Le présent chapitre traite de quelques-uns de ces problèmes. Il est divisé en quatre parties :

- Comment prévenir les problèmes ;
- Comment reconnaître les problèmes ;
- Démarche générale pour résoudre les problèmes ;
- Quelques problèmes spécifiques et quelques éléments de solution.

Comment prévenir les problèmes

Certaines précautions peuvent aider à prévenir les problèmes. Elles sont inhérentes à la bonne marche d'une thérapie et, la plupart du temps, un thérapeute expérimenté en tient spontanément compte. Voyons-en quelques-unes.

Faire une bonne évaluation avant d'entreprendre la thérapie

Une évaluation bien faite est essentielle pour prévoir et prévenir les problèmes potentiels. Elle permet de poser un diagnostic, même s'il n'est que temporaire, de planifier un plan de traitement, même s'il n'est que rudimentaire, et de comprendre suffisamment la problématique pour pouvoir orienter la thérapie de façon convenable dès le départ. L'expérience montre que trop de thérapeutes s'aventurent dans une thérapie après une évaluation insuffisante et sont ensuite étonnés de connaître des difficultés imprévues auxquelles ils ne savent trop comment faire face. Tant que le diagnostic est trop imprécis, que le plan de traitement est trop flou et que la problématique est trop confuse, il est préférable de poursuivre l'évaluation.

Bien évaluer la motivation dès le début de la thérapie et la réévaluer fréquemment

Nous disions dans le chapitre 11 (L'évaluation en TCC) que la motivation est la pierre angulaire de toute démarche thérapeutique vraiment efficace. Il est donc essentiel de l'évaluer dès le début et d'en tenir compte tout le long du traitement. Voici quelques critères pouvant guider cette évaluation en clinique.

Comment déterminer le degré de motivation au moment de l'évaluation

Plus le patient est souffrant, plus sa confiance dans le thérapeute est grande, et plus sa croyance en la méthode utilisée est forte, plus le degré de sa motivation a tendance à être élevé. Par ailleurs, si le patient est habituellement volontaire, bien organisé et persévérant dans ses entreprises, c'est de bon augure pour le maintien de sa motivation tout le long de la thérapie.

Comment réévaluer la motivation en cours de traitement

Si un patient s'oppose fréquemment à différents aspects du traitement, s'il semble manquer d'intérêt, si ses travaux à domicile sont négligés, s'il arrive en retard et s'il s'absente sans raison, on peut s'interroger sur sa motivation. Voici quelques observations visant à favoriser une plus grande motivation.

Pour stimuler la motivation au début du traitement et dans le déroulement futur de ce dernier, on a intérêt à donner des explications claires au patient sur l'ensemble du traitement et sur chacune de ses étapes (empirisme collaboratif), à fixer des objectifs précis et limités, à ne pas perdre ces objectifs de vue en cours de route et à évaluer les progrès pour rendre ceux-ci plus concrets (démarche comportementale).

Si, pendant la thérapie, on se rend compte que la motivation diminue, on peut souvent la raffermir en expliquant de nouveau les raisons du traitement, en revoyant les étapes de celui-ci et en rappelant ses objectifs de même que sa durée. On en discute avec le patient, on requiert son concours et on tient compte de ses commentaires. Par exemple : « Vous semblez hésitant à entreprendre la dernière partie de votre exposition graduée in vivo. Nous avons vu qu'il s'agit là d'une étape essentielle dans le traitement de votre agoraphobie. Voici les raisons pour lesquelles cette étape est si importante… Mes explications sont-elles claires ? Allons-nous trop vite ? Avez-vous des suggestions ? Peut-être pouvons-nous nous y prendre de telle ou telle façon au cours de la semaine qui vient et réévaluer la démarche à la prochaine séance. Êtes-vous bien d'accord ? »

Établir un cadre thérapeutique clair et le faire respecter

On peut s'éviter bien des problèmes en établissant, dès le début de la thérapie, un cadre thérapeutique bien délimité et en le faisant fermement respecter par la suite. Les comportements nuisibles susceptibles d'apparaître au cours d'une thérapie sont innombrables et peuvent prendre les formes les plus diverses : retards répétés, absences non motivées, familiarités inappropriées, mauvaise exécution des travaux à domicile, demande indue au thérapeute d'une prolongation d'un arrêt de travail, etc. D'autres comportements peuvent être plus graves : danger de passage à l'acte, menaces suicidaires ou homicidaires, menaces contre le thérapeute, etc. Ces problèmes comportementaux sont plus fréquents chez les patients présentant des troubles du comportement dans la vie courante ou des traits de personnalité pathologiques de l'Axe II.

Voici quelques suggestions pour mieux faire face à ce genre de difficultés :

- *Ne pas laisser traîner les choses.* Aussitôt qu'un comportement indésirable apparaît, le signaler au patient et lui signifier, au besoin, les mesures qui seront prises s'il se reproduit ;
- *Ne pas assumer seul la responsabilité* d'un comportement qui laisse prévoir des conséquences sérieuses et inquiètanes, mais la partager en impliquant rapidement l'entourage (famille ou amis), un ou des collègues (surtout si le travail a lieu au sein d'une équipe multidisciplinaire) ou d'autres personnes si cela est nécessaire ;
- *Établir clairement et rapidement ses propres limites en tant que thérapeute :* « Voici ce que je peux faire pour vous, ce que je suis incapable de faire pour vous aider et ce dont vous êtes responsable. » Se rappeler, à ce sujet, qu'un thérapeute a une obligation de moyens mais non de résultats.

S'appuyer sur une saine alliance thérapeutique

Une saine alliance thérapeutique permet d'éviter ou de résoudre bien des problèmes et assure au thérapeute une marge de manœuvre plus large et plus sécuritaire. Nous invitons le lecteur à revoir ce que nous avons dit de ce sujet tout le long de ce volume et plus particulièrement, au chapitre 15, portant sur les aspects pratiques de la thérapie des schémas.

Garder la direction ou garder l'approche centrée sur l'atteinte des objectifs

Quand les problèmes pour lesquels le patient consulte sont bien connus et lorsque les moyens pour les résoudre sont clairement déterminés, le thérapeute a tout intérêt à choisir une direction et à la garder. Nous entendons par là qu'il doit consacrer l'essentiel de son temps et de ses efforts, de même que ceux de son patient, à tenter d'atteindre les objectifs fixés au début de la thérapie plutôt que de s'en détourner à la première occasion. Bien des thérapeutes, en effet, surtout s'ils sont peu expérimentés, proposent des objectifs pertinents, mais les laissent rapidement tomber pour régler de nouveaux problèmes soumis par le patient. La thérapie peut alors prendre toutes sortes de directions peu systématisées, parfois anarchiques, et risque de devenir, à la longue, peu productive et décevante, tant pour le patient que pour le thérapeute. Une bonne façon d'éviter ce problème consiste à dresser, comme d'habitude, un ordre du jour au début de la séance, dont les premiers points sont les objectifs initiaux et la vérification des travaux à domicile qui en découlent. Les nouveaux problèmes sont placés à la fin et ne sont abordés que s'il reste du temps. Ceci n'exclut pas une certaine ouverture face à ces nouveaux problèmes, notamment s'ils sont urgents ou si la personne leur accorde une très grande importance. Cependant, même dans ces conditions, il importe de préciser qu'on accepte ce détour et d'en expliquer les raisons, puis de revenir aux objectifs initiaux aussitôt que le nouveau problème est réglé.

Garder la direction suppose également d'éviter le plus possible les tangentes et les digressions inutiles ou trop fréquentes, de même que les discussions théoriques, philosophiques ou religieuses qui ne sont pas directement liées aux problèmes de la personne et qui peuvent nuire à leur résolution si elles prennent trop de place.

Tenir compte des caractéristiques propres au patient

Un bon thérapeute adapte sa méthode à chaque patient. Il se soucie particulièrement du style cognitif de ce dernier, de son histoire personnelle, de son mode de vie et de sa façon d'entrer en relation avec autrui. Devant un patient peu scolarisé, par exemple, il verra à ajuster son niveau de langage. Avec une personne dépendante, il évitera une approche trop directive et favorisera plutôt un questionnement socratique dans le but d'amener la personne à élaborer son propre point de vue plutôt que d'adopter aveuglément celui du thérapeute pour lui faire plaisir.

Comment reconnaître les problèmes

Même si le thérapeute est expérimenté et prend toutes les précautions nécessaires, il est rare qu'une thérapie se déroule sans problème du début à la fin, surtout si elle est introspective. Il est évident que plus un problème est repéré rapidement, plus il est facile de le résoudre. Judith Beck (1995) donne plusieurs suggestions à ce sujet, dans le but d'aider le thérapeute à se rendre rapidement compte de l'apparition d'un problème. Nous en avons retenu quatre.

Être sensible aux objections du patient

Certains patients peuvent émettre des réserves au cours de la thérapie, soit de façon directe (« Je ne suis pas d'accord avec ce que vous me dites. »), soit de façon indirecte (« J'hésite à entreprendre ce que vous me conseillez. »). Il importe de s'intéresser aux réticences de la personne et de prendre le temps de comprendre leur cause. Il peut en résulter une excellente occasion de connaître les distorsions cognitives et les croyances dysfonctionnelles du patient et d'en arriver à une meilleure compréhension de l'ensemble de la problématique. Parfois, le thérapeute se rend compte qu'il doit lui-même se remettre en question pour différentes raisons, par exemple en raison d'un respect trop rigide de l'ordre du jour ou de difficultés avec le questionnement socratique. Il faut alors modifier en conséquence le style de la thérapie et mieux l'adapter aux besoins du patient.

Être attentif aux indices non verbaux

Les patients communiquent souvent leurs pensées et leurs émotions par des gestes (avoir les poings serrés, se tortiller sur sa chaise ou garder les bras croisés), une posture (la personne déprimée a le dos voûté comme si elle portait le monde sur ses épaules), des mimiques (avoir les sourcils froncés, les yeux remplis de larmes, le regard fixé au plancher) ou le ton de la voix (bégaiement chez la personne anxieuse ou ton cassant chez la personne irritée). Ils trahissent ainsi leur incompréhension, leurs objections ou d'autres états par des indices non verbaux que le thérapeute aguerri saura relever. Celui-ci pourra alors commenter ces indices et inviter le patient à en prendre conscience et à en parler : « Vous avez l'air songeur. Auriez-vous des interrogations concernant ce que l'on vient de dire ? »

Vérifier la compréhension et la motivation du patient, de même que son adhésion au plan de traitement

Il est essentiel de vérifier régulièrement la compréhension du patient, sa motivation ainsi que son adhésion au plan de traitement, surtout si ses ressources sont limitées ou s'il est peu motivé. Le thérapeute ne doit pas craindre d'expliquer à nouveau ses propos ou d'employer des méthodes pédagogiques plus diversifiées, comme le jeu de rôle ou les travaux à domicile. Il faut aussi demander fréquemment au patient de résumer en ses propres mots ce qu'il a compris, appris et retenu. Si la motivation est insatisfaisante, on doit utiliser les moyens dont il a été question précédemment pour la stimuler davantage. Si la thérapie a pris une allure plus introspective, on doit se demander si on a bien expliqué les concepts de base de la TCC. Le patient comprend-il le rôle de la distorsion cognitive dans l'origine de ses symptômes ? Se rend-il compte du fait que les émotions dysfonctionnelles découlent d'une interprétation erronée de la réalité ? Croit-il qu'il peut changer, se sentir mieux et devenir plus fonctionnel s'il connaît et modifie ses pensées et croyances inadaptées ? S'attend-il à ce que le thérapeute règle ses problèmes à sa place ? Il faut l'inviter à formuler ses commentaires en fin de rencontre : « Y a-t-il des aspects qui vous ont aidé ou contrarié dans notre échange d'aujourd'hui ? La thérapie évolue-t-elle de façon satisfaisante pour vous ? »

Le thérapeute encourage ainsi celui qui ne comprend pas, à poser des questions, et celui qui n'est pas d'accord, à exprimer ses réticences. Il peut alors ajuster son intervention, au besoin, en variant le niveau de langage qu'il emploie, le niveau d'abstraction ou de concrétude auquel il recourt, le rythme de son discours ou la quantité d'informations qu'il fournit. Il peut également remettre en question le point de vue du patient ou son propre point de vue. En agissant de la sorte, il souligne de façon implicite que l'approche cognitivo-comportementale repose sur l'empirisme collaboratif, et qu'il souhaite en arriver à un dialogue constructif plutôt qu'à obtenir l'adhésion inconditionnelle du patient. Il encourage donc ce dernier à participer de façon active au processus de guérison.

Objectiver la progression du patient

Bien des patients ont tendance à minimiser leurs progrès; ainsi, ils mettent l'accent sur les problèmes résiduels plutôt que sur le chemin déjà parcouru. Une bonne façon d'objectiver la progression d'une thérapie consiste à utiliser les échelles de mesure validées, comme les inventaires de Beck pour la dépression et l'anxiété. Si, grâce à ce moyen ou à un autre, le thérapeute constate qu'il n'y a pas de progrès ou qu'il y en a trop peu, il doit alors modifier sa stratégie.

Démarche générale pour résoudre les problèmes

Puisque les problèmes sont inévitables, il faut savoir y faire face lorsqu'ils se présentent. Commençons par voir quatre stratégies générales qui peuvent aider à résoudre plusieurs types de problèmes.

Reprendre l'évaluation, mieux comprendre la problématique et réviser le plan de traitement

Il arrive parfois qu'une thérapie piétine, que le patient ne semble pas s'améliorer et que le thérapeute ait l'impression de tourner en rond. Il peut alors être indiqué de reprendre l'évaluation en partie ou dans son ensemble. L'histoire du cas est-elle complète ? Le thérapeute a-t-il bien cerné tous les aspects de la dynamique en tenant compte des informations recueillies au fil des séances ? Des facteurs systémiques exercent-ils une certaine influence ? Le diagnostic est-il exact à la lumière des cinq axes du DSM-IV ? Le plan de traitement est-il adéquat ? Les problèmes prioritaires sont-ils traités ? La médication est-elle appropriée ?

Une fois que cette nouvelle évaluation est terminée, il est souvent nécessaire de réviser les objectifs et, conséquemment, le plan de traitement pour les atteindre. Les nouveaux objectifs doivent alors être très précis, concrets et limités, et bien correspondre aux attentes du patient.

Explorer les croyances dysfonctionnelles qui sont à l'origine du problème

Lorsqu'un patient adopte un comportement antithérapeutique, on a intérêt, la plupart du temps, à explorer les attitudes et les croyances dysfonctionnelles sous-jacentes. En voici quelques-unes parmi celles qui sont le plus fréquemment rencontrées :

- *Un faible niveau de tolérance à la frustration* Exemple : « Je ne devrais pas avoir à tant travailler pour aller mieux. Ces travaux à domicile sont trop difficiles. Cette thérapie dure depuis trop longtemps et c'est insupportable ! » ;
- *La dramatisation* « J'ai trop de problèmes, je ne m'en sortirai jamais ! » ;
- *La peur du jugement d'autrui* « Si je parle de ce problème à mon thérapeute, il va croire que je suis un dégénéré. » ;
- *Les exigences rigides* « Mon thérapeute devrait être plus disponible, plus efficace, plus compréhensif... ».

Reconnaître ses propres croyances et attitudes antithérapeutiques

Le patient n'est pas le seul à pouvoir raisonner de façon dysfonctionnelle. Les croyances suivantes sont sans doute familières à bien des thérapeutes (Ellis, 1985) :

- *Je dois réussir avec tous mes patients, tout le temps.* Si certaines de mes interprétations sont erronées, si toutes mes décisions ne sont pas excellentes, si mon patient stagne ou si son état se détériore, cela confirme le fait que je suis un mauvais thérapeute, un incapable ou même un être humain globalement médiocre ;
- *Je dois être un thérapeute hors pair, meilleur que tous les autres.* Je dois réussir là où tous ont échoué dans le passé ; toutes mes entrevues doivent être irréprochables ; ma technique doit être parfaite ; je dois être reconnu pour mes talents de thérapeute ; je ne dois avoir aucun problème personnel et, surtout, ne jamais trahir le fait que je ne suis pas omniscient ;
- *Je dois être aimé et respecté par tous mes patients.* Je ne dois jamais montrer que certains d'entre eux m'exaspèrent ; je ne dois pas leur demander trop de travail ; je ne dois pas m'opposer à eux ; je ne dois pas aborder avec eux des sujets trop difficiles ; je ne dois pas les interrompre ; je ne dois pas les rendre inconfortables et, s'ils ne progressent pas, je dois travailler encore plus fort pour les aider ;
- *Parce que je fais de mon mieux pour l'aider, mon patient devrait collaborer sans réserve.* Il ne devrait pas être difficile, devrait être motivé, intéressant, plaisant, et devrait m'accorder une reconnaissance éternelle et émue ;
- *Toutes les séances devraient être faciles et sans problème.* Je devrais pouvoir commencer quand bon me semble, annuler les sessions à la dernière minute, n'utiliser que les techniques qui me plaisent et que je maîtrise bien, et ne pas avoir à lire entre les rencontres ou à réfléchir trop longtemps sur certains cas.

Lorsque la thérapie ne progresse pas aussi vite et aussi facilement qu'il le voudrait, le thérapeute peut se décourager, se culpabiliser, s'autodévaloriser ou se mettre en colère contre son patient. Il doit ici abandonner son fantasme d'omnipotence thérapeutique et accepter ses limites. Le thérapeute est là pour guider le patient, mais ce dernier demeure ultimement responsable de ses propres progrès. Lorsqu'il ressent un malaise devant un patient qui « résiste », le thérapeute doit analyser ses propres distorsions cognitives et ses propres croyances fondamentales.

Voici quelques exemples de questions à se poser.

- Est-il exact d'affirmer que je dois réussir avec tous mes patients, tout le temps ?
- Qui a dit que je dois être le meilleur des thérapeutes ?
- D'où vient la loi énonçant que je dois nécessairement être aimé et approuvé par tous mes patients ?

Pour le thérapeute comme pour le patient, il peut être utile de se rappeler que :

- les émotions dysfonctionnelles sont causées par l'interprétation que l'on fait des événements ;
- peu importe l'origine des croyances inadaptées, elles persistent, entre autres, parce qu'on se les répète constamment à un niveau préconscient et qu'on continue d'y ajouter foi sans vraiment les remettre en question ;
- c'est avant tout l'analyse et la révision des croyances qui permettent d'amoindrir la réponse dysfonctionnelle qui en résulte ;
- il n'est pas obligatoire de se dénigrer, même lorsque les autres le font. On peut préférer être aimé et approuvé par les patients, mais ce n'est pas absolument nécessaire àpour être heureux ;
- on peut tolérer ce qu'on n'aime pas.

Discuter des problèmes avec un collègue ou un superviseur

Personne n'est omniscient. Il peut arriver que le thérapeute, par manque de connaissances ou d'expérience ou, encore, en raison de l'influence de ses propres croyances dysfonctionnelles, se trouve devant un problème auquel il n'arrive pas à trouver de solution ou dont, parfois, il ne comprend pas la cause. Il peut alors sortir de cette impasse grâce à des discussions avec des collègues ou à l'aide d'une supervision plus formelle.

Quelques problèmes spécifiques et quelques éléments de solution

Ayant maintenant établi quelques principes généraux pour prévenir, reconnaître et résoudre les problèmes vécus en TCC, nous pouvons aborder certains problèmes plus spécifiques qui surviennent fréquemment en psychothérapie ou dans le travail de supervision, et tenter d'apporter des éléments de solution.

Les problèmes causés par un bas niveau de tolérance aux frustrations

Un bas niveau de tolérance aux frustrations se traduit souvent, en thérapie, par une résistance à accomplir tout ce qui demande effort, ténacité et énergie. Il en résulte des inconvénients sérieux au cours de la démarche thérapeutique, comme des retards répétés, des entrevues manquées et une réticence à effectuer les travaux à domicile ou à se conformer aux autres demandes du thérapeute. De plus, une fois la thérapie terminée, les récidives ou les rechutes sont plus rapides et plus fréquentes si l'individu ne se donne pas la peine d'entretenir ses nouvelles façons de penser ou d'agir.

Il n'est pas simple d'augmenter le niveau de tolérance aux frustrations, en particulier lorsque la passivité est un trait de personnalité profondément enraciné chez un individu. Plusieurs auteurs, Ellis, en particulier, ont longuement traité de ce sujet (Ellis, 1985; Beck *et al.*, 1990; Freeman *et al.*, 1990). Voici trois suggestions pour améliorer un bas niveau de tolérance aux frustrations :

- Il importe, avant tout, de connaître avec précision les croyances dysfonctionnelles qui sont à l'origine du bas niveau de tolérance à la frustration, d'en rendre l'individu bien conscient puis, dans la mesure du possible, de les modifier au moyen d'une restructuration cognitive. Ces croyances sont fréquemment les suivantes : « J'ai absolument besoin de disposer de moyens faciles et rapides pour affronter mes problèmes. » ; « Il est beaucoup trop difficile de travailler avec constance et régularité à faire face à mes difficultés. » ; « Mes symptômes sont insupportables, mais l'effort nécessaire pour les surmonter est encore plus insupportable. » ;
- Insister sur le fait que, même s'il est difficile, à court terme, de surmonter son inertie et de travailler à se changer, il est encore plus difficile, à moyen et à long terme, de vivre avec des problèmes qui s'accentuent presque toujours avec le temps. L'effort n'est pas facile à faire, mais il est très rentable et peut contribuer à améliorer considérablement sa qualité de vie;
- L'utilisation de la démarche comportementale est particulièrement indiquée ici. On peut suivre les étapes habituelles en les adaptant à la situation : bien expliquer en quoi consistent les tâches et leurs objectifs; fixer des buts précis et très limités; choisir des tâches plus faciles que celles demandées normalement aux autres patients; faire en sorte que ces tâches soient bien concrètes et mesurables; n'augmenter que très graduellement les tâches; impliquer l'entourage dans le traitement si on le juge approprié et suggérer l'utilisation de renforcements pour soutenir la motivation du patient.

Le patient qui néglige ses travaux à domicile

Ce problème est particulièrement fréquent, nuisible et souvent difficile à régler en TCC. Les suggestions qui suivent peuvent aider le thérapeute à l'aborder avec plus d'efficacité lorsqu'il se présente.

- *On doit toujours expliquer très clairement en quoi consistent les travaux à domicile et les raisons pour lesquelles on les prescrit.* Comme nous l'avons déjà dit, mieux un patient comprend la nature et l'utilité d'une tâche, meilleure est sa motivation à l'exécuter. Par ailleurs, dans la séance qui suit, il ne faut pas oublier de tenir compte de ce qui a été fait. Il n'y a rien de plus décourageant pour un patient qu'un thérapeute qui prescrit un travail à domicile et ne semble pas s'y intéresser par la suite.
- *Lorsqu'un patient néglige ses travaux à domicile, on doit bien vérifier l'origine de sa négligence.* Peut-être a-t-il mal compris l'importance des tâches conseillées. Il convient

alors de reprendre les explications avec patience et minutie. Peut-être est-il plus ou moins motivé parce qu'il doute de l'efficacité de la thérapie. Dans ce cas, on détermine la cause du doute et on cherche à y remédier. Peut-être a-t-on affaire à un bas niveau de tolérance aux frustrations. On s'inspire alors de la démarche à suivre, décrite ci-dessus, pour l'améliorer.

Nous pourrions continuer longuement l'énumération des causes de la négligence à faire les travaux à domicile. Retenons surtout que cette négligence peut dépendre d'une grande variété de facteurs, et que c'est seulement en connaissant bien ces facteurs et en les modifiant qu'il devient possible de régler le problème.

De façon générale, plus un patient a tendance à négliger ses travaux à domicile, plus il est important *d'utiliser une démarche comportementale rigoureuse et bien adaptée à ce patient.*

Le patient qui doute de pouvoir réussir à changer

Certains patients consultent avec hésitation, et le thérapeute se rend rapidement compte qu'ils doutent de pouvoir réussir à changer. Ils ont l'impression que leur biologie ou leur éducation les ont marqués à jamais, et que leurs défauts ou leurs faiblesses sont immuables. Ils l'expriment en disant « Je suis fait comme ça. », ce qui signifie, en fait, « Je n'y puis rien. » Ceci nous ramène à la onzième croyance irréaliste majeure d'Ellis : *« Ma biologie ou mon enfance sont la cause de mes problèmes. Parce que ces facteurs m'ont fortement influencé dans le passé, ils m'influencent toujours dans le présent et continueront de le faire à l'avenir. Il est inutile de tant travailler à me changer. »*

Avec ces patients, il importe avant tout d'internaliser le lieu de contrôle. Leurs pensées et leurs croyances dysfonctionnelles ainsi que les émotions et les comportements qui en découlent proviennent sans doute, en partie, d'influences biologiques ou environnementales, mais les patients contribuent largement à les maintenir ou à les accentuer en y ajoutant foi et en se les répétant sans cesse dans leur discours intérieur. S'ils cherchent à les corriger avec énergie et persévérance, ils y parviendront le plus souvent, au moins partiellement, et ils progresseront en conséquence.

Cependant, il est vrai que certains patients sont plus handicapés que d'autres et qu'ils auront effectivement plus de difficultés à changer. Pensons, entre autres, à ceux dont les capacités cognitives sont limitées, à ceux qui souffrent de pathologies graves, comme certains troubles de la personnalité, et aux gens très âgés. À tous ces patients, il importe de dire la vérité, mais sans les décourager : « Il faudra du travail et de la persévérance, mais si vous collaborez, il sera possible de vous aider. » Encore une fois, il est indispensable de suivre, tant sur le plan cognitif que sur le plan comportemental, une démarche rigoureuse et bien adaptée à la situation du patient : *on fixe des objectifs très précis et très limités*, on progresse lentement et graduellement, on valorise le travail et les efforts du patient et on fait appel à l'entourage, au besoin. Plus un thérapeute refuse de se décourager et accepte de répéter et de recommencer malgré les difficultés, plus il est en mesure d'aider son patient.

Le patient qui est chroniquement en retard ou qui manque ses rendez-vous

Si les retards ou les absences se répètent, il importe d'en déterminer la cause et d'en discuter avec le patient. S'agit-il d'un manque d'organisation, d'un manque de motivation, d'une pure négligence ou d'un bas niveau de tolérance aux frustrations ? Quelle qu'en soit la raison, il faut réagir promptement et, le plus souvent, avec fermeté. Rappelons qu'en général, lorsqu'un patient est en retard sans raison valable, il est justifié pour le thérapeute de ne lui accorder que le reste du temps prévu pour la rencontre et de lui demander le tarif d'une entrevue régulière.

Le patient qui abandonne prématurément en cours de thérapie

Un bas niveau de tolérance aux frustrations est une cause fréquente d'abandon prématuré d'une thérapie, en particulier si celle-ci exige beaucoup de travail entre les séances, comme c'est le cas en TCC. Une fois l'évaluation terminée, et lorsqu'on explique aux patients les efforts qu'ils devront fournir pour changer, plusieurs se découragent et quittent à la première difficulté. Ils comptaient sur le thérapeute pour trouver une solution magique ou facile et sont réticents à se mettre au travail avec ardeur et constance. Il convient alors d'utiliser les moyens suggérés précédemment dans le présent chapitre pour contrer un bas niveau de tolérance aux frustrations.

La peur de faire face aux conséquences de la thérapie est une autre cause d'abandon prématuré. Une thérapie réussie implique souvent des changements importants et difficiles à vivre qui en effraient plusieurs : perte de bénéfices secondaires ; obligation d'assumer de nouvelles responsabilités ou angoisse et désarroi au regard de motivations, d'émotions et de croyances qu'on a toujours réprouvées et dont on devient graduellement conscient. À la suite d'une prise de conscience de ce genre, bien des gens préfèrent mettre un terme à la thérapie plutôt que d'affronter les émotions pénibles, les efforts et les difficultés qu'implique leur démarche. Quelques-uns font clairement part de leur décision, mais d'autres s'en vont brusquement, sans avertissement, parfois après avoir donné des signes avant-coureurs de leur abandon, comme des retards, des rendez-vous manqués et des travaux à domicile négligés. Par ailleurs, certains se prétendent guéris sans l'être vraiment, d'où l'expression « fuite dans la guérison ».

Lorsque le thérapeute voit ou soupçonne qu'un patient s'apprête à interrompre la thérapie par peur des conséquences, il doit lui en parler rapidement et discuter de ce qu'il croit être la ou les raisons de sa résistance. Si les circonstances s'y prêtent, il lui fait valoir les avantages de changer plutôt que de stagner dans sa condition actuelle. Évidemment, ce genre d'intervention n'est pas toujours simple et nécessite doigté et expérience.

Bien d'autres causes peuvent être à l'origine de l'arrêt prématuré d'une thérapie : erreurs ou déficiences du thérapeute, soulagement passager du patient à la suite de la ventilation des émotions ou de la prise d'une médication, facteurs ponctuels comme des problèmes d'argent, de santé ou d'horaire. Chaque cas doit être discuté dans son contexte particulier, et ce, sans tarder, avant que le patient ne mette un terme définitif à la thérapie.

Si, malgré tout, le patient désire mettre fin à la thérapie, il est généralement préférable de lui permettre de s'en aller «honorablement», c'est-à-dire de ne pas insister indûment pour poursuivre le traitement, de comprendre et d'accepter ses réticences, et de lui faire savoir qu'il peut revenir plus tard, s'il le désire.

Le patient qui cherche à mettre le thérapeute en échec

Cette forme de résistance peut avoir diverses causes:

- Elle peut être due à des traits de personnalité pathologiques: le narcissique cherche à avoir le dernier mot pour prouver sa valeur ou sa supériorité; le passif et le dépendant opposent à répétition un «Oui, mais...» (qui est, en fait, l'équivalent d'un non) aux suggestions ou aux recommandations qui leur sont faites; l'obsessionnel tente parfois de contrôler le thérapeute par crainte d'être lui-même contrôlé;
- Elle peut résulter de croyances dysfonctionnelles plus ou moins conscientes: certains pensent que seuls les faibles se laissent convaincre facilement, d'autres craignent une atteinte à leur autonomie ou à leur liberté s'ils se laissent persuader trop facilement, d'autres encore, pour de bonnes ou de mauvaises raisons, redoutent les thérapeutes, surtout les psychiatres, et adoptent une attitude de méfiance à leur endroit même s'ils consultent parce qu'ils ont absolument besoin d'aide.

Nous pourrions énumérer bien d'autres raisons pour expliquer le fait que certains patients cherchent à mettre leur thérapeute en échec. Toutefois, quelle que soit la cause de cette forme de résistance, la conduite suivante peut aider à la surmonter:

- Il importe, avant tout, de ne pas prolonger les discussions stériles et d'abandonner la partie aussitôt qu'il devient évident qu'une argumentation ne mène nulle part. On peut alors faire remarquer au patient ce qui se passe et lui demander son opinion sur le sujet. Si la même situation se répète et si le thérapeute comprend bien la dynamique sous-jacente, il profitera d'une occasion propice pour l'interpréter, c'est-à-dire pour expliquer au patient la nature et la cause de son comportement et pour en discuter avec lui. Il en résulte souvent une prise de conscience pouvant faire progresser sensiblement la thérapie;
- Si l'interprétation est impossible ou inefficace, on peut remplacer les discussions par de petites expériences simples qui sont souvent plus utiles que de brillantes argumentations: «Vous croyez que ces exercices ne réussiront pas à diminuer votre anxiété! Faites-en quelques fois l'expérience cette semaine, et nous en reparlerons au cours de la prochaine entrevue.»;
- L'utilisation du tableau d'enregistrement des pensées dysfonctionnelles dans lequel, comme point de départ, le patient inscrira les émotions qu'il ressent à l'égard du thérapeute, peut être un excellent moyen de bien connaître et de restructurer, chez le patient, les croyances dysfonctionnelles qui sont à l'origine de son opposition;
- Avant d'apposer l'étiquette «résistance» sur un patient qui discute beaucoup, le thérapeute doit, en premier lieu, chercher à se mettre à sa place, se demander si ses arguments sont justifiés et bien s'assurer que ce n'est pas lui, en tant que thérapeute, qui est dans l'erreur ou qui désire avoir raison à tout prix.

La résistance suscitée par la présence de bénéfices secondaires de la maladie

On a constaté, il y a déjà bien longtemps, que certains patients sont réticents à changer ou à guérir parce qu'ils retirent des bénéfices secondaires de leurs symptômes ou de leur maladie. L'employé qui bénéficie d'un congé de maladie pour un mal de dos, à qui on verse la presque totalité de son salaire à ne rien faire et qui, de surcroît, déteste son travail, peut être plus ou moins intéressé à se rétablir. La dame agoraphobe qui ne sort presque plus et voit une bonne partie de ses responsabilités assumée par son entourage n'est pas nécessairement réjouie à l'idée de guérir et, ainsi, de recommencer à faire les commissions, de reconduire les enfants à l'école et, éventuellement, de retourner sur le marché du travail.

Il peut arriver que des patients soient plus ou moins conscients du lien qui existe entre leur réticence à guérir et les bénéfices secondaires qu'ils retirent de leur maladie; il n'en demeure pas moins que la plupart sont au moins partiellement conscients de ce lien, même s'ils acceptent difficilement d'en parler. Cette forme de résistance est fréquente et généralement difficile à vaincre. Il n'existe pas de méthode infaillible ou toute faite pour l'aborder en clinique, et le thérapeute doit adapter sa forme d'intervention à chaque cas. La démarche suivante est simplement proposée à titre d'exemple :

- On établit d'abord, dans la mesure du possible, une relation de confiance entre le malade et le thérapeute;
- On s'assure ensuite de bien comprendre la problématique du patient et on s'assure aussi que sa réticence à guérir provient des bénéfices secondaires que lui procure son état;
- Ceci étant fait, on explique au patient l'interprétation que l'on fait de sa résistance en lui montrant clairement le lien entre sa réticence à guérir et les bénéfices secondaires qu'il retire de sa situation. Il est important de choisir un moment propice pour une intervention aussi délicate et d'y aller avec beaucoup de doigté, c'est-à-dire en ménageant le patient et en s'assurant de pouvoir battre en retraite sans trop de dommages s'il refuse ou conteste l'interprétation. Les questions posées sous la forme d'hypothèses sont particulièrement utiles ici : « Est-il possible que ce soit inquiétant pour vous de guérir compte tenu de toutes les responsabilités qui vous attendent lorsque vous irez mieux ? » ;
- Si le patient est toujours réticent à vouloir changer, mais accepte tout de même de parler de bénéfices secondaires, prendre tout le temps nécessaire pour lui montrer où se trouve son intérêt; il s'agit ici de comparer les avantages des bénéfices primaires de la guérison et ceux des bénéfices secondaires de la maladie. Il est peut-être plus facile, dans un premier temps, de rester à la maison sans travailler ou de laisser les autres assumer ses responsabilités, mais il en résulte souvent des conflits importants ainsi qu'une vie passive parfois trop contrôlée par l'entourage et pouvant, à la longue, mener à la dépression.

Le patient qui consulte uniquement pour régler un problème situationnel ou pour ventiler des émotions

Certains patients attribuent la responsabilité de leurs problèmes à des facteurs extérieurs, comme des troubles conjugaux ou des soucis financiers, et ils n'attendent rien d'autre du thérapeute qu'une aide pour résoudre ces problèmes. D'autres ont l'impression que le simple fait de ventiler leurs émotions, c'est-à-dire de les raconter à une oreille compatissante, est suffisant pour tout régler. Dans les deux cas, les patients ne sont pas motivés, (dans un premier temps, du moins) à aller plus loin, c'est-à-dire à travailler pour modifier les pensées, les comportements ou les croyances dysfonctionnels véritablement responsables de leurs difficultés.

Comme nous l'avons déjà dit, il existe plusieurs niveaux d'intervention en thérapie cognitivo-comportementale. Si un thérapeute juge que son patient n'a pas la motivation ou les ressources pour aller plus loin, ou si les circonstances ne s'y prêtent pas, il peut se limiter à une approche de soutien consistant avant tout à donner des conseils simples et concrets et à favoriser la ventilation des émotions. Cependant, si un patient semble être un bon candidat pour une thérapie plus élaborée, et si les circonstances s'y prêtent, il est indiqué de lui présenter les avantages d'une telle démarche. On lui explique alors clairement que c'est en prenant conscience de certaines de ses pensées et de ses croyances dysfonctionnelles qu'il sera le plus en mesure de résoudre ses problèmes actuels et futurs, ceci n'excluant pas l'apport d'une certaine aide pour régler des problèmes immédiats.

En ce qui a trait à la ventilation des émotions, on peut dire qu'elle procure souvent un certain soulagement sur le moment et, qu'ainsi, elle est utile. Toutefois, elle est rarement accompagnée de véritables changements dans les pensées et les croyances de la personne[1]. Elle peut même parfois produire l'effet contraire, en ce sens qu'à force de se plaindre, la personne en vient à s'apitoyer sur son sort et à se convaincre davantage du bien-fondé de ses croyances inadaptées : « Pauvre de moi qui suis si cruellement frappé par le mauvais sort ! Ce qui m'arrive est tellement horrible, injuste et inacceptable ! » C'est pourquoi on tente généralement, en TCC, de limiter la ventilation à de brèves périodes. Le temps épargné de cette façon est alors utilisé pour modifier les croyances inadaptées de la personne, ce qui lui permet de tirer davantage de bénéfices à long terme de sa thérapie.

Le patient qui semble comprendre ou qui se dit d'accord sans l'être vraiment (*paying lips service*)

Par crainte de mal paraître ou pour ne pas déplaire à leur thérapeute, certains patients n'osent pas avouer qu'ils comprennent peu ou mal ce qu'on leur explique, ou même qu'ils ne le comprennent pas du tout. D'autres pensent comprendre, alors que ce n'est pas le cas, ou répètent des phrases toutes faites sans être véritablement convaincus de ce qu'ils disent.

Ce genre de situation se produit souvent en thérapie; c'est pourquoi il est important d'adopter une démarche socratique plutôt que de s'en tenir à de longs exposés théoriques. La démarche socratique incite le patient à participer davantage aux échanges. Elle lui offre

1. Comme le disait Albert Ellis (1985) : « Le patient se sent mieux mais il n'est pas mieux ! »

plusieurs occasions d'exprimer ses désaccords, et facilite la tâche du thérapeute parce qu'elle lui permet de prendre conscience du niveau de compréhension de son patient. Par contre, quelle que soit la méthode employée, qu'il s'agisse de l'approche socratique, de l'exposé théorique ou d'une autre méthode, il importe de revenir régulièrement sur les thèmes essentiels abordés au cours des sessions précédentes. On doit bien vérifier que le patient approuve et comprend la démarche, en lui demandant, notamment, de reprendre dans ses propres mots l'essentiel de ce qui a été dit. Il est important d'éviter de passer à d'autres sujets sans avoir la certitude que ce dont on a parlé depuis le début du traitement a été clairement compris et pleinement accepté.

Le patient qui omet de révéler une partie de ses problèmes par gêne ou par honte

Il arrive que des patients s'abstiennent de parler de faits passés ou présents qu'ils jugent répréhensibles, mais dont la mention permettrait au thérapeute d'avoir une meilleure compréhension de la situation et favoriserait la bonne marche de la thérapie. Ils agissent ainsi par crainte d'être mal jugés. Une attitude de profonde empathie et d'acceptation inconditionnelle de la part du thérapeute aide à prévenir ce genre de problème. Si, malgré tout, le thérapeute se rend compte qu'une personne cache, par gêne ou par honte, des aspects importants de sa vie, il importe de l'amener à se confier ; une des meilleures façons de l'aider consiste alors à aborder ou à approfondir avec elle le thème des jugements sur la valeur personnelle, à la manière d'Ellis (*voir le chapitre 8*). Lorsque la personne aura davantage appris à s'accepter avec ses déficiences et ses erreurs sans se juger globalement, elle deviendra moins sensible au jugement d'autrui et il lui sera plus facile de se confier au thérapeute sans gêne et sans restriction.

Le patient qui craint de changer de peur de devenir trop différent ou inférieur à lui-même

Parfois, il arrive que certains patients hésitent à s'impliquer véritablement dans la thérapie parce qu'ils craignent de changer trop radicalement et de perdre des caractéristiques qu'ils considèrent comme positives et essentielles à leur personnalité ou à leur style de vie. Par exemple, des personnes colériques pensent qu'il est obligatoire de se mettre en colère lorsqu'on est contrarié. Elles sont convaincues qu'à partir du moment où elles cesseront de se fâcher à propos de tout et de rien, elles paraîtront fausses ou passeront pour faibles. Il importe ici de bien leur faire comprendre qu'une personne n'est pas complètement modifiée parce qu'elle change de comportement dans la vie courante. Lorsque ses émotions ou ses comportements dysfonctionnels s'atténuent ou disparaissent, elle conserve l'essentiel de ses traits de personnalité et de ses autres caractéristiques. Au début, la personne et son entourage peuvent être déroutés par ces changements, mais si ces derniers sont intégrés graduellement et harmonieusement dans la vie du patient, la plupart des gens s'y habituent et les apprécient à leur juste valeur après un certain temps.

D'autres patients ont peur de devenir complètement insensibles et de se comporter comme des robots s'ils perdent leurs émotions dysfonctionnelles. On peut les rassurer en leur faisant valoir que, la plupart du temps, ces émotions ne disparaissent pas complètement, mais s'atténuent plus ou moins selon l'ardeur mise à les modifier. Par ailleurs, même si elles viennent à disparaître totalement, les émotions fonctionnelles, elles, qu'elles soient agréables ou désagréables, demeurent : joie, amour, appréhension, regret, tristesse, etc. Le nombre des émotions agréables, en particulier, augmente, ce qui permet à l'individu de tirer un meilleur parti de son existence tout en gardant ou en accentuant les caractéristiques qui font sa couleur et son charme.

Le patient qui manipule ou ment délibérément

Si le thérapeute est convaincu qu'un patient le manipule ou ment délibérément, il doit rapidement confronter ses propos avec les faits, puis chercher avec le patient la cause du comportement de celui-ci. Pourquoi le patient cache-t-il ou déforme-t-il la vérité ? Pourquoi ne se montre-t-il pas tel qu'il est ? Pourquoi garde-t-il pour lui des faits ou des aspects qui seraient pourtant utiles dans la thérapie ? Est-ce par peur du thérapeute ? Est-ce par peur de déplaire, d'être rejeté ou d'être lui-même manipulé ? Craint-il de perdre des bénéfices secondaires ? Est-ce sa façon habituelle d'affronter les menaces ou les difficultés dans la vie ? Si oui, pourquoi ? Cette façon d'agir est-elle vraiment efficace ?

Une discussion dépourvue d'hostilité reposant sur un questionnement de ce genre peut être très utile pour faire progresser la thérapie et améliorer la relation entre le thérapeute et le patient.

Comme nous le disions précédemment, ce ne sont là que quelques-uns des problèmes qui peuvent apparaître au cours d'une thérapie cognitivo-comportementale. Au lecteur qui désirerait approfondir ce sujet, nous conseillons la lecture des deux volumes de Judith Beck (1995) (2005) ainsi que de celui de Freeman et de ses collègues (1990), qui traitent de façon détaillée et très pertinente de cet aspect de la TCC.

Bibliographie

ABRAMSON, L., SELIGMAN, M. E. P., & TEASDALE, J. D. (1978). Learned helplessness in human critique and reformulation. *Journal of Abnormal Psychology*, 87, 49-74.

AGRAS, S. (1995a). Behavior Therapy. Dans H. I. Kaplan, & B. J. Sadock (dir.), *Comprehensive Textbook of Psychiatry.* [s. l.], Williams and Wilkins.

AGRAS, S. (1995b). Learning Theory. Dans H. I. Kaplan, & B. J. Sadock (dir.), *Comprehensive Textbook of Psychiatry.* [s. l.], Williams and Wilkins.

AGRAS, W. S., LEITENBERG, H., & BARLOW, D.H.(1968). Social reinforcement in the modification of agoraphobia. *Archives of General Psychiatry*, 19, 423-427.

AGRAS, W. S. *et al.* (2000). A multicenter comparison of cognitive-behavioral therapy and interpersonal psychotherapy for bulimia nervosa. *Archives of General Psychiatry, 57*(5), p. 459-466.

AMERICAN PSYCHIATRIC ASSOCIATION (1996). *DSM-IV-1995 Manuel diagnostique et statistique des troubles mentaux.* Paris : Masson.

AMERICAN PSYCHIATRIC ASSOCIATION (1998). Practice guideline for the treatment of patients with panic disorder. (Work Group on Panic Disorder). *American Journal of Psychiatry, 155*(5, Suppl.), 1-34.

AMERICAN PSYCHIATRIC ASSOCIATION (2000a). Practice guideline for the treatment of patients with eating disorders (revision). *American Journal of Psychiatry, 157*(1, Suppl.), 1-39.

AMERICAN PSYCHIATRIC ASSOCIATION (2000b). Practice guideline for the treatment of patients with major depressive disorder (revision). *American Journal of Psychiatry, 157*(4, Suppl.), 1-45.

AMERICAN PSYCHIATRIC ASSOCIATION (2001). Practice guideline for the treatment of patients with borderline personality disorder. *American Journal of Psychiatry, 158*(10, Suppl.), 1-52.

AMERICAN PSYCHIATRIC ASSOCIATION (2002). Practice guideline for the treatment of patients with bipolar disorder (revision). *American Journal of Psychiatry 159*(4, Suppl.), 1-50.

ANTONY, M. M. (2001). Specific phobias. Dans D. H. Barlow (dir.), *Anxiety and its disorders.* New York : Guilford Press.

ANTSHEL, K. M., & REMER, R. (2003). Social skills training in children with attention deficit hyperactivity disorder : a randomized-controlled clinical trial. *Journal of Clinical Child & Adolescent Psychology, 32*(1), 153-165.

AUGER, L. (1974). *S'aider soi-même.* Montréal : Éditions de l'Homme.

AUGER, L. (1984). *Changer : une psychothérapie à la maison.* Montréal : Éditions du CIM.

AUGER, L. (1986). *La démarche émotivo-rationnelle.* Montréal : Éditions Ville-Marie.

AUGER, L. (1992). *Prendre soin de soi : Guide pratique de micro-thérapie.* Montréal : Éditions du CIM.

AVENELL, A. *et al.* (2004). What interventions should we add to weight reducing diets in adults with obesity? A systematic review of randomized controlled trials of adding drug therapy, exercise, behaviour therapy or combinations of these interventions. *Journal of Human Nutrition & Dietetics, 17*(4), 293-316.

AYLLON, T., & AZRIN, N. (1968). *The token economy.* New York : Appleton-Century Crofts.

BACALTCHUK, J. *et al.* (2001). Antidepressants versus psychological treatments and their combination for bulimia nervosa. *Cochrane Database of Systematic Reviews,* (4), CD003385.

BACH, P., & HAYES, S. C. (2002, octobre). The use of acceptance and commitment therapy to prevent the rehospitalization of psychotic patients : a randomized controlled trial. *Journal of Consulting and Clinical Psychology, 70*(5), 1129-1139.

BAKER, J. E. (2003). *Social Skills Training : For Children and Adolescents with Asperger Syndrome and Social-Communication Problems.* Shawnee Mission (Kansas) : Autism Asperger Publishing Company.

BALL, J. R. *et al.* (2006). A randomized controlled trial of cognitive therapy for bipolar disorder : focus on long-term change. *Journal of Clinical Psychiatry, 67*(2), 277-286.

BALLENGER, J. C. *et al.* (1998a). Consensus statement on panic disorder from the International Consensus Group on Depression and Anxiety. *Journal of Clinical Psychiatry, 59*(8, Suppl.), 47-54.

BALLENGER, J. C. *et al.* (1998b). Consensus statement on social anxiety disorder from the International Consensus

Group on Depression and Anxiety. *Journal of Clinical Psychiatry, 59*(17, Suppl.), 54-60.

BALLENGER, J. C. *et al.* (2000). Consensus statement on posttraumatic stress disorder from the International Consensus Group on Depression and Anxiety. *Journal of Clinical Psychiatry, 61*(5, Suppl.), 60-66.

BALLENGER, J. C. *et al.* (2001). Consensus statement on generalized anxiety disorder from the International Consensus Group on Depression and Anxiety. *Journal of Clinical Psychiatry, 62*(11, Suppl.), 53-58.

BALLENGER, J. C. *et al.* (2004). Consensus statement update on posttraumatic stress disorder from the International Consensus Group on Depression and Anxiety. *Journal of Clinical Psychiatry, 65*(1, Suppl.), 55-62.

BANDURA, A. (1969). *Principles of behavior modification.* New York : Holt, Rinehart & Winston.

BANDURA, A. (1976). Self-efficacy : toward unifying theory of behavioural change. *Psychological Review, 84*(2), 191-213.

BANDURA, A. (1977). *Social Learning Theory*. Englewood Cliffs (New Jersey) : Prentice Hall.

BANDURA, A., GRUSEC, J., & MENLOVE, F. (1967). Vicarious extinction of avoidance behavior. *Journal of Personality and Social Psychology,* 5, 16-23.

BANDURA, A., & MENLOVE, F. (1968). Factors determining vicarious extinction of avoidance behaviour through symbolic modeling. *Journal of Personality and Social Psychology,* 8, 99-108

BANNISTER, D., & FRANSELLA, F. (1971). *Inquiring Man.* Harmondsworth : Penguin.

BARKLEY, R. A. (1997). *Defiant Children : A Clinician's Manual for Assessment and Parent Training.* New York : Guilford Press.

BARKLEY, R. A. (2002). Psychosocial treatments for attention-deficit/hyperactivity disorder in children. *Journal of Clinical Psychiatry, 63*(12, Suppl.), 36-43.

BARLOW, D. H. (dir.) (1988). *Anxiety and Its Disorders.* New York : Guilford Press.

BARLOW, D. H. (2002). Psychosocial treatments for panic disorders, phobias and generalized anxiety disorder. Dans P. E. Nathan et J. M. Gorman (dir.), *A guide to treatments that work.* New York : Oxford University Press.

BARLOW, D. H., GORMAN, J. M., SHEAR, M. K., & WOODS, S. W. (2000, mai). Cognitive-behavioral therapy, imipramine, or their combination for panic disorder : A randomized controlled trial. *Journal of the American Medical Association, 283*(19), 2529-2536.

BATEMAN, A. W., & FONAGY, P. (2000). Effectiveness of psychotherapeutic treatment of personality disorder. *British Journal of Psychiatry, 177*(2), 138-143.

BECK, A. T. (1967). *Depression : Causes and treatment.* Philadelphia : University of Pennsylvania Press.

BECK, A. T. (1976). *Cognitive Therapy and the Emotional Disorders.* New York : International University Press.

BECK, A. T. (1988). *Love is Never Enough.* New York : Harper and Row.

BECK, A. T. (2002). *Prisonniers de la haine : les racines de la violence.* Paris : Masson.

BECK, A. T., EMERY, G., & GREENBERG, R. L. (1985). *Anxiety Disorders and Phobias.* New York : Basic Book.

BECK, A. T. *et al.* (1990). *Cognitive Therapy of Personality Disorders.* New York : Guilford Press.

BECK, A., & RUSH, J. (1995). Cognitive Therapy. Dans H. I. Kaplan, & B. J. Sadock (dir.), *Comprehensive textbook of psychiatry.* [s. l.], Williams and Wilkins.

BECK, A. T., RUSH, A. J., SHAW, B. F., & EMERY, G. (1979). *Cognitive therapy of depression.* New York : Guilford Press.

BECK, A. T., WRIGHT, F. D., NEWMAN, C. F., & LIESE, B.S. (1993). *Cognitive Therapy of Substance Abuse.* New-York : Guilford Press.

BECK, J. S. (1995). *Cognitive Therapy, Basics and Beyond.* New York : Guilford Press.

BECK, J. S. (2005). *Cognitive Therapy for Challenging Problems. What to Do When the Basics Don't Work.* New York : Guilford Press.

BELLACK, A. S. (2004). Skills training for people with severe mental illness. *Psychiatric Rehabilitation Journal, 27*(4), 375-391.

BELLACK, A. S. *et al.* (2004). *Social Skills Trainig for Schizophrenia : A Step-by-Step Guide.* New York : Guilford Press.

BENNETT-LEVY, J. *et al.* (2004). Behavioural experiments : historical and conceptual underpinnings. Dans J. Bennett-Levy, G. Butler, M. Fennel, A. Hackmann, M. Mueller et D. Westbrook (dir.), *Oxford Guide to Behavioural Experiments.* Oxford : Oxford University Press.

BESHARAT, M. A. (2001). Management strategies of sexual dysfunctions. *Journal of Contemporary Psychotherapy, 31*(3), 161-180.

BISSON, J., & ANDREW, M. (2005). Psychological treatment of post-traumatic stress disorder (PTSD). *Cochrane Database of Systematic Reviews,* (2), CD003388.

BLACKBURN, I. M., & COTTRAUX, J. (1988). *Thérapie cognitive de la dépression.* Paris : Masson.

BLANCHARD, E. B. (2005). A critical review of cognitive, behavioral, and cognitive-behavioral therapies for irritable bowel syndrome. *Journal of Cognitive Psychotherapy, 19*(2), 101-123.

BLATT, S. J., & ZUROFF, D.C. (2005, juin). Empirical evaluation of the assumptions in identifying evidence based treatments in mental health. *Clinical Psychology Review, 25*(4), 459-86.

BORKOVEC, T. D., & COSTELLO, E. (1993). Efficacy of applied relaxation and cognitive-behavioral therapy in the treatment of generalized anxiety disorder. *Journal of Consulting and Clinical Psychology, 61*(4), 611-619.

BORKOVEC, T. D., & RUSCIO, A. M. (2001). Psychotherapy for generalized anxiety disorder. *Journal of Clinical Psychiatry, 62*(11, Suppl.), 37-42 ; discussion, 43-35.

BOWDEN, C. L. *et al.* (2005). Focus on bipolar disorder treatment. *Journal of Clinical Psychiatry, 66*(12), 1598-1609.

BOWLBY, J. (1973). *Attachment and loss. Vol. 2 : Separation, anxiety and anger.* New York : Basic Books.

BRADLEY, R. *et al.* (2005). A multidimensional meta-analysis of Psychotherapy for PTSD. *American Journal of Psychiatry, 162*(2), 214-227.

BRENNER, H. D., RODER, V., HODEL, B., KIENZLE, N., REED, D., & LIBERMAN, R.P. (1994). *Integrates Psychological Therapy for Schizophrenic Patients.* Seattle : Hogrefe et Hubert Publishers.

BROWN, J. S. L., COCHRANE, R., & HANCOX, T. (2000). Large scale stress management workshops for the general public : a controlled evaluation. *Behavioural and Cognitive Psychotherapy,* 28, 139-151.

BROWN, R. T. *et al.* (2005). Treatment of attention-deficit/hyperactivity disorder : overview of the evidence. *Pediatrics, 115*(6), 749-757.

BROWNLEY, K. A. *et al.* (2007). Binge eating disorder treatment : A systematic review of randomized controlled trials. *International Journal of Eating Disorders, 40*(4), 337-348.

BRYANT, R. A, MOULDS, M. L., GUTHRIE, R. M., DANG, S. T., & NIXON, R. D. V. (2003) Imaginal exposure alone and imaginal exposure with cognitive restructuring in treatment of Posttraumatic Stress Disorder. *Journal of Consulting and Clinical Psychology*, vol. 71, n° 4, p. 706-712.

BUCCI, W. (1997). *Psychoanalysis and cognitive science.* New York : Guilford Press.

BURCKHARDT, C. S. (2002). Non pharmacologic management strategies in fibromyalgia. *Rheumatic Diseases Clinics of North America, 28*(2), 291-304.

BURNS, D. D. (1980). *Feeling Good : The New Mood Therapy.* New York : Wm. Morrow and Co.

BURNS, D. D. (1985). *Être bien dans sa peau.* Saint-Lambert : Les Éditions Héritage.

BUSTILLO, J. *et al.* (2001). The psychosocial treatment of schizophrenia : an update. *American Journal of Psychiatry, 158*(2), 163-175.

BUTLER, A. C. *et al.* (2006). The empirical status of cognitive-behavioral therapy : a review of meta-analyses. *Clinical Psychology Review,* 26(1), 17-31.

BUTLER, G. *et al.* (1991, février). Comparison of behavior therapy and cognitive behavior therapy in the treatment of generalized anxiety disorder. *Journal of Consulting and Clinical Psychology, 59*(1), 167-175.

CANADIAN PSYCHIATRIC ASSOCIATION (2001). Clinical guidelines for the treatment of depressive disorders. (Canadian Network for Mood and Anxiety, Treatments). *Canadian Journal of Psychiatry – Revue canadienne de psychiatrie, 46*(1. Suppl.), 5S-90S.

CARR, E. G. *et al.* (1999). *Positive behavior support for people with developmental disabilities : a research synthesis.* Washington : American Association on Mental Retardation, http ://eric.ed.gov/ERICDocs/data/ericdocs2 /content_storage_01/0000000b/80/10/c9/d8.pdf

CARROLL, K. M., & ONKEN, L. S. (2005). Behavioral therapies for drug abuse. *American Journal of Psychiatry, 162*(8), 1452-1460.

CARTWRIGHT-HATTON, S. *et al.* (2004). Systematic review of the efficacy of cognitive behaviour therapies for childhood and adolescent anxiety disorders. *British Journal of Clinical Psychology, 43*(Pt 4), 421-436.

CHADWICK, P., BIRCHWOOD, M., & TROWER, P. (1996). *Cognitive Therapy for Delusions, Voices and Paranoia.* Chichester (New York) : John Wiley and Sons.

CHALOULT, L. *et al.* (1985). *L'affirmation de soi.* Laval, texte à l'intention de la clientèle, Cité de la Santé de Laval.

CHAMBLESS, D. L. *et al.* (1996). An update on empirically validated therapies. *The Clinical Psychologist, 49*(2), 5-18.

CHAMBLESS, D. L. *et al.* (1997). Update on empirically validated therapies, II. http ://www.apa.org/divisions/div12/est/97report.pdf

CHAMBLESS, D. L., & OLLENDICK, T. H. (2001). Empirically supported psychological interventions : controversies and evidence. *Annual Review of Psychology,* 52, 685-716.

CHAMBON, O., & MARIE-CARDINE, M. (1999). *Les bases de la psychothérapie.* Paris : Dunod.

CHITTENDEN, G. (1942). An experimental study in measuring and modifying assertive behavior in young children. Monographs of the Society for Research in young children. *Monographs of the Society for Research in Child Development, 7*(31).

CHOY, Y. *et al.* (2007). Treatment of specific phobia in adults. *Clinical Psychology Review, 27*(3), 266-286.

CHRISTENSON, G. A., & CROW, S. J. (1996). The characterization and treatment of trichotillomania. *Journal of Clinical Psychiatry, 57*(8, Suppl.), 42-47 ; discussion, 48-49.

CLARK, D. M. *et al.* (1995, février). Construct Psychology. *British Journal of Clinical Psychology, 34*(Pt 1), 1-16.

CLARK, D. M. *et al.* (1999, août). Brief cognitive therapy for panic disorder : a randomized controlled trial. *Journal of Consulting and Clinical Psychology, 67*(4), 583-589.

CLARK, D. M., SALKOVSKIS, P. M., HACKMANN, A., MIDDLETON, H., ANASTASIADES, P., & GELDER, M. (1994). A comparison of cognitive therapy, applied relaxation, and imipramine in the treatment of panic disorder. *British Journal of Psychiatry,* 164, 759-769.

COMPTON, S. N. *et al.* (2004). Cognitive-behavioral psychotherapy for anxiety and depressive disorders in children and adolescents : an evidence-based medicine review. *Journal of the American Academy of Child & Adolescent Psychiatry, 43*(8), 930-959.

COTTRAUX, J. (1990). *Les thérapies comportementales et cognitives.* Paris : Masson.

COTTRAUX, J. (1992). *Les thérapies cognitives.* Paris : Retz.

COUSINEAU, P., & YOUNG, J. E. (1997). Le traitement du trouble de la personnalité limite par l'approche centrée sur les schémas. *Santé mentale au Québec, 22*(1), 87-105.

CRAIG, T., & KAKUMANU, S. (2002). Chronic fatigue syndrome : evaluation and treatment. *American Family Physician 65*(6), 1083-1090.

CRASKE, M. G. *et al.* (1997). Interoceptive exposure versus breathing retraining within cognitive-behavioural therapy for panic disorder with agoraphobia. *British Journal of Clinical Psychology,* 36, 85-99.

CYRULNIK, B. (2000). *Les nourritures affectives*. Paris : Odile Jacob.

DALY, B. *et al.* (2007). Psychosocial Treatments for Children with Attention Deficit/Hyperactivity Disorder. *Neuropsychology Review, 17*(1), 73-89.

DEACON, B. J., & ABRAMOWITZ, J. S. (2004). Cognitive and behavioral treatments for anxiety disorders : a review of meta-analytic findings. *Journal of Clinical Psychology, 60*(4), 429-441.

DEALE, A. *et al.* (2001). Long-Term Outcome of Cognitive Behavior Therapy Versus Relaxation Therapy for Chronic Fatigue Syndrome : A 5-Year Follow-Up Study. *American Journal of Psychiatry* 158(12) : 2038-2042.

DEALE, A. *et al.* (1997). Cognitive behavior therapy for chronic fatigue syndrome : a randomized controlled trial. *American Journal of Psychiatry, 154*(3), 408-414.

DEFFENBACHER, J. L. *et al.* (2002). Principles of empirically supported interventions applied to anger management. *The counselling psychologist, 30*(2), 262-280.

DIMIDJIAN, S., HOLLON, S. D., DOBSON, K. S., SCHMALING, K. B., KOHLENBERG, R., ADDIS, M. *et al.* (2006). Randomized trial of behavioral activation, cognitive therapy, and antidepressant medication in the acute treatment of adults with major depression. *Journal of Consulting and Clinical Psychology, 74*(4), 658-670.

DOBSON, K. S., & DOZOIS, D. J. A. (2001). Historical and philosophical bases of the cognitive-behavior therapies. Dans K. S. Dobson (dir.), *Handbook of cognitive-behavior therapies.* New York : Guilford.

DUGAS, M. J. *et al.* (2003, août). Group cognitive-behavioral therapy for generalized anxiety disorder : treatment outcome and long-term follow-up. *Journal of Consulting and Clinical Psychology, 71*(4), 821-825.

DUNN, R. L., & SCHWEBEL, A. I. (1995). Meta-analytic review of marital therapy outcome research. *Journal of Family Psychology, 9*(1), 58-68.

DURHAM, R. C. *et al.* (1994). Cognitive therapy, analytic psychotherapy and anxiety management training for generalised anxiety disorder. *British Journal of Psychiatry, 165*(3), 315-323.

ECCLESTON, C. *et al.* (2003). Psychological therapies for the management of chronic and recurrent pain in children and adolescents. *Cochrane Database of Systematic Reviews,* (1), CD003968.

EDDY, K. T. *et al.* (2004). A multidimensional meta-analysis of psychotherapy and pharmacotherapy for obsessive-compulsive disorder. *Clinical Psychology Review, 24*(8), 1011-1030.

EDINGER, J. D., & MEANS, M. K. (2005). Cognitive-behavioral therapy for primary insomnia. *Clinical Psychology Review, 25*(5), 539-558.

EDMONDS, M. *et al.* (2004). Exercise therapy for chronic fatigue syndrome. *Cochrane Database of Systematic Reviews,* (3), CD003200.

ELLIOTT, R., WATSON, J. C., GOLDMAN, R. N., & GREENBERG, L.S. (2004). *Learning emotion-focused therapy : The process-experiential approach to change*. Washington : American Psychological Association.

ELLIS, A. (1958). Rational psychotherapy. *Journal of General Psychology,* 59, 35-49.

ELLIS, A. (1962). *Reason and Emotion in Psychotherapy.* New York : Lyle Stuart.

ELLIS, A. (1973). *Humanistic Psychotherapy : The Rational-Emotive Approach.* New York : Julian Press.

ELLIS, A. (1985). *Overcoming Resistance.* New York : Springler Publishing Company.

ELLIS, A., & HARPER, R. A. (1975). *A New Guide to a Rational Living.* Englewood-Cliffs (New Jersey) : Prenctice Hall.

ELLIS, A., & GREIGER, R. (1977). *Handbook of Rational-Emotive Therapy.* New York : Springer.

EMMELKAMP, P. M., & KWEE, K. G. (1977). Obsessional ruminations. *Behaviour Research and Therapy,* 15, 441-444.

ESTES, W. (1944). An experimental study of punishment. *Psychological Monographs, 57*(263).

EVANS, M. D. *et al.* (1992). Differential relapse following cognitive therapy and pharmacotherapy for depression. *Archives of General Psychiatry, 49*(10), 802-808.

FAIRWEATHER, G. (1964). *Social psychology in treating mental illness.* New York : Wiley.

FAIRWEATHER, G., SIMON, R., GEBHARD, M., WEINGARTEN, F., HOLLAND, J., SANDERS, R. *et al.* (1960). Relative effectiveness of psychotherapeutic programs. *Psychological Monographs, 71*(492).

FALSETTI, S. A., & DAVIS, J. (2001). The non pharmacologic treatment of generalized anxiety disorder. *Psychiatric Clinics of North America, 24*(1), 99-117.

FAVA, G. A. *et al.* (1998). Prevention of recurrent depression with cognitive behavioral therapy : preliminary findings. *Archives of General Psychiatry, 55*(9), 816-820.

FAVA, G. A. *et al.* (2001). Long-term outcome of panic disorder with agoraphobia treated by exposure. *Psychological Medicine, 31*(5), 891-898.

FENNELL, M. (1989). Depression. Dans K. Hawton, P. M. Salkovskis, J. Kirk, & D. M. Clark (dir.), *Cognitive Behaviour Therapy for Psychiatric Problems.* [s. l.]. Oxford University Press.

FENNELL, M. (2002). *Overcoming low self-esteem.* [s. l.], Oxford Cognitive Center Workshop and Conference.

FOA, E. B. (1980). Massed vs spaced exposure sessions in the treatment of agoraphobia. *Behaviour Research and Therapy,* 18, 333-338.

FOA, E. B. (1996). The efficacy of behavioral therapy with obsessive-compulsives. *The Clinical Psychologist, 49,* 2, 19-22.

FOA, E. B. (2000). Psychosocial treatment of posttraumatic stress disorder. *Journal of Clinical Psychiatry, 61*(5, Suppl.), 43-48 ; discussion, 49-51.

FOA, E. B. *et al.* (1998). Psychosocial treatments for obsessive-compulsive disorder. Dans R. Swinson *et al.* (dir.), *Obsessive-compulsive disorder : theory, research and treatment.* New York, Guilford Press.

FOA, E. B. *et al.* (2002). Context in the clinic : how well do cognitive-behavioral therapies and medications work in combination ? *Biological Psychiatry, 52*(10), 987-997.

FOA, E. B. *et al.* (2003). Augmenting exposure therapy with other CBT procedures. *Psychiatric Annals, 33*(1), 47-53.

FOA, E. B. *et al.* (2005). Randomized, placebo-controlled trial of exposure and ritual prevention, clomipramine, and their combination in the treatment of obsessive-compulsive disorder. *American Journal of Psychiatry, 162*(1), 151-161.

FOA, E. B., & MEADOWS, E. A. (1997). Psychosocial treatments for posttraumatic stress disorder : a critical review. *Annual Review of Psychology,* 48, 449-480.

FOA, E. B., STEKETEE, G. S., & OZAROW, B. J. (1985). Behavior therapy with obsessive-compulsives. Dans M. Mavissakalian, S. M. Turner, & L. Michelson (dir.),

Obsessive compulsive disorders. New York : Plenum Press.

FOCHTMANN, L. J., & GELENBERG, A. J. (2005). Guideline Watch : Practice Guideline for the Treatment of Patients With Major Depressive Disorder, 2nd Edition. *Focus, 3*(1), 34-42.

FONAGY, P., GERGELY, G., JURIST, E., & TARGET, M. (2002). *Affect regulation, mentalization, and the development of the self.* New York : Other Press.

FONTAINE, O., & WILMOTTE, J. (1984). La dépression. Dans O. Fontaine, J. Cottraux, & R. Ladouceur (dir.), *Cliniques de thérapie comportementale.* Bruxelles : Mardaga.

FREEMAN, A. *et al.* (1990). *Clinical Application of Cognitive Therapy.* New York; Londres : Plenum Press.

FRIEDBERG, R. D., & MCCLURE, J. M. (2002). *Clinical Practice of Cognitive Therapy with Children and Adolescents : The Nuts and Bolts.* New York : Guilford Press.

FRIJDA, N. H. (1986). *The emotions.* Cambridge : Cambridge University Press.

GARETY, P. A. *et al.* (2000). Cognitive-behavioral therapy for medication-resistant symptoms. *Schizophrenia Bulletin, 26*(1), 73-86.

GELDER, M. G., BANCROIFT, J. H., GATH, D., JOHNSTON, D., MATHEWS, A., & SHAW, P. (1973). Specific and non specific factors in behavior therapy. *British Journal of Psychiatry,* 123, 445-462.

GIESEN-BLOO, J., VAN DYCK, R., SPINHOVEN, P., VAN TILBURG, W., DIRKSEN, C., VAN ASSELT, T. *et al.* (2006). Outpatient psychotherapy for borderline personality disorder : randomized trial of Schema-focused therapy vs Transference-focused psychotherapy. *Archives of General Psychiatry,* 63, 649-658.

GLOAGUEN, V. *et al.* (1998). A meta-analysis of the effects of cognitive therapy in depressed patients. *Journal of Affective Disorders, 49*(1), 59-72.

GOETZ, C. G. (2003). *Textbook of clinical neurology.* Philadelphie : Saunders.

GOLDENBERG, D. L. *et al.* (2004). Management of fibromyalgia syndrome. *Journal of American Medical Association, 292*(19), 2388-2395.

GOLDFRIED, M. A., & DAVISON, G. C. (1994). *Clinical Behavior Therapy.* New York : John Wiley & Sons.

GORTNER, E. T., GOLLAN,J. K., DOBSON, K. S., & JACOBSON, N. S. (1998, avril). Cognitive-behavioral treatment for depression : relapse prevention. *Journal of Consulting and Clinical Psychology, 66*(2), 377-384.

GOULD, R. A. *et al.* (2001). Cognitive therapy for psychosis in schizophrenia : an effect size analysis. *Schizophrenia Research, 48*(2-3), 335-342.

GRAWE, K. (2004). *Psychological therapy.* Cambridge (Massachusetts) : Hogrefe & Huber.

GREENBERGER, D., & PADESKY, C. A. (1995). *Mind Over Mood.* New York : Guilford Press.

GREENBERG, L.S., & PAIVIO, S. (1997). *Working with emotions in psychotherapy.* New York : Guilford Press.

GREENSPOON, J. (1955). The reinforcing effect of two spoken sounds on the frequency of two responses. *American Journal of Psychology,* 68, 409-416.

GUÉRETTE, L. (1999). *Recueil de Compte à rebours. 1998-1999, vol. 7.* Montréal : Association des médecins psychiatres du Québec.

GUÉRETTE, L. (2000). *Recueil de Compte à rebours. 1999-2000, vol. 8.* Montréal : Association des médecins psychiatres du Québec.

GUÉRETTE, L. (2001). *Recueil de Compte à rebours. 2000-2001, vol. 9.* Montréal : Association des médecins psychiatres du Québec.

GUNDERSON, J. G. *et al.* (1984). Effects of psychotherapy in schizophrenia : II. Comparative outcome of two forms of treatment. *Schizophrenia Bulletin, 10*(4), 564-598.

HAAGA, D. A., & DAVISON G. C. (1993, avril). An appraisal of rational-emotive therapy. *Journal of Consulting and Clinical Psychology, 61*(2), 215-220.

HAGGBLOOM, S. J. *et al.* (2002). The 100 most eminent psychologists of the 20th century. *Review of General Psychology,* 6,139-152.

HAHUSSEAU, S. (2006). *Tristesse, peur et colère : agir sur ses émotions.* Paris : Odile Jacob.

HARRIS, H., & BRUNNER, C. (1971). A comparison of self control and a contract procedure for weight control. *Behaviour Research and Therapy,* 9, 347-354.

HAWTON, K. *et al.* (dir.) (1989). *Cognitive behaviour therapy for psychiatric problems. A practical guide.* Oxford : Oxford University Press.

HAY, P. J. *et al.* (2003). Individual psychotherapy in the outpatient treatment of adults with anorexia nervosa. *Cochrane Database of Systematic Reviews,* (4), CD003909.

HAY, P. J. *et al.* (2004). Psychotherapy for bulimia nervosa and binging. *Cochrane Database of Systematic Reviews,* (3), CD000562.

HAYES, S., STROSAHL, K., & WILSON, K. (1999). *Acceptance and Commitment Therapy : An Experiential Approach to Behavior Change.* New York : Guilford Press.

HEIMBERG, R. G. (2002). Cognitive-behavioral therapy for social anxiety disorder : current status and future directions. *Biological Psychiatry, 51*(1), 101-108.

HEIMBERG, R. G., & BECKER, E. R. (2002). *Cognitive-Behavioral Group Therapy for Social Phobia : Basic Mechanisms and Clinical Strategies.* New York : Guilford Press.

HENSLEY, P. L. *et al.* (2004). Long-term effectiveness of cognitive therapy in major depressive disorder. *Depression and Anxiety,* 20(1), 1-7.

HIRSCHFELD, R. M. A. (2005). Guideline Watch : Practice Guideline for the Treatment of Patients With Bipolar Disorder. *American Psychiatric Association,* http ://www.psych.org/psych_pract/treatg/pg/prac_guide.cfm

HODGSON, R., & RACHMAN, S. (1974). Desynchrony in measures of fear. *Behaviour Research and Therapy,* 12, 319-326.

HOLLON, S. D. *et al.* (2005). Prevention of relapse following cognitive therapy vs medications in moderate to severe depression. *Archives of General Psychiatry 62*(4), 417-422.

HORNEY, K. (1942). *The collected works of Karen Horney (volume II).* New York : W. W. Norton Company.

HUPPERT, J. D., ROTH, D. A., & FOA, E. B. (2003, août). Cognitive-behavioral treatment of social phobia : new advances. *Current Psychiatry Reports, 5*(4), 289-296.

IRVIN, J. E. *et al.* (1999). Efficacy of relapse prevention : a meta-analytic review. *Journal of Consulting and Clinical Psychology, 67*(4), 563-570.

JACOB, R., & PELHAM, W. E. (2000). Behavior Therapy. Dans H. I. Kaplan, & B. J. Sadock (dir.), *Comprehensive Textbook of Psychiatry.* [s. l.], Williams and Wilkins.

JACOB, R. G., & PELHMAN, W. E. (2005). Behavior Therapy. Dans B. J. Sadock *et al.* (dir.), *Kaplan and Sadock's Comprehensive Textbook of Psychiatry.* Philadelphie : Lippincott Williams & Wilkins.

JACOBS, G. D. *et al.* (2004). Cognitive behavior therapy and pharmacotherapy for insomnia : a randomized controlled trial and direct comparison. *Archives of Internal Medicine, 164*(17), 1888-1896.

JACOBSON, E. (1938). *Progressive relaxation* (2nd éd.). Oxford : University of Chicago Press.

JACOBSON, N. S., DOBSON, K. S., & TRUAX, P. A. (1996). A component analysis of cognitive behavioural treatment of depression. *Journal of Consulting and Clinical Psychology, 64*(2), 295-304.

JACOBSON, N. S., & MARGOLIN. G. (1979). *Marital therapy : strategies based on social learning and behavior exchange principles.* New York : Brunner/Mazel.

JARRETT, R. B. *et al.* (2001). Preventing recurrent depression using cognitive therapy with and without a continuation phase : a randomized clinical trial. *Archives of General Psychiatry, 58*(4), 381-388.

JEFFERS, S. (1987). *Feel the fear and do it anyway.* New York : Fawcett Books.

JONES, M.C. (1924). A laboratory study of fear : The case of Peter. *Pedagogical Seminary, 31,* 308-315.

JONES, C. *et al.* (2004). Cognitive behaviour therapy for schizophrenia. *Cochrane Database of Systematic Reviews,* (4), CD000524 (mise à jour de 2002, *Cochrane Database of Systematic Reviews,* (1), CD000524 ; PMID : 11869579).

KABAT-ZINN, J. (2003). Mindfulness-based interventions in context : Past, present and future. *Clinical Psychology : Science and Practice, 10*(2), 144-156.

KAGAN, J., REZNICK, J. S., & SNIDMAN, N. (1988). Biological bases of childhood shyness. *Science,* 240, 167-171.

KAZDIN, A. E. (1997). Practitioner review : psychosocial treatments for conduct disorder in children. *Journal of Child Psychology and Psychiatry and Allied Disciplines, 38*(2), 161-178.

KELLY, G. (1955). *The Psychology of Personal Constructs.* New York : Norton (2 vol.).

KENDALL, P., MAAGA, D., ELLIS, A., BERNARD, M., DEGIUSEPPE, R., & KASSINOVE, H. (1995). Rational-emotive therapy in the 1990's and beyond. *Clinical Psychology Review,* 15, 168-186.

KENWORTHY, T. *et al.* (2004). Psychological interventions for those who have sexually offended or are at risk of offending. *Cochrane Database of Systematic Reviews,* (3), CD004858.

KERNS, J. W. *et al.* (2006). Does psychiatric treatment help patients with intractable chronic pain ? *Journal of Family Practice, 55*(3), 235-236.

KING, N. J. *et al.* (2005). Cognitive-behavioral treatments for anxiety and phobic disorders in children and adolescents : a review. *Behavioral Disorders, 30*(3), 241-257.

KIRK, J. (1989). Cognitive behavioural assessment. Dans K. Hawton, P. M. Salkovskis, J. Kirk, & D. M. Clark (dir.), *Cognitive BehaviourTherapy for Psychiatric Problems.* [s. l.], Oxford University Press.

KOLB, A., & KOLB, D. A. (2001). *Experiential Learning Theory Bibliography 1971-2001.* Boston : McBer and Co.

LADOUCEUR, R., GOSSELIN, P., & DUGAS, M. J. (2000, septembre). Experimental manipulation of intolerance of uncertainty : a study of a theoretical model of worry. *Behaviour Research and Therapy, 38*(9), 933-941.

LAM, D. H. *et al.* (2003). A randomized controlled study of cognitive therapy for relapse prevention for bipolar affective disorder : outcome of the first year. *Archives of General Psychiatry, 60*(2), 145-152.

LANG, P.J. (1968). Appraisal of systematic desensitization techniques with children and adults. Dans C. M. Franks (dir.), *Assessment and status of the behavior therapies and associated developments.* New York : McGraw-Hill.

LANG, P.J., & LAZOVIK, A. D. (1963). The experimental desensitization of a phobia. *Journal of Abnormal and Social Psychology,* 66, 519-525.

LANG, P. J., MELAMED, B. G., & HART, J. A psychophysiological analysis of fear modification using an automated desensitization procedure. [References]. [Journal; Peer Reviewed Journal] Journal of Abnormal Psychology. Vol 76(2) Oct 1970, 220-234.

LARIVEY, M. (2002). *La puissance des émotions : comment distinguer les vraies des fausses.* Montréal : Éditions de l'Homme.

LAYDEN, M. A., NEWMAN, C. F., FREEMAN, A., & BYERS-MORSE, S. (1993). *Cognitive therapy of borderline personality disorders.* Boston : Allyn and Bacon.

LAZARUS, A. (1977). *Multimodal behavior therapy.* New York : Springer.

LEHMAN, A. F. *et al.* (2004). Practice guideline for the treatment of patients with schizophrenia, second edition. American Journal of Psychiatry. 161(2 Suppl) : 1-56.

LEAHY, R. L. (2003). *Cognitive Therapy Techniques : A practitioner's guide.* New York : Guilford Press.

LEAHY, R. L., & HOLLAND, S. (2000). *Treatment plans and interventions for depression and anxiety disorders.* New York : Guilford Press.

LECOMTE, C., SAVARD, R., DROUIN, M. S., & GUILLON, V. (2004). Qui sont les psychothérapeutes efficaces ? Implications pour la formation en psychologie. *Revue québécoise de psychologie, 25*(3), 73-102.

LEDLEY, D. R, HUPPERT, J. D., FOA, E. B., DAVIDSON, J. R. T., KEEFE, F. J., & POTTS, N. L. S. (2005, septembre). Impact of depressive symptoms on the treatment of generalized social anxiety. *Depression and Anxiety, 22*(4), 161-167.

LEHMAN, A. F. *et al.* (2004). Practice guideline for the treatment of patients with schizophrenia (2nd éd.). *American Journal of Psychiatry, 161*(2, Suppl.), 1-56.

LEICHSENRING, F., & LEIBING, E. (2003). The effectiveness of psychodynamic therapy and cognitive behavior therapy in the treatment of personality disorders : a meta-analysis. *American Journal of Psychiatry, 160*(7), 1223-1232.

LEICHSENRING, F. *et al.* (2004). The efficacy of short-term psychodynamic psychotherapy in specific psychiatric disorders : a meta-analysis. *Archives of General Psychiatry, 61*(12), 1208-1216.

LEVITT, J. T. *et al.* (2001). Empirically supported treatments for panic disorder. *Psychiatric Annals, 31*(8), 478-487.

LEWINSOHN, P.M. (1974). The behavioural study and treatment of depression. Dans K.S. Calhoun. Innovative treatment methods in psychopathology. Wiley : New York

LIBERMAN, R. P. (2005). *Entraînement aux habiletés sociales pour les patients psychiatriques.* Paris, Retz.

LIBERMAN, R. P. *et al.* (2005). Psychiatric Rehabilitation. Dans B. J. Sadock *et al.* (dir.), *Kaplan & Sadock's Comprehensive Textbook of Psychiatry.* Philadelphie : Lippincott Williams & Wilkins.

LINEHAN, M. M. (1993). *Cognitive-behavioural treatment of borderline personality disorders.* New York : Guilford Press.

LINEHAN, M. M. (2000a). *Manuel d'entraînement aux compétences pour traiter le trouble de la personnalité état-limite.* Genève, Éditions Médecine et Hygiène.

LINEHAN, M. M. (2000b). *Traitement cognitivo-comportemental du trouble de la personnalité état-limite.* Genève, Éditions Médecine et Hygiène.

LINEHAN, M. M. *et al.* (2006). Two-Year Randomized Controlled Trial and Follow-up of Dialectical Behavior Therapy vs Therapy by Experts for Suicidal Behaviors and

Borderline Personality Disorder. *Archives of General Psychiatry, 63*(7), 757-766.

LOGSDON , R. G. *et al.* (2007). Evidence-based psychological treatments for disruptive behaviors in individuals with dementia. *Psychology and Aging, 22*(1), 28-36.

LOVAAS, O., BERBERICH, J., PARLOFF, B., & SCHAEFFER, B. (1966). Acquisition of imitative speech by schizophrenic children. *Science,* 151, 705-707.

LOVAAS,O., FREITAS, L., NELSON, K., & WHALEN, L. (1967). The establishment of imitation and its uses for the development of complex behavior in schizophrenic children. *Behaviour Research and Therapy,* 5, 171-181.

LOVELL, K., & RICHARDS, D. (2000). Multiple Access Points and Levels of Entry (MAPLE) : Ensuring Choice, Accessibility and Equity for CBT Services. *Behavioural and Cognitive Psychotherapy,* 28, 379-391.

LUNDGREN, J. D. *et al.* (2004). Cognitive-behavioral therapy for bulimia nervosa : an empirical analysis of clinical significance. *International Journal of Eating Disorders, 35*(3), 262-274.

LURIA, A. (1961). *The role of speech in the regulation of normal and abnormal behaviors.* New York : Liveright.

LUTY, J. (2003). What works in drug addiction ? *Advances in Psychiatric Treatment,* 9, 280-288.

MAHONEY, M. L. (1974). *Cognition and Behavior Modification.* Cambridge, MA.: Ballinger.

MAHONEY, M. J. (1979). A critical analysis of rational-emotive theory and therapy. Dans A. Ellis et J. M., Whiteley (dir.), *Theoretical and empirical foundations of rational emotive therapy.* Monterey, Brooks Cole, p. 167-180.

MAHONEY, M. J. (1993, avril). Introduction to special section : theoretical developments in the cognitive psychotherapies. *Journal of Consulting and Clinical Psychology, 61*(2), 187-193.

MALCUIT, G., GRANGER, L., & LAROCQUE, A. (1972). *Les thérapies behaviorales.* Sainte-Foy : Presses de l'Université Laval.

MARCHAND, A., & LETARTE, A. (1993). *La peur d'avoir peur.* Montréal : Stanké.

MARCHAND, A., & LETARTE, A. (2004). *La peur d'avoir peur.* Montréal, Stanké.

MARKS, I. M. (1972). Perspective on flooding. *Seminars in psychiatry,* 4, 129-138.

MARKS, I. M. (1987). *Fears, phobias and rituals.* New York : Oxford University Press.

MARKS, I. M., BOULOUGOURIS, J., & MARSET, P. (1971). Flooding versus desensitization in the treatment of phobic patients : a cross over study. *British Journal of Psychiatry,* 23, 538-553.

MARKS, I.M., HODGSON, R., & RACHMAN, S. (1975). Treatment of chronic obsessive-compulsive neurosis by in vivo exposure. *British Journal of Psychiatry,* 127, 349-364.

MARKS, I. M., STERN, R. S., MAWSON, D., COBB, J., & MCDONALD, R. (1980). Clomipramine and exposure for obsessive-compulsive rituals. *British Journal of Psychiatry,* 136, 1-25.

MARSHALL, W. L., & LAWS, D. R. (2003). A Brief History of Behavioral and Cognitive Behavioral Approaches to Sexual Offender Treatment : Part 2. The Modern Era. *Sexual Abuse : A Journal of Research and Treatment, 15*(2), 93-120.

MASTERS, W. H., & JOHNSON, V. E. (1966). *Human Sexual Response.* Lippincott Williams & Wilkins.

MASTERS, W. H., & JOHNSON, V. E. (1970). *Human Sexual Inadequacy.* New York, Little, Brown and Company.

MASTERS, W. H., & JOHNSON, V. E. (1971). *Les mésententes sexuelles et leur traitement,* Paris : Laffont.

MATHEWS, A., JOHNSTON, D., SHAW, P., & GELDER, M. (1974). Process variables and the prediction of outcome in behaviour therapy. *British Journal of Psychiatry,* 125, 256-264.

MATSON, J. L. *et al.* (1996). Behavioral treatment of autistic persons : A review of research from 1980 to the present. *Research in Developmental Disabilities, 17*(6), 433-465.

MCCAUL, M. E., & PETRY, N. M. (2003). The role of psychosocial treatments in pharmacotherapy for alcoholism. *American Journal on Addictions, 12*(1, Suppl.), S41-52.

MCCONAGHY, N. (1993). *Sexual behavior : problems and management.* New York : Plenum.

MCCULLOUGH, J. P. (2000). *Treatment of chronic depression : cognitive behavioral analysis system of psychotherapy.* New York : Guilford Press.

MEHRAN, F. (2006). *Traitement du trouble de la personnalité borderline : Thérapie cognitive émotionnelle.* Paris : Masson.

MEICHENBAUM, D. (1977). *Cognitive-Behavior Modification.* New York : Plenum Pres.

MEICHENBAUM, D. (1985). *Stress inoculation training.* New York : Pergamon Press.

MEICHENBAUM, D. (1993, avril). Changing conceptions of cognitive behavior modification : retrospect and prospect. *Journal of Consulting and Clinical Psychololy, 61*(2), 202-204.

MERRILL, K. A. *et al.* (2003). Effectiveness of cognitive therapy for depression in a community mental health center : a benchmarking study. *Journal of Consulting and Clinical Psychology, 71*(2), 404-409.

MICHELSON, L., MARCHIONE, K., & GREENWALD, M. (1988). Cognitive, behavioural and psychophysiological treatments of agoraphobia : a comparative outcome investigation. *Behavior Therapy,* 19, 97-120.

MILLER, W. R., & ROLLNICK, S. (2002). *Motivational Interviewing : Preparing People for Change* (2nd éd.). New York : Guilford Press.

MILLER, W. R., & WILBOURNE, P. L. (2002). Mesa Grande : a methodological analysis of clinical trials of treatments for alcohol use disorders. *Addiction, 97*(3), 265-277.

MINICHIELLO, W. E. *et al.* (1994). Trichotillomania : clinical aspects and treatment strategies. *Harvard Review of Psychiatry, 1*(6), 336-344.

MITTE, K. (2005). A meta-analysis of the efficacy of psycho- and pharmacotherapy in panic disorder with and without agoraphobia. *Journal of Affective Disorders, 88*(1), 27-45.

MORGENTHALER, T. *et al.* (2006). Practice parameters for the psychosocial and behavioral treatment of insomnia : an update. An american academy of sleep medecine report. *Sleep, 29*(11), 1415-1419.

MORIN, C. M. (1993). *Insomnia : Psychological Assessment and Management.* New-York : Guilford Press.

MORIN, C. M. (2004). Cognitive-behavioral approaches to the treatment of insomnia. *Journal of Clinical Psychiatry, 65*(16, Suppl.), 33-40.

MORIN, C. M. *et al.* (1994). Non pharmacological interventions for insomnia : a meta-analysis of treatment efficacy. *American Journal of Psychiatry, 151*(8), 1172-1180.

MORIN, C. M. *et al.* (2006). Psychological and behavioral treatment of insomnia : update of the recent evidence. *Sleep, 29*(11), 1398-1414.

MORIN, C. M., & ESPIE, C. A. (2003). *Insomnia : A Clinician's Guide to Assessment and Treatment.* New York : Springer.

MORLEY, S. *et al.* (1999). Systematic review and meta-analysis of randomized controlled trials of cognitive behaviour therapy and behaviour therapy for chronic pain in adults, excluding headache. *Pain, 80*(1-2), 1-13.

NAGAYAMA, H. G. C. (1995). Sexual offender recidivism revisited : a meta-analysis of recent treatment studies. *Journal of Consulting and Clinical Psychology, 63*(5), 802-809.

NATIONAL INSTITUTE OF HEALTH (2005). NIH State-of-the-Science Conference Statement on Manifestations and Management of Chronic Insomnia in Adults. *NIH Consensus and State-of-the-Science Statements, 22*(2), 1-30, http ://consensus.nih.gov/2005/2005Insomnia SOS026PDF.pdf

NATIONAL INSTITUTE OF MENTAL HEALTH (2000). *Depression.* Department of health and human services, Public health services, http ://www.nimh.nih.gov/publicat/ nimhdepression.pdf

NATIONAL INSTITUTE OF MENTAL HEALTH (2006). *Anxiety disorders.* Department of health and human services, Public health services, http ://www.nimh.nih.gov/publicat/ NIMHanxiety.pdf

NIELSEN, B. *et al.* (1998). Patient-treatment matching improves compliance of alcoholics in outpatient treatment. *The Journal of Nervous and Mental Disease, 186*(12), 752-760.

OLDHAM, J. M. (2005). *Guideline Watch : Practice Guideline for the Treatment of Patients With Borderline Personality Disorder.* American Psychiatric Association, http ://www.psych.org/psych_pract/treatg/pg/prac_guide.cfm

OST, L. G., JERREMALM, A., & JANSSON, L. (1984). Individual response patterns and the effects of different behavioral methods in the treatment of agoraphobia. *Behaviour Research and Therapy,* 22, 697-707.

OTTO, M. W. *et al.* (2003). Psychoeducational and cognitive-behavioral strategies in the management of bipolar disorder. *Journal of Affective Disorders, 73*(1-2), 171-181.

PAMPALLONA, S. *et al.* (2004). Combined pharmacotherapy and psychological treatment for depression : a systematic review. *Archives of General Psychiatry, 61*(7), 714-719.

PANKSEPP, J. (1998). *Affective Neuroscience : The foundations of human and animal emotions.* New York : Oxford University Press.

PAVLOV, I. (1903) Experimental Psychology and Psychopathology in animals. Papier présenté au 14e Congrès Médical International de Madrid.

PAYKEL, E. S. (2006). Cognitive therapy in relapse prevention in depression. *The International Journal of Neuropsychopharmacology, 10*(1), 131-136.

PEARSON, F. S. *et al.* (2002). The effects of behavioral/ cognitive-behavioral programs on recidivism. *Crime and Deliquency, 48*(3), 476-496.

PELSSER, R. (1988). Fondement de la psychothérapie. Dans P. Lalonde *et al., Psychiatrie clinique : Approche biopsychosociale.* Montréal : Gaëtan Morin Éditeur.

PERRY, J. C. *et al.* (1999). Effectiveness of Psychotherapy for Personality Disorders. *American Journal of Psychiatry, 156*(9), 1312-1321.

PFAMMATTER, M. *et al.* (2006). Efficacy of psychological therapy in schizophrenia : conclusions from meta-analyses. *Schizophrenia Bulletin, 32*(1, Suppl.), S64-80.

PILLING, S. *et al.* (2002). Psychological treatments in schizophrenia : I. Meta-analysis of family intervention and cognitive behaviour therapy. *Psychological Medicine, 32*(5), 763-782.

PINARD, G. D. (1988). Thérapies cognitives. Dans P. Lalonde *et al., Psychiatrie clinique : Approche biopsychosociale.* Montréal : Gaëtan Morin Éditeur.

PINQUART, M. *et al.* (2006). Treatments for Later-Life Depressive Conditions : A Meta-Analytic Comparison of Pharmacotherapy and Psychotherapy. *American Journal of Psychiatry, 163*(9), 1493-1501.

PITMAN, R. K. *et al.* (1996). Emotional processing during eye movement desensitization and reprocessing therapy of Vietnam veterans with chronic posttraumatic stress disorder. *Comprehensive Psychiatry, 37*(6), 419-429.

PRICE, J. R., & COUPER, J. (2008). Cognitive behaviour therapy for chronic fatigue syndrome in adults. [Systematic Review] Cochrane Depression, Anxiety and Neurosis Group Cochrane Database of Systematic Reviews, accession number : 00075320-100000000-00991.

PROCHASKA, J. O. *et al.* (1994). *Changing for Good.* New York : HarperCollins Books.

PROCHASKA, J. O., & NORCROSS, J. C. (1994). *Systems of Psychotherapy.* [s. l.], Brooks/Cole.

RACHMAN, S. (1978). Fear and courage. San Francisco : W. H. Freeman.

RACHMAN, S. (1996). The evolution of cognitive behaviour therapy. Dans D. M. Clark, & C. G. Fairburn (dir.), *Science and Practice of Cognitive Behaviour Therapy.* [s. l.], Oxford University Press.

RAINS, J. C. *et al.* (2005). Behavioral headache treatment : history, review of the empirical literature, and methodological critique. *Headache, 45*(2, Suppl.), S92-109.

RATHOD, S., & TURKINGTON, D. (2005). Cognitive-behaviour therapy for schizophrenia : A review. *Current Opinion in Psychiatry, 18*(2), 159-163.

RECTOR, N. A., & BECK, A. T. (2001). Cognitive behavioral therapy for schizophrenia : an empirical review. *Journal of Nervous and Mental Disease, 189*(5), 278-287.

RECTOR, N. A., & BECK, A. T. (2002). Cognitive therapy for schizophrenia : from conceptualization to intervention. *Canadian Journal of Psychiatry – Revue canadienne de psychiatrie, 47*(1), 39-48.

REDONDO, J. R. *et al.* (2004). Long-term efficacy of therapy in patients with fibromyalgia : a physical exercise-based program and a cognitive-behavioral approach. *Arthritis and Rheumatism, 51*(2), 184-192.

REESAL, R. T. *et al.* (2001). Clinical guidelines for the treatment of depressive disorders. II. Principles of management. *Canadian Journal of Psychiatry – Revue canadienne de psychiatrie, 46*(1, Suppl.). 21S-28S.

ROBINS, C. J., & CHAPMAN, A. L. (2004). Dialectical behavior therapy : current status, recent developments, and future directions. *Journal of Personality Disorders, 18*(1), 73-89.

ROPER, G., RACHMAN, S., & MARKS, I. (1975). Passive and participant modelling in exposure treatment of obsessive-compulsive neurotics. *Behaviour Research and Tehrapy,* 13, 271-279.

ROTTER, J. B. (1966). Generalized expectancies for internal versus external control of reinforcement. *Psychological Monographs, 80*(609).

ROWA, K., & ANTONY, M. M. (2005). Psychological treatments for social phobia. *Canadian Journal of Psychiatry – Revue canadienne de psychiatrie, 50*(6), 308-316.

ROWE, M. K., & CRASKE, M. G. (1998, juillet-août). Effects of varied-stimulus exposure training on fear reduction and return of fear. *Behaviour Research and Therapy, 36*(7-8), 719-734.

RUSH, J. A., & FRANCES, A. (2000). Expert consensus guideline series : Treatment of psychiatric and behavioral problems in mental retardation. *American Journal on Mental Retardation, 105*(3), 159-228.

RYLE, A., & KERR, I. B. (2003, juillet). Cognitive analytic therapy. *British Journal of Psychiatry,* 183, 79.

SADEH, A. (2005). Cognitive-behavioral treatment for childhood sleep disorders. *Clinical Psychology Review,* 25(5), 612-628.

SAFRAN, J. D. *et al.* (1993). Assessing suitability for short-term cognitive therapy with an interpersonal focus. *Cognitive Therapy and Research,* 17, 23-37.

SAFRAN, J. D., & SEGAL, L. S. (1990). *Interpersonal process in cognitive therapy.* New York : Basic Books.

SALKOVSKIS, P. M., CLARK, D. M., HACKMANN, A., WELLS, A., & GELDER, M. G. (1999). An experimental investigation of the role of safety-seeking behaviours in the maintenance of panic disorder with agoraphobia. *Behaviour Research and Therapy, 37*(6), 559-574.

SALTER, A. (1949). *Conditioned Reflex Therapy.* NY : Capricorn Books.

SCHACTER, S., & SINGER, J. E. (1962). Cognitive, social and physiological determinants of physiological state. *Psychological Review, 69*(5), 379-399.

SCHUCKIT, M. A. (2005). Alcohol-related disorders. Dans B. J. Sadock *et al.* (dir.), *Kaplan and Sadock's Comprehensive Textbook of Psychiatry.* Philadelphie : Lippincott Williams & Wilkins.

SEGAL, Z. V. *et al.* (2001a). Clinical guidelines for the treatment of depressive disorders. V. Combining psychotherapy and pharmacotherapy. *Canadian Journal of Psychiatry – Revue canadienne de psychiatrie, 46*(1, Suppl.), 59S-62S.

SEGAL, Z. V. *et al.* (2001b). Clinical guidelines for the treatment of depressive disorders. III. Psychotherapy. *Canadian Journal of Psychiatry – Revue canadienne de psychiatrie, 46*(1, Suppl.), 29S-37S.

SEGAL, Z., TEASDALE, J., & WILLIAMS, J. M. (2001). *Mindfulness-Based Cognitive Therapy for Depression : A New Approach to Preventing Relapse.* New York : Guilford Press.

SELIGMAN, M. E. P. (1975). *Helplessness.* San Francisco : W. H. Freeman.

SELIGMAN, M. E. P. (1990). *Learned optimism.* New York : Knopf.

SHAW, K. *et al.* (2005). Psychological interventions for overweight or obesity. *Cochrane Database of Systematic Reviews,* (2), CD003818.

SIEGEL, D. J. (1999). *The developing mind : toward a neurobiology of interpersonal experience.* New York : Guilford Press.

SILBER, M. H. (2005). Clinical practice. Chronic insomnia. *New England Journal of Medicine, 353*(8), 803-810.

SIVERTSEN, B. *et al.* (2006). Cognitive behavioral therapy vs zopiclone for treatment of chronic primary insomnia in older adults : a randomized controlled trial. *Journal of American Medical Association, 295*(24), 2851-2858.

SKINNER, B.F. (1953). Science and Human Behavior. New York : Macmillan.

SKINNER, B.F. (1974). About Behaviorism. New York : Vintage.

SOO, S. *et al.* (2005). Psychological interventions for non-ulcer dyspepsia. *Cochrane Database of Systematic Reviews,* (2), CD002301 (mise à jour de 2004, *Cochrane Database of Systematic Reviews,* (3), CD002301 ; PMID : 15266467).

STAMPFL, T. G. (1961). *Implosive therapy : A learning theory derived psychodynamic technique.* Manuscrit non publié. John Carroll, University of Cleveland.

STAMPFL, T. G., & LEVIS, D. J. (1967). Essentials of implosive therapy : a learning theory based psychodynamic behavioural therapy. *Journal of Abnormal Psychology, 72*(6), 496-503.

STANTON, A. H. *et al.* (1984). Effects of psychotherapy in schizophrenia : I. Design and implementation of a controlled study. *Schizophrenia Bulletin, 10*(4), 520-563.

STERN, R. S., LIPSEDGE, M.S., & MARKS, I. M. (1973). Obsessive ruminations : A controlled trial of thought-stopping technique. *Behaviour Research and Therapy,* 11, 659-662.

STEWART, S. H., & CONROD, P. J. (2005). State-of-the-art in cognitive-behavioral interventions for substance use disorders : introduction to the special issue. *Journal of Cognitive Psychotherapy, 19*(3), 195-198.

STUART, R. (1967). Behavioral control over eating. *Behaviour Research and Therapy,* 5, 357-365.

STUART, R. (1969). Token reinforcement in marital treatment. Dans R. Robin (dir.), *Advances in behavioral therapy.* New York : Academic Press.

STUART, R. (1971). A three dimensional program for the treatment of obesity. *Behaviour Research and Therapy,* 5, 357-365.

STURMEY, P. (2004). Cognitive therapy with people with intellectual disabilities : a selective review and critique. *Clinical Psychology and Psychotherapy,* 11, 222-232.

SURGEON GENERAL (1999). *Mental health : a report of the surgeon general.* Washington : Department of health and human services, http ://www.surgeongeneral.gov/library/mentalhealth/home.html

SVARTBERG, M. *et al.* (2004). Randomized, Controlled Trial of the Effectiveness of Short-Term Dynamic Psychotherapy and Cognitive Therapy for Cluster C Personality Disorders. *American Journal of Psychiatry,* 161(5), 810-817.

SWINSON, R. P. *et al.* (2006). Clinical practice guidelines : Management of anxiety disorders. *Canadian Journal of Psychiatry – Revue canadienne de psychiatrie, 51*(2, Suppl.), 1-92.

TARRIER, N. (2005). Cognitive behaviour therapy for schizophrenia : A review of development, evidence and implementation. *Psychotherapy and Psychosomatics, 74*(3), 136-144.

TAVARES, H. *et al.* (2003). Are there cognitive and behavioural approaches specific to the treatment of pathological gambling ? *Canadian Journal of Psychiatry – Revue canadienne de psychiatrie, 48*(1), 22-27.

TAYLOR, S. *et al.* (2005). Current directions in the treatment of hypochondriasis. *Journal of Cognitive Psychotherapy, 19*(3), 285-304.

TEASDALE, J. D. *et al.* (2000, août). Prevention of relapse/recurrence in major depression by mindfulness-based cognitive therapy. *Journal of Consulting and Clinical Psychology, 68*(4), 615-623.

THASE, M. E. *et al.* (1997). Treatment of major depression with psychotherapy or psychotherapy-pharmacotherapy combinations. *Archives of General Psychiatry, 54*(11), 1009-1015.

TUSCHEN-CAFFIER, B. *et al.* (2001). Evaluation of manual-based cognitive-behavioral therapy for bulimia nervosa in a service setting. *Behaviour Research and Therapy, 39*(3), 299-308.

URSANO, R. J. *et al.* (2004). Practice guideline for the treatment of patients with acute stress disorder and posttraumatic stress disorder. *American Journal of Psychiatry, 161*(11, Suppl.), 3-31.

VAN DAM-BAGGEN, R., & KRAAIMAAT, F. (2000). Group social skills training or cognitive group therapy as the clinical treatment of choice for generalized social phobia ? *Journal of Anxiety Disorders, 14*(5), 437-451.

VAN DER KLINK, J. J. L. *et al.* (2003). Reducing long term sickness absence by an activating intervention in adjustment disorders : a cluster randomised controlled design. *Occupational and Environmental Medicine, 60*(6), 429-437.

VLAEYEN, J. W. S., & MORLEY, S. (2005). Cognitive-Behavioral Treatments for Chronic Pain : What Works for Whom ? *Clinical journal of pain, 21*(1), 1-8.

VYGOTSKY, L. S. (1962). *Thought and language.* Cambridge (Massachusetts) : The MIT Press.

WADE, W. A. *et al.* (1998). Transporting an empirically supported treatment for panic disorder to a service clinic setting : a benchmarking strategy. *Journal of Consulting and Clinical Psychology, 66*(2), 231-239.

WAGNER, A. P. (2003). Cognitive-behavioral therapy for children and adolescents with obsessive-compulsive disorder. *Brief Treatment and Crisis Intervention, 3*(3), 291-306.

WALDRON, H. B., & KAMINER, Y. (2004). On the learning curve : the emerging evidence supporting cognitive-behavioral therapies for adolescent substance abuse. *Addiction, 99*(2, Suppl.), 93-105.

WALEN, S. R., DIGIUSEPPE, R., & WESSLER, R. L. (1980). *A Practitioner's Guide to Rational-Emotive Therapy.* New York : Oxford University Press.

WAMPOLD, B. E. *et al.* (2002). A meta-(re)analysis of the effects of cognitive therapy versus 'other therapies' for depression. *Journal of Affective Disorders, 68*(2-3), 159-165.

WATSON, J. B. (1920). Conditioned emotional reactions. *Journal of Experimental Psychology,* 3, 1.

WATTS, F. N. (1973). Desensitization as an habituation phenomenon. Studies of interstimulus interval length. *Psychological Reports, 33* (4), 715-718.

WEISSMAN, A., & BECK, A. T. (1978). Development and validation of the dysfunctional attitude scale. Chicago : Mémoire présenté au congrès annuel de l'Association for Advancement of Behavior Therapy.

WELLS, A. (2000). *Emotional disorders and metacognition.* Chichester : Wiley and Sons.

WELLS, A., & KING, P. (2006). Metacognitive therapy for generalized anxiety disorder : An open trial. *Journal of Behavior Therapy and Experimental Psychiatry, 37*(3), 206-212.

WESSLER, R. A., & WESSLER, R. L. (1980). *The Principles and Practice of Rational-Emotive Therapy.* San Francisco : Jossey-Bass.

WHITLOCK, E. P. *et al.* (2004). Behavioral counselling interventions in primary care to reduce risky/harmful alcohol use by adults : a summary of the evidence for the U.S. Preventive Services Task Force. *Annals of Internal Medicine, 140*(7), 557-568.

WHITTAL, M. L. *et al.* (1999). Bulimia nervosa : A meta-analysis of psychosocial and pharmacological treatments. *Behavior Therapy, 30*(1), 117-135.

WHITTAL, M. L, THORDARSON, D. S., & MCLEAN, P. D. (2005, décembre). Treatment of obsessive-compulsive disorder : cognitive behavior therapy vs. exposure and response prevention. *Behaviour Research and Therapy, 43*(12), 1559-1576.

WILLIAMS, C. J. (2004, juin). Self-help models in cognitive behavioural therapy. *Practitioner, 248*(1659), 418, 421-4, 428.

WILLIAMS, D. A. (2003). Psychological and behavioural therapies in fibromyalgia and related syndromes. *Best Practice & Research in Clinical Rheumatology, 17*(4), 649-665.

WILSON, G. T. (1987). Chemical aversion conditioning as a treatment of alcoholism. *Behaviour Research and Therapy,* 25, 503-516.

WILSON, G. T. (2002). Treatments for eating disorders. Dans P. E. Nathan, & J. M. Gorman (dir.), *A guide to treatments that work.* New York : Oxford University Press.

WILSON, G. T. (2005). Psychological treatment of eating disorders. *Annual Review of Clinical Psychology,* 1, 439-465.

WILSON, G. T., & SHAFRAN, R. (2005). Eating disorders guidelines from NICE. *Lancet, 365*(9453), 79-81.

WITKIN, H. (1981). *Cognitive Styles : Essence and Origins. Field Dependence and Independence.* New York : International University Press.

WOLPE, J. (1958). *Psychotherapy by Reciprocal Inhibition.* Stanford : Stanford University Press.

WOLPE, J. (1973). The practice of behavior therapy. New York : Pergamon Press

WOLPE, J., & LAZARUS, A. A. (1966). *Behavior Therapy Techniques.* New York : Pergamon Press.

YAGER, J. *et al.* (2005). *Guideline Watch : Practice Guideline for the Treatment of Patients With Eating Disorders* (2nd éd.). American Psychiatric Association, http ://www.psych.org/psych_pract/treatg/pg/prac_guide.cfm

YAGER, J. *et al.* (2006). *Practice guideline for the treatment of patients with eating disorders.* American Psychiatric Association, http ://www.psych.org/psych_pract/treatg/pg/EatingDisorders3ePG_04-28-06.pdf

YANKURA, J., & DRYDEN, W. (1994). *Albert Ellis.* Londres : Sage Publications.

YORKE, J. *et al.* (2006). Psychological interventions for adults with asthma. *Cochrane Database of Systematic Reviews,* (1), CD002982 (mise à jour de 2004, *Cochrane Database of Systematic Reviews,* (1), CD002982 ; PMID : 14974000).

YOUNG, J. E. (1990). *Cognitive therapy for personality disorders : A schema-focused approach.* Sarasota (Floride) : Professional Resources Press (revise en 1999).

YOUNG, J. E. (1994). Young Parenting Inventory. New York : Cognitive Therapy Center of New York.

YOUNG, J. E. (2005). Young Schema Questionnaire (3rd éd.). New York, Schema Therapy Institute.

YOUNG, J. E. *et al.* (2006). *La thérapie des schémas : approche cognitive des troubles de la personnalité.* Bruxelles : De Boeck.

YOUNG, J. E., & KLOSKO, J. S. (1993). *Je réinvente ma vie.* Montréal : Éditions de l'Homme (1995, 2003).

YOUNG, J. E., KLOSKO, J. S., & WEISHAAR, M .E. (2005). *Schema Therapy. A Practitioner's Guide.* New York : Guilford Press.

ZIMMERMANN, G. *et al.* (2005). The effect of cognitive behavioral treatment on the positive symptoms of schizophrenia spectrum disorders : a meta-analysis. *Schizophrenia Research, 77*(1), 1-9.

Index

V

W

Y